LEDRU·ROLLIN

DISCOURS POLITIQUES

ET ÉCRITS DIVERS

TOME SECOND

PARIS

LIBRAIRIE GERMER BAILLIÈRE ET Cᴵᴱ

108, BOULEVARD SAINT-GERMAIN, 108

Au coin de la rue Hautefeuille

1879

LEDRU-ROLLIN

DISCOURS POLITIQUES

ET ÉCRITS DIVERS

PARIS. — TYPOGRAPHIE A. LAHURE

Rue de Fleurus, 9

LEDRU-ROLLIN

DISCOURS POLITIQUES ET ÉCRITS DIVERS

XXXIX

INSTRUCTION CIRCULAIRE

ADRESSÉE COMME MINISTRE DE L'INTÉRIEUR

AUX COMMISSAIRES DE LA RÉPUBLIQUE DANS LES DÉPARTEMENTS
SUR LA NATURE ET L'ÉTENDUE DE LEURS ATTRIBUTIONS ET DE LEURS DEVOIRS

(8 mars 1848)

CITOYEN COMMISSAIRE,

La République que nous avons inaugurée n'est pas le résultat fortuit d'un mouvement passionné ; elle n'est pas davantage le fruit d'une sainte et légitime colère. Sortie toute frémissante du combat inégal engagé entre tout un peuple et une poignée d'insensés, elle s'était constituée lentement par les progrès de la raison populaire. A mesure que la faction placée à la tête du pouvoir devenait plus violente et plus oppressive, la nation se fortifiait dans le sentiment de son droit et dans la résolution d'en proclamer, à la première grande occasion, l'irrésistible souveraineté.

Voilà pourquoi il ne s'est manifesté ni hésitation ni dissentiment. La France entière n'a eu qu'une seule voix, parce qu'elle n'avait qu'une seule âme. Tous, nous nous sentions humiliés, abaissés aux yeux de l'Europe par une monarchie avilie et contre-révolutionnaire ; tous nous avons fièrement relevé la tête, le jour où, tombée sous la réprobation du mépris, cette monarchie a fait place à un gouvernement républicain.

Cette union de tous dans une même pensée est le gage le plus certain de la durée de la République. Elle doit aussi être la source de la modération après la victoire. Votre premier soin aura donc été de faire comprendre que la République est exempte de toute idée de vengeance et de réaction.

Toutefois, que cette générosité ne dégénère pas en faiblesse. En vous abstenant de toutes recherches contre les opinions et les actes politiques antérieurs, prenez comme règle que les fonctions politiques, à quelque degré de la hiérarchie que ce soit, ne peuvent être confiées qu'à des républicains éprouvés. Le pouvoir méprisable que le souffle populaire a fait disparaître avait infecté de sa corruption tous les rouages de l'administration. Ceux qui ont obéi à ses instructions ne peuvent servir le peuple. Au moment solennel où, recouvrant la plénitude de sa puissance, il va descendre dans ses comices pour y désigner ses élus, il faut que ses magistrats soient profondément pénétrés de son esprit, et dévoués de cœur à sa cause. Le salut de la patrie est à ce prix. Si nous marchons avec fermeté dans la voie de la révolution, aucune limite ne peut être assignée à sa grandeur, à sa prospérité ; si nous nous attiédissons, tout est à craindre. A la tête de chaque arrondissement, de chaque municipalité, placez des hommes sympathiques et résolus. Ne leur ménagez pas les instructions ; animez-les de votre zèle. Par les élections qui vont s'accomplir, ils tiennent dans leurs mains les destinées de la France : qu'ils donnent une Assemblée nationale capable de comprendre et d'achever l'œuvre du peuple ; en un mot, *tous les hommes de la veille* et *pas du lendemain.*

Moins de rigueur à l'égard des fonctionnaires dont le rôle est purement administratif. Vous devez maintenir ceux qui, étrangers à toute action politique, ont conquis leur position par des services utiles...

Cherchant ainsi à demeurer ferme et juste vis-à-vis des agents placés sous vos ordres, vous en exigerez un concours actif et dévoué. Ce concours doit tendre à rassurer les esprits timides, à calmer les impatients. Les uns s'épouvantent de vains fantômes, les autres voudraient précipiter les événements au gré de leurs ardentes espérances. Vous direz aux premiers que la société actuelle est à l'abri des commotions terribles qui ont agité l'existence de nos pères. Aux autres, vous direz qu'on n'administre pas comme on se bat. Le sol est déblayé, le moment est venu de réédifier. Or qui, pour l'accomplissement de cette grande œuvre, n'est pas disposé à s'élever au-dessus de tous les méprisables calculs de l'égoïsme ? La France est prête à donner au monde le plus beau spectacle d'une nation assez forte pour faire appel à toutes les libertés, assez sage pour en user pacifiquement. Dans ce vaste mouvement des esprits, si énergiquement entraînés vers l'application des principes de fraternité et d'union, où est le danger pour qui que ce soit ? Où rencontre-t-on le prétexte d'une crainte ?

Ceux qui se montrent inquiets pour la propriété et la famille sont peu sincères, ou fort ignorants. Dépouillée de son caractère de personnalité égoïste, garantie et limitée par le droit de tous, la propriété devient le fruit exclusif du travail. Qui oserait, dès lors, contester son inviolabilité?

De même, régénérée par une éducation commune à tous les jeunes citoyens, chaque famille est un foyer ardent d'où s'échappent autant de rayons de patriotisme. Sa destinée est liée à celle de la société, dont elle est à la fois l'image et le modèle.

Quant à nous, salués par l'acclamation populaire pour préparer l'établissement définitif de la démocratie, nous avons hâte, plus que tous, de déposer dans les mains de la nation souveraine l'autorité que l'insurrection et le salut public nous ont conférée. Mais, pour remplir dignement cette noble tâche, nous avons essentiellement besoin de confiance et de calme. Tous nos efforts tendront à ce qu'il n'y ait pas une heure perdue, et qu'au plus tôt, sortis cette fois sans fiction du sein du peuple tout entier, les représentants du pays se réunissent pour révéler sa volonté et régler les destinées de l'avenir.

A cette Assemblée est réservée la grande œuvre. La nôtre sera complète, si, pendant la transition nécessaire, nous donnons à notre patrie ce qu'elle attend de nous : l'ordre, la sécurité, la confiance au gouvernement républicain. Pénétré de cette vérité, vous ferez exécuter les lois existantes en ce qu'elles n'ont rien de contraire au régime nouveau. Les pouvoirs qui vous sont conférés ne vous mettent au-dessus de leur action qu'en ce qui touche l'organisation politique dont vous devez être les instruments actifs et dévoués. N'oubliez pas non plus que vous agissez d'urgence et provisoirement, et que je dois avoir immédiatement connaissance des mesures prises par vous. C'est à cette condition seulement que nous pourrons les uns et les autres maintenir la paix publique, et conduire la France sans secousses nouvelles jusqu'à la réunion de ses mandataires.

Autour de vous s'élèveront des réclamations nombreuses et de toute nature ; recueillez-les avec soin. Il est temps que le peuple fasse librement entendre sa voix ; le gouvernement ne peut demeurer indifférent à aucun vœu. Si quelquefois l'expression en est ardente, ne vous en effrayez pas. Il serait dangereux d'exciter les passions même légitimes; il le serait plus encore de s'alarmer de quelques exagérations inévitables et de quelques doctrines erronées. C'est la compression qui altère et corrompt la pensée publique; la liberté l'épure et l'agrandit.

Cependant, si les hardiesses de l'imagination, si les témérités du langage, au lieu de s'appliquer aux idées générales, à la marche du gouvernement, frappaient les personnes, votre devoir serait de requérir l'intervention des magistrats pour faire cesser un pareil abus. Du reste, je le crois peu à redouter : l'élan qui entraîne le pays tout entier élève les âmes au-dessus des querelles misérables si fréquentes sous le règne qui vient de finir.

Vous avez dû vous entourer à votre arrivée des patriotes les plus influents : leurs conseils auront toujours un grand poids près de vous; mais n'oubliez pas que le meilleur moyen de les conquérir, et avec eux toute la population, c'est d'imprimer à tous les services de l'administration une infatigable activité. Nous sommes les serviteurs du peuple, et par notre application et notre zèle, nous lui prouverons que nous sommes dignes de sa confiance. Donnez donc partout l'exemple de la vigilance et du travail ; que par vos soins aucun intérêt ne souffre de la perturbation momentanée occasionnée par la chute d'un pouvoir détesté, et vous aurez utilement rempli votre mandat.

Je n'ai pas besoin de vous dire que votre attention doit se porter d'une manière toute spéciale sur l'organisation de la garde nationale. Composée de tous les citoyens, comme elle va l'être, elle est la force et la gloire du pays, la garantie de nos libertés. Envoyez-moi des états exacts sur la composition de chacune des légions cantonales de votre département. Faites élire les chefs, entretenez avec eux des rapports nombreux, et communiquez bien l'esprit qui vous anime.

Attachez-vous enfin à résumer avec précision et clarté tout ce qui touche au sort des travailleurs de votre département. C'est par eux et pour eux que s'est fondée la République, dont la mission est de faire cesser leurs souffrances et de consacrer leurs droits. Si des nécessités urgentes vous paraissent commander des mesures extraordinaires, référez-m'en sur-le-champ. Mais ici appliquez-vous encore à ménager les transitions; n'inquiétez pas des intérêts respectables dont le trouble pourrait nuire à ceux mêmes que vous voudriez protéger. Sur quelques points du territoire, des actes de condamnable violence ont été commis; éclairez ceux qu'un passager entraînement égarerait.

En brisant des machines, les ouvriers compromettent leur cause et provoquent le malaise et la ruine. Encore un peu de temps, et ces merveilles du génie humain qui n'ont pas mérité la mutilation, fécondées par les capitaux et le travail, enrichiront tous ceux qui les maudissent aujourd'hui. Unis par les liens de l'association, les ouvriers et les maîtres ne formeront plus qu'une famille dont les intérêts seront identiques. Reprenant le rang et l'importance qui lui ont été ravis, l'agriculture fera jaillir du sol les richesses que l'incurie des gouvernements antérieurs y laissait enfouies, et jettera ainsi dans la circulation les éléments inconnus qui régénéreront l'industrie.

Voilà l'avenir qui nous est réservé, si nous sommes franchement révolutionnaires, si nos pensées, nos délibérations, nos actes, sont conformes à la loi de fraternité qui doit être la règle des sociétés futures. Heureux d'en préparer l'avénement, il nous appartient de rassurer les esprits, de raffermir le crédit, de renouer les transactions, de réunir les matériaux du vaste édifice que l'Assemblée nationale élèvera. Que tous les cœurs généreux, que tous les esprits

intelligents se mettent à l'œuvre et nous viennent en aide !
C'est là un sujet de noble ambition ! Donner au monde
l'exemple du calme après une éclatante victoire, en appeler
à la puissance des idées et de la raison, accepter courageusement les rudes épreuves du présent, s'unir pour les traverser et les vaincre, c'est là, vraiment, ce qui caractérise,
ce qui doit immortaliser une grande nation ! Tel est le but
de nos communs efforts. Pour que les miens aient quelque
efficacité, j'ai besoin de votre concours, citoyen commissaire, et votre patriotisme me permet d'y compter sans
réserve.

Salut et fraternité.

Le membre du Gouvernement provisoire, ministre
de l'intérieur,

LEDRU-ROLLIN.

XL

INSTRUCTION CIRCULAIRE

ADRESSÉE COMME MINISTRE DE L'INTÉRIEUR

AUX COMMISSAIRES DE LA RÉPUBLIQUE DANS LES DÉPARTEMENTS, SUR L'ATTITUDE
A GARDER DANS LEURS RAPPORTS AVEC LES POUVOIRS PUBLICS.

(12 mars 1848)

La circulaire qui vous est parvenue, et qui a été publiée, traçait vos devoirs. Il importe que j'entre avec vous dans quelques détails, et que je précise plus nettement ce que j'attends de votre patriotisme, maintenant que par vos soins la République est proclamée.

Dans plusieurs départements on m'a demandé quels étaient vos pouvoirs. Le citoyen ministre de la guerre s'en est inquiété en ce qui touche vos rapports avec les chefs militaires. Plusieurs d'entre vous veulent être fixés sur la ligne de conduite à suivre vis-à-vis de la magistrature; enfin la garde nationale et les élections, les élections surtout, doivent être l'objet de votre constante préoccupation.

§ 1ᵉʳ. QUELS SONT VOS POUVOIRS?

Ils sont illimités. Agent d'une autorité révolutionnaire, vous êtes révolutionnaire aussi. La victoire du peuple vous a imposé le mandat de faire proclamer, de consolider son œuvre. Pour l'accomplissement de cette tâche, vous êtes investi de sa souveraineté, vous ne relevez que de votre conscience, vous devez faire ce que les circonstances exigent pour le salut public.

Grâce à nos mœurs, cette mission n'a rien de terrible. Jusqu'ici vous n'avez eu à briser aucune résistance sérieuse, et vous avez pu demeurer calme dans votre force ; il ne faut cependant pas vous faire illusion sur l'état du pays. Les sentiments républicains y doivent être vivement excités, et pour cela il faut confier toutes les fonctions politiques à des hommes sûrs et sympathiques. Partout les préfets et sous-préfets doivent être changés ; dans quelques localités on réclame leur maintien, c'est à vous de faire comprendre aux populations qu'on ne peut conserver ceux qui ont servi un pouvoir dont chaque acte était une corruption. La nomination des sous-commissaires remplaçant ces fonctionnaires vous appartient. Vous m'en référerez toutes les fois que vous éprouverez quelque hésitation. Choisissez de préférence des hommes appartenant au chef-lieu ; vous ne les prendrez dans l'arrondissement même que lorsque vous les saurez dégagés d'esprit de coterie ; n'écartez pas les jeunes gens ; l'ardeur et la générosité sont le privilège de cet âge, et la République a besoin de ces belles qualités.

Vous pourvoirez aussi au remplacement des maires et des adjoints ; vous les désignerez provisoirement en les investissant du pouvoir ordinaire. Si les conseils municipaux sont hostiles, vous les dissoudrez, et, de concert avec les maires, vous constituerez une municipalité provisoire ; mais vous n'aurez recours à cette mesure que dans un cas de rigoureuse nécessité. Je crois que la grande majorité des conseils municipaux peut être conservée, en mettant à leur tête des chefs nouveaux.

§ 2. VOS RAPPORTS AVEC LES CHEFS MILITAIRES :

Vous exercez les pouvoirs de l'autorité exécutive : la force armée est donc sous vos ordres. Vous la requérez, vous la mettez en mouvement ; vous pouvez même, dans les cas graves, suspendre un chef de corps, en m'en référant immédiatement. Mais vous devez apporter de grands ménagements dans cette partie de vos fonctions. Tout ce qui, de votre part, blesserait la juste susceptibilité des chefs de corps ou du soldat serait une faute inexcusable. J'ai appris que, dans plusieurs départements, les commissaires n'ont pas établi sur-le-champ un lien entre eux et l'autorité militaire ; je m'en étonne, et vous invite à ne pas manquer à ces règles si simples de bonne politique et de convenance. L'armée a montré dans ces derniers événements sa vive sympathie à la cause républicaine ; il faut se la rattacher de plus en plus. Elle est peuple comme nous, elle est la première barrière qui s'opposerait à une invasion. Elle va entrer pour la première fois en possession de droits politiques. Honorez-la donc, et conciliez-vous les bons sentiments de ceux qui la commandent ; n'oubliez pas non plus que vos pouvoirs ne sauraient toucher à la discipline. Ils se résument en ces deux mots : Vous servir de la force militaire ou la contenir, et la gagner par des témoignages d'estime et de cordialité.

§ 3. VOS RAPPORTS AVEC LA MAGISTRATURE :

La magistrature ne relève de l'autorité exécutive que dans le cercle précis tracé par les lois. Vous exigerez des parquets un concours dévoué ; partout où vous ne le rencontrerez pas, vous m'en avertirez, en m'indiquant le nom de ceux que recommandent leur droiture et leur fermeté. J'en ferai immédiatement part au ministre de la justice. Quant à la magistrature inamovible, vous la surveillerez, et si quelqu'un de ses membres se montrait publiquement hostile, vous pourriez user du droit de suspension que vous confère votre autorité souveraine.

§ 4. LA GARDE NATIONALE :

Vous recevrez de moi des instructions détaillées sur l'organisation de la milice civique. J'ai tâché d'y pourvoir et d'y résoudre toutes les difficultés que vous pouvez rencontrer. Celles qui naîtront d'obstacles imprévus et locaux seront levées par votre patriotisme. En faisant procéder aux élections vous vous conformerez aux décrets du gouvernement, c'est-à-dire que, par dérogation à la loi de 1831, vous ferez nommer tous les officiers, sans exception, par les gardes nationaux, en commençant par les grades supérieurs. Vous surveillerez soigneusement l'action des sous-commissaires et des municipalités, et vous les obligerez à vous rendre un compte exact de leurs opérations.

§ 5. LES ÉLECTIONS :

Les élections sont votre grande œuvre; elles doivent être le salut du pays. C'est de la composition de l'Assemblée que dépendent nos destinées. Il faut qu'elle soit animée de l'esprit révolutionnaire, sinon nous marchons à la guerre civile et à l'anarchie. A ce sujet, mettez-vous en garde contre les intrigues des hommes à double visage, qui, après avoir servi la royauté, se disent les serviteurs du peuple. Ceux-là vous trompent, et vous devez leur refuser votre appui. Sachez bien que, pour briguer l'honneur de siéger à l'Assemblée nationale, il faut être pur des traditions du passé. Que votre mot d'ordre soit partout : Des hommes nouveaux, et autant que possible sortant du peuple.

Les travailleurs, qui sont la force vive de la nation, doivent choisir parmi eux ceux que recommandent leur intelligence, leur moralité, leur dévouement : réunis à l'élite des penseurs, ils apporteront à la discussion de toutes les grandes questions qui vont s'agiter l'autorité de leur expérience pratique. Ils continueront la révolution, et la contiendront dans les limites du possible et de la raison. Sans eux, elle s'égarerait en vaines utopies, ou serait étouffée sous l'effort d'une faction rétrograde.

Éclairez les électeurs, et répétez-leur sans cesse que le règne des hommes de la monarchie est fini.

Vous comprenez combien ici votre tâche est grande. L'éducation du pays n'est pas faite; c'est à vous de la guider. Provoquez sur tous les points de votre département la réunion de comités électoraux; examinez sévèrement les titres des candidats ; arrêtez-vous à ceux-là seulement qui paraissent présenter le plus de garanties à l'opinion républicaine, le plus de chances de succès. Pas de transactions, pas de complaisances. Que le jour de l'élection soit le triomphe de la révolution.

Le membre du gouvernement provisoire, ministre de l'intérieur,

LEDRU-ROLLIN.

XLI

DISCOURS PRONONCÉ A LA FÊTE D'INAUGURATION

DE L'ARBRE DE LA LIBERTÉ AU CHAMP-DE-MARS.

(22 mars 1848)

Citoyens,

Je vous remercie, au nom du gouvernement provisoire, d'avoir eu la pensée de renouveler ici un grand souvenir, celui de la fédération de 1790.

Ces remercîments, je ne vous les adresserai pas seulement au nom de la France, mais au nom de l'Europe, mais au nom du monde entier.

Ce théâtre de la fédération, ce Champ-de-Mars, rappelle un glorieux passé : la France divisée en castes, en aristocraties, en provinces, venant à l'appel du peuple de Paris, abjurer sur l'autel de la patrie les vieilles haines et les ressentiments séculaires, pour ne faire qu'un peuple, le peuple français ! (*Applaudissements énergiques.*)

Il est un autre souvenir, celui du champ de mai, où la nation menacée par l'invasion étrangère, où le peuple indigné se leva pour défendre sa nationalité. A cette époque, l'Europe trompée, subissant la volonté de ses maîtres, a cru que nous voulions l'envahir, et nous avons eu Waterloo !

Et aujourd'hui, nous lui répondons — sublime réponse — en lui envoyant la liberté.

Notre révolution s'est accomplie en trois jours, et son

retentissement sera tel que l'Europe peut, dès aujourd'hui, se déclarer libre

Les deux rives du Rhin retentissent de l'appel aux armes de l'Allemagne, lasse d'un joug odieux.

L'Autriche, ce pays de plaisirs, que Metternich traitait comme une autre Venise, l'Autriche se réveille tout à coup, et proclame son indépendance. Les autres pays suivront l'exemple que nous avons donné, et bientôt disparaîtra, sous le souffle populaire, la poussière des trônes, où s'endormait l'oisiveté des rois. (*Applaudissements.*)

Nous avons le droit d'être fiers, je le répète, car à la défaite de Waterloo nous n'avons plus à opposer qu'un cri de délivrance et de liberté !

Salut à toi, arbre ! glorieux symbole de cette délivrance et de cette liberté !

Salut à toi ! je le prédis avec bonheur : à cette place, où il y a soixante ans on venait fraterniser au nom de la liberté, à cette place nous verrons bientôt se ranger autour de toi les députations du monde entier ! autour de toi viendront se grouper, unis dans une commune étreinte et dans un commun amour, les membres si longtemps divisés de la grande famille humaine, que la grande famille française aura associée à sa liberté et à son triomphe !

Nous sommes forts aujourd'hui parce que nous nous appuyons sur la liberté, sur vous, travailleurs intelligents, qui avez fait la révolution et qui voulez qu'elle porte ses fruits. (*Applaudissements.*)

Maintenant, mes amis, retournons à nos travaux, et que nos voix confondues répètent ce cri qui a retenti au cœur du monde : Vive la République ! (*Vifs applaudissements.*)

Amis, avant de vous quitter, je désire dire un mot qui devra trouver de l'écho. La vue de ce monument glorieux, de cette école militaire, me rappelle qu'on a manifesté des craintes sur la présence à Paris de quelques régiments.

Je proteste de toutes mes forces contre des sentiments de méfiance indignes de la générosité française.

Il n'est pas possible de scinder ainsi le peuple et l'armée.

Le peuple, c'est l'armée; l'armée, c'est le peuple! Qu'est-ce que l'armée? n'est-ce pas la portion du peuple la plus généreuse? le sang de notre sang? Qui donc, dans ces temps de corruption et de honte que nous subissions naguère, conservait encore les traditions de l'honneur? l'armée, l'armée seule! (*Applaudissements.*)

N'est-ce pas elle qui représentait la vieille gloire de la France, dans les plaines, dans les montagnes d'Afrique?

Sans elle on aurait pu croire que la France était dégénérée!

Sans elle d'insolents rivaux auraient pu croire à l'impunité de l'outrage!

Donc, gloire à l'armée!

Oui, mes amis, gloire à elle! car elle s'est rappelée en février qu'elle était peuple, et elle n'a pas voulu tirer sur le peuple.

Vous avez vu comme moi ces soldats désolés qui nous faisaient voir qu'ils ne voulaient pas combattre des frères.

Plus de soupçons, plus de défiances. D'ailleurs, que peuvent faire trois ou quatre régiments? On croirait que vous pouvez avoir peur, vous si forts! vous si grands!

Pour moi, mes amis, et c'est mon unique pensée, j'y songe tous les jours, je ne serai content, je ne serai heureux que lorsque j'aurai vu dans un grand banquet, sur ce même Champ-de-Mars, l'armée, la garde nationale et le peuple fraterniser.

L'armée n'a pas besoin d'être amnistiée, elle est vous, vous êtes elle; fraternité entière entre nous!

XLII

INSTRUCTION CIRCULAIRE

ADRESSÉE COMME MINISTRE DE L'INTÉREUR

AUX COMMISSAIRES DE LA RÉPUBLIQUE DANS LES DÉPARTEMENTS, SUR LE CONCOURS
A PRÊTER PAR EUX AUX ÉLECTIONS A L'ASSEMBLÉE NATIONALE.

(8 avril 1848)

CITOYEN COMMISSAIRE,

Nous touchons aux élections : encore quelques jours, et le peuple français tout entier, usant de sa souveraineté si glorieusement reconquise, proclamera le nom de ses mandataires. A la veille de ce grand acte de sa toute-puissance, il est utile que le gouvernement, né de la révolution, chargé de conserver intacte et pure la victoire populaire, expose une dernière fois sa pensée à ceux qui le représentent et le défendent sur toute la surface de la République.

Déjà je vous l'ai dit : des élections dépend l'avenir du pays. Sincèrement républicaines, elles lui ouvrent une ère brillante de progrès et de paix ; réactionnaires ou même douteuses, elles le condamnent à de terribles déchirements. Votre constant effort a donc été, doit être encore d'envoyer à l'Assemblée nationale des hommes honnêtes, courageux et dévoués jusqu'à la mort à la cause du peuple.

Mais ici se présente une question que les partis ont dénaturée, et sur laquelle il convient de s'expliquer sans faiblesse et sans réticence. Le temps des ruses et des fictions est passé : nous sommes assez forts pour être vrais.

Le gouvernement doit-il agir sur les élections, ou se borner à en surveiller la régularité ?

Je n'hésite pas à répondre que, sous peine d'abdiquer ou même de trahir, le gouvernement ne peut se réduire à enregistrer des procès-verbaux et à compter des voix ; il doit éclairer la France, et travailler ouvertement à déjouer les intrigues de la contre-révolution, si, par impossible, elle ose relever la tête.

Est-ce à dire que nous imitions les fautes de ceux que nous avons combattus et renversés ? loin de là. Ils dominaient par la corruption et le mensonge, nous voulons faire triompher la vérité ; ils caressaient l'égoïsme, nous faisons appel aux sentiments généreux ; ils étouffaient l'indépendance, nous lui rendons un libre essor ; ils achetaient les consciences, nous les affranchissons. Qu'y a-t-il de commun entre eux et nous ?

Mais c'est précisément parce que leurs odieuses pratiques ont profondément altéré les mœurs des classes officielles, qu'il est nécessaire de parler haut et ferme et de détruire les semences d'erreur et de calomnie répandues par eux si longtemps.

Quoi ! nous sommes libres d'hier ; il y a quelques semaines encore, nous subissions une loi, qui nous ordonnait, avec amende et prison, de n'adorer, de ne servir, de ne nommer que la monarchie ; la République était partout représentée comme un symbole de spoliation, de pillage, de meurtres, et nous n'aurions pas le droit d'avertir la nation qu'on l'avait égarée ! nous n'aurions pas le droit de nous mettre perpétuellement en communication avec elle pour lui ouvrir les yeux ! Hommes publics, sans prévoyance et

sans foi politique, nous laisserions insulter notre drapeau !
nous nous exposerions à l'ensanglanter dans une guerre civile, pour n'avoir pas osé le déployer librement !

Non, nous ne méconnaîtrons pas à ce point notre devoir.
Apôtres de la révolution, nous la défendrons par nos actes,
nos paroles, nos enseignements. Vigilants et résolus contre ses ennemis, nous lui conquerrons des partisans en la
faisant connaître. Ceux-là seuls qui ne la comprennent
pas peuvent la redouter.

Ces principes, citoyen commissaire, tracent la ligne de
votre conduite. S'il vous était possible de vous multiplier,
d'être partout à la fois, de mettre à chaque heure votre
pensée en contact avec la pensée publique, vous ne feriez
rien de trop. Digne missionnaire des idées nouvelles auxquelles le monde appartient, vous prépareriez leur pacifique
avénement. Ce qu'il y a de praticable dans cette laborieuse
tâche doit être accompli par vous, par vos amis, par vos
écrits, par vos discours ; répandez la lumière à flots. Qu'à
tous les yeux brille dans son éclat majestueux la grande et
noble figure de la République régénérant l'humanité par sa
puissance morale, effaçant les distinctions des classes, appelant tous les citoyens à la réalisation politique du dogme
de la fraternité, dégageant le travail et l'intelligence des
entraves qui l'étouffent, faisant enfin de notre admirable
France la plus libre, la plus heureuse, la plus forte des nations !

Ainsi s'exerce votre influence : l'intimidation et la violence provoquent les révoltes ; la corruption dégrade et
ruine le pouvoir ; l'enseignement viril est la seule arme
dont puissent se servir les chefs révolutionnaires du peuple ;
elle leur suffit pour triompher de toutes les résistances.

Mais, afin que cet enseignement soit fécond, puisez vos
inspirations aux sources vraiment populaires ; que partout
des réunions soient organisées. Que chacun, même le plus

humble, soit mis en demeure d'y produire sa pensée. Dieu, qui seul a connu si lóngtemps les misères du peuple, seul aussi connaît les trésors de bon sens et de moralité que recèlent les masses ; brisez la couche épaisse qui les enfouit encore.

Ainsi profondément et pacifiquement remué, le pays, malgré le peu de temps qui lui a été làissé pour se reconnaître, pourra distinguer ceux qui méritent l'insigne honneur de le représenter. Dans toutes les occasions où vous serez appelé à le guider, pénétrez-vous de cette vérité, que nous marchons vers l'anarchie, si les portes de l'Assemblée sont ouvertes à des hommes d'une moralité et d'un républicanisme équivoques.

Ceux qui ont accepté l'ancienne dynastie et ses trahisons, ceux qui limitaient leurs espérances à d'insignifiantes réformes électorales, ceux qui prétendaient venger les mânes des héros de Février, en courbant le front glorieux de la France sous la main d'un enfant, ceux-là peuvent-ils être les élus du peuple victorieux et souverain, les instruments de la révolution ?

Votre conscience a répondu. Quelle confiance peuvent-ils inspirer, ceux dont le cœur ne s'est point ouvert aux souffrances du peuple, et dont l'esprit a si longtemps méconnu ses droits et ses besoins ?

Ne regarderaient-ils pas eux-mêmes comme un défi à la révolution que des hommes qui ont attaqué, calomnié la révolution, devinssent aujourd'hui les organisateurs de la constitution républicaine ?

Eh bien ! puisque le choc impétueux des événements leur a subitement dessillé les yeux, soit ! qu'ils entrent dans nos rangs, mais qu'ils n'aspirent ni à nous commander, ni à nous conduire. Qu'ils marchent à l'ombre du drapeau du peuple, mais qu'ils ne songent pas à le porter. A la moindre secousse, leur âme se troublerait, et, revenant malgré eux aux engagements de leur vie entière, ils affaibliraient la représentation nationale de toutes les incertitudes, de toutes les transactions familières aux opinions chancelantes et aux dévouements d'apparat.

Que le peuple s'en défie donc et les repousse. Mieux vaudraient des adversaires déclarés que ces amis douteux.

Citoyen commissaire, ce qui fait la grandeur du mandat de représentant, c'est qu'il investit celui qui en est revêtu du pouvoir souverain d'interpréter et de traduire l'intérêt et la volonté de tous.

Or, celui-là seul en usera dignement, qui ne reculera devant aucune des conséquences du triple dogme de la liberté, de l'égalité, de la fraternité.

La liberté, c'est l'exercice de toutes les facultés que nous tenons de la nature, gouvernées par notre raison.

L'égalité, c'est la participation de tous les citoyens aux avantages sociaux, sans autre distinction que celles de la vertu et du talent.

La fraternité, c'est la loi d'amour unissant les hommes, et de tous faisant les membres d'une même famille.

De là découlent : l'abolition de tout privilége, la répartition de l'impôt en raison de la fortune, un droit proportionnel et progressif sur les successions, une magistrature librement élue et le plus complet développement de l'institution du jury, le service militaire pesant également sur tous, une éducation gratuite et égale pour tous, l'instrument du travail assuré à tous, la reconstitution démocratique de l'industrie et du crédit, l'association volontaire partout substituée aux impulsions désordonnées de l'égoïsme.

Quiconque n'est pas décidé à sacrifier son repos, son avenir, sa vie, au triomphe de ces idées, quiconque ne sent pas que la société ancienne a péri, et qu'il faut en édifier une nouvelle, ne serait qu'un député tiède et dangereux. Son influence compromettrait la paix de la France.

J'ose croire, citoyen commissaire, que ces pensées sont les vôtres, et qu'elles trouveront en vous un interprète sûr et dévoué. Laissez-moi vous dire que vous ajouterez à l'autorité morale des résolutions qu'elles vous inspireront, en donnant l'exemple de l'abnégation personnelle et de la réserve dans la recherche des suffrages. Ce serait bien mal comprendre, ce serait abaisser votre mission que de la consacrer à faire réussir votre candidature ; votre dignité en souffrirait autant que le pouvoir de la République. Si vos concitoyens viennent à vous, acceptez leur mandat comme la plus noble récompense de vos travaux, mais gardez-vous de solliciter ce qui cesserait d'avoir du prix le jour où on pourrait sonpçonner que le commissaire a fait le député. Le gouvernement vous tiendra compte du soin avec lequel vous vous conformerez à cette partie de ses instructions. N'oubliez pas que nous nous devons tous au pays, qui attend de nous de grandes choses, et que l'heure est venue d'élever notre âme au-dessus de toutes les préoccupations de l'intérêt privé.

Le membre du gouvernement provisoire, Ministre de l'intérieur.

LEDRU-ROLLIN.

XLIII

DISCOURS PRONONCÉ A LA SÉANCE

DE L'ASSEMBLÉE NATIONALE

COMME COMPTE RENDU DES ACTES DU MINISTÈRE DE L'INTÉRIEUR

(6 mai 1848)

CITOYENS REPRÉSENTANTS,

Appelé au gouvernement provisoire par le vœu du peuple, je vous dois compte de l'administration du département de l'intérieur, qui m'a été confié.

Vous n'attendez pas de moi de longs détails. Prêt à répondre à toutes vos interpellations, je me bornerai à vous exposer rapidement mes actes et les motifs qui les ont inspirés.

Porté au pouvoir par le triomphe du principe républicain, pour lequel j'ai combattu toute ma vie, — car de mon début à ce jour je n'ai jamais varié, — j'ai dû défendre résolûment son maintien. La foi profonde que je lui avais vouée, quand il était persécuté, ne pouvait que se fortifier par son éclatante et glorieuse victoire à Paris et son unanime acclamation dans toute la France. Convaincu que le salut du pays est dans le développement complet de toutes les conséquences de la révolution, j'ai dû veiller avec un soin jaloux à sa garde. J'ai voulu que sur tous les points du territoire elle fût respectée et comprise.

En même temps, il fallait, par des mesures promptes et décisives, prévenir toute atteinte portée à l'ordre, et renouer les fils de l'administration violemment brisés.

Cette double pensée a provoqué l'envoi dans les départements de commissaires chargés de pouvoirs illimités. Pouvoirs illimités ! on a abusé de ce mot nécessaire pour diriger contre moi les attaques les plus passionnées. Pour le juger, il faut se reporter à deux mois de distance, et, alors, on le comprendra ; et on comprendra aussi que le lendemain de la Révolution, entouré des vainqueurs sortis des barricades, je ne pouvais, sous peine de trahison, confier à d'autres mains que les leurs le dépôt et la défense de la liberté. (*Approbation.*) Pleins d'ardeur, de dévouement et de foi civique, ils devaient pénétrer le pays de l'idée qu'ils avaient fait triompher. Sans doute, quelques-uns d'entre eux n'étaient pas administrateurs. Qui le conteste ? La question n'est pas là. Il fallait des soldats pour continuer et propager la victoire, et surtout pour la rendre durable et pacifique. Que des fautes aient été commises, cela est possible. Quand je les ai connues, je n'ai pas hésité à prononcer des révocations. Mais qu'on me cite, au milieu de ce grand et rapide mouvement, une seule atteinte grave portée aux droits des citoyens par ces hommes courageux et fermes, qu'on n'a pas craint de qualifier de proconsuls ! les populations ont répondu en investissant de leurs suffrages la plupart d'entre eux qui siégent au milieu de vous.

Du reste, les instructions envoyées par moi, et qui ont servi de prétexte à tant de déclamations, étaient indispensables ; je ne les aurais point écrites, qu'elles seraient nées de la force même des choses.

Émanation d'un principe révolutionnaire, je ne pouvais transmettre une autorité régulière et limitée. Placé en face de l'imprévu, j'aurais été coupable d'affaiblir mes agents par des règles au-dessus desquelles le salut du pays nous avait élevés. D'ailleurs je savais, et je l'ai dit, que la responsabilité morale qui accompagne l'exercice momentané d'un grand pouvoir en prévient et en corrige les abus ; qu'il fallait donner, à l'avance, les moyens de vaincre tous les obstacles, pour que les obstacles n'eussent point à se présenter. (*Assentiment marqué.*)

Mes instructions publiques, dont la fermeté avait surtout pour objet d'anéantir à jamais de coupables espérances, ont été chaque jour expliquées par ma correspondance.

Je suis prêt à soumettre à l'Assemblée les volumineux documents de ce travail, et je ne crains pas qu'elle rencontre une dépêche qui ne soit empreinte à la fois du désir ardent de faire triompher la révolution et d'une pensée constante de conciliation, d'ordre et de paix. (*Applaudissements.*)

C'est à atteindre ce double but qu'ont été consacrés tous mes efforts. J'aurais manqué aux antécédents de ma vie, j'aurais démenti les doctrines que j'ai constamment professées, si je n'avais été en même temps l'homme de la révolution qui doit transformer la société et le pays, l'homme du gouvernement qui accomplit le progrès par la puissance des idées, et qui proscrit tout appel au désordre et à la violence.

C'est ainsi qu'en quelques jours j'ai fait armer et équiper la garde nationale de Paris, et essayé, en y parvenant moins que je l'aurais voulu, de faire armer celle des départements ; persuadé qu'un fusil discipliné est un instrument d'ordre, parce qu'il est le symbole de la dignité du citoyen. (*Très bien! très bien!*)

J'ai pourvu à l'organisation, à l'habillement, à l'entretien de la garde mobile ; à la création de corps sédentaires destinés à maintenir la paix dans la grande cité ; à la formation d'une institution toute nouvelle, celle des gardiens de Paris, liant par un nœud indissoluble la police municipale à la police judiciaire, et plaçant la sécurité publique à l'abri d'une surveillance de tous les instants.

Dans les jours de trouble et d'inquiétude, jour et nuit, je veillais sans relâche. C'est par un dévouement absolu à mes devoirs que je répondais aux infâmes calomnies dont j'ai été l'objet. Je n'ai jamais vu, dans ce débordement sans exemple, qu'une raison de plus de défendre intrépidement une cause que la fureur de quelques insensés voulait compromettre en ma personne. (*Très bien ! très bien !*) J'ai eu confiance dans le bon sens de la nation, dans la justice de l'Assemblée, et j'ai pensé que, soldat de la révolution, je devais tout souffrir pour elle, et ne pas perdre, à relever d'odieux mensonges, le temps précieux que son service réclamait tout entier. (*Applaudissements prolongés.*) Du reste, tous mes actes sont publics, leur libre discussion vous appartient ; et maintenant que votre souveraineté me décharge du fardeau des affaires, toute calomnie privée me trouvera debout pour la confondre. (*Applaudissements.*)

J'ai traversé les circonstances les plus difficiles en demeurant au-dessous des limites de mon budget. J'ai préparé et organisé en trois semaines l'application du suffrage universel ; et cependant permettez-moi de vous dire que, si l'on s'est attaché à m'accuser de quelques erreurs de détail, on ne m'a pas assez tenu compte du travail infini, persévérant, à l'aide duquel j'ai pu, sur toute la surface de la république, faire fonctionner un mode d'élection qui, il y a trois mois encore, était déclaré impossible. Pour moi, je serai fier d'avoir été l'instrument de ce premier acte de virilité du peuple recouvrant ses droits. (*Bravo ! bravo !*)

Procédant de ces principes généraux, j'aurais voulu introduire dans le mécanisme de l'administration des changements destinés à la rendre plus simple et plus démocratique. J'ai pensé que ces réformes ne devaient être ni isolées, ni partielles, et qu'elles seraient plus sagement accomplies par celui qui tiendra de votre souveraineté un pouvoir définitif. J'ai craint de jeter le trouble dans l'action administrative au moment où il était le plus essentiel de lui conserver sa régularité. (*Vive approbation.*)

D'ailleurs, pourquoi m'en cacherais-je ? Je me suis surtout inquiété de sauver la révolution et l'ordre. J'ai voulu conserver à la victoire populaire sa grandeur, sa pureté, sa portée sociale ; j'ai voulu aussi, en la défendant contre les pièges et les attaques de la réaction, la mettre à l'abri contre les violences d'ambitions ou d'impatiences dangereuses.

Ainsi, lorsque, répondant à une démarche imprudente, la population de Paris tout entière est venue, sans armes, presser le gouvernement provisoire de ses flots pacifiques, je me suis associé sans réserve à cette solennelle démonstration ; mais, le jour où quelques fous ont essayé de pervertir le sens et le résultat d'une manifestation pareille, je n'ai point hésité à les combattre de front. C'est par mon ordre que le rappel a été battu et que la garde nationale, qui maintenant est le pays, s'est levée pour se confondre avec les citoyens qui n'étaient point armés, et protester contre toute tentative violente. (*Très bien ! très bien !*)

Cette résolution, loin d'être de ma part un effort, n'a été que la conséquence des principes qui m'ont toujours guidé, même dans l'opposition. A mes yeux, ce n'est point dans l'ombre, c'est au grand jour que s'élaborent les idées destinées à conquérir le monde. Aussi inflexible contre les ambitions qui provoquent des coups de main que contre les réactions qui enchaînent le mouvement révolutionnaire, j'ai toujours cru que l'homme d'État devait marcher d'un pas ferme entre les rêves des utopistes et des sectaires, et la tenacité rebelle des intérêts égoïstes. (*Applaudissements.*)

On ne fonde vraiment que ce qui est mûr dans les idées. La supériorité véritable consiste à distinguer celles qui, raisonnablement, peuvent être mises en pratique. Aujour-d'hui la main du peuple a déchiré le voile, le doute n'est plus possible pour personne, bien imprudent et bien coupable celui qui voudrait arrêter la révolution à la stérile conquête de formes politiques. (*Très bien! très bien!*) Ces formes ne sont qu'un instrument de liberté mis aux mains de la nation appelée désormais à se régir elle-même. Mais pour elle la voie est tracée, le but indiqué. C'est à réaliser dans l'ordre social le dogme de l'égalité et de la fraternité que doivent tendre tous nos efforts. Soutiens de cette sainte cause, nous serons dignes de notre mission en l'acceptant dans toute son étendue ; et, par là, nous n'aurons pas seulement rendu l'homme à sa dignité naturelle, nous aurons assuré la gloire et le bonheur de notre commune patrie, et contribué à émanciper le monde. (*Applaudissements prolongés.*)

XLIV

DISCOURS PRONONCÉ A L'ASSEMBLÉE NATIONALE

DANS LA DISCUSSION DU PROJET DE DÉCRET DESTINÉ A RÉGLER LES RAPPORTS DES MEMBRES DU POUVOIR EXÉCUTIF AVEC L'ASSEMBLÉE.

(29 mai 1848)

Avant que l'Assemblée prononce, je crois qu'il est indispensable qu'elle sache parfaitement quel est le sentiment de la Commission du pouvoir exécutif sur la modification proposée au projet de décret.

On disait, tout à l'heure, qu'il y avait un grand changement entre le décret proposé par la Commission exécutive et la modification qui y a été apportée par la Commission de l'Assemblée. Je déclare, pour mon compte, que je n'y vois aucune modification fondamentale; car, si j'en avais vu une avec le principe qui m'a animé en demandant que le décret fût proposé, si j'avais vu, je le répète, une modification sensible à ces conditions, je n'aurais pas pu rester au pouvoir.

J'explique en deux mots pourquoi :

Ce que nous avons réclamé, est-ce, par hasard, quelque chose de personnel ?

Ai-je vraiment besoin de répondre à ces insinuations qui auraient pour objet de faire supposer que nous avons voulu nous placer dans une sphère autre que celle de l'Assemblée? est-ce qu'il n'y a point une puissance prédominante absolue?

est-ce qu'il n'y a pas une force qui engendre toutes les forces, ou qui les retrempe toutes? c'est la force de l'Assemblée. Or, nous n'avons pu avoir cette prétention; elle ne serait que puérile: elle ne pourrait pas être autre chose pour les gens qui comprennent la puissance de l'Assemblée nationale créée par le peuple tout entier. (*Très bien! très bien!*)

Ce que nous avons voulu, le voici: un pouvoir fort et respecté, car il n'y a de pouvoir qu'à cette condition.

On nous dit: Vous êtes un pouvoir intérimaire. Eh! qu'est-ce que cela fait? est-ce que le pouvoir n'est pas un dépôt sacré? est-ce qu'il s'agit de savoir qui le possède aujourd'hui? non; il s'agit de savoir si le dépôt qui a été confié sera conservé de telle façon, avec une telle force; qu'il sera un instrument énergique de civilisation, d'initiative, de paix, et par conséquent de prospérité pour le pays. (*Très bien! très bien!*) Voilà ce qu'il s'agit de savoir.

Est-ce que vous croyez, par hasard, que, quand nous avons proposé ce décret, nos personnalités y soient entrées pour rien? Ah! sachez-le bien, quoiqu'on ait répété souvent que le pouvoir est un fardeau (*non! non!*), les hommes dévoués l'acceptent avec résolution, mais avec l'intention, tous les jours, s'il était systématiquement affaibli, de s'en démettre et de le dédaigner. Il y a quelque chose de préférable au pouvoir, c'est le respect de soi-même, et la satisfaction de sa conscience. (*Très bien!*) Or, citoyens, je le dis, il faut qu'un pouvoir, tout intérimaire qu'il est, soit un pouvoir fort; l'amoindrir, c'est vous amoindrir vous-mêmes, puisqu'il est votre délégation. Aujourd'hui c'est nous, demain ce sera vous. Est-ce que par hasard, dans l'opposition que nous avons faite pendant dix ou quinze ans, quand nous avons attaqué les actes, nous avons attaqué le pouvoir? non; toujours, pour mon compte, je l'ai respecté; et Dieu sait si cependant j'ai fait aux hommes une guerre énergique ; je disais ceci : il est dans les mains d'hommes qui ne sont pas dignes de le conserver ; mais le pouvoir en lui-même est un instrument nécessaire à la puissance du pays ; n'y touchons pas ! distinguons entre les hommes et le pouvoir ; j'ai attaqué les hommes, je n'ai pas attaqué le pouvoir. Eh bien, ce que j'ai voulu comme membre de l'opposition, je le veux aujourd'hui comme membre du pouvoir. Il y a des principes éternels en politique, car ils sont pris dans les racines de la conscience humaine, indépendants des circonstances, des hommes et des personnalités. Je le répète, ce qu'il faut, c'est un pouvoir fort, pour qu'il donne l'impulsion au pays et impose à l'étranger ; à l'étranger on vous regarde ! vos ambassadeurs, comment seront-ils respectés, s'ils sont nommés par une Commission que vous placez vous-mêmes dans une situation dérisoire ? (*Réclamations.*) Oui, dérisoire, si vous ne lui accordez qu'une puissance tiraillée, incertaine, divisée.

Je le répète, l'étranger vous regarde, et si, indépendamment des hommes, le pouvoir que vous faites n'est qu'un pouvoir à demi respecté, sous le prétexte qu'il n'est que transitoire, à l'étranger vous affaiblissez la République elle-même, soyez-en convaincus.

A quoi se réduit-on ? on demande qu'un des membres de la Commission exécutive siége sur ces bancs ; mais c'est demander que le pouvoir interpellé isolément puisse se contredire ; le placer là, pour le discuter tous les jours, c'est le discréditer.

Eh bien, citoyens, c'est parce que vous avez senti que le pouvoir ne pouvait être fort qu'à la condition qu'il était *un*, qu'on ne pouvait pas le prendre isolément, que c'était un faisceau ; c'est parce que vous l'avez senti, parce que votre Commission, tout en changeant quelques mots à la rédaction, a compris le principe comme nous, que nous déclarons adopter cette rédaction. Il n'y a pas en cela d'échec pour nous, puisque, sauf le changement de rédaction, en principe le pouvoir est conservé fort.

Je termine par une considération.

Ce que nous demandons aujourd'hui a été consacré par toutes vos constitutions, et permettez-moi de le dire, ç'a été la situation de tous les pouvoirs intérimaires eux-mêmes. Ainsi, il y a eu un temps qui s'est écoulé avant d'arriver au Directoire, où vous avez eu un pouvoir intérimaire : eh bien, ce pouvoir ne paraissait pas partiellement à lA'ssemblée, il ne pouvait pas être isolément attaqué.

On a fait allusion à la Convention. Oh ! je le sais, c'est parce que les Commissions de la Convention ont été représentées par quelques-uns de leurs membres seulement dans l'Assemblée, parce que ces hommes ont été discutés un à un, isolément, parce qu'ils n'ont pas pu toujours rendre compte d'une façon absolue, commune, de l'exercice du pouvoir, que le pouvoir a été affaibli, et que, prenant tour à tour le pouvoir pour les hommes et les hommes pour le pouvoir, on a fini, en minant séparément les hommes, par faire tomber le pouvoir lui-même dans le discrédit.

Eh bien, messieurs, ce qui a été une exception au milieu d'événements extraordinaires qui n'existent pas aujourd'hui, vous ne voudrez pas le reproduire. Vous avez compris le principe : le pouvoir doit être un, quels que soient ceux à qui il appartient; et c'est parce que vous comprenez qu'il doit être un, que vous ne voudrez pas qu'il puisse se discuter; et c'est parce que vous ne voulez pas qu'il puisse se discuter, que vous déciderez que, dans cette enceinte, il ne comparaîtra que sur un mandat spécial, pour s'expliquer après avoir délibéré, et sans jamais pouvoir être surpris à l'improviste, et sans s'être concerté, s'être entendu; parce que, encore un coup, le pouvoir, à d'autres conditions, ce serait un pouvoir avili, impuissant, que nous ne pourrions accepter et que, pour ma part, je n'accepterais pas. Une âme élevée ne saurait s'y attacher qu'à la condition qu'il soit fort et, par là même, utile et fécond. (*Mouvement prolongé.*)

XLV

DISCOURS PRONONCÉ A L'ASSEMBLÉE NATIONALE

A PROPOS DE LA VÉRIFICATION DE L'ÉLECTION DU CITOYEN LOUIS BONAPARTE
COMME REPRÉSENTANT.

(15 juin 1848)

Citoyens,

Cette question a trop d'importance pour que la discussion se ferme sans que le gouvernement ait dit son opinion.

Hier, en présence de faits graves qui ont suscité une instruction dont je vous parlerai tout à l'heure, le gouvernement vous a dit : Une loi existe ; vous m'avez nommé pour faire exécuter les lois ; jusqu'à ce que l'Assemblée nationale ait prononcé, la loi sera exécutée avec vigueur. Aujourd'hui, on vient prétendre que la loi n'existe pas ; je demande si tous les arguments peuvent aller à l'encontre d'un fait matériel que vous connaissez tous.

Comment ! la loi n'existe pas ; et pourquoi donc ce projet présenté pour décider si cette loi serait ou non abrogée ? Je le répète, il n'y a pas d'argument, si développé qu'il soit, qui puisse prévaloir contre un fait. La loi existe par cela même que vous avez mis en question de savoir si elle serait suspendue, abrogée, ou au contraire exécutée. (*Très bien ! très bien !*) Et on vient dire : Vous violez la souveraineté du peuple. J'avoue qu'il paraît singulier à des hommes qui ont contribué à constituer, le 24 février, la souveraineté du peuple, d'entendre soutenir aujourd'hui qu'ils veulent la violer. Entendons-nous bien : si le principe était en question, il devrait prévaloir, cela ne fait pas de difficulté ; mais, comment ! vous reconnaîtriez que un, deux, trois départements constituent la souveraineté du peuple ! (*Très bien ! très bien ! réclamations.*)

Citoyens, permettez-moi de vous le dire, vous vous méprenez sur les principes ; apparemment vous n'êtes pas meilleurs révolutionnaires que les auteurs de la déclaration des droits de 1793 ; vous n'avez pas la prétention de défendre plus qu'eux la souveraineté du peuple : eh bien, ils déclarent dans cette constitution de 1793 que la souveraineté du peuple existe dans l'ensemble et ne peut exister dans un individu seulement. Ils le déclarent si bien qu'ils vous disent que quand cette souveraineté, dans son ensemble, est violée, il faut recourir à l'insurrection. Et, à côté de ces principes qui planent sur toutes nos constitutions, permettez-moi de dire à ceux qui souriaient tout à l'heure qu'ils avaient mal compris, que la règle ne peut être posée qu'en ces termes ; autrement c'est du protestantisme, ce n'est pas la foi dans la souveraineté du peuple ; la souveraineté du peuple existe dans l'universalité, dans l'absolu. Autrement, citoyens, remarquez-le bien, il peut convenir à un département surpris de nommer un prétendant qu'on vous indiquait tout à l'heure et que vous avez proscrit par une loi récente.

Il peut convenir à un autre département, que je ne veux pas indiquer, de nommer, par exemple, le comte de Paris, ou Henry V. Quel est celui d'entre vous qui viendrait soutenir qu'un département, ainsi égaré et protestant, pèse lui seul dans la balance autant que l'ensemble de la nation ? (*Mouvement prolongé.*) Je le répète, en droit et en fait, quand la souveraineté du peuple, qui est l'universalité, quand la souveraineté du peuple, que vous représentez, puisque vous êtes constituants, a déclaré que la loi de 1832 existe encore, vous ne pouvez pas dire qu'on attente à la souveraineté d'un député du peuple, si la majorité de la nation, qui constitue dans son essence la souveraineté entière, absolue, indivisible, du peuple, si cette souveraineté décide que le département s'est mépris, que le département s'est trompé, qu'il a cru à des conditions légales que le candidat n'avait pas : ce qu'il faut respecter, c'est l'ensemble de la nation et non pas le vœu isolé d'un département. Voilà les principes. (*Très bien! très bien! vive adhésion.*)

Citoyens, je ne veux pas prolonger cette discussion ; j'arrive à quelques faits.

On a dit : la Commission a pu laisser supposer que la loi de 1832 était abrogée. Ainsi, par exemple, elle a laissé entrer dans cette enceinte des membres de la famille Napoléon, sans protester ; veut-on nous en faire un reproche ?

Pour mon compte, je le déclare, je considère cela, au contraire, comme un acte de magnanimité, un acte que vous ne pouvez blâmer. Incontestablement, la proscription n'est pas dans le cœur ni dans l'esprit d'aucun de nous ; incontestablement, nous avons voulu respecter, autant qu'il était en nous, le suffrage des citoyens ; mais ces membres de la famille de Napoléon n'avaient pas dans leurs précédents des conspirations ; mais ils n'avaient pas été condamnés ; mais, quand ils venaient affirmer qu'ils se dévouaient à la République, nous devions les croire parce que l'un des plus nobles attributs de la République, c'est la foi, c'est la confiance.

Eh bien, quand, inspirés par ces sentiments, nous trouvons cependant des précédents contraires chez un autre membre de cette famille, quand nous trouvons une conspiration flagrante contre la République dans son entourage, dans les faits qui le pressent, dans les partis qui se servent de son nom, qu'ils soient avec lui ou sans lui, peu m'importe, puisqu'ils se couvrent de son pavillon, — et selon nous ils appartiennent à différentes couleurs, — alors une autre ligne de conduite nous est tracée. Vous me demandez quels sont ces faits : je vous les dirai avec toute la réserve que me commande notre situation officielle ; les voici :

L'instruction est commencée ; des arrestations ont eu lieu ; le fait apparemment ne peut pas être dénié ; à Paris des embauchages ont été organisés pour former une nouvelle garde impériale ; ce que je dis, beaucoup d'entre vous le savent, car beaucoup d'entre vous m'en ont parlé ; il y a eu de l'argent distribué ; on a arrêté les fauteurs de ces désordres ; il y a eu sur la place publique du vin versé à profusion pour ceux qui voulaient boire, versé à tout le monde, *au nom de l'Empereur Napoléon* ; un attentat a été commis auprès de nous aux cris de : « *vive Napoléon empereur !* » hier, vous avez tous entendu comme moi, entre la porte Saint-Denis et la porte Saint-Martin, des cris de « vive Napoléon ! » vive l'empereur ! il y a plus ; trois journaux ont été fondés en quatre jours, s'appelant : l'un *le Napoléonien*, l'autre *la République napoléonienne*, déclarant, par exemple, qu'il faut élire un président à l'instant même et nommer *Louis Bonaparte ;* déclarant qu'hier vous, Assemblée nationale, vous aviez décrété son entrée dans la Chambre, que la Commission avait été obligée de donner sa démission ; annonçant qu'une grande partie de la banlieue allait se rendre au-devant de lui pour lui former un immense cortège, une entrée triomphale ! n'est-ce rien que cela ?

Et vous croyez qu'en présence de ces faits votre Commission exécutive, à peine de mourir sous une accusation d'incapacité ou d'imprudence, ne devait pas vous dire ceci :

Une loi existe, la loi de 1832 ; nous, Commission exécutive, nous l'appliquerons ; si vous, Assemblée nationale, vous pensez que ces faits ne sont pas assez graves, vous en déciderez autrement. Nous avons fait notre devoir, faites le vôtre. (*Mouvement prolongé.*)

Je ne mets pas d'exagération dans les accusations contre Louis Bonaparte : je ne viens pas vous dire d'une façon hyperbolique : La République est perdue ! non, non ! nous savons comment elle a été conquise sur les barricades ; nous savons comment nous la défendrions. (*Applaudissements.*) Non, non, la République n'est pas perdue ; mais je demande à ceux qui nous combattent s'ils veulent se rendre responsables d'une seule goutte de sang versé au nom de l'empereur. Prévenir, pour conjurer des malheurs probables, telle est notre pensée. (*Très bien ! très bien !*)

Non, la République n'est pas perdue. Vous-mêmes qui nous blâmez, je vous adjure, mes amis, car parmi nous il y a de mes amis, je vous adjure d'y bien réfléchir ; vous nous parlez au nom de la souveraineté du peuple ; ah ! vous nous avez touché le cœur ! vous nous dites de repousser les lois de proscription ; oui, vous nous avez touché le cœur !

Mais, avant tout, nous sommes des hommes d'État : nous ne pouvons pas nous laisser guider seulement par des sentiments ; nous avons à maintenir l'ordre et la sécurité de la France ; nous voulons faire notre devoir, et nous disons, en présence de ces principes que vous invoquez et qui sont les nôtres, nous disons : « L'émeute sévit ; on s'est battu hier ; on peut se battre ce soir, cette nuit ; une loi existe, pourquoi ne l'exécuterions-nous pas ? »

Et nous ajoutons : La loi de 1832 prononçait contre la famille de Napoléon une éternelle proscription ; que venons-nous vous demander ? ou plutôt, que vient demander le citoyen Degousée ? que cette loi soit exécutée provisoirement. Et ce n'est point une amélioration ? comment ! on avait proscrit à jamais, et nous venons demander, en présence de dangers, l'exécution provisoire seulement, c'est-à-dire, pour un temps limité !

Et vous dites, citoyens, on dit du moins à côté de vous : « Le citoyen Louis Napoléon est étranger à toutes ces manœuvres. » Il y est étranger : tout le monde l'a dit, excepté lui... (*C'est vrai ! c'est vrai !*)

Deux fois il a été prétendant ; deux fois il a parlé au nom des droits héréditaires de l'empire. Eh bien, depuis qu'il est nommé, est-il venu dire : « Je m'incline devant la République, je conserve comme traditions les souvenirs de gloire de mon oncle, mais il y a quelque chose de plus grand que lui, c'est le pays qui l'avait élu » ! (*Bravo ! bravo !*)

« Je m'incline devant celui qui a couronné mon oncle, devant le peuple souverain, et je mourrai simple citoyen de la République que ce peuple a glorieusement fondée. » A-t-il dit cela ? (*Applaudissements.*)

Qu'il le dise, s'il le juge convenable ; et alors votre loi, qui n'est qu'une exécution provisoire, pourra être modifiée. (*Très bien ! très bien !*) Car vous êtes tout-puissants, car vous êtes souverains, car vous pourrez dire demain que le danger est passé, que l'orage s'est évanoui, et que la proscription doit cesser ; vous pourrez le dire demain.

Citoyens, je n'ajoute qu'un mot : que ceux qui, au dehors, se servent de ce moyen pour troubler la rue, s'ils sont de véritables et de sincères républicains, croient bien que la loi de proscription, ce n'est pas par l'émeute, par le sang, qu'ils la feront rapporter ; vous ne céderez pas à la crainte. (*non ! Non !*) C'est, au contraire, par la tranquillité, par le respect, par l'observation d'une loi qui existe, qu'ils pourront faire rapporter la loi. Qu'ils entendent ma voix, et peut-être demain cette loi que je déteste comme toute loi de proscription ne sera plus.

Quant à ceux, au contraire, qui, fauteurs de discordes,

mauvaises queues de tous les partis vaincus, viennent se placer sous ce drapeau qui réveille de vieux souvenirs de gloire, pour faire la guerre à la République, ah! pour ceux-là, point de pitié! car ils sont les véritables ennemis du peuple, et nous les combattrons aux cris de : *Vive la République!*

(*De toutes parts: vive la République! Sensation prolongée.*)

XLVI

DISCOURS PRONONCÉ A L'ASSEMBLÉE NATIONALE

EN RÉPONSE AUX IMPUTATIONS
CONTENUES DANS UN RAPPORT SUR UNE ENQUÊTE POLITIQUE.

(3 août 1848)

CITOYENS,

Je demande qu'un jour bien prochain soit fixé pour la discussion de ce rapport. Si je le demande, c'est pour me conformer aux précédents de l'Assemblée ; car pour moi j'aurais hâte de m'expliquer dès à présent, bien que je ne susse pas, en entrant dans cette enceinte, la plupart des faits qui sont articulés dans le rapport. Si vous croyez qu'il est permis à un homme de ne pas rester sous une accusation, quand il peut la repousser en quelques mots, je vous demanderai de m'accorder le droit de parler de suite. (*Marques nombreuses d'adhésion.*)

Citoyens, j'ai demandé pour mon compte, sans attendre les pièces justificatives, à m'expliquer.... (*Interruption — Non ! non !*) Mais personne ne peut être meilleur juge que moi de ce qui regarde mon honneur ! (*Interruption.*)

J'entends quelques-uns de mes honorables amis qui me disent : Attendez les pièces imprimées. Mais vous n'avez pas réfléchi, vous qui parlez ainsi, à la nature de l'œuvre qu'on vient de vous lire.

Comment, les pièces imprimées ! mais qu'en ai-je besoin

pour défendre un principe ? car ce n'est pas pour me défendre que je suis ici, c'est pour faire respecter un principe sacré qui peut être violé pour moi aujourd'hui, qui peut l'être pour vous plus tard. (*Très bien ! très bien !*)

Qu'est-ce donc que cette enquête ? J'ai été entendu une fois, et il n'est pas un seul des faits au bout desquels mon nom est accolé, il n'en est pas un seul qui ait été articulé devant moi. (*Oh ! oh !*)

Je l'affirme sur l'honneur ! qu'on me démente, si cela n'est pas vrai ; produisez votre procès-verbal. (*Mouvement prolongé.*)

Un membre à l'extrême gauche : Alors c'est une infamie. (*A l'ordre ! à l'ordre !*)

L'orateur se tournant vers Odilon Barrot : Comment ! vous qui me regardez dans ce moment, vous riez ! Au lieu de rire, consultez votre mémoire. Je fais appel à votre souvenir, à votre honneur. Direz-vous par qui j'ai été entendu une seule fois ? Un des faits qui m'ont été reprochés, un des actes qui ont été énoncés, tout cela m'a-t-il été dit ? Non, vous ne pouvez pas répondre que cela m'ait été dit. (*Mouvement.*)

Et vous croyez que pour vous confondre j'ai besoin de vos pièces imprimées ? Eh bien, voilà ce que je veux constater ; et ici, Messieurs, je fais appel à toutes les consciences, je fais appel à toutes les nuances d'opinion, je dis que l'Assemblée doit être consternée de l'œuvre qu'elle a entendue. (*Oui ! oui !*) Oui, consternée ; car je mets en fait qu'aux plus mauvais jours des Assemblées législatives pareil précédent n'a jamais existé. Voulez-vous ouvrir l'histoire de la révolution ?......

Un membre : Comment ?

Il ne s'agit pas de dire : « *Comment ;* » il s'agit de savoir l'histoire de la révolution ; l'histoire de son pays. Où il y a eu des tribunaux, où il y a eu des rapports généraux dans

les assemblées législatives, il n'y a pas eu des accusés nommément, des flétrissures portées contre tel ou tel nom;
rien... Rien de semblable. Une fois, une seule fois, dans le
rapport de Lecointe après le 9 thermidor; il n'y a pas eu
d'autre exemple. Et vous savez si ce rapport, qui avait essayé
de ternir la grande incorruptibilité de la révolution, a été
flétri par l'histoire. Voulez-vous de cette renommée? (*Mouvement.*)

Parlerai-je même du tribunal révolutionnaire? Oh! là
certainement on comparaissait, on déclinait son nom, on
était condamné.

Mais dans quelle situation? En présence de l'étranger et
des factions fourmillant à l'intérieur. Disait-on, à cette
époque, d'une façon hypocrite, qu'on respectait le droit? on
avait ce grand courage de déplorer qu'on fût dans la révolution, dans le sang, et d'être obligé dans ces conditions,
pour défendre le pays, de se mettre au-dessus du droit, de
violer le droit pour sauver la patrie.

Aujourd'hui, sommes-nous dans les mêmes circonstances? Et cependant qu'avez vous fait? Vous avez accusé
les uns, vous avez frappé les autres, et vous ne les avez pas
confrontés avec un seul témoin, pas un seul! vous n'avez
pas tenu de procès-verbaux et vous dites: Mais cela n'est
rien, car enfin la justice plus tard pourra intervenir. La
justice! oui, oui, quand l'opinion du pays nous aura frappés
de réprobation, interviendra votre justice tardivement
réparatrice. Et que me fait à moi votre justice! Une peine
matérielle, la privation de ma liberté! Eh! qu'est-ce que
cela peut me faire? est-ce que le 24 février je n'ai pas
sacrifié tout cela? est-ce que je n'ai pas pensé qu'un jour il
me faudrait compter avec les ennemis vaincus de la République? j'ai pensé à tout cela!

A gauche: Très bien! très bien! (*Applaudissements.*)

Oui, j'ai pensé à tout cela; oui, j'en ai volontairement

fait le sacrifice, et en montant à l'Hôtel de ville, je disais à l'ami que le peuple venait de me donner, je disais à Lamartine : « nous montons au Calvaire ». (*Mouvement.*)

Voilà ce que je disais; ce n'est pas aujourd'hui que je le dis. Je n'ai donc pas peur de vos peines matérielles ; je ne crains pas pour la privation de ma liberté! mais ce qui me touche, c'est l'opinion du pays, c'est la calomnie ; ce qui me touche, ce sont les quatre ou cinq jours qui vont séparer mes explications de votre rapport ; ce sont les calomnies dirigées contre la révolution de Février.

On a essayé depuis trois mois de me tuer moralement. Mais, par respect pour cette révolution en péril, je me suis tu, je me suis condamné au silence ; et il faudrait encore attendre quatre mortels jours !

Je dis que vous devez me permettre de m'expliquer, sans attendre que votre rapport et vos pièces soient imprimés. (*Très bien!*)

Eh bien, je le ferai rapidement, sans haine, sans colère ; je vais tâcher de me rappeler moi-même les expressions qui finissent le rapport, qui font un appel à la concorde, sentiment qui aurait dû présider au rapport tout entier.

Vous avez parlé de moi à propos de trois faits seulement. Ma réponse sera bien courte. Je serais coupable de la publication du fameux bulletin. Ainsi donc j'ai lancé un bulletin incendiaire. Avez-vous dit au milieu de quelle situation je me trouvais? Je suis obligé de la rappeler moi-même, car enfin je me défends.

J'organisais la garde nationale sédentaire, c'est-à-dire un million d'hommes, la garde nationale mobile; j'organisais le suffrage de la garde nationale, 1,500,000 voix; j'organisais les gardiens de Paris; j'organisais le suffrage universel que vous aviez déclaré impraticable; je veillais, quoi que vous en disiez, à la sécurité de Paris; car Paris, pendant tout ce temps, n'a pas été profondément troublé.

Et quand je faisais tout cela, quand ma journée et ma nuit suffisaient à peine, on vient me dire que je lançais je ne sais quel bulletin qui était contraire au droit. Le droit, je l'ai professé toute ma vie ; c'est pour lui que je veux mourir.

Ce bulletin n'est pas de moi ; en le déclarant, j'ai dit la vérité. Mais que l'on mette en regard du bulletin les occupations dont j'étais assiégé, et on comprendra qu'il ait pu échapper à ma sollicitude, à mes soins. (*Longue approbation.*)

On parle du 16 avril et on dit : Vous vous êtes fait conspirateur. Conspirateur, moi ! mais ce serait la première fois de ma vie. Consultez tous mes amis, tous ceux qui ont combattu avec moi, derrière moi ; jamais sous l'ancien gouvernement je n'ai voulu être d'une société secrète, d'une conspiration. A ceux qui m'en conviaient, je disais : Non, je ne veux pas de conspiration ; la conspiration, c'est l'émeute ; le débat au grand jour, c'est la révolution. J'aime mieux attendre, je veux semer, éclairer mon pays ; le troubler inutilement, non !

Et après avoir dit cela pendant vingt ans, on viendrait conspirer quand on est au pouvoir ! mais ce serait de la folie !

Oui, de la folie, après tout, si j'avais voulu, au 16 avril, conspirer contre une partie de mes collègues ; je ne l'ai pas fait ; permettez-moi l'hypothèse, j'aurais pu le faire, j'aurais été dans mon droit en le faisant, et vous ne pourriez pas m'accuser aujourd'hui.

Qu'était-ce que le 24 février ? Un fait ; et si j'avais pensé, en me trompant, mais en jouant ma vie, que je pouvais sauver le pays avec d'autres hommes qui n'étaient pas tels ou tels, en faisant un appel au peuple, le peuple ne pouvait-il pas défaire le 17 avril ce qu'il avait fait le 24 février ? (*Vives exclamations.*)

(Mais il n'y avait pas encore d'Assemblée! — Agitation.)

Je vois que vous ne me comprenez pas ; non, vous ne me comprenez pas. Je vous dis que le fait a été au 24 février ; je vous dis que le fait pouvait être au 17 avril ; le droit n'a été qu'au 5 mai. En conséquence, pour tout ce qui est antérieur au 5 mai, vous pouvez faire de l'histoire, à titre de curiosité ; mais quant à rechercher ces faits, qui seuls peuvent être l'affaire de mes collègues et de moi, si vous voulez raisonner sans passion, vous êtes obligés de convenir que vous ne pouvez pas y jeter un regard rétrospectif. *(Agitation.)* Vous pouvez vous récrier, les passions politiques ne raisonnent pas, et ce que je vous dis, c'est du raisonnement et de la logique.

Je viens de raisonner dans une hypothèse ; je n'ai pas donné à cette hypothèse la valeur d'un fait ; car au 17 avril quelqu'un a dit, a osé dire qu'il avait fait battre le rappel. Si quelqu'un a dit cela, il a dit un fait contraire à la vérité.

(Une voix : C'est le général Changarnier.)

Oui, contraire à la vérité, et voici pourquoi : Le 16 avril, la police m'annonçait qu'il pourrait y avoir une manifestation. Le soir j'en ai prévenu deux de mes collègues dans le sein du Conseil ; la nuit, je l'ai passée à faire scruter Paris, à parcourir la ville. Jusqu'à onze heures du matin, j'avais échelonné, de quart d'heure en quart d'heure, des rapports de police ; alors j'ai commencé à craindre. Ai-je consulté quelqu'un ? Ai-je cherché à savoir si mes collègues voulaient qu'on appelât la garde nationale, qui, à cette époque, n'était encore qu'une ombre, qu'un cadre, sans hommes organisés ? Non, je n'ai pas demandé à M. de Lamartine : Faut-il faire battre le rappel ? mais j'ai fait battre le rappel. Je suis passé à l'État-Major, je n'ai pas trouvé le commandant ; il faisait reconnaître les officiers ; et là, comme ministre de l'intérieur, j'ai intimé l'ordre qu'on battît le rappel. Quand il a battu, on tremblait un peu, on craignait que la garde nationale ne vînt pas. Eh bien ! moi, si honni aujourd'hui par la garde nationale, je déclarai que j'avais confiance qu'elle viendrait, et, en effet, elle est venue ; car j'ai toujours voulu de la discussion, mais non du désordre.

(*Mouvement prolongé.*)

Voilà ce que j'ai fait le 17 avril. Maintenant, citoyens, je vous le demande, croyez-vous que dans une enquête judiciaire, que dans un rapport impartial, que dans une œuvre qui aurait un nom dans un pays civilisé, on eût omis de dire cela ? On l'aurait dit, on aurait fait la part des reproches adressés à je ne sais qui, on aurait aussi dit les faits matériels devant lesquels toutes les calomnies impuissantes viendraient se briser.

Je vous demande alors ce que c'est que votre rapport, et si, pour le confondre, j'ai besoin de vos pièces imprimées !

Maintenant, pour le 15 mai, vous dites encore que mon nom a figuré ; comment ?

On a rencontré dans l'Assemblée un homme s'appelant Longepied qui portait un laissez-passer, signé Ledru-Rollin.

Oui ; je l'avoue, et j'ai bien fait ; car cet homme était venu à la Commission exécutive. Le premier membre à qui il ait parlé est M. Arago ; il lui a dit : Une grande manifestation va se faire ; je crains qu'elle ne devienne dangereuse ; et je viens vous demander de me permettre de me jeter au-devant d'elle pour empêcher qu'on aille assaillir l'Assemblée. M. Arago lui dit alors qu'il ferait bien ; et moi, qui le connaissais pour l'avoir vu souvent, pour avoir été en rapport avec lui, et pour l'avoir vu empêcher, dans maintes circonstances, qu'une explosion se fît à Paris ; moi qui connaissais sa puissance, je lui dis qu'il ferait bien ; je lui donnai un laissez-passer. Il est venu ici, et dans cette Assemblée il a fait tout au monde pour empêcher des forcenés de se porter à des actes de violence, à des excès. Voilà ce que j'ai fait. Voilà comment on cherche à rattacher mon nom au 15 mai.

On a donc perdu la mémoire! si là il y a eu un homme qui ait été obsédé, obligé de résister de toutes ses forces physiques aux assaillants, c'est moi. (*Oui! oui!*)

Il y a eu deux membres, siégeant ici, me disant un instant, plus ou moins éperdus : Après tout, prenez la présidence, si c'est pour nous sauver de l'anarchie. (*C'est vrai!*)

J'ai répondu : Mourir pour le droit et mon devoir, me faire écharper sur place plutôt que de porter un seul instant atteinte aux droits de l'Assemblée nationale! Et qui donc est allé le premier à l'Hôtel de ville? Il faut bien que je parle de moi.... Qui donc est allé le premier à l'Hôtel de ville, si ce n'est moi? M. Lamartine était séparé de moi par un groupe et, en ce moment, la garde nationale criait à tue-tête : « On va tirer des fenêtres! » Je me suis avancé et j'ai dit : « Tant mieux! je mourrai pour le droit et pour la République! »

Voilà ce que j'ai fait. Et qu'ai-je donc besoin d'attendre toutes vos pièces imprimées?

Que me font vos attaques? J'ai pour moi ma conscience. Frappez, si vous le voulez; mais d'ici à demain le peuple sera éclairé, et à côté de votre rapport on verra ma réponse. Voilà à quoi je tenais; le reste m'est indifférent; ce qui me touche, c'est l'opinion du peuple, du pays. Je ne veux pas qu'on le trompe pendant quatre jours.

Un dernier mot. On a parlé du 24 juin. Le 24 juin, j'ai la confiance que nous avons fait complétement, profondément notre devoir; j'ai la confiance que, s'il y a eu des responsabilités, elles ne peuvent, elles ne doivent pas peser sur nous. Il y a un mois que j'ai soif de parler à cet égard ; il y a un mois que mon sang bouillonne et que je me contrains ; car moi, j'ai failli être fusillé par la garde nationale ce jour-là. La garde nationale disait : Nous avons été trahis ! Non, elle n'a pas été trahie ; et pour ne pas, dans l'emportement d'une discussion, raconter des faits qui effaceront toute espèce de calomnies contre nous, celle-là, je l'ajourne à la discussion prochaine. Je rapporterai des dates, des ordres, des preuves ; et la garde nationale par laquelle je me suis laissé calomnier, parce que peu m'importait,.... mon pays avait été troublé par la guerre civile ; cette cité avait vu des flots de sang ; je devais me taire. J'avais écrit pour le cas où une balle m'atteindrait ; je ne voulais pas que des accusations odieuses pussent peser sur ma mémoire ; mais j'ai dû me taire et me laisser, pendant un mois, étouffer sous la calomnie ; car un plus grand intérêt que celui d'un homme, l'intérêt même de la République, était en question.

A bientôt donc, au jour où vous ordonnerez la discussion à fond ; ces preuves sont accumulées, elles ne sont pas dans le rapport ; vous les avez oubliées. (*Mouvement.*) J'en ai déposé, vous n'en avez pas dit un mot. (*Exclamations sur quelques bancs.*)

Tenez, permettez-moi de le dire, et ne m'en voulez pas, après tout, dans la chaleur de l'improvisation ; la pensée est au fond de mon cœur, il faut qu'elle vienne sur mes lèvres.

Vous tous qui avez assisté à la Commission, vous n'étiez pas de nos amis politiques.

(*A gauche : Non ! non !*)

Vous ne pensiez pas comme nous. Permettez ; je respecte vos consciences. J'ai cru, le seul à l'ancienne Chambre, qu'on pouvait passer sans transition de la monarchie à la république ; n'est-ce point là mon crime ?

Eh bien, descendez dans le fond de vos cœurs ; êtes-vous bien sûrs d'avoir oublié, comme moi, toute espèce d'amertume ? êtes-vous bien sûrs, comme moi, d'avoir oublié toute espèce de colère ? êtes-vous bien sûrs que, malgré vous, dans votre rapport, n'a pas passé cette rancune que vous auriez dû étouffer ? Vous ne pouvez en être bien sûrs, car vous êtes des hommes ; et j'ai cette conviction que les commissions politiques, sous quelque forme qu'elles se produisent, ne sont pas des tribunaux de justice : on tue avec elles, mais on ne juge pas. (*Vif assentiment sur plusieurs bancs.*)

Vous parlez de concorde, grand Dieu ! et votre rapport est gros de division et de haine ; et cependant, si, cédant à d'anciens souvenirs, nous laissions se faire des ouvertures dans nos rangs, nos ennemis en profiteraient pour s'y précipiter et se faire des armes de nos divisions. (*Approbation.*)

Ainsi donc suspendez votre jugement pendant quatre jours, ne jugez pas légèrement. Ce rapport, fait sans confrontation, n'est pas une œuvre de justice, c'est une œuvre de parti. (*Oui ! oui ! — Non ! non !*)

Des partis ! la République ne doit en avoir qu'un seul : la grandeur de la France et le bonheur du peuple. Nous disputons, et il a faim. Une seule conduite peut nous sauver : l'union, la concorde ; oui, nous sauver des périls du dedans et des coalitions du dehors. (*Mouvement prolongé.*)

XLVII

DISCOURS PRONONCÉ A L'ASSEMBLÉE NATIONALE

DANS LA DISCUSSION DE LA LOI SUR LE CAUTIONNEMENT DES JOURNAUX.

(8 août 1848)

CITOYENS REPRÉSENTANTS,

Au point où est arrivée la discussion, je ne serais pas monté à la tribune, si je ne croyais avoir à vous dire, en très peu de mots, des choses qui jusqu'à présent n'ont pas été dites et qui sont utiles. En le faisant, je résumerai succinctement la discussion que vous venez d'entendre ; d'abord, définissons bien ce que nous voulons :

La liberté de la pensée, tout le monde est d'accord ; le respect de l'autorité, sans lequel il n'y a pas de société possible ; c'est la solution de ce problème qui se présente aujourd'hui en politique, et qui depuis des siècles s'est présenté en philosophie : Concilier la liberté humaine et l'autorité.

Que vient-on dire dans le projet de loi ? Ceux qui ne veulent pas du cautionnement veulent de l'anarchie; et on met sur le compte des défenses de la liberté toutes les exagérations et tous les crimes que le principe du mal a jetés en ce monde ; ce n'est point une objection sérieuse ; je la repousse. (*Approbation.*)

J'arrive à la loi même ; je dis qu'à votre insu elle n'est pas sincère ; si c'est une peine que vous voulez frapper, 24 000 francs, ce n'est pas assez. Vous comprenez, en effet, que les riches pourront facilement les trouver : c'est donc une prévention, pour que les pauvres qui auraient une pensée dans l'âme ne puissent pas librement la faire prévaloir ; ce n'est pas une garantie, c'est une prévention contre la liberté.

On ajoute, il est vrai : Nous voulons une loi transitoire, c'est quelque chose qui n'est pas définitif.

Citoyens, croyez-vous que je doive répondre à cet argument ? il a été celui de toutes les mauvaises causes.

Je ne sache pas une violation de principe qui n'ait eu pour excuse la transition, le passager ; on l'a dit avant moi : En France, il n'y a de définitif que le provisoire ; je le répète, ce n'est pas là un argument ; si votre principe n'est pas vrai, s'il est contraire à ce qui est juste, ne fût-ce que pour un mois, que pour deux mois, vous ne pouvez vous en servir ; c'est quelque chose d'odieux au point de vue des principes. (*Très-bien !*)

Venons donc au fond de la question ; j'ai dit qu'il fallait deux choses : le respect de la liberté, le respect de l'autorité.

Or, nous venons vous proposer ceci : de trouver, au lieu d'un nuage qui s'échappe, au lieu d'une fiction qui disparaît aux yeux, de trouver la réalité même.

Nous vous disons : L'auteur signera ; vous répondez : Cela n'est pas possible. Si vous avez travaillé dans les journaux, vous reconnaîtrez que cela est possible ; car, au bas d'un article de grande discussion, quand on veut l'honorer, quand on croit qu'il y a une grande responsabilité morale, que fait-on ? on met son nom au bas de l'article. Et le fait Paris ? on peut y apposer des initiales.

Citoyens, pour vous mettre à même de juger en conscience, permettez-moi de vous placer dans la situation où est un homme qui écrit.

Le journaliste, c'est ordinairement un homme passionné,

c'est un homme qui prend sa plume frémissante, et qui la
fait courir sur le papier. Eh bien, cet homme a-t-il un com-
pas pour mesurer son expression? ah! non! non! il est
exagéré, il parle de loin, il a besoin de peindre largement
et fort, pour qu'on voie bien, qu'on saisisse bien. Le journaliste qui dit : Ce n'est pas seulement la feuille de papier,
ce n'est pas seulement l'être collectif, mais c'est mon nom
qui va être au bout de cet article, c'est ma responsabilité
morale que j'engage, ah! soyez-en convaincus, cela est dans
la nature humaine : on est plus exigeant pour soi, quand
on signe ; on l'est beaucoup moins, quand on ne signe pas.
On est plus exigeant, quand on se présente en face de son
adversaire, quand on le voit de l'œil, et quand on dit : Voilà
un homme qui va me demander raison, non pas raison par
les armes, mais raison à ma conscience, à ma loyauté. Je
dis que, dans ce cas, citoyens, la responsabilité est plus
sérieuse, plus vraie, et que, pour en nier l'existence, il faut
nier la conscience humaine et les habitudes de la vie. (*Vive
approbation.*)

Maintenant, que me répondrez-vous? C'est nouveau! mais
tout est nouveau ici ; vous qui m'écoutez, et le gouvernement sous lequel nous avons le bonheur de vivre, tout est
nouveau. Est-ce que c'est un argument de dire que c'est nouveau? et parce que la monarchie existait, est-ce qu'il faut
suivre les traces de la monarchie, quand on est en république? (*Approbation.*)

C'est nouveau! oui, pour vous qui n'avez rien consulté
sur cette grave question ; pour vous qui avez changé, les
uns et les autres, permettez-moi de vous le dire, un peu
vite, d'opinion.

C'est nouveau! Et la Suisse? est-ce que dans ce pays républicain on connaît le cautionnement? la calomnie y est
cependant plus rare, plus difficile qu'ailleurs, parce que les
lois répressives sont plus sévères.

Vous dites que cela n'existe pas ! vous n'avez donc jamais
lu l'histoire de l'Amérique ? Vous me parlez de l'Angleterre !
que me fait à moi l'Angleterre ! elle est aristocratique.....
en Angleterre, vous vous trompez, vous avez dit qu'il n'y
avait pas de cautionnement, il y en a un ; les lois de 1819,
de 1832, exigent un cautionnement de 200 livres sterling.
(*Le ministre fait un signe de dénégation.*)

Je dis qu'il y a un cautionnement.

Au surplus, l'Angleterre est aristocratique. Je vous parle
de l'Amérique ; elle a bien sa grandeur apparemment, et
je crois que nous pouvons la consulter.

En Amérique, on ne connaît pas le cautionnement ; là, la
liberté est absolue, et l'autorité est grande aussi ; cependant,
on a trouvé le moyen de concilier les deux principes, et on
n'a pas eu recours au cautionnement, et, dès le commencement, on ne s'est pas payé de mots comme ici ; on n'a
pas dit : Faisons une loi transitoire, à l'imitation de l'Angleterre avec laquelle nous venons de rompre ; commençons
la République en manquant au principe sacré de la liberté.
Non, non, on n'a pas dit cela en Amérique, le lendemain
de la rupture avec l'Angleterre, et quand une loi du cautionnement et du timbre s'est agitée, on a déclaré que, pour
rompre avec la métropole, il n'y aurait, ni cautionnement,
ni timbre, et que ce n'était pas avec du vieux, au grand
soleil de l'Amérique, qu'on pourrait fonder une jeune, vigoureuse et invincible république. (*Mouvement prolongé.*)

En Amérique, donc, dans ce grand pays qui a bien sa valeur comme exemple, pas de timbre, pas de cautionnement,
liberté absolue ; et à vous qui, en passant, avez voulu nous
donner une leçon, permettez-nous de vous répondre. Ce que
je viens vous dire ici n'est pas un langage de circonstance ; je l'ai dit quand j'étais dans l'opposition, je l'ai dit
le 24 février, je l'ai dit le 22 juin quand j'étais au pouvoir,
car je ne sache pas que les idées chevaleresques que j'y ai

portées aient été répudiées par moi quand j'y étais assis. (*Mouvement d'approbation à gauche.*)

Le 22 juin, j'ai présenté à la Commission exécutive un projet de loi qui repoussait le cautionnement, et qui établissait la responsabilité morale par la signature : il était accepté par tous les membres, par tous, entendez-vous bien ! (*Mouvement.*) Il avait été remis au ministre de la justice ; et, sans les lamentables événements du 24 juin, il vous aurait été présenté. Oh ! Dieu merci ! ma politique peut être contestée, mais elle est homogène, elle est une, elle est logique. Ce que j'ai voulu avant, je l'ai voulu pendant, et je combats encore après pour l'obtenir. Si d'autres ont changé pour demeurer au pouvoir, ce n'est pas moi. (*Marques d'approbation sur plusieurs bancs.*)

Oui, oui, vous avez voulu nous donner une leçon ; nous ne voulons pas du cautionnement, donc nous sommes des hommes de désordre et d'anarchie ; eh bien, laissez-moi, à mon tour, vous exposer les préceptes des grands hommes d'État de l'Amérique, qui se connaissent en république. Savez-vous ce qu'ils veulent pour la presse ? Faire le contraire de ce qu'on vous demande, et j'adresse ceci à ceux d'entre-vous qui, comme moi, trouvent que la presse est une trop grande puissance quand la République existe. Savez-vous ce qu'ils font ? ils multiplient les journaux ; et le secret de leurs hommes d'État, d'un président, de la bouche duquel j'ai eu l'honneur de l'entendre, c'est de décentraliser la presse, au lieu de la centraliser, de la fortifier ; c'est que la presse ne soit pas une puissance collective, une citadelle des créneaux de laquelle on puisse tirer mystérieusement, mais qu'elle soit, au contraire, une protestation individuelle. (*Très bien ! très bien !*)

Ce sont là les maximes d'un véritable homme d'État ; celui-là n'était pas un agitateur ; car, il faut le dire, il avait gouverné avec gloire son pays, et tous ceux qui, dans ce pays, arrivent aux affaires, ont la même pensée. Laissez publier, laissez multiplier les journaux, pour qu'ils puissent se neutraliser les uns les autres, et qu'au milieu de cet océan de la polémique indécis, tumultueux, mais flottant, il surnage quelque chose de stable, d'immuable : l'amour de l'ordre, l'amour de la liberté, l'amour de la patrie. (*Approbation prolongée*.)

Eh bien, en agissant ainsi, les hommes d'État de la Suisse, les hommes d'État de l'Amérique, sont conséquents aux principes de la liberté, et en même temps ils sont habiles ; habileté, logique, c'est presque toujours une même chose, ils concilient ainsi les grands principes : respect à la liberté, sauvegarde pour l'autorité.

Nous comprenons très bien que dans un gouvernement monarchique, où l'État est tout, la presse qui remplace le suffrage universel soit puissante, concentrée, parce qu'elle contre-balance une force considérable aussi : la royauté ; mais quand la république existe, quand le suffrage universel vient, par ses affluents infinis, purifier tous les jours ce qu'il peut y avoir dans le pays de mauvais à rejeter, alors la presse n'a plus le même rôle ; elle ne doit plus être une collection, il faut qu'elle devienne une individualité pour céder devant la volonté de tous ; et pour devenir une individualité, il faut que les écrivains signent. C'est en cela que vous ne me paraissez pas comprendre la question au point de vue des hommes d'Etat. La presse cesse d'être collective, c'est votre force ; elle cesse d'être puissante, c'est votre force. En disant cela, je ne blasphème pas contre la presse, à Dieu ne plaise ! la presse, sous la république, ne doit plus être qu'un censeur austère, et la messagère des vérités nouvelles ; mais il ne faut pas que la liberté soit sacrifiée pour cela, et il faut qu'elle puisse exister dans le journal à l'état individuel ; alors, vous avez concilié les deux principes : l'autorité et la liberté. La liberté doit toujours se faire jour, car il y a un moment où un seul homme a raison contre tous ; et cet homme ne doit pas être soumis à des conditions d'argent, car l'histoire de l'humanité nous apprend que c'est presque toujours de la pauvreté qu'est sorti l'enseignement, la lumière. (*Approbation.*)

Voilà les principes vrais, ce ne sont pas ceux d'un désorganisateur, ils peuvent ne pas être les vôtres, mais ce ne sont pas ceux d'un anarchiste ; j'y ai longtemps réfléchi.

O presse ! j'ai bonheur à te défendre, toi qui m'as si outrageusement, si odieusement attaqué ! Ledru-Rollin, qui vous parle, c'est, selon elle, Ledru-Rollin le voleur, le libertin. C'est ainsi qu'elle a payé mon dévouement à la République. (*Profond mouvement.*)

Oui, oui, je m'en glorifie : le libertin, avec des courtisanes qu'il n'avait jamais vues ; le voleur, qui avait sacrifié sa fortune pour hâter l'avénement de la république dont beaucoup d'entre vous ne voulaient pas, et à qui il ne reste guère de patrimoine que son inextinguible amour de la liberté ! je ne pouvais pas répondre à ces attaques, mais avec Franklin, leur maître à tous, je me disais : Si ce sont des vices qu'ils me reprochent, leur censure me corrigera ; si ce sont des calomnies, peut-être un jour l'histoire, à son tour, les corrigera. (*Très bien ! très bien ! Applaudissements.*)

Citoyens ! amis ! permettez-moi ce mot (*oui ! oui !*), je ne dirai plus qu'une chose : je crois que ce qu'on vous propose, dans une bonne intention, est mauvais. Un gouvernement ne peut vivre qu'en marchant en ligne droite avec le principe qui est son fondement, son origine, sa source. (*C'est vrai !*) Or, vouloir, dès le principe, enchaîner, frapper la liberté, n'importe sous quel prétexte, croyez-le-bien, c'est tuer, à un jour donné, le gouvernement que vous voulez fonder. Je le répète, vos intentions sont bonnes, elles sont pures, je ne le conteste pas ; mais enfin, si les raisons que je vous ai données vous touchent, si elles touchent cette Assemblée qui veut l'ordre avec moi, qui veut l'autorité avec moi, mais qui veut la liberté avec moi, — car, encore un coup, il y a un jour, dans le monde, où un seul homme a raison contre tous, et il n'y a pas une seule des vérites qui ont fécondé la terre, qui d'abord n'ait été châtiée, n'ait été punie dans un pauvre, dans un humble (*Très bien ! très bien !*), — si les raisons que j'ai données vous touchent, renvoyez, puisqu'il est temps, renvoyez à une commission l'examen de cette proposition, et je crois que vous aurez fait une bonne chose quand vous aurez trouvé la conciliation des grands principes, l'autorité et la liberté, par lesquels les sociétés doivent être fondées et sans lesquels elles ne peuvent vivre. (*Mouvement prolongé.*)

XLVIII

DISCOURS PRONONCÉ A L'ASSEMBLÉE NATIONALE

EN RÉPONSE A UNE ATTAQUE PERSONNELLE DU CITOYEN CRÉTON, RELATIVE
A L'EMPLOI DES FONDS SECRETS DU MINISTÈRE DE L'INTÉRIEUR.

(21 août 1848)

CITOYENS,

Je suis heureux de l'occasion qui m'est enfin offerte de m'expliquer sur la question des finances du ministère de l'intérieur. J'avais cru qu'on nous réservait tout cela pour la discussion de l'enquête; ceci en est un avant-goût ; les paroles d'amertume que vous venez d'entendre en font le prologue. On a même cherché, il faut le dire, comme si les éléments de discorde manquaient déjà, à jeter de l'irritation dans une question très simple. Pour moi, je le déclare, je répondrai d'une façon calme, précise et claire, comme on le fait à une question d'honneur, à une question d'argent.

On a dit : Il y a dans les moments de révolution des fonds qui peuvent être puisés au trésor sans qu'on en rende parfaitement compte. Je dis, moi, que cela est impossible, et je fais un appel, sur ce point, à tous les hommes *honnêtes* qui ont passé par les affaires.

Je ne sais pas où le préopinant a pu recueillir une semblable insinuation ; je demanderais même où il a pu, pour peu qu'il ait connaissance du mécanisme financier, où il a pu se figurer qu'un tel fait pouvait s'accomplir. On ne peut toucher, vous le savez, vous qui avez manié les finances, que d'une façon, non pas sur la signature d'un ministre, mais quand, par suite d'un budget ordonné, le ministre, dans les limites de ce budget, vient demander la somme qui lui est nécessaire. On le peut encore, sous un gouvernement révolutionnaire, quand le gouvernement tout entier ordonne qu'une somme sera prélevée au trésor, et qu'alors le ministre des finances, en présence de cette délibération, paye sur l'ordonnancement qui en est fait. Entendez-vous bien, sur ordre du gouvernement tout entier? Il faudrait donc que ses onze membres eussent été mes complices; et alors l'absurde le dispute à l'odieux.

Voilà, il faut que le public le sache bien, que l'opinion le sache bien, voilà les deux seuls modes sans lesquels, en temps de révolution comme en temps normal, il est impossible de toucher au trésor. En dehors de cela, je le répète, il ne peut y avoir qu'ignorance complète, ou il ne peut y avoir que calomnie. (*A gauche: Très bien!*) Oui, il y a eu calomnie, elle s'insinue au dehors; elle s'est enfin fait jour dans l'enquête; après tant de bruits misérables répandus, j'ai pu saisir des noms, enfin.

Qu'en ai-je fait? je les ai conduits là seulement où le mépris pouvait les conduire, devant les tribunaux : la cour d'assises en jugera. (*Très bien!*)

Maintenant, j'arrive à la question et je la traite rapidement.

Qu'y avait-il au ministère de l'intérieur? deux choses :

Ce qui était ordonnancé pour les services généraux. Quant à cela, vous le savez, le ministre ne fait que signer; le chef de la comptabilité fait distribuer aux employés les sommes qui sont allouées par le budget; pas de doutes même possibles.

Il y a, de plus, les fonds secrets.

Voyons donc cette question que l'animosité, que la haine a tant cherché à grossir et à dénaturer dans le pays; voyons la question des fonds secrets!

Est ce que, par hasard, ils ont été grossis d'une manière démesurée, qui ne s'est jamais vue en temps de révolution? quand il fallait maintenir l'ordre pendant deux mois et demi, ordre dont vous nous tenez si peu de compte aujourd'hui, vous tous qui en profitez. (*Mouvement. — Vive approbation à gauche.*)

Eh bien, ces fonds secrets ne sont pas seulement restés de beaucoup au-dessous du chiffre qu'il ont eu en 1853 et en 1854, quand l'émeute sévissait dans Paris; ils sont restés au-dessous du chiffre anormal existant sous la monarchie déchue. Voilà le vrai. (*Mouvement.*)

Maintenant voyons-en l'emploi.

Les fonds secrets! est-ce que, par hasard, ils ont été employés à faire de la police? eh! mon Dieu, vous allez parfaitement comprendre leur emploi par un rapprochement. 1847 et 1848, pour quelques personnes, c'est la même chose; cependant, il y a une révolution dans l'intervalle. Le budget de 1847 ne pouvait pas prévoir, par exemple, l'établissement de la garde mobile, des gardiens de Paris, des commissaires envoyés dans les départements, de la garde républicaine, de l'organisation du suffrage universel, des hommes qui venaient s'abriter au ministère de l'intérieur, dans les monuments publics, partout, pour demander du pain, parce qu'ils avaient fait la révolution, ces hommes, et que leurs entrailles criaient..... Il a bien fallu donner à ces hommes un abri, du pain et des vêtements; tout cela a été payé sur les fonds secrets. Voilà ce que c'est que les fonds secrets, cette fois-ci! (*A gauche: Très bien! très bien!*)

Et maintenant vous venez dire : Sur les fonds secrets, il y a eu des empiétements de crédits.... Certainement, il y a

eu des empiétements de crédits; il est évident qu'à peine
de laisser mourir de faim des familles indigentes, de laisser
des services manquer, de laisser cette garde mobile nue,
qui l'a été si longtemps, qui vous a si puissamment servis, il
fallait prendre sur les fonds secrets. Pouvais-je prendre sur
autre chose? Prenais-je des fonds secrets sur ma simple
signature? On ne peut le faire en semblable circonstance
qu'en vertu d'une autorisation du gouvernement.

Mais combien j'ai tort de discuter! cette question a été
déjà tranchée par une commission de cette Assemblée, qui
était loin d'être composée de mes amis politiques. Voici
comment elle parle de l'emploi des fonds secrets; cette citation vaudra mieux que toutes les phrases :

« Nous n'hésitons pas à le dire, la majeure partie des
« allocations de cet article se ressent de l'état de désordre
« et de crise dans lequel le pays se trouvait à cette époque.
« On y remarque à chaque instant l'absence ou l'oubli des
« règles de comptabilité ; la spécialité des dépenses n'y est
« aucunement respectée; *mais, nous devons le déclarer parce*
« *que notre devoir nous y oblige et que notre loyauté nous*
« *en fait la loi, la totalité de la somme ordonnancée a été*
« *justifiée par des mandats réguliers contenant l'indication*
« *des emplois divers auxquels ils étaient destinés, et par des*
« *récépissés correspondants revêtus de la signature de ceux*
« *auxquels les mandats avaient été délivrés.* »

Eh bien! je vous demande ce que devient votre argumentation! qu'avez-vous voulu prétendre, voyons, en cherchant à soulever des souvenirs de rancune? voyons le vrai :
que pouvez-vous nous reprocher? d'avoir empiété d'un crédit
sur l'autre; d'avoir, par nécessité, changé la destination.
Mais, d'avoir détourné un denier, c'est impossible, car la
commission a dit : « Nous devons à l'honneur de déclarer
« que, quant aux sommes, elles ont été bien et fidèlement
« employées. » Maintenant, vous vous disiez de bonne foi,

vous vous disiez sans colère, je le crois ; regrettez donc l'expression qui vous est échappée à cette tribune quand vous prétendiez que ces sommes n'avaient pas été loyalement employées.

Ce mot de loyauté, le comprenez-vous, monsieur? (*Vive agitation. — Très bien !*) Savez-vous bien ce que ce mot veut dire?

Vous avez confondu loyalement avec légalement.

Maintenant, dois-je descendre dans les détails? dois-je vous répondre, quand vous me demandez comment on soldait les hommes qu'on envoyait dans les départements? Comment on les soldait? je n'ai qu'un mot à vous dire; ce n'est pas mon procès, à moi, que vous faites, ce serait le procès du gouvernement tout entier.

Les hommes qui ont été envoyés dans les départements y ont été envoyés jusqu'à concurrence d'une somme déterminée par l'ordre même du gouvernement. Oh ! à cette époque vous vous reposiez dans vos loisirs des départements, vous. (*Mouvements divers. — Rires et approbations sur quelques bancs.*) Mais, à Paris, bouillonnait la force exubérante de la révolution, mais, à Paris, les hommes qui avaient été rois sur les barricades voulaient imposer des conditions qui parfois pouvaient n'être pas raisonnables. Cette force exubérante, Paris seul ne pouvait pas la contenir comme une immense fournaise; il fallait une issue et des moyens de départ aux nombreux citoyens qui voulaient regagner leurs foyers. (*Interruption bruyante et prolongée.*)

Il y a autre chose. Oui, oui, il y avait des départements où les ouvriers, méconnaissant l'esprit de la révolution, voulaient se porter, après cette révolution même, à une révolte. Oui, il y avait de grands centres comme Lyon, Lille, où il fallait envoyer des ouvriers pour leur parler le langage fraternel qui n'aurait pas été entendu dans notre bouche, à nous qui n'étions que des bourgeois. Voilà pourquoi il fallait leur envoyer des ouvriers. (*Plusieurs membres : C'est vrai!*)

Vous demandez qui a soldé le départ des hommes qui sont allés sur la frontière de la Belgique. Qui les a soldés? ce sont les fonds du trésor. (*Murmures.*)

Citoyens, est-ce du raisonnement, ou de la colère? si c'est du raisonnement, écoutez sans vous récrier; si c'est de la colère, j'ai dit que je voulais être calme; alors je me tairai. (*Parlez! parlez!*)

Vous aviez à Paris d'innombrables ouvriers sans ouvrage, sans travaux; vous aviez des Allemands, des Belges, des Piémontais, des Savoisiens. Eh bien, pour ne pas laisser faire une concurrence ruineuse et mortelle à ceux qui déjà étaient sans pain, le gouvernement a ordonné que la plupart d'entre eux retourneraient dans leur pays avec frais de route et des secours.

Quant à la question de Belgique, je ne veux pas anticiper; j'y reviendrai dans l'enquête, et on verra que dans cette question comme dans les autres le gouvernement a fait complétement son devoir, et n'est pas sorti, quoi qu'on en dise, des termes du manifeste de M. de Lamartine.

Ainsi donc, je me résume en deux mots :

Puiser directement dans la caisse du trésor, c'est une impossibilité morale et physique, dont l'implacable haine des royalistes a seule pu accréditer la fable odieuse. Prendre sur les fonds des services spéciaux, c'est mille fois aussi impossible; et sur les fonds secrets, la question est jugée par une de vos précédentes commissions. Il faut être frappé d'un certain vertige pour ne pas tenir compte des moyens qu'il a fallu employer pour maintenir ici l'ordre et la paix. Ainsi, encore un coup, en ce qui concerne les fonds secrets, la question est jugée par votre commission spéciale. Et ne croyez pas que j'invoque cela comme un bill d'indemnité! pas le moins du monde; ma vie publique est à tous.

Vous voulez voir ce que la commission a déjà vu : rendez-vous au ministère de l'intérieur. Est-ce que par moi jamais un document a été refusé, quand la commission des fonds secrets m'a appelé pour avoir des explications sur la situation que j'ai laissée et sur celle de mon successeur? je suis allé au-devant de toutes les explications, et je n'ai pas seulement présenté un résumé général, j'ai demandé que la commission examinât tout, j'ai demandé qu'une sous-commission fût instituée, qu'elle se transportât à la comptabilité du ministère de l'intérieur, et qu'elle examinât pièce par pièce ; et c'est ce qu'elle a fait, et elle n'a jugé qu'après.

On l'a fait une première fois. C'est assez, non pas pour ma conscience, qui n'en a pas besoin, mais c'est assez pour les hommes honnêtes qui n'ont pas de préventions. Quant à ceux qui en ont encore, eh bien! qu'ils recommencent. Ma vie appartient à tous; je le répète, on peut y voir, y scruter tout. Mais je ne puis accepter ce mot de déloyauté jeté dans les débats. Le mot de déloyauté restera contre vous. De la déloyauté! non, il n'y en a pas eu. Il y a eu une révolution. Avant elle, vous étiez du parti des aveugles, et vous n'avez point encore ouvert les yeux. Vous êtes un de ses incurables ennemis. (*Vive agitation! — Approbation sur plusieurs bancs. — Réclamations sur d'autres bancs.*)

XLIX

DISCOURS PRONONCÉ A L'ASSEMBLÉE NATIONALE

EN RÉPONSE AUX FAITS ARTICULÉS DANS LE RAPPORT SUR L'ENQUÊTE RELATIVE
AUX ATTENTATS DES 16 AVRIL, 15 MAI ET 24 JUIN 1848.

(25 août 1848).

CITOYENS REPRÉSENTANTS,

Le débat qui va s'ouvrir est un de ceux qui laissent trace dans l'histoire. Le sentiment public ne s'y trompe pas, on le reconnaît à l'agitation qu'il a jetée dans beaucoup d'esprits. Aussi, pour ma part, je ne veux rien ajouter à cette agitation.

Mon intention est d'être aussi calme, aussi modéré que possible. Et si, par hasard, dans l'ardeur de l'improvisation, quelques-unes de mes paroles avaient un autre caractère, tenez-les pour non avenues, mon cœur et ma raison les désavouent à l'avance. (*Très bien! très bien!*)

Cette situation qui nous est faite n'est pas sans précédent dans nos annales. Après les journées des 5 et 6 octobre 1789, celles qui, vous le savez, avaient fait incliner la royauté rebelle, une enquête fut ordonnée sur la situation du pays. Cette enquête fut large ; elle comprenait les intérêts, les besoins ; elle descendait dans les détails ; elle remontait, par des courants innombrables, jusqu'aux causes générales. Pour tout ce qui touchait aux individus, elle ne fut pas faite légèrement : instruction judiciaire, témoins confrontés, accusés mis en présence, une année presque entière s'écoula, et quand le rapport arriva, la voix puissante du génie le plus émouvant de la révolution, la voix de Mirabeau mit tout cela en poussière en quelques paroles.

Cette enquête, elle portait un grave caractère. On fit, dans l'Assemblée nationale, un appel à la concorde, comme je l'ai entendu faire depuis ce matin. On dit : Les hommes ne sont rien, les principes sont tout ; le peuple souffre, occupons-nous de lui ; et l'Assemblée nationale intelligente passa purement et simplement à l'ordre du jour ; l'Assemblée nationale scella le pacte d'union ; elle eut raison, car pendant dix-huit mois, sans secousse, sans colère, elle put suivre sa course libérale et magnanime à la fois. (*Sensation.*)

Après le 10 août, après cette journée qui avait tué la royauté, le parti qui avait encore des souvenirs de la monarchie déchue poussa à une accusation, à une enquête ; on accusa, on ne demanda plus au pays ce qui était recélé dans son sein ; non, messieurs, non ! on accusa. La première fois, la Convention passa à l'ordre du jour ; mais cet ordre du jour avait été tel, les débats avaient été si virulents, que ce fut la grande guerre de la Montagne et de la Gironde ; vous savez le reste. (*Mouvement.*)

Après le 9 thermidor, le parti vainqueur voulut aussi des accusations. Il poursuivit les hommes, comme ici, par une enquête politique, par ces enquêtes où l'on n'entend que les ennemis et pas les défenseurs. (*A gauche : Très bien !*)

Eh bien, que fit, à ce moment-là, la Convention ? Elle mit une première, une deuxième, une troisième fois obstacle à cette violence, puis le parti qui triomphait finit par vouloir traduire devant le tribunal révolutionnaire les hommes qui avaient plus ou moins pris part à la révolution, qui avaient des fautes à se reprocher, mais aussi qui avaient fait de grandes choses, car ils avaient émancipé le pays ; je me trompe, émancipé le monde ! (*Sensation marquée.*)

On voulut donc les accuser. Il en résulta que les irritations du dedans, que les colères intestines se répandirent au dehors ; puis, la journée de germinal pour délivrer les accusés, puis, la journée de prairial, puis la mort du courageux Féraud ; salut à lui ! ! puis au bout de tout cela, pendant cinquante ans, la république couchée dans la tombe. Voilà le produit des enquêtes politiques. (*Nouvelle sensation.*)

Je m'arrête ici, et je vous dis : « Vous, Assemblée, oubliez qui nous sommes et qui vous êtes ; élevez-vous dans une sphère assez haute pour ne voir que les grands, les immortels principes des sociétés ; dans cette sphère calme et sans agitation, voyez la route que vous avez à prendre ; deux chemins s'ouvrent devant vous : la grande enquête, je le disais, l'enquête de 89 ; le grand, le généreux exemple de l'Assemblée nationale ; puis l'autre route, l'enquête politique, la haine de l'homme à l'homme, s'acharnant à l'ennemi, voulant le frapper, et cet ennemi mort en faisant renaître cent mille, la guerre civile, l'anarchie. De laquelle voulez-vous ? (*Profonde sensation.*) Dans laquelle des deux votre commission va-t-elle essayer de vous entraîner ? Est-ce dans la première ? Est-ce dans la seconde ?

Votre commission, quel était son mandat ? Quelles étaient les limites de ses pouvoirs ? Son mandat était l'attentat du 24 juin étendu jusqu'aux événements du 15 mai. En dehors de cela, rien. Car après ces violentes émotions, après ce sang répandu, ce que vous vouliez, c'était que les causes ne se représentassent plus ; nous avions été trop profondément émus, nous avions le cœur trop fortement labouré pour penser à des hommes ; nous ne pensions qu'au pays.

Le mandat était donc seulement de faire une enquête sur l'attentat du 24 juin, en remontant, au besoin, jusqu'au 15 mai. Est-ce cela par hasard que la commission a fait?

Est-ce qu'on avait parlé des événements antérieurs? Et cependant, que fait la commission? Elle se demande s'il est possible de perdre un des plus ardents acteurs de la révolution de février. Oh! voyons de près tout ce qui se passe, sa vie privée, ses moindres actes; recueillons toutes les calomnies, ne les contrôlons pas, surtout ne lui en parlons pas. Voilà ce qu'elle a fait; puis, quand elle a agi ainsi, remontant d'événements en événements, elle vient nous jeter dans son rapport cette phrase : « Les événements s'enchaînent; les événements sont tels que, du 24 juin, du 15 mai, il a fallu remonter fatalement, pour quelques hommes, jusqu'aux époques antérieures. »

Cela ne peut tromper personne, citoyens, pour quiconque a lu les procès-verbaux de la commission d'enquête. Le premier de vos procès-verbaux, que contient-il? Vous venez d'être nommés, vous vous asseyez au bureau pour la première fois, et, avant qu'aucune discussion se soit élevée sur les événements, avant de pouvoir savoir s'ils s'enchaînent, vous demandez qu'on dépose entre vos mains toutes les pièces antérieures au 15 mai et qui ont préparé d'autres événements. Ne dites donc pas : Je suis impartial, je suis juge; ne dites pas cela, car, en vous asseyant, la haine, la rancune, s'asseyent avec vous, avant d'avoir pu être poussés par l'enchaînement des événements. (*Vive approbation sur les bancs supérieurs de la gauche.*)

Et quand je vous dis ces choses si simples, est-ce que par hasard vous croyez que je me défends? Non, non, ne vous y trompez pas.

Car enfin, au 24 juin, vous ne me trouvez nulle part; je me trompe, vous me trouvez à mon poste d'honneur, au siége de la commission exécutive.

Au 15 mai ! oh ! des insinuations ; mais vous savez parfaitement bien, il y a ici des témoins qui en déposent, que j'ai fait mon devoir ici comme à l'Hôtel de ville. Donc maintenant comment remontez-vous jusqu'à moi ? comment venez-vous me demander compte indirectement de ma politique ? Ma politique, si elle est mauvaise, l'histoire la jugera. Vous l'avez rejetée en me faisant tomber du pouvoir ; mais, est-ce que par hasard dans votre enquête vous aviez le droit de m'en accuser ? Est-ce que je n'étais pas couvert par cette déclaration que j'avais bien mérité de la patrie ? Est-ce que dans votre enquête, si je n'avais figuré ni au 24 juin, ni au 15 mai, vous pouviez me demander compte de ma politique à l'égard de la Belgique ? Est-ce que vous pouviez me demander comptes de mes circulaires ? Est-ce que vous pouviez me demander compte de mes commissaires ? Vous ne le pouviez pas, je me trompe, vous ne pouviez le faire qu'en attaquant dans ma personne le gouvernement provisoire et la révolution de février. (*Très bien ! Bravos à gauche.*)

Et ne croyez pas que j'invoque ces principes pour m'abriter sous eux ; ne croyez pas que j'aie besoin d'un voile : ma politique, je puis la défendre en deux mots.

J'ai écrit des circulaires, vous avez pu les lire, dans lesquelles il y a ceci : Qu'il fallait respecter les situations et montrer de la fraternité, mais qu'il fallait envoyer à l'Assemblée des républicains, des hommes de la veille. Voilà ce que j'ai dit. Eh bien ! je l'ai dit, et devant vous je le soutiens, parce que je le crois juste. Savez-vous pourquoi je le crois juste ? par honneur pour vous et pour votre délicatesse. Car enfin, ne vous rappelez-vous pas toutes les luttes auxquelles nous assistions depuis huit ans ? car enfin ne savez-vous plus qu'à la dernière séance, celle où l'on intronisait la régence, le chef de ce parti déclarait qu'en dehors de la régence tout était anarchie et factions, qu'il

ne pouvait rien exister? Eh bien, moi, qui ai été invariablement fidèle à mes principes, moi qui ai tracé mon cercle,
celui dans lequel s'agitera ma vie, le jour où j'ai été poursuivi pour mon allocution aux électeurs, j'ai voulu réaliser
ce qui était dans ma conscience. Je croyais qu'une conviction
profonde vous animait aussi, et je disais : Ces hommes qui,
au 24 février, voulaient la régence, les précipiter dans une
constitution à faire pour la République, c'est les faire mentir à leurs précédents. En vous estimant fidèles à votre con-
cience, vous ai-je calomniés? J'avais tenu compte de l'âme
humaine, et j'avais respecté les convictions comme sacrées.
(*Très bien!*)

On m'a reproché les commissaires par moi nommés, et
même dans l'enquête on trouve à cet égard je ne sais quelle
accusation. J'ai dit, et je le répète, j'aurais voulu vous voir
le lendemain de la révolution aux prises avec les obsessions ;
vous auriez vu qu'il fallait plus de courage pour résister à
beaucoup d'entre elles que vous ne pouvez le supposer.
J'avais en trois jours, chose inouïe ! toute une administration à refaire.

Vous avez dit : Ces commissaires, ils avaient des pouvoirs
illimités. Allons! allons! nous sommes tous des hommes
sérieux, n'abusons pas des mots. Oui, des pouvoirs illimités,
en leur disant que la limite était dans les mœurs du pays.
Vous ne vous attaquez pas aux mots, n'est-ce pas? Dites-moi
donc, à part les rancunes électorales qui peuvent ne pas
avoir été oubliées, dites-moi s'il est un seul de ces commissaires qui se soit rendu coupable d'un méfait quelconque ?
(*Oh! oh! — Longues rumeurs.*)

Oh! vous ne m'avez pas surpris, j'attendais cette interruption..... Les commissaires vous ont combattus (*Oh! oh!
— Nouvelles rumeurs*), vous en conservez rancune. Mon
Dieu! c'était leur droit..... (*Rumeurs et bruit divers.*) A
l'occasion de cela on a fait injure, par l'assimilation, à tous

les hommes honorables, anciens commissaires, qui sont ici ; un de ces commissaires est un homme qui avait passé une partie de sa vie aux bagnes. (*Mouvement.*) Vous auriez dû dire une chose, Messieurs de l'enquête, c'est que cet homme qui avait été aux bagnes n'avait pas été nommé par moi. Moi je nommais les commissaires des départements, qui nommaient les sous-commissaires.

A Rouen, j'avais choisi un des citoyens les plus dignes, le bâtonnier de l'ordre des avocats de cette ville. L'homme que vous prétendez être un forçat libéré, et que le commissaire de Rouen avait nommé, n'était pas un commissaire de la République ; vous avez joué sur les mots, c'était un commissaire de police ; vous le saviez et vous ne l'avez pas dit. (*Mouvement.*) Ce commissaire de police... (*Rires et chuchotements à droite.*)

Ne souriez pas, écoutez-moi, je suis sérieux. Ce commissaire de police, par qui a-t-il été recommandé ? Par un des hommes en qui vous avez eu le plus de confiance, par un de ceux qui ont présidé votre Assemblée, par le citoyen Buchez. (*Mouvement.*)

Pourquoi l'a-t-il recommandé ? Parce que cet homme, un instant électrisé par la grande commotion de février, avait été accessible à de meilleurs sentiments, s'était conduit généreusement à Paris et s'était battu sur les barricades.

Voilà cette situation du commissaire tant reproché !

Parlerai-je de l'affaire belge ?

Pour m'accuser, connaissez-vous les circonstances dans lesquelles elle s'est passée ? Vous n'en relatez qu'une portion, vous ne l'avez pas dite tout entière.

En Belgique se trouvait la réunion de la plupart des ministres du gouvernement déchu, et ils conspiraient sans empêchement du gouvernement. (*Marques d'étonnement. — Dénégations.*)

Dans les eaux de l'Escaut se trouvaient des navires anglais qui menaçaient de prendre Anvers au premier mouvement qui se ferait dans le pays. Eh bien, une légion belge que vous avez tous vue, que vous avez acclamée quand elle traversait le boulevard, quand elle s'y promenait avec son étendard, une légion belge est partie. J'ai fait pour elle ce que j'ai fait pour les Allemands, ce que j'ai fait pour les Savoisiens. Pour qu'il ne pût y avoir de désordre, je l'ai fait accompagner par des élèves de l'École polytechnique et par les élèves de l'École centrale.

Ils sont arrivés; qu'ai-je fait? J'ai demandé des armes pour les gardes nationales qui, sur la frontière, craignaient le désordre de ces colonnes éparses. Ces armes ont été prises, d'autres disent qu'elles ont été distribuées. Dans l'enquête, il n'y a pas une déposition qui démontre qu'elles aient été distribuées; dans l'enquête, il y a autre chose, il y a une dépêche télégraphique que vous n'avez pas citée et que vous auriez dû rapporter.

Le commissaire du département du Nord me disait : Ces hommes veulent entrer armés à la frontière : faut-il les laisser entrer? Répondez-moi par le télégraphe. Je répondis : Non. Le ministre de la guerre disait de son côté : Qu'on rappelle les élèves; ils étaient rappelés. Ma dépêche télégraphique n'était pas remise à temps, je destituai le directeur. On arrêta Blervacq, qui s'était mis à la tête de ces colonnes, et qui avait voulu entrer en Belgique les armes à la main.

Je demande si cette affaire de Belgique, qui paraissait si inexplicable, ne s'explique pas suffisamment, et je demande si le gouvernement belge, parfaitement informé des faits, a jamais adressé au gouvernement français une réclamation quelconque. Jamais.

Que maintenant il plaise à je ne sais quel procureur du roi de ce pays d'accuser des hommes absents, vous comprenez que j'en ai peu de souci. Ce qui me touche, c'est que le gouvernement belge, parfaitement éclairé sur les faits, n'ait pas fait une réclamation au gouvernement français. Il savait donc que la politique de la France n'avait pas démenti le manifeste de M. de Lamartine.

J'ai dit tout cela ; je pouvais ne pas le dire. Je vous l'ai dit pour ma conscience ; je vous l'ai dit parce que j'ai représenté, comme membre de la commission exécutive, la majorité, je me trompe, l'Assemblée tout entière. Je voulais pour mon honneur, pour le sien, lui dire ces faits, lui donner des explications. Je le répète, je pouvais ne pas le faire ; certainement, ce n'est qu'en manquant à votre mandat, qu'en l'excédant, que vous avez pu, en dehors des événements des 24 juin et 15 mai, venir me chercher dans ma vie antérieure. Vous aurez beau faire, l'histoire qui jugera les faits dira que c'était un souvenir de rancune contre la démocratie que nous avons fondée, une lutte entre la monarchie déchue et la République. (*Agitation.*)

Citoyens, j'ai dit que je serais modéré, je veux l'être, mais je dois à ma conscience aussi de dire la vérité.

Cette république, elle trouve des hostilités parmi vous, et cependant c'est vous qui l'avez faite, chose étrange ! presque autant que nous. Oui, oui, il faut qu'une certaine portion du pays qui fait tomber sur nous la responsabilité tout entière vous la fasse partager.

En effet, est-ce que vous croyez, par hasard, que quelques hommes à Paris, suivis par de généreux citoyens, auraient pu révolutionner le pays ? Est-ce que vous croyez, par hasard, que, si pendant dix-huit ans ceux qui ont été au pouvoir n'avaient pas profondément blessé le sentiment national au dehors, n'avaient point au dedans livré le pays à tant d'hommes d'argent qui, eux, exploitaient le travail, est-ce que vous croyez que la révolution de février se serait faite en quelques secondes ? Vous vous dites attachés à la République, je veux le croire; mais vous n'avez pas l'exacte mesure de vos sentiments pour elle, vous l'aimez moins peut-être que vous ne le voulez.

Oui, oui, vous faites ici ce que vous avez fait pendant dix-huit ans. Pendant dix-huit ans, vous aimiez la dynastie d'Orléans; le gouvernement que vous aviez établi, vous vouliez le conserver; et chaque jour vous le miniez sans avoir une idée à mettre à la place. Vous le combattiez sans cesse, vous l'ébréchiez, et vous disiez : Nous voulions le conserver; et vous n'aviez pas, je le répète, un gouvernement quelconque, une idée quelconque à substituer à ce gouvernement.

Ah! vous avez été, permettez moi de vous le dire, impuissants au pouvoir. Eh bien, ce que vous avez été pour la révolution de juillet que vous aviez fondée, pour cette révolution que vous aimiez tant, je crains bien qu'à votre insu vous n'essayiez de l'être pour la République que vous n'avez pas fondée. (*Mouvement prolongé.*)

Je vous crois sincèrement attachés à votre pays; j'en suis convaincu; mais tous les jours on se trompe dans le culte de ses affections, et je crois que vous avez des amours malheureux (*rires*); oui, oui, vous avez eu des amours malheureux; car, quand vous avez jeté cette agitation de la réforme; quand, à un jour donné, vous avez assigné un rendez-vous à une population tout entière; quand 200,000 hommes se promenaient majestueusement sur les boulevards, vous avez manqué au rendez-vous que votre honneur leur avait assigné. (*C'est vrai!*) En voulant donner une leçon au gouvernement de votre choix, vous les avez jetés entre les bras de la République. (*Mouvement.*)

Il faut donc aujourd'hui fortifier cette république que vous avez indirectement amenée par votre imprudence; il faut la fortifier; mais il ne faut pas que les discussions d'hommes viennent de nouveau s'agiter ici comme pendant dix-huit ans elles se sont agitées au grand scandale, au grand malheur du pays; il ne faut pas que vous substituiez à des questions de principes des questions de personnes. Autrement, votre grand amour pour la République tournerait à son grand dommage.

Il ne faut pas que vous recommenciez l'opposition tracassière qui ne peut pas aboutir, parce que, encore un coup, vous n'aviez pas d'idées sous le gouvernement de Juillet, et qu'aujourd'hui vous n'en apportez pas de nouvelles pour remédier aux maux qui nous assiégent. Il s'agit de fonder, et vous n'avez su que détruire : que le pays soit donc en défiance! (*Agitation.*)

Ainsi, si vous êtes bons citoyens, votre rôle est tracé, c'est de suivre, mais de ne pas vouloir diriger le mouvement. (*A gauche : Très bien! très bien!*)

Il faut une grande franchise dans les actes. L'industrie est aux abois, le capital se retire, le pauvre souffre ; il ne faut pas dire : C'est la République! parce qu'alors, faisant confondre au peuple l'instrument de sa délivrance avec le mal dont il souffre, il briserait l'instrument. Il faut avoir le courage de dire : La situation a été amenée par nos fautes; nous avons, sous le gouvernement de Juillet, laissé plus ou moins engager les finances dans mille et mille canaux, de façon à ce que le pays, ainsi entravé, ne pût pas soutenir sa grandeur au dehors. Il faut dire : A la révolution de Février le commerce était déjà anéanti.

Il faut dire que les ouvriers étaient en grève; il faut dire que les capitaux se retiraient et qu'on pouvait à peine en trouver ; il faut dire que la plupart des maisons qui ont liquidé sous le gouvernement de Février étaient presque en faillite avant la révolution. Voilà ce qu'il faut avoir le courage de déclarer. (*C'est vrai!*)

En le rappelant, je n'ai voulu qu'une chose : faire appel au peuple, faire appel à la bourgeoisie, leur faire bien comprendre que ces maux, qui sont la fatalité de la monarchie passée, ne sont pas le tort de la République ; qu'aujourd'hui, entre les factions d'une part et la réaction de l'autre, il ne peut y avoir qu'une ancre de salut, la République : qu'il ne faut pas la calomnier ; qu'il faut la servir ; qu'il faut que tout le monde s'attèle à son char avec une ardeur égale. (*Acclamations prolongées.*)

Je comprends jusqu'à un certain point vos légitimes scrupules. Oui, en enrayant sans cesse vous croyez sauver le pays de ce que vous appelez la république rouge.

La république rouge ! Mais le moyen, si elle existait, le moyen de la faire triompher, c'est de faire perpétuellement de la réaction, c'est de ne rien accorder aux justes exigences ; c'est de faire ce que faisait ce malheureux gouvernement qui est tombé, qui, à mesure qu'une chose juste était réclamée, s'y opposait par cela même qu'elle était juste. Voilà le moyen d'amener cette république rouge. Mais la république rouge, croyez-moi, n'est qu'un vain fantôme. (*Rumeurs prolongées.*)

J'ai dit que la république rouge était un fantôme. J'espère vous le démontrer, si vous voulez m'écouter quelques instants. (*Écoutez ! écoutez !*)

Sous cette dénomination vous proscrivez surtout le socialisme : il ne m'effraie pas. Permettez-moi de vous dire pourquoi. (*Sourires sur quelques bancs de droite.*) Il ne m'effraie pas, et voici pourquoi : c'est qu'il constate un fait auquel mon cœur et mes yeux se sont depuis longtemps ouverts, les douleurs profondes de la société. Maintenant, qu'il se trompe sur les remèdes, je le pense.

Mais le moyen de lui démontrer qu'il se trompe, c'est de faire quelque chose qui enfin vivifie le pays. Ce n'est pas une constitution, croyez moi, le remède n'est pas là ; des constitutions ! nous en avons dans nos lois à en défrayer tous les peuples du monde. (*Rires et bruit.*) Ce sont des institutions sociales qu'il nous faut. (*Interruption*). Eh bien! je vous dis ceci : il n'y a pas de république rouge, il y a des hommes qui s'illusionnent, qui, abusés par les besoins, peuvent être entraînés; mais soyez bien convaincus que l'immense majorité, que l'unanimité du pays se rattache à la république vraie; il ne s'agit que de s'entendre. (*Mouvement.*)

Voulez-vous maintenant que je vous dise ce que je comprends et ce que le pays selon moi comprend par la république vraie? Le voici : ce n'est pas le mot, ce n'est même pas le suffrage universel seulement : c'est le respect pour la famille, le respect pour la propriété. Est-ce que vous croyez, par hasard, que les républicains qu'on a qualifiés de républicains rouges ne veulent pas le respect pour la famille? Est-ce que vous croyez que les hommes qui souffrent tous les jours ne veulent pas de cette douce jouissance, eux qui n'en ont pas d'autres que le foyer domestique? La famille! il faut bien s'entendre sur ce mot, nous ne la voulons pas pour quelques hommes, nous la voulons pour tous. (*Très bien!*) Or, pour vouloir la famille pour tous, il faut qu'il y ait le travail pour tous : car est-ce que c'est la famille, par hasard, que l'enfant élevé aux Enfants-Trouvés? Est-ce que c'est la famille, que la fille qui ne peut gagner sa vie par le travail et qui se prostitue? Est-ce que c'est la famille, que l'ouvrier presque forcé de vivre dans le concubinage? Est-ce que c'est la famille, le vieux travailleur réduit à mourir sur un grabat d'hôpital? Est-ce que c'est là la famille? Nous voulons que la famille soit universelle. Ne dites donc pas que la famille n'est pas respectée par nous; car nous, nous ne voulons pas la restreindre, nous voulons l'étendre et la multiplier. (*Applaudissements prolongés.*)

Vous parlez de respect à la propriété : permettez-moi de le dire, ils sont insensés, ceux-là qui ne comprennent pas que la propriété est la première base de la liberté. La propriété ! nous la voulons aussi ; car nous, nous demandons qu'on donne à l'ouvrier ou le crédit ou un instrument de travail. Nous ne la voulons pas pour quelques-uns ; nous la voulons pour tous, honnête, laborieuse et probe, et, au point de départ, pouvant se constituer. Voilà comme nous la voulons. La propriété, nous la voulons peut-être plus que vous ; savez-vous pourquoi ? C'est que nous disons, nous, qu'il y a moyen de rendre propriétaires un grand nombre d'ouvriers ; que dans cette France il y a place pour tout le monde au soleil ; que vous avez des communaux à distribuer ; que vous avez des biens de l'État qui ne rapportent rien et que vous pourriez faire féconder par le travail individuel ; qu'il y a en France d'énormes défrichements à faire, des lieues de landes stériles à fertiliser. La propriété, à notre gré, vous ne sauriez assez la multiplier.... (*Rumeurs.*) Oui, je dis que nous l'aimons peut-être plus que vous. Voulez-vous que je vous en donne un exemple ? le voici :

A l'heure qu'il est, en France, elle est dans la plus absolue souffrance. Pour peu que vous jetiez les yeux sur les bordereaux hypothécaires, vous verrez que la propriété que vous défendez tant n'est guère qu'un nom ; que le propriétaire n'est qu'apparent, et que le capitaliste, le prêteur, est derrière. Eh bien, quand je suis venu, moi, dès le mois de mars, demander qu'à cette propriété ruinée par l'usure, qu'à cette propriété qui ne peut emprunter qu'à 7 p. 100 on fît une banque hypothécaire, qu'on lui permît de se mobiliser sous la garantie de l'Etat, pour jeter ainsi trois milliards de plus dans la culture, le commerce, le travail, on m'a inexorablement repoussé... On a prétendu que c'était du papier-monnaie.

Je ne veux pas traiter la question ici... Qu'il me suffise de dire que ce n'est pas plus du papier-monnaie que les billets de la Banque, à qui vous avez engagé pour 75 millions de forêts de l'État.

Incontestablement nous aimons mieux que vous la propriété, si, à l'aide de cette puissante et facile institution,
on pouvait vivifier le commerce, on pouvait cultiver dans
l'abondance, faire travailler les ouvriers.

Voilà une institution : eh bien, elle est à l'étude depuis
je ne sais combien de mois, dans cette Assemblée, et elle
ne s'est pas encore fait jour. (*Interruption.*)

(*Le président : Le rapport a été déposé.*)

Soit, elle a été, si vous le savez, trois mois à se faire
jour, tandis que, étudiée comme elle l'était, elle aurait pu
être réalisée en quelques jours seulement.

Nous respectons donc la propriété, mais à la condition
que, comme la famille, elle se multipliera à l'infini ; et, en
disant cela, nous sommes les traducteurs de la grande
pensée de la Convention.

Vous savez parfaitement bien qu'elle voulait la dissémination de la propriété ; elle avait raison, car toutes les républiques — et je réponds ici à certaines idées de socialisme — soit
dans l'antiquité, soit au moyen âge, ont péri par la concentration de la propriété ; car, à l'heure qu'il est, ce magnifique, ce gigantesque pays, l'Amérique, est vivement alar-
mé par la concentration de la propriété. (*Dénégations.*)

Il me serait difficile, vous le comprenez, de répondre à
des interruptions que je ne saisis pas. J'ai dit et je répète,
et je ne puis pas être démenti par ceux qui savent bien
qu'à l'heure qu'il est, dans le nord de l'Amérique, la propriété souffre de sa concentration même, et qu'on demande
non pas la loi agraire, mais la distribution des terres
appartenant à l'État ; on crie d'un pôle à l'autre de ce pays :
La propriété, c'est la liberté ; *Land is liberty!*

Oui, la propriété, nous la voulons comme la famille ;
nous la voulons pour tous, sinon foncière, au moins comme
instrument de travail.

Maintenant, citoyens, permettez-moi de vous le dire,

voilà les principes que vous croyez proscrire en les quali-
fiant de république rouge; ces principes-là, si je pouvais
sonder tous les cœurs de l'Assemblée, je suis convaincu
qu'ils sont ceux de la majorité; je suis convaincu qu'ils
sont ceux de la presque unanimité du pays. Eh bien! c'est
pour la repousser, cette république, que vous entravez sans
cesse les propositions populaires qui vous sont faites. Et
cependant les gouvernements ne périssent pas par les concessions qu'ils font; ils périssent toujours, et vous en avez
de nombreux exemples, par les concessions qu'ils ne savent
pas faire à temps.

Les partis ne s'acharneront-ils donc toujours que contre
eux-mêmes, sans transiger jamais? Le pays souffre, sa
misère est au comble, et vous n'en dites pas un mot. D'une
question sociale vous êtes, dans votre rapport, tombés à
une question de personnes, et le peuple attend. (*Mouve-*
ment.)

Eh bien, je vous ai signalé au début l'abîme où peut
tomber cette Assemblée. Je vous ai dit : « En 1789, à la
suite d'une enquête générale, on a demandé l'union, et
l'Assemblée nationale, bien conseillée, a fait jeter un voile
sur les discussions particulières. » Depuis, au contraire, je
vous ai montré la Convention faisant dégénérer en questions
de personnes toutes ces questions sociales, et alors les différents partis s'entr'égorgeant les uns les autres. Je vous ai
dit que vous aviez deux voies à suivre. Suivrez-vous la première, suivrez-vous la seconde? Si vous suivez la première,
celle de la concorde, la République peut être sauvée dans
une espèce d'élan unanime, si nous nous unissons tous pour
arriver au même but, le bien, la grandeur, la prospérité
de la patrie. (*Acclamations.*)

Oh! puisse donc le génie de la liberté inspirer vos consciences dans ce moment *solennel!* Ne dites pas : Ce sont
des hommes qu'on envoie pour êtes jugés. Non non, c'est

plus que cela. C'est la représentation nationale qu'il s'agit de sauver ; car, une fois la fissure ouverte, on ne sait quelles mains violentes peuvent l'entr'ouvrir, la déchirer pour y jeter l'Assemblée tout entière. (*Vive agitation.*)

Vous avez devant vous un exemple de la révolution, et si, comme vous le dites, vous aimez sincèrement la République, eh bien, cet exemple, il faut en profiter. Il ne s'agit pas de parler sans cesse de concorde et d'union, il faut en avoir les sentiments et les avoir profondément gravés au fond du cœur. Dites-vous surtout qu'en commençant les proscriptions, tous les partis, entendez-le bien, peuvent y passer les uns après les autres, et alors ce n'est pas seulement la perte de la liberté en France et en Europe, c'est la perte de la liberté dans le monde. Voyez tous les peuples qui, dans ce moment, les regards fixés sur vous, espèrent leur délivrance ! Ah ! puissiez-vous, je vous en conjure, y bien réfléchir, et ne pas faillir à une cause aussi sacrée ! (*Applaudissements à gauche.*)

(*Ce discours est suivi d'une longue agitation.*)

L

DISCOURS PRONONCÉ A L'ASSEMBLÉE NATIONALE

DANS LA DISCUSSION DE LA PROPOSITION FAITE DE LEVER L'ÉTAT
DE SIÉGE AVANT LE VOTE DE LA CONSTITUTION.

(2 septembre 1848)

CITOYENS REPRÉSENTANTS,

Les circonstances dans lesquelles se présente cette question sont graves. C'est après y avoir mûrement réfléchi que je crois, pour mon compte, devoir apporter à cette tribune une protestation. Je ne pense pas, car je connais à l'avance le sentiment de l'Assemblée, je ne pense pas que l'état de siége soit levé. Cependant, permettez à ma conscience de vous le dire, j'estime que la voie dans laquelle vous allez vous engager est funeste, et que vous ne devriez discuter la constitution, pour lui donner la force immuable que nous lui désirons tous, qu'après avoir rendu à la presse sa liberté.

Je n'abuserai pas de la tribune ; je vous demande de la bienveillance pour une opinion qui, vous le sentez, est une opinion de minorité, mais qui, je le répète, est le résultat d'une sincère méditation.

On vous dit : L'état de siége est nécessaire pour maintenir la forme du gouvernement, sa sécurité, en présence des factions qui, aujourd'hui, relèvent la tête.

Je comprends cet argument ; il a sa portée, et une grande portée ; mais on vous disait tout à l'heure, également : Prenez bien garde, une constitution n'est forte, n'est indestructible qu'à une condition, c'est qu'elle a l'assentiment, sinon unanime, du moins l'assentiment de la grande majorité du pays.

Et ce n'est pas par la force qu'une constitution se maintient, c'est par le vœu des citoyens, par cette force morale cent fois plus forte que la force des baïonnettes, que la force matérielle qui ne peut-être que passagère, que fugitive, qui ne peut pas être un état normal et permanent.

Or, qu'objecte-t-on ? la presse est dangereuse, elle n'est pas toujours l'organe d'un sentiment vrai et désintéressé ; parfois elle obéit à des factions qui ne veulent pas être éclairées, et qui ne veulent qu'une chose, de propos délibéré, le renversement de ce qui est.

Je demande ceci : Croyez-vous que le maintien de l'état de siége soit une limite à ce débordement de la presse ? incontestablement non.

N'en avez-vous pas la preuve ? un journal est supprimé, n'est-ce pas ? le lendemain il reparaît sous un autre nom.

Ainsi, vous avez deux journaux, aux deux extrémités de l'opinion, que vous considérez comme dangereux ; vous les avez frappés : ils renaissent et s'appellent autrement, voilà tout.

Vous voyez donc que cette compression violente, matérielle, n'est pas le moyen efficace.

Est-ce que, par hasard, pour frapper ces journaux, vous n'avez pas le jury, qui, aujourd'hui, est composé du pays tout entier, qui n'est point un jury trié, qui n'est point un jury fait à l'avance ?

Est-ce que, si le sentiment du pays frappe de réprobation des doctrines subversives, est-ce que vous ne pouvez pas, pour les combattre et les punir, avoir confiance dans le pays, dans le jury ? Est-ce que vos lois répressives ne vous suffisent pas ? voyez donc un peu, en vous mettant en présence de l'Europe, ce qu'on va penser d'une constitution qui serait faite pour ainsi dire comme celles qui, tant de fois, ont été essayées en Espagne. Vous rappelez-vous de quel mépris nous couvrions ces constitutions discutées sous l'empire du sabre ? Vous rappelez vous, quand nous voyions les cortès délibérer sous la protection, à l'ombre du sabre de tel ou tel général que je ne veux pas nommer — son nom est présent à l'esprit de tous — quel respect nous inspirait cette constitution ?

Pour être durable, il faut que la constitution ne porte pas de germes de mort étrangers à son essence même. Ne vous rappelez- vous pas que, quand la constitution de 1814 a été attaquée, elle recélait dans ses flancs un trait qui a servi plus tard à la déchirer ? que vous disait-on ? c'est la constitution de l'étranger.

En 1830, pour attaquer la Charte, que vous disaient les partis ? c'est une charte bâclée en quelques instants. (*Mouvement.*)

Ce que je voudrais éviter, c'est qu'une blessure semblable se trouvât au cœur même de notre constitution. Personne ici ne peut en douter, j'ai le désir de la voir invulnérable, parce que je veux qu'elle règne sur mon pays autant d'années que le temps, ce grand redresseur de torts, ne commandera pas de l'améliorer. (*Très bien ! très bien !*) Eh bien, réfléchissez-y, ce n'est pas ici de la passion politique.

Je fais appel à toutes les nuances de l'opinion, à tous ceux qui, sans exception — et, dans cette enceinte, il n'y en a pas d'autres — à tous ceux qui veulent le maintien sérieux de la constitution ; je leur dis : prenez garde de la faire naître sous une atmosphère qui devra fatalement l'étouffer.

En effet, supposez-la pour un instant publiée, cette constitution : est-ce que par hasard vous avez l'idée, le projet de continuer le système violent auquel nous sommes obligés de nous soumettre ? La constitution faite, il faudra bien rétablir la presse : la presse vous dira que la constitution n'a pas été délibérée librement, et alors c'est là le moment funeste, et nous ne sommes que sur le seuil. Une fois la presse frappée, il faudra la frapper continûment. Ce qui n'est qu'une exception, aujourd'hui, devra devenir une situation normale. Alors, vous aurez fait de la République non un gouvernement libéral à large base, mais un gouvernement qui sera dictatorial et exceptionnel. (*Approbation à gauche.*)

On dit : L'état de siége est indispensable ; le gouvernement le croit ainsi, qu'il me permette de faire appel à des faits qu'il connaît mieux que nous.

L'état de siége est indispensable! Voyons donc ! car, comme tout autre, je m'inclinerais devant l'absolue, l'impérieuse nécessité. Est-ce que, par hasard, si on levait l'état de siége, vous auriez autour de Paris un soldat de moins ? Est-ce que nous vous disons que, pour maintenir la sécurité, il faut éloigner des bataillons ? vous n'en avez pas la pensée. Avez-vous 60 000, 80 000 hommes ? vous en faut-il cent mille ? appelez-les, s'ils sont nécessaires ; l'état de siége n'est pas indispensable pour cela. Voulez-vous dire que, si vous n'avez pas l'état de siége, il y aura une répression moins active, moins immédiate, moins prompte? Voulez-vous dire que les tribunaux militaires ne seront plus saisis ? mieux que moi, vous savez qu'aujourd'hui ils ne peuvent pas être désinvestis. Les crimes, les attentats ont été définis, et ils sont renvoyés, les auteurs de ces attentats, devant la juridiction militaire. Levassiez-vous l'état de siége, qu'ils seraient jugés par les tribunaux militaires.

Votre décret ayant décidé que la juridiction militaire était la seule compétente pour juger les auteurs de ces attentats, la levée de l'état de siége ne saurait changer cette juridiction. (*C'est vrai! c'est vrai!*)

Qui vous retient alors? la presse qui paraît vous effrayer. Mais, encore une fois, vous ne pourrez pas la comprimer le lendemain de la constitution faite, cette presse. Si par hasard, aujourd'hui, vous craignez qu'elle n'allume un commencement d'incendie, vous pouvez la frapper; mais, pour Dieu! révoquez la suspension des journaux. Au moins vous aurez fait une grande chose, vous aurez commencé par prouver que vous voulez la liberté, que votre constitution était discutée sous un régime de droit; et si, alors, les journaux recommencent, eh bien, vous pourrez venir demander à l'Assemblée nationale des lois d'exception, vous pourrez venir demander que cette presse soit frappée de nouveau. Mais, quant à vous, vous aurez été dans le vrai, dans le droit commun, dans le droit de la liberté qui seule peut inaugurer la constitution républicaine. (*Mouvement prolongé.*)

J'ai entendu dire tout à l'heure : Non, on ne peut pas lever l'état de siége, car il y a des dangers imminents qui pourraient fondre sur nous. Ces dangers sont moins grands, peut-être, qu'on ne le redoute ; mais je les suppose aussi grands qu'on voudra ; est-ce que par hasard, dans l'histoire, on ne s'est jamais trouvé en présence de périls semblables ? est-ce que, quand nos constitutions successives ont été discutées, on n'avait pas souvent, au dehors l'étranger, au dedans les factions bien autrement terribles, permettez-moi de vous le dire, qu'elles ne le sont aujourd'hui ? (*Réclamations.*) Oui ! bien autrement terribles !

J'entends murmurer qu'on n'a jamais rien vu de pareil. Eh, mon Dieu ! je ne veux pas rappeler les douleurs du pays ;

mais, quand la Convention a décrété la première constitution, elle était battue sur nos frontières, la Vendée était
déchirée par la guerre civile, les factions intérieures, les
privilégiés, cent fois plus étroitement coalisés qu'aujour-
d'hui ; et cependant ce n'est pas, je le répète, sous l'empire de l'état de siége, qu'a été votée la première constitution démocratique. (*Mouvement. — Interruptions diverses :
Et les tribunaux révolutionnaires ! et la guillotine en permanence !*) Vous vous trompez : la constitution de 1793
est du mois de juin, le gouvernement révolutionnaire du
mois d'octobre. Et si on l'a brisée, cette constitution,
comme entachée de terreur, que deviendra la vôtre discutée sous le régime de l'état de siége ? Citoyens, il est une
considération qui devrait vous toucher : Depuis 1791 jusqu'en 1804, toutes les constitutions votées ont été soumises, après leur vote, à la sanction du peuple (*Très-bien !
très-bien !*), toutes, sans exception ; la vôtre ne contient pas
une pareille condition. Vous vous considérez comme omni-
potents ; vous votez la constitution ; une fois votée, elle est définitive, et vous ne comprenez pas que, dans une situation
pareille, vous devez environner cette constitution de cent
fois plus de précautions que toutes celles qui ont précédé !
Vous ne comprenez pas que, puisqu'elle n'aura pas la sanction du peuple, vous devez lui éviter toute espèce de reproche !
Qu'est-ce qu'une constitution ? C'est une transaction entre
les idées passées et les idées nouvelles ; c'est une transaction entre des intérêts qui se combattent. Vous aurez donc,
aux deux pôles de l'opinion, ceux qui n'auront pas voulu
accorder assez, pour ceux qui voudront davantage. Vous
aurez donc des ennemis à cette constitution. En présence de
ces ennemis, il faut que votre œuvre soit si peu entachée de
vices qu'elle ait su résister, pendant sa discussion, aux
libres attaques de tous les partis.

Je le déclare, vous me paraissez placés dans un ordre

d'idées qui n'est pas le vrai ; vous me paraissez, en maintenant l'état de siége, céder à un sentiment que les assemblées précédentes n'ont pas connu : la peur ! vous me paraissez supposer que la majesté de l'Assemblée, que la force
même des idées républicaines, ne sont pas assez grandes
pour défier toutes les déclamations des partis. Est-ce bien
de la fiertéet l'indomptable courage qui doivent distinguer
des législateurs révolutionnaires !

Croyez-m'en, cela est d'un mauvais augure ; et, au nom
de l'amour que je voue d'avance à la constitution qui sera
votée, je voudrais qu'aucun reproche sérieux ne pût lui être
adressé ; je voudrais qu'on ne pût pas dire : Cette constitution n'a pas été librement discutée.

Vous dites que nous sommes libres ; mais vous savez bien
que le monde qui nous contemple dira le contraire. (*Mouvement. — A gauche : Oui! oui!*)

Nous sommes libres, mais la presse ne l'est pas ; et le
lendemain du jour où la constitution arrivera dans le pays,
elle y arrivera accompagnée des protestations de la presse.
(*Non! non!*) Or, je ne saurais trop vous répéter : à peine
de vous condamner à persévérer dans ce système d'oppression de la presse, mieux vaut mille fois, aujourd'hui, la
rendre libre ; car, plus tard, quand la constitution sera
votée, vous lui laisseriez ce redoutable prétexte, qu'elle ne
reconnaît point une constitution dont elle n'a pas mûri,
débattu les principes, et qui n'est que l'organe d'un
parti.

Je le dis : le moment est solennel ; soustrayez-vous à
l'empire des circonstances, faites une chose qui, un jour,
soyez-en convaincus, donnera à votre constitution une force
irrésistible ; détachez-vous de ces craintes qu'on cherche à
jeter dans votre esprit ; et, si demain il arrivait que les
factions voulussent se montrer violentes encore, eh bien, rétablissez l'état de siége. Mais, provisoirement, vous aurez fait

acte de respect pour le droit de tous ; mais, provisoirement, vous aurez inauguré votre constitution par ce qu'il y a de plus vénérable, de plus fécond, de plus indestructible au monde, le principe immortel de la liberté. (*Vive approbation sur les bancs de la gauche.*)

LI

DISCOURS PRONONCÉ A L'ASSEMBLÉE NATIONALE

DANS LA DISCUSSION DU PROJET DE CONSTITUTION, SUR LA QUESTION
D'Y INSÉRER LE DROIT AU TRAVAIL.

(12 septembre 1848)

CITOYENS,

L'orateur qui descend de cette tribune a évoqué les
grands principes de notre glorieuse révolution française. Il
a prétendu qu'il voulait, pour la république actuelle, tout
ce que contenait de noble, d'élevé, de fraternel, le grand
mouvement que nos pères, en 1789 et 1793, ont imprimé
au monde. C'est ce que je veux aussi. A cette époque, comme
il l'a dit, la guerre extérieure, les troubles intestins, n'ont
pas permis de pousser les principes jusqu'aux conséquences,
et de les faire entrer dans la réalité des faits ; tel doit être
aujourd'hui notre but.

Après avoir ainsi posé la thèse, il a ajouté que la déclaration du droit au travail est une invention socialiste. Le
socialisme, s'est-il écrié, c'est ce qu'il y a de pire au monde,
car c'est la communauté ; en d'autres termes, c'est l'État se
substituant à la liberté individuelle et devenant le plus
affreux de tous les tyrans ; je n'en veux pas plus que
lui ; et j'ajoute que, quand il prétend que c'est au nom
du socialisme seulement qu'on peut demander dans la

constitution l'introduction du droit au travail, il commet la plus capitale de toutes les erreurs.

Le droit au travail ! mais, comme vous l'avez dit, il était la pensée favorite, le mobile constant des hommes d'État de la Convention. Le droit au travail ! ils l'ont inscrit dans le rapport d'un de leurs membres les plus éminents, dans le rapport de Robespierre. En doutez-vous ? En voici les termes :

« Les secours publics sont une dette sacrée. La société doit la subsistance aux citoyens malheureux, soit en leur procurant du travail, soit en assurant les moyens d'exister à ceux qui sont hors d'état de travailler. » (*Exclamations diverses.*)

Dans cet article, que trouvez-vous ? Deux choses : le droit au travail... (*Exclamations diverses.*)

Dans cet article, que trouvez-vous ? Deux choses parfaitement distinctes : le droit au travail pour les valides et le droit à l'assistance pour les infirmes, pour ceux qui ne peuvent pas travailler.

Or, ce *double* droit n'est pas consacré dans le projet actuel de votre constitution modifiée. Vous déclarez que vous ne donnez par le droit au travail. Vous dites simplement que vous donnez le droit à l'assistance, et ce sont deux choses entièrement différentes.

Quand un homme travaille, que vous le considérez dans vos domaines, vous vous sentez le cœur content ; il travaille pour vous, il travaille pour lui, il s'anoblit ; vous sentez que, malgré le salaire que vous lui donnez, et malgré son infériorité dans l'échelle de l'éducation, vous sentez qu'il est homme comme vous. Mais quant à celui qui tend la main pour recevoir l'aumône.... Oh ! j'en suis convaincu, vous la lui donnez, mais vous ne pensez pas, au fond de l'âme, qu'il est votre égal ! (*Si ! si !* — *Agitation.*)

Non, vous ne pouvez pas le penser. Oh ! oui, sans doute

chrétiennement, philosophiquement, vous reconnaissez qu'il est votre frère ; mais comme homme, comme citoyen, pouvez-vous dire que, quand il s'en va au coin d'une rue, furtivement, pour échapper à la loi qui le frappe, quand il attend le soir, quand il baisse la tête, quand il cache ses yeux, quand il ne veut pas que ses traits soient reconnus pour fuir la peine, comment, c'est là un membre du peuple souverain ! (*Oui ! Oui !*) Oh, non ! ce ne peut pas être. (*Mouvement prolongé, réclamations.*)

Les réclamations que vous faites honorent votre cœur ; mais permettez-moi de vous répéter que ce ne peut pas être un membre du peuple souverain, je vais vous le prouver.

Cet homme qui mendie, parce qu'il ne peut pas trouver de travail... (*Bruit. — Agitation.*)

Cet homme qui mendie, un garde peut l'arrêter ; on le conduit devant la justice, et là, bien qu'il soit innocent, qu'il constate qu'il a vainement cherché à occuper ses bras, il est condamné à la prison et conduit au dépôt de mendicité.

Est-ce là un membre du peuple souverain ?.... (*Bruit. — Interruption.*)

- Si la Chambre est à ce point irritable qu'elle ne veuille pas écouter la discussion... (*Parlez ! parlez !*) Permettez, je n'entends pas qu'on me dise : Parlez ! parlez ! quand je suis dans la question, dans les entrailles mêmes de la question, et qu'on m'interrompe à chaque instant. Je demande qu'on m'écoute, ou, si on ne veut pas m'écouter, qu'il soit bien constant pour le peuple que telle est votre résolution, et je me retire... (*Agitation dans l'Assemblée. — Parlez ! parlez !*)

Je dis que dans cette situation humiliée, quoi que vous en disiez, quand un homme ne peut manger que sous peine de condamnation, cet homme peut être encore votre frère, mais il n'est pas votre égal, à vous qui pouvez manger sans

être abaissés dans votre juste fierté et sans être condamnés ;
non ! il n'est pas un membre, évidemment, du peuple
souverain ; et la preuve, c'est que la distinction a été posée
dans la constitution dont je parle ; elle a dit ceci : « L'État
devra du travail à ceux qui seront valides ; il devra l'assistance à ceux qui seront infirmes ou qui ne pourront travailler. »

La Convention sentait donc parfaitement qu'il y avait
une distinction profonde et que, si le travail honorait, l'assistance, pour l'homme qui était valide, ne l'honorait pas ;
et voici pourquoi la Convention proclamait le droit au
travail !

Maintenant je reviens à la thèse, et je dis : Vous avez invoqué les principes de la grande révolution, je les invoque.
Vous avez déclaré que demander dans la constitution l'introduction du droit au travail, c'était se laisser entraîner à je
ne sais quelle utopie socialiste ; je vous ai répondu : Non ;
en demandant l'introduction de ce droit, nous avons la prétention d'être les continuateurs des grands principes de la
révolution. (*Bravos à gauche.*)

Oui, notre prétention est de n'être relégués à aucune
extrémité, d'être dans le vrai, dans le cœur même de la
révolution. Quand nous demandons l'introduction du
droit au travail, nous ne faisons que réglementer les déclarations qui avaient été faites par nos pères et qui ont été
emportées par le vent des réactions. (*A gauche : Très bien!*)

Maintenant, citoyens, qu'il est bien entendu que les socialistes, quels qu'ils soient, qui cherchent le remède au mal
de la société, qui peuvent se tromper, mais que les socialistes ne demandent pas seuls l'introduction du droit au travail ; qu'en combattant pour la consécration de ce droit, on
n'est purement et simplement qu'un révolutionnaire démocrate ; permettez-moi de définir ce que vous comprenez par
socialistes.

Je ne comprends pas, je dois le dire, cette espèce d'insulte qu'on jette à la face en disant : Vous êtes socialistes. Qu'entendez-vous par là ? Entendez-vous dire : La révolution est faite, le principe seul étant proclamé ? Mais il y aura interception entre le foyer et la circonférence, la lumière n'ira pas jusqu'au bout, le principe ne sera pas poussé aux conséquences ; le principe seul sera proclamé ; mais dans les institutions sociales, on ne fera rien de démocratique. Si, enfin, par socialistes vous entendez tout démocrate qui veut la République avec ses conséquences sociales, vous confondez les mots ; avoir une telle résolution, c'est être homme politique sincère, voilà tout. (*Très bien ! très bien !*)

Nous ne demandons qu'une seule chose, qu'on pousse jusqu'aux dernières limites le principe de liberté, d'égalité et de fraternité.

Quant à ceux qui peuvent demander plus, ou par d'autres moyens, peu importe ! La question n'est pas là. Ce que je tenais à constater, c'est que nous ne sommes pas un parti extrême ; que nous sommes les continuateurs vrais, sérieux, fidèles, de la grande révolution. (*A gauche : Très bien ! très bien !*)

Maintenant, citoyens, j'aborde la question en elle-même... Cette question, je l'apprécie de deux façons ; par mon cœur et par ma raison : par mon cœur, quand je rencontre tous les jours dans la rue des gens en lambeaux, des familles entières de bohémiens, c'est l'expression, et quand, au milieu de nos campagnes, je vois des processions d'hommes hâves, de femmes fiévreuses, qui viennent tendre la main ; quand, à les voir, mon cœur se contracte, quand ma journée en est longtemps troublée, je m'écrie : La société est impie, l'homme tient de la nature le droit de vivre ; que la société le lui reconnaisse dans le droit au travail, ou malheur à elle ! (*Longue agitation.*)

Ces impressions que m'inspire l'indigence, j'en suis sûr, sont les vôtres. Sur quoi différons-nous? Sur une seule chose. Nous prétendons, nous, que le remède est possible; vous prétendez, vous, que la misère est le résultat de je ne sais quoi de fatal, et que l'humanité est enchaînée au mal. (*Non! non!*) Oui, vous le prétendez, car souvent cela a été dit.

On a dit : Que voulez-vous? ce n'est pas en ce moment qu'il faut trouver des adoucissements à ces sortes de maux. Et le catholicisme, qui place dans le sacrifice, dans la douleur, la vertu même, et qui dit : ce n'est pas dans ce monde qu'est la récompense, c'est autre part; le catholicisme croyait donc qu'il y avait impossibilité sur cette terre d'apporter un remède à des maux aussi poignants? (*Mouvement en sens divers.*)

A la suite de ce christianisme mal interprété, une école égoïste s'est produite, qui a professé ceci : il faut souffrir, s'incliner et attendre autre chose. Eh bien! je déclare que cette doctrine ne peut pas être la mienne. Ce n'est pas la doctrine chrétienne!

L'homme, incontestablement, est intelligence et matière à la fois. Or, j'entendais dire tout à l'heure : Mais les doctrines que vous voulez réhabiliter, en essayant d'apaiser la faim et la misère, ce sont les doctrines de la matière, ce ce sont les doctrines sensualistes. Vous prétendez qu'il est possible d'apporter des adoucissements aux douleurs du prolétariat; vous prétendez qu'il est possible, quand même, de cicatriser toutes ces plaies profondes; mais ce n'est pas avec cela qu'on fait les grandes choses; c'est avec des idées, et non des intérêts, que des masses sont entraînées à la suite d'un drapeau et qu'on conquiert le monde à la liberté.

Ce n'est donc rien de spiritualiste et d'idéal que de pratiquer la fraternité à l'égard de son semblable? ce sentiment n'est donc plus celui qui fait vibrer dans le cœur humain

les cordes incontestablement les plus nobles, les plus pures,
les plus sympathiques ?

Quand, en effet, vous voyez souffrir quelqu'un des vôtres;
quand vous voyez, comme je l'ai vu le 24 juin, à l'époque
où j'étais membre du pouvoir exécutif, un homme venant
me dire : « Je ne veux pas me battre, cependant ma femme
m'y pousse depuis trois jours, car j'ai sept enfants qui
depuis trois jours meurent de faim », vous croyez que cet
homme parlait à mes sensations matérielles quand, en le
voyant, les larmes me venaient aux yeux ; quand il s'adressait à ce qu'il y avait en moi de plus idéal, de plus élevé ?
Citoyens, lorsqu'on donne satisfaction aux besoins matériels
de l'homme, on donne aussi satisfaction à son âme; car
l'homme se compose d'intelligence et de matière. Vous dites
que vous voulez, avant tout, satisfaire à l'intelligence. Eh
bien, voilà un homme qui pendant douze heures est courbé
sur son métier, ou qui, sous l'ardeur du soleil, est obligé
de chercher dans le sein de la terre la nourriture de ses
enfants. Où est la place pour son intelligence ? Comment
voulez-vous que cet homme se dise qu'il y a quelque chose
de supérieur à lui? comment voulez-vous que cette génération, qui marche pour ainsi dire dans la poussière de sa
devancière, dans une ornière étroitement tracée, ait le
temps de rêver au ciel dont les splendeurs brillent vainement au-dessus de sa tête? (*Mouvement.*) Je dis que, pour
que l'intelligence soit maîtresse, libre, qu'elle brise la captivité des sens, il faut aussi que les sens soient rassasiés.

Ainsi donc je ne distingue pas comme vous entre l'idéalité
et la matérialité.

L'homme est à la fois matière et intelligence : eh bien, je
veux que dans la constitution il y ait la satisfaction pour
l'intelligence et pour la matière, par l'éducation et par le
droit au travail. (*Approbation à gauche.*)

Voyons maintenant ce que nous dit la raison.

« Tous ces maux, nous y sympathisons ; tous ces maux, nous voudrions y remédier ; mais le travail est limité. Prenez bien garde que vous voulez faire de l'État le directeur général, et pour ainsi dire le fabricant commun. »

Cela n'est pas exact, ce n'est pas ce que nous demandons, ce n'est pas ce que demandait la Convention.

En effet, la Convention disait : Il faut multiplier la propriété. Et cette doctrine était basée sur la nature même des choses ; elle disait : La France est, avant tout, un pays agricole ; c'est là qu'est sa principale force ; c'est là qu'a été la pensée de tous ses grands hommes d'État. L'industrie est secondaire, l'industrie pour la France ne doit être, permettez-moi de vous le dire, que ce que serait la marine à votre force militaire, un auxiliaire, mais non pas le pivot fondamental. La Convention voulait donc que l'agriculture fût sans cesse protégée par l'État ; que l'agriculture fût exonérée. Voilà ce que demandait la Convention, voilà ce que nous demandons. Et à cet égard, il est une réflexion qui vous frappera tous.

Lorsque Turgot, ce grand homme d'État, cet homme de cœur, venait demander qu'on rendît le travail libre, qu'on brisât tous ses liens, le premier avocat général Séguier, s'opposant, dans la séance du lit de justice, à cette demande de Turgot, disait : Mais songez-y, en rompant les jurandes, vous allez appeler à l'instant même tous les ouvriers des campagnes dans les grandes villes ; les grands centres vont décupler, les campagnes manqueront de bras. Voilà ce que disait l'avocat général Séguier.

Vous comprenez bien que je ne demande pas qu'on rétablisse les jurandes ; mais ce que je demande, c'est qu'on renvoie à l'agriculture, par la protection, par l'anoblissement de cet art, la grande quantité d'ouvriers qui pullulent et se corrompent dans nos villes. (*Très bien ! très bien ! nous sommes d'accord !*)

Voulez-vous un autre fait saillant ? Il est un homme obscur qui depuis 20 ans travaille consciencieusement, n'ayant
qu'une seule idée, à faire une statistique exacte de la
richesse de la France répartie dans les différents départements. Vous comprenez qu'il est impossible, dans la rapidité de l'improvisation, de vous démontrer par quelles bases
il est arrivé à ce résultat ; je dois dire simplement ceci : je
les ai profondément étudiées, toutes ces bases sont authen-
tiques ; elles sont toutes prises dans des documents de gouvernement. (*Ce ne sont pas les meilleurs !*)

Eh bien ! il prouve que dans tous les départements qui
autrefois étaient simplement agricoles, et qui, emportés par
le courant des idées depuis trente ans, ont voulu surtout se
faire manufacturiers, industriels, dans ces départements la
propriété foncière y est grevée jusqu'à 92 pour cent de sa
valeur. (*Mouvement prolongé.*)

La situation s'est tellement transformée, on a tant sacrifié
à l'industrie, à la cupidité ou au désir exagéré de faire fortune, que le sol de la France se trouve dans cette situation
de succomber sous la charge, sous l'usure, et de ne plus
être la première force, la force la plus vitale du pays. Eh
bien ! nous venons vous demander que vous fassiez pour la
France ce que vous venez de commencer de faire pour
l'Algérie, et ce dont je vous remercie en passant ; que vous
instituiez des banques de crédit, que l'usure cesse, enfin,
que la terre soit ramenée à sa véritable destination ; que la
culture soit affranchie, et alors, quand vous pourrez ainsi
faire, quand vous pourrez défricher, cultiver vos landes, vos
communaux, les domaines de l'État ; quand vous pourrez
occuper autant de bras, pendant tant d'années encore,
ne dites pas que le travail est limité ; car alors le travail comme la consommation seront plus que dou-
blés.

Si le travail n'est pas limité, il est donc certain que dans la constitution vous devez inscrire le droit au travail, car il y a à la fois équité et prudence.

Maintenant, que répond-on? on me dit : Il faut laisser la liberté de l'industrie s'organiser elle-même. Et qui donc veut y apporter une limite, est-ce moi? Est-ce que par hasard j'ai la prétention que l'État se fasse manufacturier et producteur? je serais fou. Ma prétention, la voici : c'est que l'État soit un directeur intelligent, entendez-le bien, c'est que l'État, par exemple, fasse pour cette grande masse de prolétaires ce qu'il fait pour ses travaux publics ; c'est qu'il sache où les adresser, sur quel terrain les asseoir ; c'est qu'il sache ouvrir une banque là où le crédit est nécessaire, en un mot, que lui qui connaît la statistique par excellence, lui qui connaît ses ressources, ses forces, indique le lieu où il faut les employer ; qu'il les associe ou leur facilite l'association, qu'il confie à leur moralité l'instrument du travail.

Est-ce que vous ne faites pas cela pour vos grands travaux publics? Est-ce que vous ne le faites pas pour l'armée, pour tous les grands instruments que vous avez dans les mains? Il est donc certain que je ne veux faire de l'État ni un producteur, ni un manufacturier ; je veux en faire un protecteur intelligent. (*Vive approbation à gauche.*)

Remarquez que tous les arguments qu'on nous oppose ici sur les impossibilités, on nous les a opposés pendant dix-huit ans; pendant dix-huit ans du règne dernier, toutes les fois que nous réclamions une amélioration, on nous répondait : C'est impossible ! Quand, en 1775, on demandait de briser la chaîne des jurandes et des maîtrises, on répondait : C'est impossible ! Quand on demandait que l'impôt fût également réparti, le clergé et la noblesse ont répondu : C'est impossible ! Je ne me contente pas de ce mot. Ce mot peut être d'un homme, il n'est pas d'une nation qui a d'immenses ressources. (*Approbation.*)

Non, il n'est pas possible qu'on nous repousse sans cesse parce qu'il peut y avoir du nouveau dans les choses que nous demandons; car nous venons de voir une grande chose et bien nouvelle cependant.

Le 25 février, la plupart de ceux qui m'écoutent pensaient que le suffrage universel était un monstre qui ne pourrait pas se dompter (*C'est vrai!*); que c'était une chose qu'on ne pouvait pas organiser; que c'était une utopie. Et cependant, en deux mois, vous l'avez vu organisé, vous l'avez vu fonctionner.

Je vous le dis donc, ne vous payez pas de mots; réfléchissez bien, citoyens, à notre grave et redoutable situation. Le peuple, à coup sûr, en février, n'a pas fait une révolution par pur intérêt, non! on a eu raison de le dire, quand il a fait entendre ce mot sublime : Je donne trois mois de crédit à l'État, évidemment il ne pensait pas à ses entrailles qui criaient. Quand le peuple, pendant deux mois, venait pour ainsi dire chanter d'amour autour de son Hôtel de ville, l'idée seule le soutenait; le peuple en ce moment-là ne pensait pas à ses besoins; mais, si le peuple n'y pensait pas, notre devoir, à nous, c'est d'y penser.

On nous objecte encore que cette déclaration du droit au travail pourra gêner momentanément certaines industries; on nous répond par des détails tellement minutieux que je ne devrais même pas en entretenir la tribune, s'ils n'avaient sans cesse rebattu nos oreilles.

On a dit : Comment donner à un orfévre, à un bijoutier, le droit d'ouvrir de ses mains délicates les entrailles de la terre? mais c'est folie!

Réfléchissez à ceci : quand vous parlez ainsi, vous parlez pour un jour. Il est certain que, si ces industries avaient besoin d'être employées, je ne demande pas qu'on leur ouvre des chantiers, où de rudes labeurs les attendent; ils y seraient impuissants. Pour ceux-là transitoirement l'assis-

tance ; pour ceux-là faites encore pendant quelque temps
ce que vous faites aujourd'hui ; mais remarquez bien que
cela ne combat pas contre le principe que je soutiens ;
car ceux-là ne sont pas la masse, et la masse deviendrait
volontiers concessionnaire de terres partagées pour les
rendre fécondes. Quand je demande le droit au travail, que
voulais-je ? que vous l'inscriviez dans une constitution qui,
apparemment, sera durable. Le peuple ne se soulève pas
tous les jours pour faire des chartes. Or, quand vous inscri-
rez le droit du travail, vous ne serez pas forcés de l'avoir
organisé dès le lendemain. (*Un membre : C'est évident.*)

Messieurs, je ne serai plus long, je ne veux point abuser
de la patience de l'Assemblée ; mais permettez-moi de vous
dire que je ne comprends pas qu'on se récrie sur des
choses aussi naturelles et aussi simples. Ainsi, par exemple,
vous allez décréter le droit à l'instruction : mais quel est
donc le fou qui pense qu'en vingt-quatre heures vous allez
le réaliser ? Vous allez inscrire le droit à l'assistance ; mais
quel est l'insensé qui s'imagine qu'en vingt-quatre heures
vous aurez créé le personnel et les établissements ?

Comprenez-moi donc, je vous en conjure ; quand je
demande que le droit au travail soit inscrit dans la constitution, c'est parce que les constitutions sont faites pour
l'avenir, parce qu'elles doivent être durables, parce qu'elles
sont des jalons dans la marche de l'humanité.

J'ajoute, en prenant en considération la faiblesse et l'in-
firmité humaines, que je ne demande pas que cette organisation soit créée en quelques jours ; je comprends qu'il y a,
qu'il doit y avoir des transitions, des tempéraments ; mais
de ce que je comprends qu'il y a des transitions nécessaires,
est-ce une raison pour que ce droit au travail soit rejeté ?
Posez votre but, pour que toutes vos lois y convergent
incessamment. (*Approbation.*)

Je me résume.

On a dit : Le droit au travail, c'est le socialisme. Je réponds : non ; le droit au travail, c'est la République appliquée. (*Très bien ! très bien !*)

Vous prétendez qu'il ne faut pas donner trop à de pareilles pensées, parce que, alors, les révolutions peuvent être entraînées hors de leur orbite. Je vous réponds, moi, que c'est en ne donnant pas aux révolutions leurs conséquences que les gouvernements s'abîment et disparaissent. (*Vifs assentiments à gauche.*)

Pendant combien de temps avez-vous dit, avons-nous dit à la révolution de Juillet : « Voici le principe, eh bien, marchez aux faits? » La révolution a résisté, et c'est pour cela que le trône de Juillet a été brisé.

Soyons plus prudents pour ce qui touche au droit au travail. Inscrivez-le de nouveau, parce qu'il est équitable, parce qu'il est politique de le faire. Inscrivez-le de nouveau, pour que dans les fastes de l'humanité nous n'ayons pas l'air de reculer à cinquante-cinq ans de distance, pour que nous ne soyons pas moins avancés que la révolution de nos pères. Inscrivez-le, parce que le peuple doit obtenir ce qu'il demande de juste, et que, dès 1831, il inscrivit, à Lyon, sur ses bannières : « *Vivre en travaillant ou mourir en combattant !* » En 1831, Casimir Périer avait promis aussi des institutions qui ressemblaient non pas à l'organisation du travail, mais qui ressemblaient à la protection du travail. Il n'a rien réalisé, mais l'idée jetée à Lyon, la formule flottant sur les bannières des insurgés a fait son chemin, et, depuis ce temps, le peuple de Paris a répété, comme le peuple de Lyon : « *Vivre en travaillant ou mourir en combattant !* »

Cri sinistre et redoutable au milieu du combat : gage de sécurité, s'il est inscrit dans votre constitution ; car ce peuple français est assez dévoué, quand cette satisfaction lui aura été donnée, pour attendre ; car il est trop pratique aussi pour ne pas comprendre que l'organisation n'est possible que successivement ; mais il le faut, inscrivez le principe ; car, si vous fermez la porte à toute espérance, j'appréhende pour la République de lamentables déchirements. (*Mouvement prolongé.*)

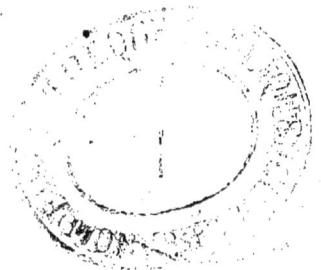

LII

DISCOURS PRONONCÉ AU BANQUET COMMÉMORATIF

DE LA FONDATION DE LA RÉPUBLIQUE

(22 septembre 1848)

CITOYENS,

A l'anniversaire du 22 septembre 1792 ! A cette mémorable journée où la Convention proclama la République, dans le palais même où, la veille, elle avait aboli la royauté !

Oui, à la République que nos pères ont décrétée et que nous avons pour mission de rendre à jamais durable en lui donnant dans les institutions sociales une base indestructible ! (*Applaudissements.*)

A la République, génie protecteur des peuples qui, comme nous, poussent un cri de délivrance ! (*Bravos.*) A la République, vengeresse des déshérités de la grande famille humaine, qui, à notre exemple, arborent le drapeau démocratique et sont traqués par les derniers représentants des vieilles aristocraties ! (*Bravos.*)

Citoyens, je dis à la République consolidée par des institutions sociales ! car, nous qui sommes ici, nous sentons que, si le législateur ne la fait pas pénétrer profondément dans les lois, dans les mœurs, nous n'aurons encore que le mot sans la chose. (*Bravos.*)

Aussi infortunés que nos pères qui n'en furent que les

prophètes et ne virent jamais la Terre Promise qu'ils ne purent que nous montrer du doigt (*bravos*); oh! sans doute, on nous dira : Vos folles espérances, c'est le socialisme. Vieille querelle faite aussi à nos devanciers, et à laquelle ils répondirent par les bienfaits dont nous jouissons aujourd'hui.

Le socialisme!... Quand, pour rendre à l'homme le noble exercice de toutes ses facultés, ils ont eu la pensée d'abolir les vœux monastiques, était-ce du socialisme ou de la politique? Quand, mettant la loi d'accord avec la nature, ils ont uniformisé la situation de tous les enfants, en faisant passer le niveau de la loi sur l'inégalité des successions, était-ce du socialisme ou de la politique? (*Bravos.*)

Quand, malgré le déchaînement du clergé et de la noblesse, ils établissaient l'égalité de l'impôt, et Dieu sait au milieu de quels obstacles! faisaient-ils du socialisme ou de la politique? Quand ils ont fait cesser l'asservissement de l'industrie, en brisant les liens des vieilles maîtrises, était-ce du socialisme ou de la politique? (*Bravos.*) Quand ils ont divisé à l'infini la propriété cléricale, communale, nobiliaire, pour faire de toutes ces parcelles, sous les pieds de l'homme, autant d'instruments de liberté, était-ce du socialisme? C'était de la République! (*Bravos.*) Quel est donc le législateur assez insensé pour poser un principe politique auquel il ne donne pas une assise profonde dans les institutions sociales?

Est-ce donc du socialisme quand nous disons : Pas de république sans droit au travail; car il n'y a pas de peuple souverain là où il n'y a pour la société qu'un devoir d'assistance! (*Applaudissements.*) Oh, non! ce n'est pas là du socialisme, c'est de la République. Quand nous disons encore : Il faut des institutions de crédit, sans cela le capital dévore, en quelque sorte, par l'usure, les bras de l'ouvrier, ce n'est pas du socialisme, c'est de la République. (*Applaudissements.*)

Oui! c'est de la République; et ne serait-ce point parce que les adversaires de la République vraie sentent qu'ainsi enracinée dans les mœurs du pays, on ne pourrait plus la renverser, qu'ils voudraient donner le change, exploiter des peurs en confondant deux choses parfaitement distinctes, le socialisme et la République appliquée? (*Bravos.*)

Nous connaissons ces vieilles pratiques : les jésuites démasqués d'une autre époque ne criaient-ils point à l'athéisme? les monarchiens de 1790, à la loi agraire? (*Applaudissements.*)

Et ce n'est pas sans un certain plaisir que je m'arrête à constater cette confusion systématiquement faite entre le socialisme et la République par les ennemis de la République. Ce perpétuel abus de mots démontre leur impuissance et la nécessité à laquelle ils sont réduits d'incliner le front devant la grande volonté du peuple, et de respecter le mot lui-même dont il a salué sa victoire le 24 février. (*Bravos.*)

Cette République appliquée qui doit pénétrer dans nos lois, dans nos mœurs, qui doit amener pour chacun un juste équilibre de dignité et de bien-être, cette République, que faut-il pour la conquérir? Oh! ce qu'il faut, c'est de l'union, c'est de la hardiesse, une volonté indomptable. (*Bravos.*) Ce qu'il faut encore, c'est un dévouement à la hauteur des sacrifices qui nous seront demandés. (*Bravos.*)

Et rien au monde ne saurait nous empêcher d'obtenir la chose, je le répète, à nous qui, malgré les duplicités, les corruptions, les forces accumulées de la monarchie, avons conquis ce nom. Bien insensés ceux qui voudraient y mettre obstacle, ils n'auraient pas vu, ceux-là, l'admirable drame du 24 février, où le gouvernement provisoire ne fut que le traducteur de l'immense voix du peuple armé; à quiconque paraissait hésiter, il disait : Nous voulons la proclamation de la *République démocratique une et indivisible*. Rien en deçà, rien au delà ; tout autre mot pourrait tendre à l'entourer d'institutions monarchiques ; nous ne voulons plus de duperies ! (*Applaudissements.*)

Ainsi donc, souvenir de la volonté du peuple au 24 février, union, hardiesse, dévouement, voilà ce qu'il faut. Avec cela, le pays sera grand et la République invincible. (*Bravos.*)

Oui, frères, de l'union ! Hélas ! nos pères en ont manqué parfois, prenons garde d'échouer sur le même écueil. Il est, je le sais, des retardataires dans la voie du progrès, des hommes qui ont confiance *quand même*, qui s'effraient moins des écarts, des déviations du pouvoir, qu'ils ne redoutent de l'ébranler : leur conviction est respectable, parce qu'on ne peut douter de leur patriotisme ; leurs yeux s'ouvriront ; pour nous, plus résolus, ne retardons pas notre marche, bientôt ils doubleront la leur pour se retrouver avec nous. Oui, patience, car, s'ils hésitent, c'est qu'on les effraie en montrant autour de nous des périls, des dangers.

Des dangers ! lesquels ? Les prétendants ? Les royalistes ! Ah ! oui, dangereux peut-être tant qu'on ne voudra pas faire sincèrement de la République. Mais du moment qu'on le voudra, ils disparaîtront au souffle du vent populaire. (*Bravos.*)

Ces prétendants, que peuvent-ils dire en effet ? Qu'ils veulent la monarchie ? Quoi ! Ils diraient cela à un peuple qui en dix-huit ans a renversé deux fois la monarchie ! qui en 1830 a chassé deux générations de prétendants et deux générations en 1848 ? Ce peuple n'a-t-il plus le même cœur, les mêmes bras, les mêmes armes ! (*Applaudissements.*)

Non, non, ce n'est pas cela qu'ils peuvent dire, mais ils parleront au peuple de ses intérêts sacrifiés, de ses droits méconnus. Et si, après tout, ses droits ont été sanctionnés, si ses intérêts sont sauvegardés par une République sincère,

véritablement démocratique, au nom de quelle idée pourra
parler le prétendant? Où sera son levier, son point d'appui? Il ne pourra plus être qu'un simple citoyen, obligé de
se perdre obscurément dans la foule commune, comptant
moins qu'un autre, parce que moins qu'un autre il aura
rendu des services. (*Applaudissements.*)

Ainsi donc, pas de danger possible, pourvu qu'on veuille
creuser d'une main sûre et robuste le sillon de la République. Mais, si on ne veut que l'effleurer, incontestablement
il y a du danger, parce qu'elle ne peut pousser des racines
profondes. Eh bien! citoyens, vient alors naturellement
cette question : Qu'a-t-on fait pour le peuple depuis le 24 février ? (*Nombre de voix: Rien ! rien !*)

Ce qu'on a fait? On avait d'abord pensé que l'abolition
de l'impôt du sel était une satisfaction due à l'opinion
prête à l'obtenir même de la monarchie. Courte illusion,
il s'agit aujourd'hui de le rétablir.

On avait essayé de rendre à la santé publique un service
immense en faisant disparaître l'impôt de l'octroi sur la
viande, l'impôt sur les boissons, deux charges qui pèsent
si lourdement sur le pauvre. Aujourd'hui on les exerce de
nouveau. (*C'est vrai!*)

Et le laboureur, cet homme dont la vie se meut entre les
dures exigences de la terre et les exigences plus dures encore du capital, lui qui n'a guère de rapports avec l'État et
la politique que par l'entremise du percepteur, que pensera-t-il de la République qui vient, au sein de la paix, lui demander une aggravation d'impôt ? (*C'est cela! Oui ! oui !
très bien !*)

Voilà ce qu'on a fait pour le peuple depuis le 24 février.
Oh! je sais bien que parfois l'on est venu à son secours, que
parfois l'on a jeté à sa misère quelques millions, à titre
d'assistance, mais qu'est-ce que cela, en comparaison des
grandes institutions de crédit, d'association, de secours

mutuels, d'instruments de travail qu'on aurait dû fonder ? (*Bravos.*)

Non, non, rien de large, rien de fécond, rien de véritablement républicain ; toujours et toujours la vieille ornière du passé ! (*C'est vrai ! c'est vrai !*

Citoyens, que répond-on ? « L'État est pauvre, la République ne saurait faire de telles fondations, car l'argent manque ! » J'avoue que je n'ai jamais compris cette objection dans un pays aussi fertile, aussi puissant que la France ! Je dis, moi, que les sources sont innombrables, et qu'il ne faut que savoir leur tracer des canaux pour les conduire vers le Trésor, et de là les faire refluer jusqu'au pauvre. Mais le pays n'était donc pas ruiné par les folies de Louis XIV, les dilapidations des cours de Louis XV et de Louis XVI ? Et cependant, la première révolution, pour accomplir sa grande œuvre, a-t-elle été arrêtée par des questions d'argent ?

Comment ! après les énormes sacrifices de nos guerres révolutionnaires, nous avons eu l'Empire qui, par ses réquisitions forcées, par ses impôts extraordinaires pour défendre le territoire, avait en quelque sorte tari toutes les ressources du pays. Nous le croyions, du moins ; et pourtant la Restauration arrive, et pour payer la rançon de l'étranger la France trouve 1500 millions (*C'est vrai !*), et à peu de temps de là, pour reconstituer l'aristocratie, la monarchie arrache encore à la France un milliard. (*Bravos.*)

Et quand cette France, aux larges et fécondes mamelles, a pu pour payer sa défaite, a pu pour payer l'émigré, trouver des sommes presque fabuleuses, elle ne pourrait pas trouver de quoi alimenter le travail ? (*Applaudissements.*)

Non, cela n'est pas possible, l'argent se retire et se cache, l'argent ne manque pas (*C'est cela !*), il ne peut pas manquer. Réfléchissez-y bien, nous avons eu trente ans de paix, et malgré la perte de travail depuis le 24 février, l'argent est quelque part (*Oui ! oui !*) : il doit donc y avoir dans des moyens financiers la possibilité de le trouver là où il se cache, là où il se fait égoïste. (*Oui! oui!*)

Quoi! citoyens! la France n'aurait pas les ressources qu'a trouvées l'Angleterre? Pour combattre le blocus continental et soutenir son commerce, l'Angleterre a pu solder contre nous six coalitions renaissantes; elle a pu faire sortir de terre des millions d'hommes et des armées, elle a pu dompter le génie de Napoléon, elle a pu épuiser jusqu'à la dernière goutte le sang de nos veines en 1815, et la France foncièrement plus riche ne pourrait pas trouver de l'argent pour son peuple de travailleurs! non, cela n'est pas possible, et ceux qui tiennent un pareil langage sont les calomniateurs du pays. (*Salve d'applaudissements.*)

Croyez-moi, citoyens, le véritable danger, c'est la misère, le défaut de travail, l'atonie du commerce, c'est l'absence de quelque chose de hardi, de nouveau, c'est la vieille routine en matière de finances, la question est là et point autre part. (*Oui! oui!*) Ah! sans doute elle peut se modifier, s'envenimer, si la France, sincèrement républicaine, ne s'ingénie point à sortir de ce gouffre fatal par quelque grande mesure : la banque hypothécaire, les billets anticipés de l'impôt! que sais-je, dix moyens sont proposés pour un; mais il faut trouver le secret que la République fasse le peuple heureux, la nation grande. que non seulement elle subvienne au malaise intérieur, mais qu'elle ait des ressources pour défendre au dehors ses principes de fraternité et d'émancipation; autrement toute ombre de danger peut grandir et mettre la République en péril. Mais vainement disent-ils que l'argent manque, soyez persuadés que c'est bien plutôt un homme entreprenant, résolu, qui manque au moyen de trouver l'argent. (*Oui! oui! c'est vrai!*) Nos pères, il est vrai, vivaient d'expédients, mais c'est ainsi que vivent les révolutions, et, après tout, pourvu qu'elles vivent, qu'elles sauvent l'humanité, qu'importe? (*Applaudissements.*)

De Necker à Cambon, que de financiers honnêtes, mais se traînant dans les vieux sentiers du passé, ont essayé vainement de faire face aux besoins de la révolution! Cambon est arrivé, financier de grand renom sans doute? non, mais grand citoyen, ne voyant que le but, ayant l'audace de la situation, et Cambon est arrivé à sauver la République : ne trouverons-nous pas un autre Cambon? (*Bravos.*)

J'ai dit, citoyens, qu'il fallait à la France des ressources pour soutenir dans ses alliés ses principes de liberté et d'émancipation au dehors. Est-ce qu'en effet le cœur ne vous saigne pas comme à moi en comtemplant l'Italie livrée sous la main des oppresseurs à sa seule impuissance? Oh! que la marche de l'humanité est lente, et combien nous pouvions en hâter le cours! Plus de trois siècles déjà se sont écoulés depuis que Machiavel, gémissant sur les malheurs de sa chère patrie, nous la peignait séchant dans l'attente d'un libérateur qui mît fin aux dévastations de la Lombardie, de la Toscane et du royaume de Naples. Il demandait au ciel de susciter un bras vengeur qui l'affranchît du joug humiliant et odieux de l'étranger. Ce bras pouvait être celui de la France, l'Italie avait le droit d'y compter, et le bras de la France est demeuré immobile! (*Applaudissements.*)

Oui, l'Italie avait le droit d'y compter, car, Milan pris, nos troupes devaient franchir les Alpes; Milan est pris depuis longtemps et leurs fusils sont encore en faisceaux, et les vaisseaux de la France assistent impassibles au sac de Messine. Citoyens, est-ce là de la politique républicaine, et ne pourrions-nous pas nous tromper de date? (*Applaudissements.*)

Et vis-à-vis de l'Allemagne, la ligne de conduite du gouvernement est à mes yeux aussi inexplicable.

Évidemment, ou il ne comprend pas le mouvement qui s'opère au delà du Rhin, ou il comprend mal les intérêts de la France.

L'avenir de l'Allemagne est représenté par une démocratie
jeune, ardente, courageuse, qui voit dans l'unité du pays la
liberté, l'unité de l'Allemagne ; c'est la démocratie de l'Allemagne, et qui dit démocratie dit sympathie acquise à la
France. Demandez à tous ceux qui sont bien informés si
cette appréciation n'est pas vraie. Ah ! je sais bien qu'on
prête à cette démocratie des projets d'envahissement contre
nous : c'est une ruse des vieilles aristocraties pour la perdre
dans notre esprit ; l'Angleterre ne manque pas d'en rire tout
en y jouant sa part. Eh bien ! les choses se passent de telle
façon, en Allemagne, que nous ne ferons désormais plus
rien, comme en Italie, que sous l'influence de l'Angleterre.
(*C'est vrai !*) Je le démontrerai plus amplement ailleurs. Ah !
je l'avoue, mon âme est profondément émue des plaies de
l'intérieur. Les misères qui nous assiègent de toutes parts
trouvent en moi de bien douloureux échos ; mais encore
cela est-il chez nous sous le voile domestique ; nous souf-
frons, pour ainsi dire, en famille ; mais au dehors notre
gloire livrée à l'Angleterre, mais au dehors l'alliance avec
cette aristocratie hostile à notre fortune ; mais au dehors
l'alliance avec ce gouvernement qui, pendant dix-huit ans,
a pesé sur nos intérêts d'une façon si fatale. C'en est trop !
Je le déclare, quant à moi. (*Bravos.*)

C'est à tout cela qu'il faut remédier ; nous sommes, pour
la plupart, de vieux champions de la liberté ; pour la plupart, nous avons fait nos preuves ; eh bien, redoublons d'efforts. Confondons les nuances républicaines plus ou moins
avancées, ne voyons qu'une chose, la gloire, l'intérêt du
pays ; n'ayons qu'un sentiment : plus de repos, plus de
tranquillité, jusqu'à ce que la République, un instant dérayée,
soit rentrée dans sa véritable route. (*Bravos.*)

Non, plus de repos, car, si nous pouvons dire justement en
invoquant la mémoire de nos pères : Salut à vous, qui avez
intronisé la République ! ah ! prenons-y bien garde, si nous

ne suivons pas leur exemple, si comme eux nous ne sommes pas ardents au dévouement, indomptables dans la volonté, craignons que nos neveux ne maudissent notre mémoire, et ne disent point à leur tour : Salut aux hommes du 24 Février ! (*Cette improvisation est suivie de longs applaudissements. Le cri unanime de* Vive la République *est plusieurs fois répété.*)

LIII

DISCOURS PRONONCÉ A L'ASSEMBLÉE NATIONALE

A L'APPUI DES INTERPELLATIONS
FAITES AU GOUVERNEMENT SUR LES AFFAIRES D'ITALIE.

(29 septembre 1848)

CITOYENS,

Pour quiconque jette les yeux sur les différends de l'Europe, il se passe un fait grave : c'est une déviation manifeste de la politique posée par le gouvernement provisoire, politique dont semble s'éloigner le pouvoir actuel.

Cette atténuation frappe à première vue les citoyens qui ne connaissent que superficiellement la politique extérieure ; mais elle prend un caractère beaucoup plus tranché pour les hommes qui, ayant été au pouvoir, ont connu les instructions données à cette époque, et qui les comparent aux instructions données aujourd'hui. Il est incontestable qu'il y a changement complet dans la conduite tenue à l'égard de l'Italie, à l'égard de l'Allemagne. Je dis que cela doit nous préoccuper gravement, et que tous, tant que nous sommes, abstraction faite des nuances, il faut savoir véritablement dans quelle politique on nous engage, et si un jour nous n'aurons pas à nous en repentir. C'est là une chose qui intéresse, non-seulement l'honneur de la France, mais qui intéresse sa sécurité, sa prospérité, son commerce, ses finances. Je dis donc que, quand une telle question se pose, il est impossible qu'on la repousse purement et simplement par une fin de non-recevoir, par un argument indéfini.

On nous dit : la question est pendante. Eh! mon Dieu! je souffre d'avoir à entendre un langage que j'ai entendu si longtemps. Toutes les fois que, sous un autre gouvernement, nous demandions à être renseignés sur les errements de la diplomatie, on nous répondait : le silence est impérieux, la question est *pendante*. Et, quand plus tard le pays était engagé dans une voie fatale, on nous disait alors : *les faits sont accomplis*.

La question pendante et les faits accomplis, ce sont les deux points entre lesquels nous nous sommes vainement débattus pendant dix-huit ans. Cela pouvait convenir à la royauté, cela ne peut convenir à la République. Sans doute il faut de la réserve, de la mesure dans le langage, nous le comprenons ; mais les principes, au moins, peuvent être discutés ; autrement, c'est agir en aveugles, et un tel rôle ne saurait convenir à cette Assemblée.

Ainsi, voilà dès à présent un fait sur lequel on ne peut tarder plus longtemps à s'expliquer. Les journaux, nos correspondances particulières de l'Europe, annoncent que la Russie et la Prusse veulent intervenir dans les affaires d'Italie, qu'elles exigent, pour la solution de cette affaire, un congrès européen. Un congrès !... sur quelle base? Sur la base des traités de 1815. Des traités de 1815, entendez-le bien! qui, dans le premier protocole, dans le manifeste qui a été adressé par l'honorable M. de Lamartine, ont été déclarés déchirés de droit. (*Mouvement prolongé.*)

Quand il est ainsi constant que la médiation acceptée, il y a un mois, ne repose plus sur les mêmes bases, croyez-vous que notre loyauté, vis-à-vis de l'Italie, dont cette Chambre a voulu l'indépendance, soit assez intéressée pour

que ce soit un devoir de nous entendre? Nous pouvons avoir
confiance dans la manière dont les négociations seront
menées, mais c'est à l'Assemblée qu'il appartient d'en fixer
les principes, d'en déterminer solennellement les bases. En
Amérique aussi le pouvoir exécutif prépare, fait les traités;
mais le congrès, le sénat le dirige, le guide de ses avis.
Les Assemblées de ce pays font comprendre leurs vœux,
elles posent les jalons.

Eh bien, ce droit qui, au delà de l'Atlantique, est exercé
tous les jours, il faut enfin qu'on consente à le reconnaître ici.

Et je ne puis me payer de cette raison que le pouvoir
exécutif, sortant de votre sein, ne saurait vous engager au
delà de votre volonté.

Supposez qu'il voie mal, qu'il apprécie mal, si honorables, si pures, si patriotiques que soient ses inspirations.
Quand il aura engagé la France dans une voie funeste, ne
regarderez-vous pas à deux fois pour le désavouer? J'aime
mieux avoir à prévenir qu'à réparer. Il y aura sa responsabilité, direz-vous? Que me fait une responsabilité qu'on
applique rarement, et qui ne remédie point aux faits
accomplis! Revenir plus ou moins sur la marche du pouvoir qui vous représente, réfléchissez-y bien, c'est toujours
un peu entamer, déconsidérer le pouvoir.

Citoyens, croyez-moi, l'horizon de l'Europe se charge de
couleurs sombres, le sol tremble, les monarques essayent
de temporiser, d'entamer des négociations sans fin, pour se
mieux préparer. Ils espèrent avoir raison des mouvements
d'indépendance, de liberté de l'Allemagne, de l'Italie, pour
réunir ensuite leurs forces contre ce qu'ils appellent le
foyer de la révolution. (*Mouvement.*)

Tout homme bien informé des affaires de l'Europe ne
saurait en douter. C'est donc, plus que jamais, le moment
de faire comprendre aux peuples l'attitude fraternelle que

la France saura garder vis-à-vis d'eux. Ce serait vouloir s'abdiquer, abdiquer la grandeur, la dignité de la France, que de ne pas permettre en de telles conjonctures que ses intentions soient franchement, nettement expliquées.

LIV

DISCOURS PRONONCÉ A L'ASSEMBLÉE NATIONALE

A PROPOS DES INTERPELLATIONS FAITES AU GOUVERNEMENT SUR SA POLITIQUE
DANS LES AFFAIRES D'ITALIE

(2 octobre 1848)

CITOYENS,

Bien que chacun de nous comprenne quelle mesure et quelle prudence on doit apporter dans cette discussion qui intéresse non-seulement des peuples amis, mais l'honneur de la France et l'avenir de l'Europe, cette prudence cependant a pour limites l'intérêt de la République, et ne peut aller jusqu'à un la conisme voisin du silence.

Il serait vraiment par trop étrange que sous le gouvernement républicain, sous le gouvernement dont la publicité est le principe, on fût moins éclairé qu'on ne l'était sous la monarchie. A cette époque en effet, quand le pouvoir exécutif, le Roi, qui avait le droit de faire les traités de paix et de guerre, entrait en négociations, au moins consultait-il son Conseil, lequel pouvait ainsi peser d'un certain poids dans la balance que tenait le monarque.

Comment, aujourd'hui, aiderions nous de nos avis le pouvoir exécutif qui ne nous fait rien connaître? quoi ! garder un inviolable silence, non pas sur des questions de détail, ce que je comprends, non pas sur des communications de documents, ce que je comprends encore, mais sur des questions de principes, ne pas répondre ! ne pas dire sur quelles bases les négociations vont avoir lieu ! ne pas dire quelles règles, quels principes présideront au traité ! je soutiens que c'est contraire à l'essence du gouvernement républicain, contraire à l'intérêt bien entendu du pays. (*Interruptions diverses. — Non ! non ! — Si ! si !*)

Je répète que cela est contraire à l'intérêt bien entendu du pays, parce que, si nous reconnaissions plus tard que le traité est une faute, quel sera le moyen de coaction ? le renversement du pouvoir exécutif par le désaveu, c'est-à-dire l'atténuation, l'avilissement du pouvoir, mesure toujours fort grave, surtout au début d'une république naissante (*Mouvement*). tandis que l'Assemblée, connaissant à l'avance les faits, pourrait faire ce qui se fait tous les jours en Amérique : elle poserait des principes dont le pouvoir exécutif serait chargé de suivre l'application.

Ces droits de l'Assemblée sauvegardés, j'entre rapidement dans la question.

Quelle a été, citoyens, après la révolution de Février, l'attitude prise par la France vis-à-vis de l'Europe ? vous la connaissez tous.

Nous avons déclaré que, si l'histoire offrait deux sortes de révolutions, la révolution de la conquête, et la révolution de l'idée, la France s'arrêterait à cette dernière forme de propagande. Et il faut le reconnaître, cette pensée de justice et de paix a été féconde ; car, en deux mois et demi, par le contre-coup de la révolution française, tous les États de l'Allemagne, tous les États de l'Italie, les grands comme les petits, les ducs souverains comme les moindres électeurs, tous ont passé sous la nécessité des chartes et des institutions libérales.

Cette politique qui consistait à ne point soulever les peuples, mais à laisser rayonner nos principes, et à soutenir au besoin, de nos armes, les nations qui les proclameraient spontanément, cette politique n'a pas été seulement celle du gouvernement provisoire et de la Commission exécutive, elle a été la vôtre, citoyens! (*Mouvement.*) Ne vous rappelez-vous plus les paroles prononcées ici lors du rapport de l'honorable M. de Lamartine?

Ne vous souvient-il plus d'avoir approuvé cette politique pacifique, mais digne et fraternelle, qu'il caractérisait du nom de diplomatie armée? et n'avez-vous pas couvert d'applaudissements les nobles paroles qu'il a prononcées pour bien faire comprendre au monde qu'au premier cri d'indépendance, de nationalité, poussé par des peuples amis, la France serait debout? (*Mouvement.*) Qu'elle ne prendrait nulle part l'initiative d'intervenir, mais que, du moment où son concours serait invoqué, elle se devait à elle-même, à son honneur, à l'intérêt du gouvernement qu'elle venait de fonder, de protéger des frères qui, plus tard, pourraient lui faire un rempart de leur propre indépendance? (*C'est vrai! c'est vrai!*)

Ces paroles sont au *Moniteur*, on ne peut le contester; je le répète, elles ont été couvertes de vos bravos.

Il demeure donc bien avéré que vous avez adhéré à la politique du gouvernement provisoire disant : « Si l'Italie se lève, qu'elle reste libre à toujours, » comme vous avez adhéré à sa politique, quand il déclarait sympathiser à l'unité de l'Allemagne défendue si vaillamment par la démocratie du pays.

Mais le pouvoir actuel lui-même, citoyens, a compris pendant un temps les vœux de la France à ce sujet; M. le ministre des affaires étrangères, interpellé sur les errements de la négociation, a fait cesser toute équivoque. Il ne peut y avoir de médiation sérieuse à nos yeux, a-t-il dit, que celle qui aurait pour objet l'affranchissement complet de l'Italie. (*A gauche: C'est vrai! c'est vrai! Signe d'adhésion du ministre.*)

Ainsi, le langage du gouvernement provisoire, de la Commission exécutive et du gouvernement actuel, a été celui-ci : Frères d'Italie, comptez sur notre concours, et, si votre bras est impuissant à briser le joug de vos oppresseurs, nous soutiendrons votre cause de nos propres armes.

Après ces fraternelles protestations, quelle conduite tient aujourd'hui le cabinet, et quel spectacle nous présente l'Europe ?

De partout, de l'Italie et de l'Allemagne, de toutes les feuilles officielles et censurées, retentit cette incroyable et triste nouvelle : la Russie et la Prusse demandent à intervenir, et aujourd'hui l'Autriche ne veut plus accepter la médiation qu'à la condition qu'il y aura un congrès européen pour délibérer, moins sur les affaires d'Italie, qu'elle soutient lui appartenir plus que jamais, que sur ses différends de guerre avec le Piémont.

Ce bruit universel a trouvé crédit jusque dans la feuille du gouvernement, qui s'imprime à Milan sous la main des oppresseurs victorieux. Cette feuille, confidente des secrets de l'aristocratie, nous dit que les puissances européennes vont se réunir pour délibérer ; et vous ne reconnaîtriez pas dans ce projet un souvenir de la Sainte Alliance ! un retour aux traités de 1815 ! Mon patriotisme en est profondément ému, et c'est en présence d'une telle calamité, prête à fondre sur nos frères d'Italie, que le gouvernement pourrait impunément s'envelopper dans un dédaigneux silence !

Citoyens, je vous le demande sincèrement, je fais un appel à votre conscience ; quelles que soient les dissidences qui peuvent nous séparer, nous sommes tous nationaux, n'est-ce pas ? nous voulons tous la même chose, la grandeur et le respect des intérêts de la France ; je fais un appel à votre conscience, croyez-vous, dites-le moi, que la négociation serait compromise, si le gouvernement venait répondre qu'il repoussera toute négociation ayant pour base les traités de 1815? (*A gauche : C'est cela ! c'est cela !*) — Croyez-vous, pour préciser davantage, que la négociation serait compromise, si le gouvernement disait qu'il ne considérera l'Italie comme affranchie qu'autant qu'il ne restera point en Italie un pouce de terre qui appartienne à l'Autriche? (*Mouvements divers.*)

En posant ainsi la question, je l'ai posée volontairement.

Je veux qu'on comprenne bien que, quand nous avons parlé de l'affranchissement de l'Italie, nous avons toujours entendu l'affranchissement complet, et non pas un affranchissement bâtard. (*Interruptions diverses. — A gauche: Très bien! très bien !*)

Dans une question de cette importance, notre honneur est intéressé à ce qu'on ne joue pas sur les mots ; et, si je parle ainsi, c'est que les nouvelles qui nous sont arrivées de Vienne et de Berlin nous apprennent qu'au lieu d'une indépendance complète, absolue, on a simplement dessein de donner à l'Italie des institutions libérales en la laissant terre autrichienne, rattachée à l'Autriche par des droits de vassalité. Ce qu'on projette de faire, c'est un royaume de Pologne (*Sensation*); et nous savons ce que c'est qu'un royaume de Pologne, et nous nous rappelons, hélas ! l'attentat de Cracovie. (*Mouvement prolongé.*) Au nom de la parole de la France, au nom du sang généreux versé par les Lombards, je m'élève de toute mon énergie contre cette exécution partielle de la malheureuse Italie. (*Vive approbation à gauche.*)

Non ! non ! quand l'Italie a fait appel à nos armes, quand nous nous sommes engagés, dans le manifeste de M. de Lamartine, à contribuer à son indépendance, nous n'avons pas pu entendre que nous lui ferions faire l'aumône d'une ombre de constitution ; qu'en définitive la main de l'Autriche pèserait sur elle ; non ! et qui songerait par un tel expédient à dégager la parole de la France voudrait la déshonorer. (*Vive approbation à gauche.*)

Et c'est parce que je crains aujourd'hui que le gouvernement ne se laisse entraîner sur cette pente funeste, que je lui dois mon avis avec sincérité.

Ah ! pour ceux d'entre vous qui trouveraient ce misérable subterfuge une satisfaction suffisante, pour ceux d'entre vous qui penseraient que ce fantôme d'institutions libérales octroyé à l'Italie est l'affranchissement qu'on lui a promis, pour ceux-là, qu'ils s'arrangent avec leurs consciences, je n'ai rien à ajouter ; mais au moins pour les consciences scrupuleuses qui veulent les choses et non les apparences, il faut qu'il y ait dans cette Assemblée une minorité qui proteste au nom de la parole de la France. (*Vive approbation à gauche.*)

Il faut qu'il y ait dans cette Assemblée une partie qui déclare que le pouvoir exécutif n'a pas réalisé les espérances qu'il a fait naître ; il faut qu'il s'élève des voix patriotiques pour protester au nom de l'honneur du pays, et de sa parole engagée. (*Nouvelle approbation à gauche.*)

Ah ! je sais bien que le gouvernement croit pouvoir entrer dans un congrès européen, en échappant à l'application des traités de 1815, mais c'est en quoi son erreur est profonde ; la logique fatale de la majorité des contractants l'entraînera malgré lui, ou il aura la guerre avec tous ses désavantages, c'est-à-dire après s'être compromis.

En effet, que lit-on dans ces traités de 1815 ? que la paix de l'Europe ne peut exister qu'à la condition que les forces seront également équilibrées. Or, comme l'indépendance de l'Italie, aux yeux des puissances du Nord, change l'équilibre, change la pondération de l'Europe, il est incontestable qu'elles ne reconnaîtront pas l'indépendance de la terre italienne, car elles forfairaient à leurs traités de 1815 qu'elles déclarent cependant avoir toujours force et vigueur.

De l'Autriche seule peut-être auriez vous pu obtenir cette

concession ; mais, du moment que l'Autriche fait intervenir la Russie et la Prusse, c'est qu'elle veut se fortifier de
leurs résistances, toujours au nom de la Sainte-Alliance et
des traités de 1815. Oh ! peut-être couvrira-t-on ces vieilles
prétentions de quelques dissimulations ; mais, soyez-en
convaincus, au fond, la pensée capitale, c'est de ne pas
briser les traités de 1815 ; et cependant, comment concilier
cela avec le passage du manifeste de M. de Lamartine, où
il s'écriait : Les traités de 1815 *sont déchirés en droit !*
(*Mouvement.*)

Après de telles paroles, je ne ferai plus qu'une chose,
rappeler au gouvernement qu'il y aurait pour lui bien grave
responsabilité à ranimer ce que le sentiment national considère comme anéanti, à renouer ce que la révolution de
Février a brisé ; et je ne pense pas que l'Assemblée consente
à le laisser engager dans cette voie périlleuse.

Cette faiblesse du gouvernement dans la question d'Italie
se retrouve également dans notre politique en Allemagne.

Le gouvernement provisoire, par l'organe de M. de Lamartine, avait déclaré que la France appuierait en Allemagne le mouvement qui s'y opère vers l'unité ; vous savez, citoyens, ce que c'est que l'unité allemande ; les journaux aristocratiques l'ont travestie ; mais, pour les hommes instruits
des affaires de ce pays, c'est la démocratie, c'est la liberté ;
l'unité allemande, permettez-moi de vous le dire, c'est l'ef-
facement en Allemagne de la prépondérance de l'Autriche
et de la prédominance de la Prusse.

L'unité allemande, c'est la coalition de tous les États
méridionaux plus ou moins rapprochés des rives du Rhin,
qui, s'ils n'obtiennent pas l'unité fédérale, avec indépendance de la Prusse et de l'Autriche, se déclareront libres
et feront appel, au besoin, à la France pour soutenir leur
communauté de principes démocratiques contre les grandes
puissances.

Voilà, je le répète, pour les hommes éclairés sur les affaires de ce pays, ce que c'est que l'unité allemande.

En voulez-vous une preuve, citoyens? dans la fameuse question de Schleswig, qui importe tant à l'honneur allemand. Vous savez que la Prusse, chargée par la diète centrale de Francfort de régler l'armistice entre le Danemark et l'Allemagne, que la Prusse, dis-je, excédant les limites de son mandat, contracta en son nom personnel. A l'instant même, la diète de Francfort s'est émue ; à l'instant même, une démonstration, et vous savez laquelle, a été faite dans les rues contre la Prusse, parce qu'en traitant en son nom privé elle avait affiché une suprématie dont l'Allemagne ne veut plus. L'unité allemande, c'est donc la liberté, la démocratie. En soutenant l'unité, en fraternisant avec les députés qui combattent pour elle, nous servons donc les intérêts de la démocratie française, et cependant le gouvernement actuel revient aux errements de la vieille politique ; il renonce à l'unité pour favoriser la division entre les peuples de l'Allemagne ; il les prépare, en refoulant toutes leurs sympathies, à porter un jour les armes contre nous au profit de la coalition.

C'est ainsi qu'au lieu d'accueillir avec empressement l'envoyé de la diète centrale de Francfort, il a refusé de l'accréditér officiellement.

Les journaux ont pu vous apprendre quelle explosion de colère et d'indignation avait éclaté parmi ces populations allemandes, pour la plupart amies de la France, en voyant le peu de compte qu'on tenait du représentant de l'unité, de celui qui, par là même, effaçait près de nous les envoyés séparés de l'Autriche et de la Prusse.

Et, comme si ce n'était pas assez, citoyens, de cette mesure inconsidérée pour nous aliéner les populations allemandes, le gouvernement vient d'intervenir par une protestation, dans la question de Schleswig dont je vous parlais tout à l'heure.

Sous prétexte de faire maintenir un traité de 1720, qui n'a rien à faire au débat actuel — une demi-heure de discussion, les textes à la main, suffirait pour le démontrer — le gouvernement français sert, contre les légitimes susceptibilités de l'Allemagne, la politique de la Russie et de l'Angleterre : la première, qui vise au Danemark pour se rapprocher de nous ; la deuxième, qui convoite sur la Baltique des ports qui lui manquent.

Vous le voyez, maintenant, citoyens, c'est en Allemagne, comme en Italie, la désertion des espérances, des paroles données. La révolution de Février serait-elle réduite, comme celle de Juillet, à laisser tomber le mouvement qu'elle avait communiqué aux nations ?

Songeons-y bien, un pas rétrograde fait en France, c'est une réaction violente dans le reste de l'Europe ; c'est, comme en 1831, une suite d'exécutions sanglantes de la part des princes qui avaient été un instant effrayés. (*Sensation.*)

Que le pouvoir me croie, il n'a pas besoin de se faire petit pour se faire accepter, et le mot du général Bonaparte est plus que jamais vrai : « La république est comme le soleil, aveugle qui la nie. »

La seule préoccupation vraie, ce n'est pas l'alliance avec les rois, c'est la solidarité avec les peuples, de façon qu'au jour venu de la bataille nous ayons pour nous, non pas 25 millions de combattants, mais, comme le disait M. de Lamartine, l'Allemagne et l'Italie tout entières. (*Vive approbation à gauche.*)

Citoyens, dans notre politique extérieure, il est un mot qu'on ne prononce pas, mais qui, en définitive, bruit sourdement à nos oreilles : c'est le mot de guerre. On nous dit : Vous voulez donc la guerre ? non, nous ne la voulons pas systématiquement. (*Murmures à droite.*)

Permettez! nous ne la voulons pas quand-même ; le parti démocratique y a rarement gagné. Tacite, ce profond observateur, l'avait dit : « C'est par l'éclat de la gloire et de l'épée que périssent les républiques. » Nous sommes donc en défiance contre la guerre. Mais je n'accepte pas la question comme on la pose. (*Interruption.*)

Non, personne, dans cette enceinte, ne veut des calamités de la guerre pour la guerre ; personne, dans cette enceinte, ne soumettrait à plaisir, aux hasards des combats, le crédit, l'industrie, le commerce ; personne ne veut cela. Mais si, par suite du relâchement du gouvernement, la guerre devait avoir lieu fatalement, je ne me demande plus alors s'il faut la guerre, mais dans quelles conditions, à quelle époque et dans quelle situation nous ferions bien de la faire, et si mieux ne vaudrait pas la porter chez les autres que de la subir chez nous. (*Agitation.*)

En effet, citoyens, comme je vous le disais, pénétrez-vous des nouvelles de l'étranger ; elles m'agitent à tous les instants, car j'y vois pour le pays une grande menace ; elle ne m'effraye pas, mais je ne veux pas me laisser surprendre. Vous serez convaincus que les vieilles monarchies n'acceptent pas la révolution ; elles la subissent pour l'étouffer le jour où elles se croiront assez puissantes.

Je dis qu'elles n'acceptent pas la République...... (*On fait des signes de dénégation.*) Si elles acceptaient la République, elles reconnaîtraient le principe de liberté chez les nations qui leur étaient soumises ; le principe de fraternité brillerait à leurs yeux ; et quand des hommes, leurs semblables, subissent tous les tourments, toutes les tortures pour s'affranchir, leurs entrailles n'en seraient-elles point émues ?

Pour nier cette opiniâtreté des vieilles aristocraties, il faut être étranger aux spectacles déchirants qui se déroulent devant nous. Si je pouvais vous lire des lettres que j'ai là,

qu'on vient de me remettre, vous seriez indignés des trai-
tements barbares qui sont infligés dans l'Italie tout entière ;
vous y verriez des maisons incendiées, des femmes violées,
des patriotes fusillés en masse la nuit, puis d'autres le jour
pour mieux effrayer, puis un supplice plus ignominieux !
des héros de dévouement expirant sous la bastonnade ; et
quand ces aristocraties étrangères restent insensibles à de
pareils forfaits, quand elles ne sont pas touchées à l'aspect
de ces peuples essayant, par un sacrifice sanglant, par un
dévouement sans bornes, d'assurer leur indépendance, elles
viendraient respecter la liberté chez nous ! (*A gauche : Très
bien !*) chez nous qu'elles considèrent comme les artisans des
révolutions !

Non, cela n'est pas possible ; et pour vous en convaincre,
si je ne craignais pas de prolonger cette discussion (*parlez !*),
je vous lirais un traité de 1815, un traité secret où les
puissances déclarent positivement que, tant que le foyer
révolutionnaire ne sera pas éteint, l'Europe ne sera pas
tranquille ; je vous montrerais qu'en donnant, comme une
garantie, un monarque à la France, elles étaient convaincues que les étincelles se rallumeraient ; et elles se juraient
entre elles de revenir en effacer jusqu'à la trace.

Vous croyez que ces monarchies ont oublié leurs vieilles
rancunes ; vous croyez surtout qu'elles, qui posaient ceci :
qu'il n'y avait pas de tranquillité pour l'Europe, si une fois
l'équilibre des territoires était changé, vous croyez que,
lorsqu'elles voient tous les jours le sable mouvant sous leurs
pieds, le sol qui tremble, et de ses mille fissures la liberté
sortir...., vous croyez qu'elles oublient ! eh bien, vous vous
trompez ; les rancunes et le ressentiment sont contre nous
à l'égal des rancunes et des ressentiments que nous avons
conservés du désastre de Waterloo ! (*A gauche : Bravo !
bravo !*)

Oui ! oui ! c'est une question de guerre ; leurs journaux

le disent ; leurs hommes d'état le disent ; ils le disent à Berlin, ils le disent à Vienne. Ils disent : Finissons-en d'abord avec les peuples qui sont sous notre main ; éteignons dans leur sang les derniers germes de liberté ; et quand nous les aurons comprimés, alors notre vieille coalition marchera de nouveau contre la frontière de France pour y extirper l'expansion du sentiment révolutionnaire.

Ce ne sont pas des craintes chimériques qui me font parler ainsi. Quand le seul contre-coup de la révolution de Février a fait, à l'instant, bouillonner l'Italie et l'Allemagne, quand partout les chefs stupéfiés ont eu recours au palliatif des institutions libérales, comment voulez-vous que ces monarchies, qui voient ainsi les peuples, leur proie, s'échapper successivement, ne viennent pas, dans une dernière et folle croisade, en finir avec la France, avec cet hydre sans cesse renaissant ! il faut être aveugle pour méconnaître cette vérité ! (A gauche : Oui ! oui !)

Je dis donc que, si la guerre est imminente il faut revenir à cette question : Est-il mieux de l'engager pour la défense des autres, en la déclarant sous l'invocation d'un noble principe, que d'attendre stupidement qu'on vienne l'apporter jusque chez nous ? Or, si cela est certain, citoyens, réfléchissez-y ; engagez notre gouvernement à sortir de cette voie usée des congrès et des protocoles avec les vieilles monarchies. Soyez bien assurés qu'elles ne veulent qu'une chose : gagner du temps, nous faire illusion, se préparer, et nous frapper quand elles croiront le moment venu.

Avons-nous donc, grand Dieu ! à nous occuper de leur alliance ? Rester isolée et menaçante dans son isolement a été pendant longtemps la politique de la France et de l'Amérique. La situation des deux pays n'est pas la même, sans doute, mais, quand on conseillait à Washington de faire des alliances, il répondait : Point d'alliance avec les monarchies du continent ; et quand il mourait, il léguait à son successeur, dans une lettre admirable, cette grande pensée : point d'alliances ; car l'alliance, pour une république, c'est un moyen d'être trahi par tous ceux qui ont un intérêt contraire ; et les monarchies européennes ne peuvent avoir qu'un intérêt opposé à la République. (*Mouvement prolongé.*)

Ainsi, je demande que le gouvernement s'abstienne de toute négociation ; qu'il reprenne un langage ferme ; qu'il déclare nettement que ce qu'il a voulu en février, il le veut ; qu'il veut l'émancipation, l'affranchissement complet ; que sinon le choix des armes décidera. Et cela le plus tôt possible, car bientôt il sera trop tard. Les peuples que vous aurez encore aujourd'hui pour auxiliaires, pour avant-garde, pour sentinelles avancées, seront bientôt opprimés de nouveau ou tournés contre vous. Livrés à vos propres forces, vous serez victorieux, j'en jure par le génie de la France, mais en déchirant, par de sanglants efforts, le sein de la patrie que vous pouvez encore préserver. (*Longs bravos à gauche.*)

LV

DISCOURS PRONONCÉ A L'ASSEMBLÉE NATIONALE

DANS LA DISCUSSION OUVERTE SUR LES INTERPELLATIONS FAITES AU SUJET DES
JOURNÉES DE JUIN 1848.

(25 novembre 1848)

Citoyens,

Je ne viens point à cette tribune pour faire des récriminations. Ma situation particulière, situation de convenance, m'oblige à de complets ménagements.

On a dit que la Commission exécutive n'avait point été accusée ; c'est pousser loin l'oubli des événements, l'oubli des circonstances.

Vous savez tous qu'un membre en particulier, et ce membre, c'était moi, se trouvait dans cette situation d'être soupçonné de conspiration, d'une part, par la garde nationale, et d'autre part, de se voir reprocher par le peuple le sang répandu. (*Mouvements divers.*)

On aurait tort de nier ; je ne veux pas me poser en victime ni en martyr ; mais on a pu savoir que la menace avait été si loin que des fusils avaient été, à plusieurs reprises, dirigés sur ma poitrine. (*C'est vrai ! c'est vrai !*)

On a dit que j'avais trahi mes devoirs, et on l'a dit par une raison fort simple, c'est que, plus qu'un autre, j'étais resté au siége du gouvernement ; c'est que, plus qu'un autre, j'avais été, pendant de longues et mortelles heures, mis en communication avec tous les officiers d'état-major, qui venaient réclamer le concours de l'armée qui leur manquait.

Le général Cavaignac a demandé que l'on s'expliquât franchement, je vais le faire.

J'avouerai qu'il reste dans mon esprit deux soupçons qu'il pourra peut-être dissiper. Le premier, le voici :

La Commission exécutive avait voulu que, du moment où l'on menaçait d'élever des barricades, la troupe de ligne se mêlât à la garde nationale pour empêcher que ces barricades ne fussent élevées, voulant ainsi prévenir, par la persuasion, pour n'avoir point à réprimer.

Je ne reviendrai point sur le système suivi. Prévenir, empêcher le mal, c'était l'opinion de tous les membres de la Commission ; le système du général a prévalu ; mais, citoyens, à quelles conditions ? Les procès-verbaux sont là ; et, au surplus, je fais un appel au souvenir de mes collègues de la Commission.

Le général nous avait dit : « Vous aurez à Paris 20 000 hommes de troupes de ligne qui pourront être réunies au premier coup de tambour ; vous aurez 5000 hommes qui se trouveront tellement rapprochés dans la banlieue, qu'en quatre heures au plus ces troupes pourront être concentrées dans Paris. »

Or, voici ce que je demande au général ; je le répète, ceci a laissé un doute profond dans ma conscience ; et c'est pour cela que, depuis cette époque, je me suis retiré de lui ; je lui demanderai ceci : son système de concentration étant admis en ce sens, non pas qu'on pourrait attendre 24 heures, non pas qu'on livrerait 24 heures la cité à l'insurrection, et n'ayant que la garde nationale pour la dominer, non, mais à la condition que les 20 000 hommes pourraient être réunis au premier coup de tambour ; eh bien, vous le savez, vos 20 000 hommes n'ont pas été réunis au premier coup de tambour ; j'ajouterai même que malgré les blessés, dont vous avez rapporté les états, vous savez, comme moi, que les troupes n'ont pas été engagées pendant de longues heures de la journée. Et ce n'est pas à moi que vous pourriez dire le contraire : placé au siége de la Commission, quand le général Damesme m'a envoyé jusqu'à dix fois demander un seul bataillon, en disant : « Avec ce bataillon frais, moi, qui n'ai que de la garde mobile, je pourrai, avant que la nuit tombe sur Paris, enlever les barricades et me rendre maître du faubourg Saint-Jacques »; et toute la journée il m'a fallu lui refuser ce bataillon, parce que vos troupes n'étaient pas concentrées. Ce ne sont pas là des phrases ; le fait est-il vrai, ou non ? Le fait que je signale, cent témoins peuvent l'attester.

Eh bien, la nuit, quand le brave général Damesme, blessé déjà, faisait réclamer par plusieurs officiers d'ordonnance, faisait réclamer ce même bataillon, en disant: « Pourvu que je l'aie demain, avant l'aube du jour ; j'aurai peine à tenir cette nuit, car la barricade se poursuit avec activité, elle pullule; mais pourvu que j'aie ce bataillon avant l'aube du jour, je serai maître du quartier Saint-Jacques; » et l'aube du jour s'est levée, et le bataillon n'a pas été envoyé. (*Sensation.*)

Je vous dirai plus: vous avez prétendu que vous vouliez concentrer vos troupes. Eh bien, j'y consens, je me suis rendu; ma conscience a cédé à la vôtre ; mais je ne voulais pas que Paris fût déshérité de troupes; j'acceptais la concentration, mais je ne voulais pas que cette concentration fût éternelle à se réaliser; j'ai voulu qu'à un moment donné on pût la faire agir. Eh bien, je viens vous demander seulement ceci: pourriez-vous dire à quelle heure de la journée vous avez eu vos troupes concentrées ?

Vous dites que vous avez eu 20 000 hommes concentrés;

vous ne les avez jamais eus nulle part, je vous défie de le prouver. (*Approbation à l'extrême gauche.*) Oh! oui, je vous défie de le prouver; car personne, j'ose le dire, n'a souffert cruellement comme moi, dans des angoisses que je ne ressentirai jamais de ma vie, quand vous m'avez laissé, pour aller à un autre devoir, depuis trois heures et demie du soir jusqu'à neuf heures. Pendant ce temps, j'ai reçu trois cents, quatre cents officiers d'ordonnance, tous venant me dire: « On égorge nos hommes, vous nous trahissez; je vous en conjure, un seul bataillon! » et vous m'avez laissé, en disant: « Je reviens dans une demi-heure, ne donnez pas d'autres ordres, car ils pourraient contre-carrer les miens. » Ah! si quelqu'un pouvait être dépopularisé et passer pour un traître, évidemment c'était moi que vous aviez placé dans cette situation. (*Agitation.*)

Eh bien, je reviens sur une autre question, et je vous dis: j'accepte le système de concentration; mais dites-moi où vous avez eu dans la journée, à un endroit quelconque de Paris, des troupes concentrées, je ne dis pas 20 mille hommes, je dis 10 mille hommes?

Vous dites: les états sont là; eh! que me font les états!

Je vais prouver autre chose, le voici: vous avez dit: « On me demandait des troupes de tous les côtés, et s'il avait fallu répondre à toutes les craintes, à toutes les peurs, trois cent mille hommes n'auraient pas suffi; » et la Chambre s'est prise à sourire. (*Mouvements divers : C'est vrai!*)

Citoyens, écoutez bien ce mot: l'homme qui a demandé un bataillon toute la journée, Damesme, le glorieux Damesme, était-ce un homme qui avait peur? et ce bataillon, il n'a pas pu l'obtenir! et celui qui tenait l'Hôtel de ville et qui en cinq heures a écrit douze fois pour dire: « On me trahit! » celui qui est là et qui vous préside, avait-il peur? (*Approbation à gauche.*) Et le général qui était auprès de lui, le brave général Bedeau, avait-il peur?

Et quand on demandait encore des troupes de la part du général de Lamoricière, que des aides de camp arrivaient au siége de l'Assemblée nationale et disaient : le général de Lamoricière fait des prouesses, des prodiges de bravoure, mais on l'écrase, on l'abandonne, il n'a pas même de troupes ; était-ce encore un peureux, celui-là ?

Eh bien, mon résumé est simple. Oui, je le comprends, vous n'avez pas voulu la dissémination, le rayonnement des troupes ; c'est un système comme un autre ; vous avez voulu la concentration, je comprends ce système ; où l'avez vous faite ?

Vous avez dit : « Je veux que toutes mes troupes soient réunies, de manière à lancer des colonnes d'attaque, et que si, par hasard, l'une était repoussée, l'autre puisse la remplacer. » L'avez-vous pu pendant toute une longue journée ? non, vous ne l'avez pas pu, car vous ne pouvez dire où vos troupes étaient concentrées, à moi qui connaissais l'état de Paris.

Vous ne l'avez pas pu, et je vous cite le brave général Damesme, l'Hôtel de ville, le Luxembourg, le général de Lamoricière réclamant des troupes, et vous ne pouviez pas leur en envoyer : donc, vous n'aviez pas vos troupes concentrées. (*Agitation.*)

Eh bien, citoyens, je le déclare, c'est là une des premières raisons, je le répète, qui a élevé des soupçons dans mon esprit. Il y en a une autre, la voici, et j'en fais l'Assemblée juge.

A trois heures et demie, le général part et va aux barricades ; il nous déclare qu'il sera revenu dans une demi-heure, je connais l'emploi de son temps, je ne le discute pas ; la question n'était pas là ; remarquez bien ce qui se passe : la commission exécutive réunie dans une salle de l'Assemblée, tout Paris, toute la banlieue sans exception, venant s'adresser aux deux membres présents, M. Marie et moi, venan nous demander des ordres ; et pendant ces heures, de trois heures et demie à neuf heures du soir, le général, dès qu'il se battait à la barricade, qu'il me permette de lui dire qu'étant chef suprême, commandant militaire, il devait se trouver au siége même du commandement. (*Interruption.*)

Car la barricade pouvait être défendue bravement par d'autres ; il y avait assez d'illustres et de braves généraux ; mais le siège du commandement ne pouvait pas être tenu par un autre. Or, à mesure que ces demandes venaient, que fallait-il répondre ? il fallait répondre : le général est absent ; à quoi on vous disait : Vous trahissez ! la garde nationale crie : A la trahison ! *A bas la Commission exécutive !*

Maintenant ceci se renouvelle ; vous arrivez à huit heures et demie et vous repartez à neuf heures. Voici, vous dis-je, une longue liste des ordres qu'on a demandés ; je n'ai pas pu répondre ; je ne sais pas où se trouve un seul de vos bataillons ; je ne suis pas militaire ; je ne puis pas contre-carrer vos ordres.

Vous repartez à neuf heures, vous revenez à deux heures du matin. Or, de neuf heures à deux heures du matin, je me trouvais dans la même situation. Je ne vous accuse pas, mais je vous dis : vous vous conduisiez de façon que la garde nationale devait m'accuser ; car à mesure qu'on venait, on ne vous trouvait pas, je ne pouvais répondre. On disait : Ledru-Rollin conspire, Ledru-Rollin nous trahit. (*C'est vrai ! Sensation prolongée !*)

Citoyens, encore quelques mots et je termine. Je n'ai voulu faire que deux choses ; bien faire comprendre au peuple qui avait été trompé — je démontrerai tout à l'heure comment, avec les propres paroles du chef du pouvoir exécutif — faire bien comprendre au peuple que la Commission exécutive avait voulu prévenir au lieu de réprimer violemment, et faire comprendre à la garde nationale, d'autre part, qu'elle pouvait disposer de mon sort, mais qu'elle ne pouvait pas me tuer comme un lâche ni comme un traître. (*Approbation prolongée.*)

Maintenant, pour en finir avec toutes ces questions de personnes, pour nous élever à une considération plus haute, voulez-vous me permettre de laisser parler un instant mon cœur ? (*Oui! oui!*)

De tout ceci il résulte que, de part et d'autre, on a pu mal apprécier les choses ; qu'on a pu, avec la meilleure intention, se tromper.

Il y a aussi un fait certain, c'est que le peuple avait faim, c'est que l'ouvrier sans ouvrage a pu se laisser facilement entraîner... (*Bruit et interruptions diverses.*) Permettez : le peuple, sans ouvrage, dans le besoin, a été soulevé ; le général Cavaignac vous l'a dit lui-même, la multitude a été trompée par des conspirateurs de la dynastie et de la légitimité ; ce sont des paroles inscrites au *Moniteur*.

Eh bien, si, comme nous le croyons, des hommes ont pu être égarés, si on a pu abuser de leur misère pour les conduire à la barricade (*Bruit*), est-ce qu'il ne serait pas temps de penser, alors, à des paroles de clémence ? Est-ce qu'il ne serait pas temps de donner satisfaction à tant d'orphelins, à tant d'épouses, à tant de mères, à tant de familles qui souffrent ? On a eu raison, la République n'a rien à gagner à des luttes personnelles, mais elle a tout à gagner des sentiments de fraternité, de réparation ; oui, rendons des défenseurs à la République, en proclamant l'amnistie ! (*Rumeurs sur quelques bancs. — A gauche : Très-bien! très-bien!*)

LVI

DISCOURS PRONONCÉ A L'ASSEMBLÉE NATIONALE

DANS LA DISCUSSION SUR LES AFFAIRES D'ITALIE.

(30 novembre 1848)

Citoyens,

La ville de Rome est calme, aujourd'hui ; telles sont les
dernières nouvelles officielles qui nous sont arrivées. Ce
calme, je crois qu'il était facile de le prévoir par les dépêches qui avaient été adressées au gouvernement par son ambassadeur à Rome. Vous vous rappelez pour avoir lu ces dépêches qui ont paru dans quelques journaux d'hier, vous vous
rappelez qu'elles contiennent ceci : « M. Rossi a été frappé
à mort. Le peuple est resté parfaitement indifférent. Le
meurtre a été commis sur les degrés de la salle de l'Assemblée, et l'Assemblée a continué à délibérer, sans même
faire un incident de ce grave événement. (*Rumeurs diverses.*) Dans la soirée on a demandé que le chef de police
prît des mesures ; le chef de police a déclaré qu'il préférait
se retirer. Le peuple, le lendemain, s'est présenté devant
le Quirinal ; là, il a voulu faire entendre des plaintes, des
griefs, proposer un ministère, demander une constituante ;
on s'y est refusé, et le premier feu a été de la part des
Suisses sur le peuple. »

Ces dépêches ajoutent que l'ambassadeur lui-même a
été frappé d'étonnement, qu'on ne considérait cela que

comme un mouvement très-restreint, mais que, tout à coup, il a pris une telle ampleur, que l'armée de ligne, que la garde civique, que la légion romaine, que la gendarmerie, se sont réunies au peuple, et ont déclaré que la fusillade allait continuer, si l'on ne ratifiait pas les conditions proposées par le peuple.

Je m'arrête ici, et je constate ce fait : il résulte des dépêches que cela n'a pas été, comme on l'a dit, un simple mouvement, une émeute ; cela a été quelque chose de plus profond, de plus grave, de plus significatif. Remarquez bien que c'est l'armée tout entière, qui se trouvait à Rome, qui a pris part à la manifestation. Remarquez que c'est l'armée tout entière qui, se rangeant en bataille, musique et tambours en tête, ainsi que le dit notre ambassadeur, a déclaré qu'elle faisait cause commune avec le peuple, qu'elle voulait obtenir un changement de ministère, qu'elle voulait une constitution, et qu'elle voulait, avant tout, pour faire cette constitution, une Chambre indépendante.

Voilà les faits vrais ; maintenant que s'est-il passé ?

L'ambassadeur ajoutait ceci : « Jusqu'à présent nous ne savons pas précisément quelle attitude nous devons tenir vis-à-vis du nouveau gouvernement. Nous sommes d'accord, mes collègues et moi, d'attendre ce qu'il va faire vis-à-vis du pape ; nous allons voir quelle couleur il va prendre ; jusque-là nous croyons qu'il est bon de garder l'expectative. »

C'est dans ces circonstances, quand l'ambassadeur lui-même ne pressait en rien une intervention, quand l'ambassadeur semblait indiquer que le corps diplomatique tout entier attendait le premier acte du gouvernement provisoire, la couleur qu'il allait prendre, pour se décider à entrer en rapport avec lui, ou, au contraire, pour lui faire de l'opposition ; c'est, dis-je, dans ces circonstances qu'a été commandée l'expédition, et c'est deux jours après, par un incident, que nous avons appris cette intervention que nous ignorions complétement.

Je dis, citoyens, que c'est là un acte grave. Je ne veux pas qu'on se méprenne sur mes paroles. L'autre jour, quelques membres ont paru penser que, quand j'avais demandé la parole, je l'avais demandée pour protester contre la pensée qu'on avait eue de protéger la personne du pape. C'est là un argument auquel je dédaigne de répondre : il est des choses qui ne peuvent pas vous atteindre. J'ai défendu, en toutes circonstances, la liberté absolue de conscience, et ce n'est pas à l'égard du chef de la chrétienté, de celui qui représente la religion de la grande majorité de mon pays ; ce n'est point, je le répète, à l'égard d'un pareil pontife, que je voudrais qu'on pût se méprendre sur mes sentiments. (*Très-bien! très-bien!*)

L'expédition est donc commandée ; nous l'apprenons. Je vais examiner au point de vue politique de la France l'intérêt qu'elle avait ; je vais examiner, au point de vue de la papauté, si l'expédition n'était point périlleuse ; je vais examiner si ce qu'on a considéré comme une simple mesure de conservation ne peut pas être, pour l'Europe tout entière, une occasion de conflagration.

J'ai dit, citoyens, que l'expédition me paraissait précipitée, qu'elle était, au fond, périlleuse pour le pape, et je vous le démontre.

Quelle était la situation de Rome ? à quel cri avait été faite la révolution ? au cri de : *A bas l'étranger!*

Et, si M. Rossi a été frappé, il a été frappé parce qu'il était étranger : Il fuorestiere! ils disaient aussi : Rossi veut enrayer la révolution. Et l'organe qui le répète n'est pas suspect : c'est le *Journal des débats* dans lequel écrivait Rossi à une certaine époque. Eh bien : « nous le frappons comme étranger et comme apostat à sa cause. » Maintenant, quel a été un des premiers sentiments du peuple :

son cri a été celui-ci : plus de Suisses ! plus de troupes
étrangères autour du pape ! nous suffisons à le garder,
nous ne voulons plus que les étrangers aient le pied dans
Rome ; et les Suisses sont chassés. Eh bien, c'est dans un
tel moment que, pour secourir et protéger la personne du
pape, vous envoyez des uniformes français, par conséquent
étrangers à l'Italie ! c'est dans un tel moment ! quand la
personne du pape avait pour rempart les sentiments du
respect qu'il inspire lui-même par son caractère de mansuétude et de douceur. Car il faut le dire, dans cette révolution, pas un mot contre sa personne ; des citoyens traitant
vis-à-vis d'un prince temporel, pour en obtenir ou en arracher
des conditions. Mais, je le répète, il n'a pas été dit un mot
qui pût faire supposer qu'on voulait attenter à sa personne.
Donc, votre expédition est ainsi dirigée : des Français
s'embarquent tout à coup et vont venir à Rome. Pourquoi
faire ? s'arrêtent-ils au port, ces Français ? Mais alors votre
démonstration est frivole, elle ne peut servir à rien, et il
faut lui chercher un autre prétexte ; ou vous voulez pousser
jusqu'à Rome ? Voyez les difficultés qui s'amoncellent sous
vos pas !

Vous avez envoyé trois mille cinq cents Français ; vous avez
affaire à une population tout entière révolutionnée, en
conséquence pouvant écharper vos braves soldats, avant
qu'ils arrivent dans la ville du pape. (*Mouvements divers.*)

Vous avez des populations tellement animées contre
l'étranger, qu'encore un coup — et vous ne pouvez pas
l'oublier, c'est là que je vous ramènerai toujours — leur
premier sentiment était de demander l'expulsion de l'étranger pour l'indépendance de leur pays.

Eh bien, ces Français vont arriver à Rome au milieu de
mille périls, s'ils y arrivent. Que croyez-vous que va penser
la population de Rome, quand elle verra le pape qui, par
son seul ascendant, peut arriver à ressaisir sa domination

et son pouvoir; que va-t-elle penser, quand elle va voir qu'on veut lui imposer par la force des armes autre chose que ce qu'elle veut? et qu'après tout, ne jouons pas sur les mots, votre représentant n'a pas de soldats derrière lui, pour influencer par la force morale, mais bien pour appuyer par la force des baïonnettes? Voilà la situation vraie. (*Mouvements en sens divers.*)

En supposant que vous voulussiez secourir le pape, je crois que vous le placez dans la plus fatale des situations, et j'ajouterai, car je crois être bien informé, que si vous aviez pris conseil du pape, il n'aurait pas consenti à être environné de vos troupes. Je crois être bien informé encore en disant ici que, si vous aviez consulté le nonce à Paris, le nonce aurait pu n'être pas d'avis de l'expédition. (*Mouvement.*)

Le pape, mieux que personne, comprenait d'une part le sentiment de respect qui l'environnait, et d'autre part la lutte politique qui s'établissait contre lui. Il le comprenait mieux que vous, car il est fort intelligent; il l'a prouvé, il sait très bien que ce n'est pas par l'intervention étrangère qu'on parvient à calmer un peuple en révolution, un peuple incandescent comme le sont les peuples d'Italie.

Je vous le répète, si vous aviez demandé le vœu du pape, je suis convaincu que, par dignité comme prince temporel, et par dignité comme homme, parce qu'il sentait qu'il s'élevait contre lui des haines qui ne pouvaient s'éteindre, le pape se serait opposé à votre expédition.

Maintenant, citoyens, permettez-moi d'examiner, sous le voile des phrases, la pensée vraie qui se trouve au fond de l'instruction donnée à M. de Corcelle.

On vous dit : nous n'avons voulu défendre que l'homme, nous n'avons pas voulu toucher à la question politique: Notre ambassadeur a un ordre formel de distinguer ces deux choses : la ligne est parfaitement tracée; il est impossible à notre ambassadeur de la franchir.

Est-ce sérieusement que vous dites cela ? Comment distinguerez-vous, dans Pie IX, le pontife du prince temporel ? où commence le prêtre ? où commence l'homme ? Comment pourrez-vous savoir si c'est une question politique, quand, dans cette révolution, il n'y a pas un mot contre le dogme, pas un mot contre la religion ? Quand les transtévérins eux-mêmes, s'adressant à Dieu, disaient : « Le pape sera béni dans ses bonnes actions ; nous n'avons point à intervenir ; comme représentant de la religion, il est respecté ; nous ne pouvons que nous agenouiller devant lui. » Ce n'est donc pas la question religieuse, ce n'est que la question politique. Mais comment ne sera-ce pas la question politique ? Est-ce qu'aujourd'hui la pensée révolutionnaire n'a pas été formulée ? Est-ce que ce peuple ne vous a pas dit : Je veux une indépendance ? Est-ce qu'il ne vous a pas dit : je veux que vous brisiez le joug de l'Autriche qui, dans ce moment-ci, pèse sur nous ? Est-ce que ce peuple n'a pas dit : Je veux une constitution, et une Chambre indépendante pour faire cette constitution ? où est donc la question religieuse ? Or, quand vous allez porter secours au pape résistant, vous ne portez pas secours à l'homme couronné d'une tiare, vous portez secours purement et simplement à un prince temporel se débattant avec ses peuples qui réclament contre lui. (*A gauche : Très bien !*)

Plus de doute, plus d'hésitation, la question est là ; et pour nous autres, hommes politiques, la question n'est qu'une question politique.

Je regrette, je le répète, d'avoir vu dans un langage plus ou moins ambigu confondre deux questions qui sont parfaitement distinctes ; mais ce que vous dites, vous n'avez pas même eu la peine de l'inventer ; tout ce que nous voyons se passer dans la péninsule s'est passé en 1831 : et vous savez parfaitement que, quand l'Autriche est intervenue dans les États de l'Église, l'Autriche est intervenue pour

protéger simplement le prince spirituel et non pas le prince
temporel ; quand l'Autriche est intervenue dans les Légations, elle a déclaré qu'elle ne voulait point autre chose
que de faire respecter le chef du catholicisme. Et vous savez
cependant comment la France du gouvernement de Juillet,
qui déjà oubliait son origine, comment elle a cru qu'elle
devait répondre à l'intervention de l'Autriche par la prise
d'Ancône. (*Mouvement.*)

Ainsi, je le répète, plus de subterfuges ; ne nous arrêtons
plus aux mots ; nons avons été trop longtemps trompés par
eux ; allons au fond des choses, vous ne pouvez défendre que
ceci, le prince temporel, le chef temporel des États de
l'Église luttant contre les peuples insurgés. Ce n'est pas le
prince spirituel, je ne saurais trop le répéter. Non, non,
respect au prince spirituel, respect au dogme, à la croyance,
mais respect au peuple qui veut conquérir ses libertés contre
un prince. (*Bravos à gauche.*)

Citoyens, j'ai dit que j'examinerais la question au point
de vue de l'intérêt du pays, et je crois ne m'être pas trop
avancé en disant que, si vous l'aviez consulté, il n'y aurait
pas consenti.

J'examine maintenant la question au point de vue de
l'intérêt français. Vous allez porter vos armes, pourquoi
faire ? pour protéger, je l'ai démontré, un prince luttant,
à tort ou à raison, contre son peuple, qui veut en obtenir
une constitution.

Or, est-ce que ce n'est pas là quelque chose de grave ? la
révolution de Février, qu'avait-elle dit ? elle avait dit : pas
de violence, pas de conquête ; mais elle avait ajouté : tout
par l'épanouissement de l'idée, par le rayonnement de la
raison. Elle avait dit : tout peuple qui veut conquérir son
indépendance, et qui aura besoin des secours de la France
pour empêcher qu'un gouvernement plus fort ne s'oppose
à la transformation intérieure de ce pays, que ce pays compte

sur le patriotisme, le courage, et sur les armes de la France !
Voici le manifeste du gouvernement provisoire de la
France.

Eh bien, Milan vous a appelés à son secours, y avez-vous
couru? La Lombardie, aujourd'hui, dépouillée par Radetzki,
avez-vous une parole ou un geste pour elle? Vous dites que
nous en sommes à savoir le lieu où nous nous réunirons pour
traiter cette questiou.

Ah! vous avez été plus prompts, plus expéditifs quand il
s'est agi d'envoyer des troupes à Civita Vecchia. Ne pourriez-
vous pas laisser supposer qu'il y a là un motif qui se rap-
porte à un événement prochain, qui peut-être n'est pas un
motif de haute politique? (*Rumeurs diverses.*)

Oui! oui! l'autre jour j'ai été profondément ému quand
je demandai la parole; mon cœur battait vivement. Et si aujourd'hui l'impression est plus calme, je vous jure qu'elle
est aussi profonde.

Je vous rappelais ce programme de février et je le compa-
rais à notre conduite aujourd'hui en Europe. Je me de-
mandais si vous aviez trouvé un mot pour cette Assemblée de
Berlin, qu'on traite aujourd'hui comme le dernier et le
plus misérable des clubs; si vous aviez trouvé un mot pour
l'assassinat de Robert Blum, assassinat sur lequel il ne peut
pas y avoir de doute, non pas seulement d'après les sentiments élevés de l'humanité, mais d'après les sentiments du
droit international et du droit écrit. Blum faisait partie
de cette diète de Francfort. On y avait déclaré qu'aucun de
ses membres ne pourrait être jugé par un État allemand, qu'il
ne pourrait être jugé que par ses propres pairs. L'Autriche
elle-même avait reconnu l'autorité de cette diète, car elle
y avait envoyé 229 représentants, et cependant, malgré le
droit écrit, Blum a été assassiné. Je le répète, et j'invoque,
en le disant, non-seulement les sentiments d'humanité,
mais l'application du droit écrit, avez-vous trouvé un mot

de protestation? Avez-vous davantage trouvé un mot de protestation pour ces provinces danubiennes qui sont maintenant placées sous la main de la Russie? Avez-vous trouvé un mot de protestation pour Messine saccagée et brûlée? Vous n'avez rien trouvé de tout cela. Et, quand il s'agit du prince temporel, je le répète, que j'accepte et divise du prince spirituel; quand il s'agit du pape; quand il s'agit, non pas d'aller secourir la cause d'un peuple contre un prince, mais la cause d'un prince contre un peuple, oh! alors, vous avez de la hâte, de l'empressement. Je ne saurais trop le dire, le motif que vous donnez ne peut pas être le vrai motif. Prenez garde! prenez garde! il en est un autre qu'on soupçonne. (*Murmures et approbations.*)

J'entre dans la discussion; je ne veux pas en abuser. Je ne dirai plus qu'un mot; c'est relativement à l'Autriche.

Vous avez envoyé là-bas 5500 hommes; vous avez dû les envoyer, permettez-moi de vous le dire, avec l'autorisation de l'Autriche; vous avez dû les envoyer en pactisant avec les princes absolus contre les peuples qui font appel à l'indépendance.

Je vais vous le démontrer; car, si vous ne l'aviez pas fait, vous auriez commis une folie. Comment! 5500 Français à Rome, exposés, en présence d'un peuple incandescent, exposés, en présence de trois cent mille hommes appartenant à l'Autriche, dont la plupart peuvent être dirigés sur Rome! Alors vous auriez livré les soldats français à une véritable boucherie; je ne puis pas le croire. (*Mouvements divers.*) Je vous le répète, ou vous avez dû être sûrs, à l'avance, de la concession, de la ratification de l'Autriche, ou, autrement, vous avez commis un acte de démence; choisissez! (*Mouvement.*)

J'ai dit, citoyens, que je terminais par une dernière considération, toute de droit constitutionnel, en dehors de la passion et de l'émotion de la lutte. Le chef du pouvoir exé-

cutif a-t-il pu, sans consulter la Chambre, faire partir une
expédition, de façon à engager le pays malgré lui, et à le
jeter peut-être, je l'ai dit, dans une guerre européenne?
que si, une fois le premier pas fait, comme son instruction
l'annonce, il est prêt à envoyer d'autres soldats pour appuyer
la première brigade, l'a-t-il pu? est-ce que la question peut
faire l'ombre d'un doute dans l'esprit d'aucun de vous?
est-ce que vous croyez, par hasard, en fait, que nous nous
sommes soustraits au gouvernement constitutionnel plus ou
moins équivoque, au gouvernement monarchique, pour ne
pas savoir comment on faisait nos affaires? Sous la monarchie constitutionnelle, ah! le mode était bien simple; on
agissait; nous réclamions, on nous répondait : « Les faits
sont accomplis; » et très souvent la honte de la France était
accomplie.

Eh bien! aujourd'hui que nous sommes en république,
nous avons dû, au moins, conquérir ce principe, que rien,
dans une question où l'honneur du pays, sa fortune, sa propriété, pourraient être engagés, rien ne serait fait, sans que
la Chambre ne fût auparavant prévenue. Voilà ce que dit
la raison; mais la constitution le dit bien davantage. Elle
déclare que le président, je ne dis pas le chef temporaire du
pouvoir exécutif, ne pourra pas déclarer la guerre avant que
l'Assemblée n'ait été consultée. Mais, en Amérique, où le
président peut commander personnellement les armées,
interdiction que lui est faite ici, en Amérique le président
ne peut pas commencer la guerre sans prévenir le sénat ou
le congrès ; c'est écrit dans la constitution. Eh bien, quand
on a écrit dans notre constitution que le président ne le
pourra pas, est-ce que le chef du pouvoir exécutif actuel le
peut? permettez-moi de lui rappeler ce qu'il est : il est
purement et simplement l'instrument d'exécution des volontés de la Chambre. Il vous l'a dit lui-même assez de fois :
que la Chambre ordonnait, qu'il était le bras et qu'il exé-

cutait. Eh bien, voilà un bras qui agit avant que la tête ait été consultée. Voilà un bras qui va compromettre la France précipitamment, avant que la France ait voulu s'engager. Voilà un bras qui s'en va soutenir un prince temporel contre le peuple, quand l'article 7 du préambule de la constitution dit que nous devons respecter l'indépendance de tous les peuples. C'est là quelque chose de capital. L'Assemblée y réfléchira ; il y a de ces arguments qui ne gagnent pas à être développés ; je crois qu'ils se trouvent dans tous les esprits. Ce n'est pas là une question légère, faites-y attention.

Quand une Assemblée ne sait pas, à un mois de distance, faire respecter l'œuvre de sa constitution, cette Assemblée et sa constitution, n'en doutez pas, sont perdues. (*Vive approbation aux extrémités, — longue agitation*).

LVII

DISCOURS PRONONCÉ A L'ASSEMBLÉE NATIONALE

CONTRE LE CUMUL PAR LE GÉNÉRAL CHANGARNIER
DES FONCTIONS DE COMMANDANT EN CHEF DES GARDES NATIONALES DE LA SEINE
ET DE COMMANDANT DE LA PREMIÈRE DIVISION MILITAIRE.

(26 décembre 1848)

CITOYENS,

Il est un acte gouvernemental qui depuis quelques jours a ému la presse et l'opinion publique : je veux parler des pouvoirs inusités qui ont été confiées au général Changarnier. Je n'ai pas besoin de dire à l'Assemblée que, dans la question que je soulève par forme d'interpellation, il ne peut y avoir rien de personnel ; la carrière militaire du général Changarnier répond pour lui ; ainsi point d'arrière-pensée dans mon esprit : la question est une pure question de droit : il s'agit de savoir si la constitution à laquelle le président vient de prêter serment, dont nous voulons l'exécution sincère, si la constitution a été, ou non, violée, dans un des premiers actes du gouvernement qui siège sur ces bancs.

Le *Moniteur* contient l'ordonnance suivante : « Les troupes de ligne de toutes armes, en garnison, tant à Paris que dans les autres places de la 1re division militaire, sont placées sous les ordres du général Changarnier, qui conservera la commandement des gardes nationales de la Seine, auquel il réunira en outre les gardes nationales mobiles, etc.... »

L'Assemblée comprend très-bien que je ne m'arrêterai point ici à la question de convenance, celle de savoir, au point de vue des préséances et de l'étiquette, si l'on peut être à la fois commandant de la garde nationale et commandant de l'armée; c'est quelque chose d'un plus haut intérêt.

Voici un commandant en chef pouvant avoir sous ses ordres, dans les huit, ou neuf, ou dix départements, qui composent la 1re division militaire, 200 mille hommes de troupes régulières; qui commande en outre à un effectif de 250 milles gardes nationaux, c'est-à-dire à une des armées les plus formidables; et ce commandant, dictateur sans contrôle pendant 24 heures, n'est même plus placé sous la hiérarchie du ministre de la guerre.... (*Voix à droite : Mais si! mais si! — Agitation.*)

Qui est-ce qui me répond : Mais si! Si vous suivez ma déduction jusqu'au bout, l'interruption ne vous paraîtra même plus possible.

J'ai dit qu'il y avait un homme ayant entre les mains 450 mille soldats pouvant pendant 24 heures, entendez-vous bien, pendant 24 heures, prendre toutes les mesures que lui inspireraient sa raison, son intérêt, son caprice, que sais-je? et cela, sans être responsable. (*Mouvement.*) Pendant 24 heures, je le répète, c'est-à-dire, pendant plus de temps qu'il n'en faut pour faire une révolution. (*Agitation.*)

Eh bien, je ne demande même pas si cela est prudent; je demande simplement si, sous le gouvernement de la République, il peut y avoir un tel mortel dans une telle situation, en dehors de la loi de salut public, de la loi de l'état de siège.

Mais, qu'est-ce donc que la République, après tout?

qu'avions-nous sous la royauté, en face de nous ? un ministère responsable ; un vote pouvait le changer ; mais la racine même de la monarchie, le roi, on ne pouvait y toucher que par une révolution. Par la révolution qu'avons-nous conquis ? une responsabilité de plus, celle du président. Oui, celle du président qui, ainsi que la présidence est faite, ne sera appliquée que rarement et difficilement, que dans des cas exceptionnels. Et, pour courir après cette responsabilité plus ou moins illusoire, nous perdrions celle du ministère, bien plus facile que l'autre à mettre à exécution ! De deux garanties que nous avons voulu prendre, la meilleure nous échapperait ! ah ! c'est cela que nous aurions gagné à la République !

Supposez, pour un instant, que ce chef abuse de sa force ; supposez qu'il veuille porter atteinte à une de nos libertés. Du moment qu'il n'est plus sous le commandement du ministre de la guerre, dont vous pourriez vous défaire en un instant par un vote ; du moment qu'il est nommé directement par le président de la République, vous ne pouvez lui demander compte de ses actes, à ce commandant, que lorsqu'ils auront été commis ; alors la responsabilité arrivera trop tard ; elle ne pourra plus l'atteindre ; la liberté aura été étouffée par un dictateur, en présence d'une Assemblée impuissante. (*Très bien ! très bien !* — *Vive approbation.* — *Bravos à l'extrême gauche.*)

Citoyens, permettez-moi de vous signaler un autre abus qui s'est introduit dans cette ordonnance ; je me demande vraiment comment des hommes sensés ont pu y concourir et la contresigner. (*Réclamations à droite.* — *A gauche :* *Oui ! oui !*)

Oui ; et si vous voulez écouter ma raison, vous-mêmes vous en serez frappés.

Voilà un commandant irresponsable qui commande à toutes les troupes de la division, et voilà qu'à côté de ce

commandant irresponsable on vient vous dire que le
commandant de la 1re division militaire conservera les mêmes
attributions, si ce n'est qu'il n'aura plus la disposition de
son personnel et de ses troupes. Est-ce une dérision, oui
ou non? et, à son tour, cette ombre de commandant ne
dépendra plus du ministre de la guerre, mais bien de
votre dictateur irresponsable. C'est la confusion dans la confusion, et l'infraction aux notions les plus simples du bon
sens.

Puissent cette légèreté, ces contradictions apparentes,
ne pas cacher de bien sérieux et redoutables projets!

Citoyens, la question n'est pas seulement une question
de violation d'un principe constitutionnel, mais elle est la
violation flagrante d'un texte de loi écrit, à l'occasion de laquelle le doute n'est pas permis.

Vous vous rappelez bien l'article 67 de la loi de 1831
sur la garde nationale, voici comment cet article est conçu:
« Aucun officier exerçant un emploi actif dans les armées
de terre ou de mer ne pourra être nommé ni officier, ni
commandant supérieur de la garde nationale en service
ordinaire. »

Est-ce clair? (*Mouvement prolongé.*)

Voici comment le projet était rédigé; on avait proposé
cette forme: « aucun officier de l'armée de terre ou de mer
en activité de service.... » On a trouvé que cela pouvait
exclure des maréchaux de France et des officiers généraux
qui se trouvaient encore sur les cadres de l'armée, et on a
fait une distinction entre ceux qui sont sur les cadres de
l'armée, mais qui n'ont pas un emploi actif, et ceux au
contraire qui remplissent un pareil emploi. Vous comprenez! (*Oui! oui!*)

Eh bien, citoyens, qu'est-ce que M. le général Changarnier, en ce moment? non seulement un officier général
en activité de service, mais un officier général occupant

l'*emploi actif* de commander les troupes de ligne can-
tonnées dans les neuf ou dix départements de la 1ʳᵉ division militaire.

Donc, le général Changarnier a été nommé inconstitu-
tionnellement, illégalement, commandant supérieur des
gardes nationales de la Seine, ou la logique n'est plus
qu'un vain mot. (*Mouvement prolongé.*)

Il est un dernier aspect de la question. La loi n'a voulu
confier la disposition de la garde nationale qu'à l'autorité
civile, maires, préfets, ministre de l'intérieur ; vous en
changez le caractère.

Comment, votre commandant supérieur, indépendant,
dictateur, relèverait-il du ministre de l'intérieur, lui qui
ne doit plus aucune obéissance au ministre de la guerre,
son supérieur naturel ?

L'institution éminemment pacifique de la garde nationale
se trouve donc altérée ; en ne la faisant plus obéir à ses
magistrats civils, vous lui ôtez toute sa valeur morale.

Citoyens, faites-y bien attention, ceci n'est pas de la dé-
clamation, ni de la passion, ni de la colère ; c'est simplement une question de droit, dégagée de toute espèce de
sentiments d'animosité ; nous voulons tous, sans révision,
le respect de la constitution ; ne commençons pas par la
briser : pour qu'on lui obéisse, commençons par nous incliner devant elle. Le chef du pouvoir vient de prêter serment à cette déclaration solennelle ; qu'il commence d'a-
bord par se bien pénétrer de son esprit, et qu'il connaisse
les lois protectrices qu'elle a conservées.

Oui, je ne crains pas de le redire, quelque opinion qu'on
serve, à quelque nuance qu'on appartienne, pour peu qu'on
puisse combiner deux idées, porter ses yeux sur un texte,
il est certain qu'il y a eu, dans ce premier acte du gouvernement, violation de la constitution et du texte de la loi
de 1831.

Se jouer ainsi de la constitution, dès le début, songez-y bien, c'est autoriser, légitimer bien des soupçons. (*Mouvement.*)

N'y a-t-il donc rien de grave, pour une république naissante, pour des libertés d'hier, à avoir un commandant supérieur qui, pendant 24 heures, ne relève que de lui? Ah! j'ai pu le comprendre, au nom du salut public, j'ai pu le comprendre sous la loi violente de l'état de siège; mais dans un état normal, régulier, quand dans votre manifeste vous nous parliez tant de l'ordre, non! je ne puis plus le comprendre. Commencez donc par obéir à l'ordre vous-même, c'est-à-dire à la loi, et ne faites pas ce qui ne peut se tolérer que dans les temps douleureux de révolution et de guerre civile. (*Très bien!*) Oui, respectez le texte des lois! que ce mot l'*ordre* ne soit pas seulement sur vos lèvres, qu'il se trouve dans vos actes; que le premier de vos actes, enfin, ne soit pas une violation de la constitution qui est l'ordre. (*Très bien! très bien!*)

Oui, cette situation est grave et peut permettre toutes les conjectures quand, d'un côté, au centre de la révolution, vous avez un dictateur qui dispose de forces immenses, et quand, de l'autre, sous prétexte de l'armée des Alpes, vous avez un autre commandant supérieur qui, si je suis bien informé, peut venir asseoir son quartier général jusqu'à Bourges! Oui, la situation est périlleuse, car voici la liberté, voici la République sous la pression formidable de deux forêts de baïonnettes. (*Agitation.*)

Ce sont là des considérations qu'il suffit d'indiquer, pour qu'elles frappent les républicains sincères et les esprits sérieux. (*Très bien! très bien! — Approbation sur plusieurs bancs.*)

RÉPONSE A LA RÉPLIQUE FAITE PAR ODILON BARROT

PRÉSIDENT DU CONSEIL DES MINISTRES, AU DISCOURS QUI PRÉCÈDE.

CITOYENS,

J'avais posé aussi nettement que possible une question constitutionnelle; M. le ministre ne pouvant répondre aux textes s'est jeté dans des développements oratoires; permettez-moi d'en dégager la question.

Cette tactique, nous la connaissons. (*Mouvements divers.*) Quand, sous l'ancien gouvernement, nous reprochions au ministre de violer la loi, pour échapper aux étreintes de la vérité, il cachait sa défaite sous la pompe des mots. Je veux donc, je le répète, ramener la question sur son terrain, et examiner s'il est vrai que la situation soit telle qu'on doive violer la constitution et la loi, pour sauver la société. (*Interruptions. — Quelques voix à droite: Elle n'est pas violée!*)

J'entends dire, de ce côté, que la constitution et la loi ne sont point violées: je déclare qu'à mes yeux la constitution et la loi sont violées, et j'ai le droit de développer cette opinion.

Voici pourquoi la constitution est violée:

M. le ministre s'est gardé de vous relire le décret qui confère au général Changarnier les pouvoirs exorbitants dont j'ai parlé; il s'est contenté de vous dire: le ministère tout entier est responsable; on pourra venir nous demander ici compte de la conduite qui aurait été tenue par le général Changarnier. Je demande si vingt-quatre heures après... (*Non! non!*)

Comment! non? relisez donc le décret. Il n'y a pas de

discussion possible avec de semblables interruptions. (*Rires à droite.*) Cette question est des plus graves ; je ne désire pas entretenir l'Assemblée pour mon plaisir ; si elle ne veut pas m'écouter, je descendrai de la tribune, en constatant sa violence... (*Non ! non ! parlez !*) ; écoutez alors !

Je reprends ma proposition et je dis que la constitution est violée ; je demande à le prouver. Voici comment elle est violée : vous avez dans la constitution deux garanties : la responsabilité du président de la République, la responsabilité du ministère. Eh bien, voici un commandant ayant entre les mains neuf à dix départements et les troupes que vous savez ; qui peut prendre les mesures que bon lui semblera ; qui n'a qu'à aviser le ministre de la guerre, sans prendre ses ordres, sans même avoir à y déférer, et cela, dans les 24 heures.

Comment ! vous ne comprenez pas que la responsabilité utile du ministre de la guerre nous échappe complétement ?

Citoyens, pour rendre mon raisonnement plus sensible, voulez-vous me permettre de vous indiquer un exemple ? Une armée est constituée avec un commandant en chef, ayant des pouvoirs exorbitants ; cette armée a pour mission de défendre l'Assemblée. Supposez..... c'est une hypothèse, je veux faire saisir mon raisonnement ; supposez que l'armée manquant à sa mission, envahisse et dissolve l'Assemblée... (*Explosion de murmures : Oh ! oh !*).

Vingt-quatre heures après, que ferez-vous de la responsabilité du ministre de la guerre ? (*A l'extrême gauche : C'est vrai ! c'est vrai !*)

M. le ministre de la justice vous a dit, sur ma seconde objection, qu'il ne répondrait point au texte ; c'est facile, assurément (*rires*) ; qu'il avouait même que le ministre, en nommant le général Changarnier, n'avait pas pensé à la loi de 1831....

Est-ce sérieux, ce langage ? vous demanderai-je encore.

Est-ce digne d'hommes d'État? Ce texte cependant se dresse contre vous.

Le gouvernement répond : nous ne sommes pas dans des temps ordinaires, Il comprend bien que ce texte soit applicable dans une situation normale ; mais aujourd'hui il y a des dangers, et mieux vaut les prévenir que d'avoir à les réprimer.

Alors vous sortez de la légalité : ayez le courage de le dire.

En effet la loi sur la garde nationale a des dispositions parfaitement distinctes : les temps ordinaires, et les temps exceptionnels.

Dans les temps ordinaires, le texte est formel : « le commandement ne pourra pas être accordé à un officier qui aura un service actif. »

Quel est maintenant le cas exceptionnel? le voici, il est prévu par la loi : on dit que, pour le cas où les gardes nationales devront défendre les places fortes, les côtes, les frontières, il y aura des corps détachés ; et, dans ce cas, on indique quelles sont les conditions du commandement.

Ainsi donc, dans la loi de 1831, il est incontestable que vous avez deux circonstances prévues : la première, celle des temps ordinaires, dans laquelle vous vous trouvez, et que vous avez enfreinte ; la seconde condition, celle des corps détachés, dans laquelle vous ne vous trouvez pas. Il ne faut donc pas jeter tant de dédain sur la loi de 1831, et soutenir qu'aujourd'hui vous vous trouvez placés dans une situation exceptionnelle. Je ne sache qu'une chose pour une situation exceptionnelle, c'est l'état de siège. (*C'est cela !*)

Ayez le courage de déclarer, si vous le voulez, que le pays est en danger, que la patrie est en péril, et demandez l'état de siège. A Dieu ne plaise ! nous n'en sommes pas là. Mais cependant, citoyens, permettez-moi de vous le dire, on ne peut gouverner un pays que de deux façons : ou avec

les lois et la constitution, ou en dehors de la constitution
et des lois. (*Très-bien! très-bien!*)

On ne peut gouverner un pays qu'en se montrant fidèle à
la constitution de ce pays, ou en déclarant qu'on agit au
nom du salut public, et qu'on voile pour un instant la
constitution elle-même. (*Très-bien! très-bien!*)

Et comment le ministère peut-il concilier ce danger
qu'il nous indique au loin, à l'horizon; comment peut-il
concilier les périls dont il nous menaçait avec ces promesses,
ces gages de tranquillité, d'ordre, dont il nous faisait,
il y a un instant, le tableau?

Dans l'exposé de la situation du pays, on vous a déclaré
qu'on n'en était même plus à l'état d'espoir; que la confiance renaissait; que le commerce paraissait reprendre; et
c'est quand vous venez de déclarer cela que vous êtes
obligés de vous jeter dans les hasards de l'arbitraire ou de
la peur!

Ou votre tableau n'est pas fidèle, ou vos pouvoirs exorbitants cachent une redoutable intrigue.

Oui! j'avouerai que je me suis ému de ce mépris de la
loi, et qu'il m'a donné à réfléchir, dès que je n'ai pas pu
le considérer comme le résultat de l'ignorance ou de l'oubli.
Le ministère a, à sa tête, un des éminents jurisconsultes de
France[1] : la violation avait donc été volontaire, systématique, et nous n'avons pas pu rester muets. Notre constitution, c'est notre force comme la vôtre; si vous l'entamez
aujourd'hui, je ne sais pas où vous vous arrêterez demain.
(*A gauche : Très bien! très bien!*)

Et quand, après tout, vous êtes obligés, au milieu de
raisons difficiles à saisir, de venir reconnaître qu'il y a eu
infraction à la loi; quand vous êtes obligés de venir dire
que cette loi, son texte, ne s'est même pas présentée à votre

_____
1. Odilon Barrot.

esprit, vous comprenez que la confiance est difficile, pour ne pas dire qu'elle est impossible.

Un ministère, pour être respecté, doit faire, avant tout, des actes sérieux et constitutionnels ; un ministère qui inaugure ainsi son avénement doit inspirer de graves inquiétudes. Je dis que quand le texte de la loi est violé à ce point que vous ne pouvez répondre, et que, pour donner le change, vous cherchez à placer la question sur un autre terrain, celui de la passion et de la peur, vous êtes jugés dès votre premier pas. Vous avez été inconstitutionnels ; selon vous, c'est par légèreté ; selon nous, c'est de propos délibéré ; mais de quelque façon qu'on le prenne, vous n'en êtes pas moins, dès aujourd'hui, le ministère de l'arbitraire. Triste ! bien triste début ! (*Vive approbation à gauche.*)

LVIII

DISCOURS PRONONCÉ A L'ASSEMBLÉE NATIONALE

A L'APPUI DES INTERPELLATIONS FAITES AU GOUVERNEMENT SUR SA POLITIQUE
A L'ÉGARD DES AFFAIRES D'ITALIE.

(8 janvier 1849)

CITOYENS,

Les dernières paroles prononcées par M. le ministre des affaires étrangères m'avaient, pour mon compte, appelé à la tribune. Il avait parlé de deux politiques : une politique officielle, une politique souterraine ; la première voulant la paix, l'autre appelant la guerre. A mes yeux, il n'y a pas de distinction à faire, et le Gouvernement provisoire n'en a qu'une, celle exprimée dans son manifeste.

M. de Lamartine vient de vous la rappeler, et tout à l'heure j'insisterai sur les termes mêmes et sur la base de la déclaration faite le 5 mars par le Gouvernement provisoire. Si par politique souterraine on a voulu par hasard faire une allusion à l'affaire belge, eh bien, voyons ! qu'on ait une bonne fois le courage de venir à cette tribune et de traiter cette question en règle. Je suis prêt, et, je le répète pour la dixième fois, ma conscience n'a rien à redouter. Oui, plus de sourdes rumeurs, de mensongers murmures : s'il y a quelqu'un dans cette Assemblée qui veuille m'accuser pour l'affaire de *Risquons-tout*, qu'il monte à cette tri-

bune.... Je lui cède la parole, et je lui répondrai après.
(*Silence général.*)

Ce silence m'est la preuve que M. de Lamartine a eu raison de le dire : oui, il n'y a eu qu'une seule politique acceptée par tous les membres du gouvernement sans exception : politique de paix, de propagande par l'idée, mais en
même temps politique de fraternité pour les peuples qui
proclamaient leur délivrance. Quels ont été les principes
déposés dans le manifeste du 5 mars? les voici. La République ne veut rien que par le raisonnement, par l'expansion
de l'idée, par le prosélytisme de la sympathie; mais en
même temps elle considère, en droit, les traités de 1815
comme lacérés. (*Très bien! très bien!*) Seulement, les délimitations territoriales actuelles devront servir de point de
départ aux rapports qu'elle aura avec les différentes puissances. Qu'il soit, en outre, bien constaté qu'elle a pour
droit et pour mission d'arriver régulièrement aux modifications que réclament les nationalités.

Cette déclaration, nous pouvions l'avouer tout haut ; et
je ne craindrais pas de demander si, non-seulement dans
cette enceinte, mais si, dans le pays tout entier, il est un
cœur français qui ne considère pas les traités imposés par
la trahison et la lutte terrible et inégale de Waterloo
comme étant déchirés par la révolution de février. (*Approbation générale. — Très bien! très bien!*)

Si telle est la signification de la révolution de Février, —
et vos acclamations me prouvent que je suis dans le vrai —
je viens demander au gouvernement comment il demeure
fidèle à cette politique, et quelles mesures il prend pour la
faire exécuter.

Que votre attention ne s'effraye pas : je bornerai ma discussion à trois questions seulement.

Où en êtes-vous en ce moment dans l'affaire de la Sicile?
Vous déclarez que vous négociez! C'est une réponse que

nous connaissons; elle est de vieille date. Sous le gouvernement déchu, quand le drapeau de la France était abaissé, et que nous en demandions compte, on disait : Silence! on négocie. Puis, quand le fait était consommé, on nous répondait : Les faits sont accomplis. A quoi sert d'interroger et de perdre un temps précieux?

De cette politique monarchique, nous n'en voulons plus. (*Vive approbation à gauche.*)

Nous avons le droit d'intervenir dans nos affaires, et quand, au travers des journaux étrangers, il nous arrive quelques nouvelles importantes, nous avons le droit de vous demander ce qu'elles ont de véridique, de fondé.

Or, sur la question sicilienne, voici ce que nous savons. Il y avait une conférence, une médiation anglo-française ouverte. Cette médiation avait pour objet d'intervenir entre la Sicile insurgée et le roi qui s'était rendu coupable d'abominables massacres dans Messine. Eh bien, où en êtes-vous de vos protocoles?

Si je suis bien informé, et je crois l'être, le roi de Naples vous a dit : La négociation ne saurait plus se borner aux puissances aujourd'hui en négociation. Une nouvelle puissance est intervenue, l'Espagne, qui peut avoir des droits éventuels sur le trône de Naples, et elle exige que rien ne soit réglé qu'en présence de toutes les parties signataires des traités de 1815. (*Mouvement.*)

Si je suis bien instruit encore, l'empereur de Russie, qui prête son concours au roi de Naples, aurait fait exprimer que non-seulement il voulait qu'on prît pour base de la négociation les traités de 1815, mais que, s'il arrivait qu'on eût la pensée de faire un changement territorial quelconque aux délimitations ou aux formes de gouvernement de cette époque, il soutiendrait de son épée le maintien des traités de 1815. (*Nouveau mouvement.*)

Oui, mon information est exacte, et si vous êtes bien renseignés sur ce qui s'est passé en dernier lieu, je vous défie de la contester. (*Sensation marquée.*)

Est-ce que, par hasard, on peut soutenir que nous sommes encore dans les principes exposés dans le manifeste du 5 mars, où l'on considérait en droit les traités de 1815 comme anéantis, quand l'empereur de Russie peut impunément dire : « Je veux appuyer les traités de la force de mes armes, » et que les autres puissances, qui ont posé le pied sur le cœur de la France en 1815, viennent crier en chœur : « Vous ne toucherez point à ces traités sans notre bon plaisir. » Ah ! je demande alors ce que l'on fait de l'honneur de la France ; je demande quelle déférence on peut avoir pour son nom ; je demande quel rang elle occupe encore dans le respect de l'Europe ; je demande ce qu'on veut faire de son mâle génie, quand, après une négociation infructueuse de trois mois, on en arrive à cette situation de vous mettre en contradiction avec votre manifeste du 5 mars. (*Agitation.*)

Voilà votre situation en Sicile.

Jetterons-nous un regard sur la question romaine ? Voyons !

A Rome, il y a un peuple qui se soulève ; ce peuple réclame son indépendance. Le pape, mal conseillé, fuit de Rome ; et pendant qu'il croit se rendre à Civita, des intrigues diplomatiques l'entraînent à Gaëte ; c'est le P. Ventura qui nous l'apprend.

Que fait le peuple ? Il négocie, il redemande son souverain ; le souverain proteste et déclare que la conduite du peuple est illégale et condamnable ; alors le pouvoir suprême, le gouvernement provisoire de Rome, fait appel au pays, au peuple tout entier, pour se prononcer sur la forme à donner au gouvernement, et la *Constituante* va bientôt être réunie.

Vous, dans cette situation, que faites-vous ?

Vous le savez comme moi, à l'heure qu'il est, les armées autrichiennes s'échelonnent, elles marchent dans les Légations, elles s'avancent vers Rome; on ajoute qu'il y a un pacte entre le roi de Naples, l'Autriche, et quelques-uns disent la France, qui y consentirait.

(*Un membre : C'est impossible !*)

Pour mon compte, je le déclare, ma conscience se soulève à ce point que je ne veux point y croire ; mais la nouvelle est tellement répandue que j'ai le droit, cependant, de vous en demander compte.

Ici encore, si l'on a dit la vérité, dans un des derniers jours du mois de décembre, vous avez eu un conseil de cabinet, et là vous avez décidé qu'on laisserait proposer l'intervention de l'Autriche et de Naples pour ramener forcément le pape dans ses États. (*Sourires sur les bancs des ministres.*) Cela vous fait sourire ! le bruit a cependant un certain fondement.

(*Au banc des ministres : Cela est inexact.*)

Cela est inexact, dites-vous? je le souhaite. Eh bien, tâchez d'accorder votre réponse avec les paroles que j'ai lues au *Moniteur*. Le jour du 1er de l'an, quand le corps diplomatique défilait devant le premier magistrat de la République, il s'avança vers le nonce du pape, et il lui déclara qu'il avait l'espérance que bientôt le pape serait rétabli dans ses États.

(*Bruits ; réclamations diverses, interruption.*)

Je croyais traiter sérieusement une question sérieuse, je suis étonné de ces cris.

Vous dites que vous l'espérez ; moi aussi je pourrais désirer une solution pacifique, mais comment la faire concorder avec l'état des choses et la déclaration manifeste du 5 mars?

Qu'y disiez-vous, justement à propos de la question italienne?

« Nous voulons que l'indépendance des peuples soit respectée ; et s'il arrivait que les États italiens voulussent se réunir par un lien fraternel et déclarer leur unité, s'il s'opérait dans le sein de leurs gouvernements des transformations intérieures, et qu'une intervention étrangère voulût s'y opposer, la France se lèverait pour défendre les droits légitimes des peuples. » (*Sensation prolongée.*)

Voilà le point de départ de la République; quels sont aujourd'hui vos actes? vous répondez que vous n'êtes pour rien dans l'intervention, et cependant vous savez comme moi que l'Autriche, que Naples, méditent de restaurer violemment, par les armes, le pouvoir temporel du pape. Vous savez, comme moi, que l'armée autrichienne, poussée par le dernier manifeste de l'empereur de Russie, échelonne ses troupes pour marcher sur Rome. Que faites vous?

(*Le ministre Passy : Vous ne le savez pas?*)

Comment protestez-vous? vous dites que vous négociez; mais la seule protestation......

(*Le Ministre : Nous ne vous disons rien du tout.*)

Si M. Passy veut prendre la parole, je suis prêt à lui céder la tribune.

(*Le Ministre : Du tout.*)

Qu'il veuille bien alors ne pas m'interrompre; voilà la quatrième fois, et ce n'est pas tolérable.

Je vous dis: vous prétendez que vous négociez; la négociation n'est pas possible, ce n'est plus négocier qu'il faut, c'est agir! agir en faveur de ce peuple à qui vous l'avez promis dans le manifeste du 5 mars. Car ce mouvement si éminemment national de Rome, ce n'est pas l'anarchie; on l'a dit pendant quelque temps, on ne peut plus le soutenir aujourd'hui.

(*Plusieurs voix: Pourquoi donc?*)

Pourquoi! quand des provinces tout entières envoient des adresses au gouvernement, lesquelles sanctionnent ce gouvernement; quand on reconnaît les ordres de la junte suprême, quand elle lève des armées, quand elle frappe des impôts ; quand le peuple non-seulement accepte, mais qu'il bat des mains, vous dites que c'est là de l'anarchie ; il faut alors dire que la révolution de Février est de l'anarchie également !

Il faut enfin lever les voiles et dire les choses par leur nom : que ceux qui protestent contre la légitimité de la révolution de Rome, que ceux-là aient le courage de se lever et de protester aussi contre la légitimité de la révolution de février ! (*Applaudissements* et *bravos sur un grand nombre de bancs.*)

Ah ! nous savons bien ce qui peut être au cœur de tels ou tels ; eh bien, nous voulons que leur pensée secrète ose se produire sur leurs lèvres ici, à cette tribune. J'attends...... (*Mouvement prolongé.*)

Oui, ces révolutions sont sœurs ; il n'y a que les despotes ou les aristocrates qui puissent déclarer le contraire. (*Très-bien ! très-bien !*)

Une voix : Est-ce que celle de France a commencé par un assassinat comme à Rome ? (Bruit.)

Je n'ai pas entendu, voulez-vous monter à la tribune, je vous céderai la place ?

La même voix : Je vous demande si celle de France a commencé par un assassinat comme celle de Rome.

Je répète que le caractère de ces deux révolutions est aussi légitime, et je réponds à l'interrupteur qui croit m'embarrasser qu'un fait isolé n'est point imputable à un peuple tout entier. (*Longue interruption.*)

Je me résume d'un mot sur la question romaine : Non, il ne s'agit pas de parler éternellement de négociations et d'envelopper sous des nuages une réponse qu'on peut faire aisément. Mon interpellation est nette ; qu'on y réponde, la voici : Oui, le caractère de la révolution romaine est un caractère légitime ; oui, un peuple qui s'est insurgé contre un prince temporel pour conquérir son indépendance est dans son droit ; je l'ai dit et je n'ai pas besoin de le répéter , je ne touche pas à la question spirituelle ; à ce sujet, j'ai mes croyances, je veux qu'on les respecte comme je respecte celles des autres ; mais ce n'est pas la première fois qu'un pape est resté longtemps éloigné de ses États sans que la religion ait eu à en souffrir. Ainsi, ne confondons pas deux questions parfaitement distinctes : je ne suis pas dans un comité, je suis à une tribune politique, je traite une question politique ; je dis que la révolution romaine a une source, une origine respectable; on a fait appel au suffrage universel comme chez nous, il faut le respecter ; voilà le fait dans sa simplicité. Quelle politique y appliquer ? celle du manifeste du 5 mars, à peine de déshonneur, c'est-à-dire qu'il faut s'opposer, même par la force, à toute intervention étrangère.

En d'autres termes, au lieu de vous faire tromper par les ruses de la diplomatie, vous préparez-vous à l'action ? êtes-vous prêts?

Voilà ce que je vous demande. (*Approbation à gauche.*)

Et de la question lombarde, où en êtes-vous? Une conférence va s'ouvrir à Bruxelles ; soit: qu'y traitera-t-on ? l'Assemblée a bien déclaré à plusieurs reprises qu'on y résoudrait la question de l'indépendance des États Lombards-Vénitiens. Oui, voilà ce qu'a voulu l'Assemblée; mais ne savez-vous pas que déjà ce prétendu congrès ne peut plus être, passez-moi l'expression, qu'une vaine parade où la considération de la France ne peut que perdre?

Vous savez mieux que moi que l'Autriche a déclaré qu'elle n'acceptait pour base de la discussion que la difficulté sur les frais de guerre entre elle et le Piémont. (*Sensation.*)

De l'indépendance des États lombards, il ne doit même plus en être question. Ah ! sans doute ce n'est pas là ce que nous avons voulu.

J'adjure ici le ministre des affaires étrangères précédent

de répondre. Quand on lui a parlé à plusieurs reprises des affaires de la Lombardie, ne lui disait-on pas : Pas d'ambage, pas de réponse double; ce que nous voulons, c'est l'indépendance du royaume Lombard-Vénitien? Oui, nous a-t-il répondu, il ne peut y avoir de conférence qu'à cette condition. Eh bien, la condition n'existe plus. L'Autriche a protesté; votre médiation n'est qu'une compromission morale de la France. Les rois n'ont qu'un dessein, vous entraîner dans le congrès pour vous faire ratifier les décisions qui seront prises contre les intérêts sacrés du peuple. (*Vive approbation à gauche.*)

Citoyens, en terminant, me permettrez-vous de dire toute ma pensée? (*Parlez ! parlez !*)

Cette question étrangère, qui, en commençant, ne paraissait pas solliciter vivement l'attention de l'Assemblée, est cependant une des choses qui préoccupent le plus constamment mon esprit. Je vois dans cette Assemblée d'honorables représentants de l'armée. Eh bien, abstraction faite de toute opinion, je leur demande si, pour eux aussi, ce n'est pas une préoccupation constante.

Jetons un instant les regards sur la carte de l'Europe, et voyons ce qui s'y passe.

La Russie vient de déclarer positivement qu'elle voulait faire respecter les traités de 1815. Se borne-t-elle par hasard à cette audacieuse déclaration? Ne connaissez-vous pas aujourd'hui toutes les évolutions de troupes qui se font jusque sur les frontières de Belgique? ne savez-vous pas que dans l'Adriatique, à l'heure qu'il est, l'empereur de Russie a une flotte? Ne savez-vous pas qu'à cette flotte touchent presque les 80,000 hommes de l'armée moldo-valaque? Ne savez-vous pas que la lisière allemande, depuis Calich jusqu'aux bords de la mer, est occupée par l'armée russe, prête à envahir la frontière prussienne? Ne savez-vous pas que la Prusse, alliée de la Russie, fait grouper chaque jour des trou-

pes nouvelles aux confins de la Belgique; que ces troupes
elles-mêmes peuvent être appuyées promptement par des
bataillons russes qui se trouvent à bord d'une escadre dans la
Baltique, sous prétexte de terminer la question en Schleswig? Ne savez-vous pas qu'un général prussien, portant
dernièrement un toast à Berlin, a dit à ses officiers : « Messieurs, à notre réunion prochaine sur les bords du Rhin ! »

Eh bien, quand la Russie, la seule puissance peut-être
aujourd'hui qui puisse mettre sur pied 200 000 hommes,
avec les ressources nécessaires en argent pour les conduire
à une frontière éloignée, sans faire payer une étape aux populations qu'ils traverseraient, vous croyez que, pour peu que
nous portions un cœur français, ce n'est pas là une question qui soit digne de nos méditations, de nos soins, qui
doive sans cesse assiéger nos esprits? Comment! vous ne
comprenez pas que nous vous demandions compte de ces
troupes amoncelées jusque sur la frontière belge ! J'ai là des
lettres sur moi qui constatent que la Belgique elle-même
s'en émeut.

Citoyens, je ne veux pas qu'on se méprenne sur ma pensée.
Ce que je redoute, ce n'est pas le danger connu, c'est la
trahison. Oh, non ! je n'ai pas peur pour la République,
pourvu qu'elle connaisse à l'avance ses ennemis. Peur pour
elle ! ne le croyez pas, je connais trop l'impétuosité de son
élan, son invincible dévouement; je sais, en un mot, que
l'Empire a été vaincu, que la République ne l'a été jamais.
(*Très bien ! très bien !*) Non que je veuille dire que la République n'a pas subi de défaites partielles (car presque toujours
ses défaites mêmes ont été la source de ses victoires), mais
elle ne s'est vu enlever aucune de ses conquêtes dont l'Empire
a été dépouillé. (*Longue approbation.*) Oui, que l'étranger
m'entende bien d'ici, rien ne pourra jamais résister au formidable et gigantesque effort de la levée en masse. (*Très bien !
très bien !*)

Je sais tout cela, mais je me rappelle un mot qui a sa gravité, le mot de Napoléon : « Dans cinquante ans l'Europe sera cosaque ou républicaine. »

Et quand, dans ce demi-cercle immense qui s'étend depuis l'Adriatique jusqu'à la mer Baltique, je vois des troupes qui s'amoncellent ; quand je me dis que vous avez abandonné les nationalités amies qui nous servaient d'avant-garde ; quand j'entends ces insolents défis jetés au nom des honteux traités de 1815, je n'ai pas le droit de penser au mot de Napoléon ! Mais que sont donc ces Croates, aux longs manteaux rouges, qui se sont baignés dans le sang à Vienne, sinon des barbares ? que sont donc ces troupes qui ont envahi la Moldo-Valachie, sinon des barbares ? et ne sont-ce pas des barbares aussi que ces Cosaques qui, avec leur hetmann, campent déjà sur la frontière allemande ? Il peut donc y avoir encore un horrible conflit entre l'idée et la barbarie, entre la lumière et l'obscurité ; et je ne serais point ému à ce spectacle du danger, non de la République, mais de la civilisation même ! Non, non, vous ne pouvez plus vous contenter de dire que vous négociez, vous devez agir. Autrement, vous trahiriez le pays. (*Vive approbation et applaudissements sur plusieurs bancs.*)

LIX

DISCOURS PRONONCÉ A L'ASSEMBLÉE NATIONALE

SUR LA QUESTION DE RENVOI A LA HAUTE COUR DE JUSTICE
DES AFFAIRES DU 15 MAI 1848.

(20 janvier 1849)

CITOYENS,

On disait tout à l'heure que la question qui vous est soumise est grave. Oui, elle est grave en ce sens, je vous le démontrerai tout à l'heure, qu'elle est une atteinte à la loi existante et à la constitution.

Si elle est grave, est-elle délicate, comme on le prétend? Je crois pouvoir, en quelques minutes, vous montrer que cette question, par deux ou trois éléments seulement, est facile à résoudre, et que la voie dans laquelle on veut vous entraîner est une voie funeste. Je tâcherai d'être aussi précis que possible, et permettez-moi de vous le dire, comme je ne parle pas devant un tribunal, mais devant une Assemblée, je tâcherai d'éviter toute espèce de subtilité, passez-moi l'expression, toute espèce d'argutie.

Il est pour tous les hommes de sens qui n'ont point étudié le droit un principe certain, c'est que la loi ne peut frapper que les actes qui seront commis postérieurement à sa promulgation; autrement, il en a été ainsi dans toutes les sociétés, autrement, la peine manquerait de moralité.

Que veut-on, quand on frappe le coupable? Qu'avant la

perpétration de son crime, qu'avant la consommation de son acte, il ait eu présente à la pensée la loi qui pouvait le frapper, et qu'il ait su, au moment où il allait s'insurger contre la société, quel serait le châtiment qui allait tomber sur lui.

Voilà un élément simple, voilà un principe de raison qui, je le répète, est déposé dans le cœur de tous les hommes ; sans cela, encore un coup, la loi manque de moralité, elle manque de puissance ; elle aurait dans son sein ce qu'il n'est pas permis à une loi de renfermer, elle aurait un caractère de perfidie.

Le principe ainsi posé, voyons si ce principe si simple n'a pas toujours été respecté.

On vous dit : Il y a deux choses : il y a la loi pénale, celle qui frappe ; puis il y a la loi de procédure. La loi de procédure, la loi de forme, la loi d'instruction, cette loi peut se modifier, et à l'instant où elle est rendue, elle saisit l'accusé. Quant à la loi pénale, au contraire, il est incontestable que celle-là ne peut frapper qu'autant qu'elle existait au moment où le crime a été accompli.

Il y a une chose qu'on ne distingue pas assez, et ici j'en appelle encore à la raison de l'Assemblée : c'est ce qui est l'attribution de juridiction en dehors de la loi de procédure. Ainsi, la loi de procédure, c'est l'instruction ; la loi de juridiction, c'est le tribunal, le personnel de ce tribunal ; la loi pénale, celle qui frappe d'un châtiment le coupable.

Eh bien, la loi d'attribution de juridiction est-elle une loi qui ne puisse pas être changée? et celui qui a commis un crime ne peut-il être frappé qu'en vertu de la loi promulguée, quand le crime a été commis? Je dis oui avec le bon sens, je dis oui avec les juristes, je dis oui avec les hommes éminents qui siègent dans cette enceinte.

Citoyens, est-ce que vous croyez, par hasard, que ce n'est qu'une loi de forme, celle qui va me renvoyer impunément devant un conseil de guerre? Mais il y a des circonstances dans lesquelles je préférerais qu'on changeât la loi pénale et qu'on l'aggravât, mais qu'on ne changeât pas la loi d'attribution, la loi de juridiction. Ainsi, il y a des cas où je préférerais être frappé par un jury en vertu d'une loi draconienne, car devant ce jury je serais devant mes pairs, et je pourrais me défendre. Je préférerais cela à un renvoi devant telle ou telle commission qui, en m'appliquant une loi moins sévère et moins rigoureuse, me condamnera d'une façon certaine.

Je ne crains donc pas d'avancer, parce que j'ai le bon sens et la raison pour moi, que la question d'attribution de juridiction est fondamentale, que ses racines touchent à la pénalité elle-même, et je ne puis pas considérer comme une chose indifférente, de pure procédure, de pure forme, qu'on me renvoie devant un conseil de guerre ou devant un tribunal où il n'y aurait pas de jury, par exemple, devant un tribunal d'inquisition, devant une commission composée de mes ennemis. Je le répète, et ici je fais un appel à vos consciences, vous ne pouvez pas méconnaître que ce ne soit quelque chose qui se mêle aux racines mêmes de la loi pénale, qui fait partie de la loi pénale elle-même.

Et maintenant que vient-on nous repondre? On vient nous dire : Il y a une haute cour; il y a une Assemblée qui a le droit d'y renvoyer. Cette question d'attributions, mais elle n'existe pas, car un arrêt de la Chambre d'accusation n'est pas quelque chose de définitif; un arrêt de la Chambre d'accusation ne contient que la qualification du crime, mais il ne contient pas l'attribution nécessaire à la cour à laquelle il renvoie.

Qui est-ce qui a osé dire cela? Qui est-ce qui a osé dire que ce principe était tellement vrai qu'on trouvait deux exceptions dans le Code d'instruction criminelle où il était permis de renvoyer à un autre tribunal?

Vous auriez dû comprendre que les deux exceptions que vous citiez corroboraient, fortifiaient la règle générale. Comment ! on pourrait aller jusqu'à dire que, quand une procédure est purgée par un arrêt, cet arrêt-là n'est pas définitif ! Comment ! on pourrait dire qu'un pouvoir politique qui viendrait le briser, qui ordonnerait une déviation de la justice, qui viendrait dire : Je renvoie de la cour d'assises qui est ici à la cour d'assises qui est là ! Comment ! on pourrait dire que ce pouvoir politique ne devient point un pouvoir judiciaire ! Oh ! il faut n'avoir pas étudié les éléments du droit pour soutenir une pareille thèse ! (*A gauche : Très-bien !*)

Il y a autre chose : vous reconnaissez que le procureur général, pour cause de suspicion légitime, que le procureur général, pour cause de sûreté de l'État, peut demander le renvoi, devant quoi ? devant une juridiction exceptionnelle peut-être ? non, il peut demander le renvoi devant une autre cour d'assises. Je le comprends ; oui, je le comprends, la sûreté de l'État est la loi impérieuse devant laquelle tout doit s'incliner.

Mais on ne peut pas pour cela être renvoyé devant une juridiction exceptionnelle, on ne peut renvoyer que devant une autre cour d'assises.

Ainsi les exceptions confirment la règle ; c'est que, quand une juridiction a été saisie, elle ne peut être dessaisie que par un **pouvoir judiciaire**. En dehors de cela, il n'y a que conflit, il n'y a que chaos, parce que les pouvoirs entrent en lutte l'un contre l'autre, et la justice n'existe plus.

Citoyens, si l'on n'avait pas traité cette question avec une idée préconçue, on aurait pris la peine de lire le Code d'instruction criminelle.

Voici ce qui y est dit, et pour le cas même de la haute cour, car elle a existé ; l'art. 220 dit :

« Si l'affaire est de la nature de celles qui sont réservées à la haute cour ou à la cour de cassation, le procureur général est tenu d'en requérir la suspension et le renvoi. »

Citoyens, voici ce que je disais en thèse : Quand une juridiction est saisie, il faut qu'on aille jusqu'au bout de cette ligne droite. Il faut que la cour supérieure vienne purger la procédure. En dehors de là il n'y a que conflit, et la preuve, c'est que vous trouvez dans l'art. 220, pour le cas d'une haute cour nationale, cette disposition :

« Avant que l'arrêt soit rendu par la chambre des mises en accusation (vous entendez bien ceci), le procureur général devra se pourvoir (pourquoi faire?) pour empêcher la chambre d'accusation de statuer, et renvoyer directement devant la haute cour. »

Je vais maintenant vous en dire la cause.

On a parfaitement senti qu'il y avait une distinction à faire. Tant que la procédure n'est qu'à l'état de procédure, on peut toujours dessaisir pour renvoyer devant une autre juridiction ; mais quand une procédure a été vidée par un arrêt, il n'y a pas de puissance humaine, si ce n'est en violant la constitution, qui puisse faire qu'un pouvoir quelconque renvoie devant un autre pouvoir en dehors du cas de suspicion pour la sûreté de l'État, et de l'autre cas prévu par la loi.

Ainsi, ne confondons pas. Vous le voyiez tous les jours devant la cour des pairs : pour cause d'attentat, quelquefois cette cour faisait l'instruction, le plus souvent c'étaient les magistrats de la cour d'appel de Paris. Laissait-on rendre un arrêt par la chambre d'accusation? Du tout : tant que la procédure n'était qu'à l'état de procédure, on pouvait renvoyer devant telle ou telle juridiction. Mais, si la chambre d'accusation avait une fois renvoyé devant la cour d'assises, on n'aurait pas pu la dessaisir.

Oui ! s'il y avait un arrêt de la cour d'appel de Paris, il fallait le respecter et renvoyer devant la cour d'assises, et on l'a si bien senti, que, dans cette procédure spéciale, on nous dit : Le procureur général, quand la procédure sera instruite, quand il verra qu'une haute juridiction va être saisie fatalement et définitivement, avant que l'arrêt soit prononcé, le procureur général se pourvoira devant la chambre d'accusation pour saisir la haute cour.

Vous avez donc un texte, et je défie qu'on y réponde, un texte qui est fait justement pour une situation identique, pour le cas de la haute cour. Vous ne pouvez renvoyer, Assemblée nationale comme procureur général, vous ne pouvez renvoyer qu'autant que l'arrêt de la chambre des mises en accusation n'a pas saisi déjà une autre juridiction.

Citoyens, permettez-moi donc, en dehors de la défense, dans le seul intérêt de la constitution, permettez-moi de vous demander si vous ne vous arrêterez pas sur cette pente. Qu'avez-vous déclaré dans la constitution? Qu'il y avait un souverain, le peuple; trois pouvoirs parfaitement distincts: le pouvoir législatif, le pouvoir judiciaire, le pouvoir administratif. Il doivent agir chacun dans sa sphère d'une façon complétement indépendante; autrement ils seraient détruits. Eh bien, qu'allez-vous faire ici ? Vous allez, quand le pouvoir judiciaire est saisi par un arrêt incommutable, vous allez saisir une haute cour, c'est-à-dire que vous, Assemblée nationale, brisant la constitution, confondant tous les principes, devenant comme la Convention, qui, elle, l'était par nécessité, devenant à la fois pouvoir politique, pouvoir judiciaire, pouvoir administratif, vous allez juger, car vous ne ferez pas autre chose.

Croyez-moi : c'est là pour les esprits sérieux une objection qui vaut la peine de les préoccuper; je dis qu'au début de la mise à exécution d'une constitution, il faut réfléchir à deux fois, avant de venir ainsi jeter le trouble dans une organisation que vous avez décrétée hier, avant de venir ainsi jeter une perturbation dans les différentes sphères que vous avez vous-mêmes tracées. Je dis que c'est là une objection grave qui doit vous préoccuper ; ce n'est pas la seule. Il y en a une seconde au point de vue des principes, au point de vue de la Constitution devant laquelle nous devons nous incliner. Je vais la signaler en répondant rapidement à quelques autres objections qui ont été faites.

On a dit : Il faut distinguer entre la question d'instruction et la question de peines ; la non-rétroactivité ne s'applique que pour le cas de la peine qui frappe, et non pour le cas de la loi qui règle l'instruction.

Citons un jurisconsulte à qui chacun rend hommage, Merlin, et voyons dans une situation identique, dans l'affaire Cadoudal, où les accusés, renvoyés devant la cour d'assises de la Seine, apprenant qu'une haute cour venait d'être constituée, demandaient à être renvoyés devant cette haute cour ; voyons les principes qui ont été posés et l'arrêt qui a été rendu. Voici ce que disait Merlin : « Pour prouver que la cour d'assises a dû se dessaisir, on peut invoquer le principe universellement reconnu, constamment pratiqué, et rappelé même dans un arrêté du gouvernement du 5 fructidor an 9 : que tout ce qui touche à l'instruction des affaires, tant qu'elles ne sont pas terminées, se règle d'après les formes nouvelles, sans blesser le principe de non-rétroactivité. « Voilà la question telle qu'elle doit être posée ; voici maintenant ce que dit Merlin : « Mais, à côté de ce principe, il en est un autre qui n'est pas moins constant, et que la législation de l'ancienne Rome avait pris soin de consacrer par une disposition formelle : c'est que tout procès doit être terminé là où il a été commencé : *ubi acceptum est semel judicium, ibi et finem accipere debet.* »

« Ainsi, qu'un tribunal saisi d'une affaire doive la juger dans la forme nouvelle que prescrit une loi survenue pendant l'instruction, à la bonne heure ; mais que ce tribunal ne puisse plus la juger parce qu'une loi nouvelle survenue pendant l'instruction aura changé à cet égard les règles de la compétence, c'est ce qui répugne à toutes les idées reçues : c'est un système que la raison et le droit romain condamnent également. »

Et, le 24 messidor an 12, la cour de cassation confirme la doctrine de Merlin, en déclarant ceci, que « la loi qui peut toucher aux procédures ne peut toucher aux juridictions, et que la cour d'assises de la Seine, étant saisie du procès de Cadoudal, devra juger le procès jusqu'à son terme. » Voilà ce qui a été décidé.

Est-ce là quelque chose de clair ? Est-ce là une situation semblable, identique ? Veuillez faire cette distinction dont j'ai posé le principe en commençant : c'est que dans l'attribution de juridiction il y avait quelque chose qui ne pouvait être vidé que par le pouvoir judiciaire. De là, la preuve que tout ce qui touche à l'instruction peut être changé, mais que ce qui touche à la juridiction, au fond même du tribunal, à son personnel, ne pourra être changé sans violer la moralité de la loi qui ne peut frapper qu'en vertu d'un décret, d'un dédit qu'elle a fait connaître à l'avance.

C'est donc vainement qu'on a essayé d'ébranler cette doctrine en vous citant des arrêts parfaitement inutiles, par la raison que voici: pour comprendre la plupart de ces arrêts, il faudrait en lire les faits ; vous ne savez pas jusqu'à quel point les circonstances ont pu influer sur les décisions.

(*Le citoyen Dupin aîné demande la parole.*)

Vous ne savez pas jusqu'à quel point les circonstances ont pu influer sur les décisions. Et puisque M. le procureur général Dupin demande la parole, qu'il me permette de lui citer une opinion de lui sur la question que nous traitons dans ce moment, et qui est complètement favorable à cette thèse, que la question d'attribution de juridiction est une question à laquelle il ne peut être touché par une loi rétroactive.

Dans ses observations sur la législation criminelle, M. Dupin dit :

« Les formes, quelles qu'elles soient, doivent être réglées d'avance, puisqu'il est de l'essence des lois de n'être point rétroactives, et ce serait une monstruosité que de voir créer et instituer des formes nouvelles dans le cours d'une accusation : *Ne in medio litis fiant sacræ formæ.* »

Eh bien, puisque tout à l'heure l'on entendra la parole éloquente de M. Dupin, je le prierai, entre autres choses, de répondre formellement à ceci : Il s'agissait, dans le procès qu'il plaidait, d'une autre juridiction qu'on voulait saisir, et M. Dupin vous disait : « Les formes elles-mêmes doivent être créées avant le procès ; car, en matière criminelle, les formes sont une partie de la défense ; elles sont tutélaires, et ces formes sont sacrées. »

Si elles étaient sacrées à cette époque, M. Dupin voudra bien nous expliquer comment, depuis, elles ont pu perdre leur empire, et comment, aujourd'hui, elles ne sauraient plus, dans un procès politique, être appliquées par l'Assemblée nationale. (*Approbation à gauche.*)

Citoyens, encore une citation, et bientôt j'achèverai.

Cette question, dans les mêmes termes, s'est présentée lors des événements de juin 1832 et des journées de la rue Transnonain ; à ce moment les conseils de guerre étaient saisis, en vertu de la loi sur l'état de siège ; et les procureurs généraux, comme souvent, prétendaient que la loi devait avoir un effet rétroactif ; ils soutenaient que les crimes qui avaient été commis avant le 6 juin, date de la déclaration de l'état de siège, devaient être renvoyés devant la juridiction militaire.

Voici les principes qui ont été posés par un jurisconsulte
éminent [1], et comment il parlait :

« Reste une troisième question : en supposant que l'état
de siège soit légal, et en admettant qu'il puisse y avoir lieu
à déplacement de juridiction, quelle pourrait être l'application, et quelle serait la limite de cette mesure? Pourrait-
elle être restrictive et s'appliquer indéfiniment à tous les
faits antérieurs à l'ordonnance du 6 juin, dans laquelle on
voudrait voir un rapport avec les événements du 5 ? Pour-
rait-on poursuivre, dans les termes de l'état de siège, et
devant la justice militaire, les faits qui se seraient passés
antérieurement au 6 ? » Voici bien la question.

Et comment essaye-t-on d'échapper à ce raisonnement
dicté par le bon sens sur la non-rétroactivité en matière
criminelle? On dit : Il ne s'agit que de la forme, (comme
ici) — et qu'à l'égard de la forme il peut y avoir rétroactivité ; que ce n'est que quand il y a aggravation dans la
pénalité que la rétroactivité est interdite. Une telle distinction est repoussée par la conscience et par le principe
qu'en matière criminelle la non-rétroactivité est proscrite
par la loi. Ce principe, si moral, ne s'applique-t-il que
rétroactivement et à l'égard des peines? Messieurs, la non-
rétroactivité a une acception et une application plus générales ; elle doit être consacrée toutes les fois qu'un droit
préexistant serait violé, « si elle était méconnue... » Et
voici comment l'habile avocat termine sa plaidoirie. Écoutez bien ce résumé :

« Ainsi tous les monuments de la législation, tous les
monuments de la jurisprudence concourent à établir cette
vérité de droit et de moralité, que toutes les fois qu'il s'a-
git de priver les citoyens de garanties, la rétroactivité est
inadmissible. »

1. Odilon Barrot.

Voilà les paroles que prononçait l'honorable M. Odilon Barrot. (*Mouvement.*)

Je comprends parfaitement qu'on essayera de faire des distinctions ; mais, pour que la Chambre soit prévenue à l'avance et qu'on ne change pas le terrain même de la discussion, je le lui rappelle et je le fixe en deux mots : la déclaration de l'état de siège était du 6, et on voulait, pour des délits qu'on poursuivait, englober tout devant la juridiction militaire, même pour les délits du 5, du 4, pour des délits précédents, car, pour Carrel, on remontait à plusieurs mois.

Eh bien, M. Odilon Barrot vous disait : Vous ne pouvez pas saisir une autre juridiction, vous ne pouvez pas prétendre qu'il y ait rétroactivité, vous ne pouvez pas confondre la forme et le fond ; le mot était souligné dans la plaidoirie, parce que le fond et la forme se confondent tellement, quand il s'agit d'attributions de juridiction, que c'est une seule et même chose.

Voilà le terrain fixé ; j'attendrai les explications qu'on peut fournir. Mais, quant à moi, je prétends que la situation est identique ; que vous avez soutenu avec moi, à cette époque, qu'attribution de juridiction et lois pénales sont une seule et même chose ; vous l'avez soutenu, parce que la loi vous y autorisait, parce que votre conscience vous y forçait, parce que la logique l'exigeait, parce que, encore un coup, être renvoyé devant une commission, devant un tribunal sans jury, ou être renvoyé devant un jury, ce n'est pas là une question de forme, c'est une question de pénalité au premier chef.

Citoyens, je n'ai plus qu'un mot à dire.

On a prétendu que la question était jugée par le rejet de l'amendement de mon honorable ami le citoyen Deville. On vous a dit : Lorsque la Constitution a été débattue, on a présenté un amendement qui avait pour objet de dire que les crimes antérieurs à la promulgation de la Constitution ne seraient pas renvoyés devant la haute cour ; le citoyen Dupin a répondu : L'amendement a été rejeté ; donc il est jugé souverainement que tout ce qui sera antérieur à la promulgation de la Constitution, pourra être compris dans la juridiction extraordinaire.

En matière criminelle, permettez-moi de vous le dire, c'est là un argument qui ferait sourire s'il n'inspirait point un autre sentiment. (*A gauche*: *Très bien !*)

Comment! des tribunaux exceptionnels, créés sans discussion, par un rejet d'amendement ! Est-ce que vous pouvez descendre dans la conscience de tous ces membres qui m'écoutent? Est-ce que vous pouvez savoir par quelles considérations tel ou tel a rejeté l'amendement? Est-ce que vous pouvez savoir si moi, par exemple, je ne l'ai pas rejeté parce que j'avais la conscience que le droit était tel: qu'insérer l'amendement, c'était affaiblir le principe. (*A gauche*: *Très bien!*) Comment pourrez-vous le savoir?

Ah! vous vous armez du raisonnement de M. Dupin ; ce raisonnement, le voici; M. Dupin vous disait : Prenez bien garde que dans toutes les révolutions, que dans toutes les transformations sociales, quand une juridiction a été anéantie, il a bien fallu que la juridiction qui lui succédait saisît les accusés dans les prisons. Quel rapport ceci a-t-il avec la situation actuelle? Est-ce que par hasard les cours d'assises sont supprimées?

(*A gauche* : *Très bien !* — *C'est là la question.*)

Est-ce que, par hasard, il n'y a pas un principe devant lequel la faiblesse humaine doit céder, celui de la nécessité? Oui, certainement. Quand une juridiction, comme celle du parlement, a été anéantie et remplacée par d'autres juges, on ne peut |pas ressusciter, galvaniser cette vieille juridiction tombée, pour faire juger les accusés. Mais quand une juridiction ¦régulière coexiste, quand la cour d'assises n'a pas été anéantie, quand elle est dans sa vigueur, quand elle est le droit commun, et le reste l'exception, je vous demande ce que peut valoir votre argumentation aux yeux des hommes véritablement sérieux? (*Marques d'approbation.*)

Oui, sans doute; si, par exemple, vous vouliez dessaisir une juridiction exceptionnelle, pour jeter les accusés dans le plein courant du droit commun et de la justice ordinaire, je dirais : Vous avez raison, car il y a un autre principe de droit, c'est que tout ce qui est favorable aux accusés leur est acquis.

Mais, quand, au contraire, vous voulez sortir du droit commun, pour vous jeter dans l'étroitesse de l'exception, vous dites que vous pouvez raisonner ainsi ! Je ferai appel à vous-mêmes, et, mieux inspirés, vous déclarerez que cet argument ne peut pas se soutenir.

Voilà donc tout ce qui reste de ce fameux amendement proposé : des raisons, qui ne sont pas soutenables, jetées dans une improvisation ; en présence de cet amendement, une Assemblée non préparée pour une discussion si solennelle ; un résultat obtenu par ce qui est spécieux, ce qui frappe l'esprit, ce qui brille aux yeux.

Et, maintenant, vous viendrez me dire qu'un droit sacré, qu'un droit éternel, qu'un droit impérissable, que le droit de non-rétroactivité a été jugé par là! Vous ne pouvez pas le soutenir sans tomber, permettez-moi de vous le dire, dans le dédain ou dans le mépris de vous-mêmes.

Citoyens, réfléchissez-y, cette question est des plus graves. Oh! je vous le disais en commençant, c'est la pensée qui me préoccupe, quand une Constitution est faite, il faut la respecter tant que d'autres n'en sortent pas.

Il ne faut pas donner cet exemple d'un conflit que vous avez voulu éviter entre les divers pouvoirs de l'État.

Lisez l'histoire : Qu'est-ce qui pèse davantage, et d'un

poids bien lourd, contre les gouvernements? Sont-ce les iniquités politiques? Non, ce sont les iniquités judiciaires, ce sont les attentats contre la justice. (*Très bien!*)

Napoléon s'est souvent trompé; il y avait politiquement de graves accusations à lancer contre lui. Eh bien, un des plus grands griefs qui soit resté contre lui, c'est que, dans son omnipotence et dans son arbitraire, frappant un jour une cour d'assises qui avait acquitté, il ordonna par son Sénat que les accusés fussent conduits devant une autre cour d'assises.

Et ce grief est resté comme une tache ineffaçable. Savez-vous pourquoi? C'est que les peuples ont à un haut degré le sentiment et le respect du droit. (*Longues marques d'adhésion.*)

Voyez donc, en effet, l'empire du droit, d'après cette loi romaine que je vous citais en commençant, qui dit que le tribunal saisi doit juger, et que, une fois saisi, il l'est incommutablement.

Eh bien, cette loi romaine, qui est l'expression de la conscience humaine, qui est l'expression de la raison, elle a traversé des empires, elle a survécu à des religions, oui! à des religions mêmes; car, s'il y a quelque chose qui est impérissable par-dessus tout, c'est le sentiment profond du droit, c'est le sentiment de la justice; et je ne saurais trop vous le dire, en décrétant la loi qu'on vous demande, c'est ce sentiment, c'est cette longue tradition de la conscience humaine que vous fouleriez aux pieds. (*Bravos à gauche.* — *Longue agitation.*)

LX

DISCOURS PRONONCÉ A L'ASSEMBLÉE NATIONALE

POUR REPOUSSER LA DEMANDE FAITE PAR LE MINISTÈRE,
DE DÉCLARER L'URGENCE SUR SA PROPOSITION DE FERMER LES CLUBS.

(27 janvier 1849)

CITOYENS

Je n'ai qu'un mot à dire pour appuyer les conclusions de la commission.

Le ministère se plaint qu'une question aussi brûlante, selon lui, ayant été posée, elle ne soit pas résolue à l'instant même. Nous n'avons qu'un mot à répondre, qui est celui-ci : La question, ce n'est pas la Chambre qui l'a posée, c'est le gouvernement. En conséquence, si la responsabilité doit peser sur quelqu'un, ce n'est pas sur la Chambre, à cause de la maturité qu'elle veut y mettre, mais sur le gouvernement, qui, bien qu'aucun trouble ne soit arrivé, a cru, par des raisons que je ne veux pas qualifier, pour ne pas jeter d'irritation dans ce débat, devoir saisir l'Assemblée à ce moment plutôt qu'à tout autre. Je n'ai qu'un mot à dire sur le droit en lui-même. On prétend, et vous l'avez bien jugé à l'avance, que ce droit se juge tous les jours devant l'opinion publique. Ce qui se juge tous les jours devant l'opinion publique, c'est qu'il faut respecter le droit et la Constitution. Or je n'ai pas besoin de venir défendre les clubs ; chacun, à cet égard, peut penser ce que bon lui semble; la question n'est pas là. Il s'agit de savoir si la Constitution peut ou non être violée. Voilà la véritable question. (*Mouvements divers. — Plusieurs voix : C'est le fond !*)

Je dit qne cela ne peut faire l'ombre d'un doute pour personne. On me répond que cela sera traité plus tard; permettez-moi de répondre à ce qui a été dit, en un mot. Le chef du ministère vient de vous dire : La question est jugée. Ce qu'il y a de jugé, le voici : c'est que le droit de réunion, le droit de liberté de la presse, le droit de pétition sont des droits sacrés, leur exercice seul a des limites dans la sécurité publique.

Eh bien, je demande à tout homme de bonne foi si ré- glementer un droit ressemble à étouffer le droit; je demande si, quand on vient vous dire que les clubs doivent non pas être suspendus, mais fermés, il y a une conscience ici qui puisse dire que ce ne soit pas la violation de la Constitu- tion.

La presse cause aussi de l'effroi à certaines personnes qui veulent l'obscurité. (*Rires à gauche*). Pourra-t-on prétendre la réglementer, si l'on vient dire qu'on l'éteindra d'une manière absolue?

Ainsi, sur le fond, il ne peut y avoir de doute; je fais appel à toutes les consciences; qu'on prenne la Constitution, et la question est jugée.

Je termine par ces mots. Quand vous avez une commis- sion qui vient d'entendre le ministère, qui à lu les docu- ments qu'il lui a produits, et que cette commission déclare que ces documents ne sont pas d'une nature telle que l'ur- gence doive être déclarée, est-ce que, vous, Assemblée, qui ne pouvez pas voir ces documents, qui ne les avez pas eus sous les yeux, vous ne devez pas en croire les commis- saires que vous àvez nommés? (*Exclamations à droite.*)

Prenez-y bien garde, citoyens : on ne vote pas d'urgence

des lois qui peuvent être la destruction de la Constitution ;
la sécurité publique est plus intéressée qu'on ne croit à la
maturité dans une semblable délibération.

Je vous l'ai dit tout à l'heure, et personne ne peut le
contester : c'est le texte même de la Constitution qu'on veut
radier, anéantir ; et venir demander une déclaration d'urgence quand le danger n'est point à nos portes, quand votre
commission, en grande majorité, vient déclarer que les documents qui ont été produit ne l'ont pas suffisamment éclairée, prenez-y garde il y a quelque chose qui, aux yeux mêmes
des gens les plus mal inspirés, peut être plus funeste que les
clubs, c'est la violation de la Constitution. Je suis convaincu
que vous vous respecterez assez, que vous respecterez assez
votre dignité pour ne pas passer à la déclaration d'urgence.

LXI

INTERPELLATIONS FAITES AU MINISTRE

DES AFFAIRES ÉTRANGÈRES

SUR LE PROJET D'INTERVENIR DANS LES AFFAIRES
D'ITALIE, DANS L'INTÉRÊT DU PAPE, CONTRE LA RÉPUBLIQUE ROMAINE,
ET DISCOURS EN RÉPONSE AUX PROTESTATIONS DU MINISTRE.

(24 février 1849)

Citoyens,

M. le ministre des affaires étrangères, avec lequel j'ai eu l'honneur de m'entendre, accepte les interpellations pour aujourd'hui, et par conséquent, la question restée indécise hier est maintenant décidée. Si l'Assemblée veut bien m'entendre de suite... (*Oui! oui! — Parlez! parlez!*)

Citoyens, un fait capital, qui laissera une longue trace dans l'histoire, vient de s'accomplir en Italie. La République vient d'y être proclamée, le pouvoir temporel des papes y a été frappé de déchéance. C'est là, pour les amis de la liberté une bonne nouvelle.

(*Marques d'adhésion à gauche — Réclamations à droite.*)

Je dis que la proclamation de la République à Rome doit être pour les amis de la liberté une heureuse et grande nouvelle (*Oui! oui! — Rumeurs à droite*), et je m'étonne d'entendre des réclamations si nombreuses de ce côté de l'Assemblée (*la droite*), où, à tant de reprises, on a crié : *vive la République !*

(*Rires d'ironie et bruyante approbation à gauche.*)

Si le gouvernement y avait vu, ainsi que nous, une nouvelle force pour nos principes et nos idées, nous aurions entendu cette nouvelle, si heureuse et si inattendue il y a quelques mois encore, annoncée officiellement hier à cette tribune. C'est là un de ces événements qui pèsent tellement dans la politique européenne, que peut-être avions-nous le droit de ne pas l'apprendre par quelques articles de journaux.

Loin de là cependant, car il circule depuis hier des bruits sinistres qui émeuvent les républicains sincères (*Bruit*), et qui par là même faisaient hausser un instant la rente... (*Rires à droite.*)

Je veux parler d'un projet d'intervention. C'est là un objet assez grave pour que la Chambre veuille bien m'écouter avec quelque attention ; je serai très bref dans la simple question que je veux adresser au ministère.

Cette intervention est présentée avec plusieurs versions ; mais il en est une sur laquelle je crois être exactement informé.

On a pensé que, faire intervenir l'Autriche, ce serait, à l'instant même, déchaîner un juste sentiment d'indignation en Italie ; ce serait intéresser les nationnalités, et faire crier sus à l'étranger. C'est alors qu'on a imaginé l'intervention indirecte dont je vais parler.

Le Piémont franchirait la Romagne, rétablirait le pape sur son trône temporel ; les choses se passeraient entre Italiens, et pour ainsi dire en famille ; le prétexte serait la question fédérale des États Italiens contre la question unitaire ; en d'autres termes, pour échapper à l'odieux d'une intervention et donner le change à ceux qui n'y regardent que de loin, on tournerait la difficulté par une manœuvre machiavélique, au lieu de l'aborder de face. La République serait étouffée, seulement elle le serait par des mains italiennes. (*Mouvement.*) Voilà ce que les habiles sont parvenus à trouver comme beau idéal de la grande politique. Et, pendant ce temps, que ferait la France? La France aurait une flotte combinée avec celle de l'Angleterre dans les eaux de Civita-Vecchia, pour appuyer, par sa prépondérance morale, les démonstrations du Piémont et l'anéantissement de la liberté en Italie. (*Mouvement.*) Elle aurait une autre escadre à Gênes, car on a bien pensé que, si le Piémont intervenait, les Génois courraient aux armes pour soutenir la cause de l'indépendance romaine; c'était donc un foyer de révolution à observer, pour concourir à l'étouffer au besoin.

Tous les peuples du littoral apprendraient ainsi que, si le Piémont agit tout seul, il agit au moins sous le patronage des grandes puissances de la France et de l'Angleterre, et qu'il n'y a point à lui résister.

Voilà, je pense, des questions bien nettes, bien précises. Quant à présent, je n'y ajouterai rien. Comme républicain, j'aimerais à croire que les bruits dont je viens d'entretenir l'Assemblée ne sont point vrais, car s'ils étaient vrais, cette intervention détournée, jésuitique, qui n'aurait pas le courage de s'avouer elle-même, déshonorerait à mes yeux le gouvernement français. (*Longue approbation à gauche.*)

APRÈS LA RÉPLIQUE ET LES EXPLICATIONS DU CITOYEN DROUIN DE L'HUYS, MINISTRE DES AFFAIRES ÉTRANGÈRES.

CITOYENS,

Monsieur le ministre des affaires étrangères, en ne répondant pas explicitement à mes questions, n'a malheureusement que trop répondu. Il a cherché à confondre ce que personne de nous ne confond : le pouvoir spirituel et le pouvoir temporel. Il a essayé de faire comprendre que la prédominance du premier, le pouvoir spirituel, était ce qui préoccupait avant tout le gouvernement.

Je déclare que je m'en étonne au plus haut degré. Sommes-nous dans un synode, dans un concile ? n'y a-t-il pas dans cette enceinte des hommes de plusieurs croyances et de plusieurs religions ? (*Interruption.*)

Je disais qu'il y a dans cette enceinte des hommes de toutes croyances, et que je ne comprenais pas que, sans manquer aux principes de liberté, on pût venir agiter ici une question purement religieuse. Comment ! Le pouvoir temporel et le pouvoir spirituel, jusqu'ici indivis sur une seule tête ne peuvent pas se diviser ! Vous n'avez donc pas voulu lire, ou vous avez donc oublié le décret rendu par la constituante romaine ? (*Interruption. — Rires à l'extrême droite.*)

J'entends un interrupteur qui rit. Peut-être a-t-il quelque bonne raison à donner ? S'il le veut, je vais lui céder un instant la place ; sinon, je le prie de se taire.

Citoyens, avant de reprendre le cours de ma discussion, permettez-moi de faire ici un appel à votre justice et à mon droit. Si jamais question grave a été agitée, incontestablement c'est celle-là ; et je ne comprendrais pas, quand je reste dans les limites de la parfaite convenance, qu'on pût interrompre le cours de mes idées.

Je disais donc qu'il y avait deux caractères dans le pape, le prince spirituel et le prince temporel. J'ajoute, pour ceux qui n'auraient pas voulu prendre la peine de lire le décret rendu par la constituante romaine, que, tout en déclarant déchu le prince temporel, on ne dépose pas le prince spirituel. Loin de là, on assure la position du chef visible de l'Église. (*Exclamations et rires ironiques.*)

Si l'Assemblée ne veut pas m'écouter..... (*Parlez, parlez !*)

Alors, je demande qu'on m'écoute.

Je disais donc que l'Assembée romaine, aussi respectable que la constituante devant laquelle j'ai l'honneur de parler.....

(*Exclamation sur plusieurs bancs. A gauche : oui ! oui ! Longue interruption ! Le président réclame le silence.*)

Je disais et je maintiens, que la constituante italienne, aussi respectable qu'aucune assemblée, car elle est sortie du suffrage universel comme vous, car elle a été régulièrement nommée comme vous, a fait acte de souveraineté comme vous. (*Nouvelle interruption.*)

Messieurs, permettez, si c'est un système organisé, il faut le dire ; je crois énoncer les vérités les plus élémentaires ; il paraît que je me trompe ; je préfère renoncer à la parole. (*Non ! Non ! Parlez.*)

Alors, qu'on m'écoute.

Je disais donc que la constituante romaine, faisant acte de souveraineté comme vous, avait distingué le chef politique du chef religieux, et déclaré qu'il serait pourvu non seulement à sa sécurité, à son indépendance, mais à la splendeur qui devait environner le pontife souverain. Comme successeur de Pierre, comme évêque, il peut asseoir partout sa demeure, il n'en restera pas moins le représentant vivant de la foi catholique. Comme prince, en quittant Rome, il a cessé de règner sur l'Italie. Voilà tout. (*Mouvement.*)

Qu'il me soit permis, citoyens, de faire à cet égard une digression d'un mot.

Je ne comprends pas les susceptibilités de certaines consciences catholiques, car il a été si souvent soutenu que les papes auraient conservé bien autrement pure et entière la religion du Christ, s'ils n'avaient pas été princes temporels ; l'histoire constate d'une façon si irrésistible que souvent leur ambition a nui au dogme, que, loin de s'en alarmer, les véritables catholiques devraient se réjouir de cette séparation entre les intérêts du monde et les détachements mystiques de l'âme.

Pour preuve des dangers de ce cumul, je ne citerai qu'un témoignage assez récent :

Pie VI, après le traité de Tolentino, qui lui avait retiré tant de territoires (les archives de la secrétairerie en font foi), Pie VI négocia longtemps avec Bonaparte pour récupérer les Légations, et le prix de ce grossier intérêt temporel aurait été la reconnaissance de cette constitution civile du clergé, qu'il avait si longtemps combattue, et qui avait fait verser tant de sang en France. (*Sensation.*)

Et à combien de concessions Pie VII lui-même n'est-il pas descendu dans son intérêt de prince! Oui, oui, l'ambition n'a que trop fait ployer les règles prétendues inflexibles de la religion, et, je le répète, les consciences éclairées devraient se réjouir qu'il y soit mis un terme.

Je reviens à ma discussion. Maintenant qu'il n'est plus permis de confondre le prince déchu avec l'évêque conservé, quelle conduite tenir vis-à-vis de la république romaine?

Vous êtes embarrassés, dites-vous, et la question est d'une grande délicatesse. Erreur! votre ligne est invariablement tracée. La France est engagée. N'existe-t-il pas, en effet, des précédents dans les annales mêmes de cette Assemblée? Ne vous rappelez-vous pas que le Gouvernement provisoire, dans le manifeste qui a été publié au 5 mars, a déclaré nettement que si les États de l'Italie voulaient opérer leur transformation intérieure, non seulement ils devaient être libres dans cette évolution, mais que la France serait prête à prendre les armes pour les défendre contre toute intervention oppressive?

Je sais bien que depuis on a fait, en général, assez bon

marché des actes du Gouvernement provisoire. Mais celui-ci a été sanctionné par l'Assemblée elle-même.

Ne vous rappelez-vous pas, au 24 mai, cette discussion solennelle à laquelle M. de Lamartine prit une si large part? On y demandait quelle devait être la politique de la commission exécutive vis-à-vis de l'étranger, et voici l'ordre du jour motivé que je remets sous vos yeux :

« L'Assemblée nationale invite la commission exécutive à *continuer* de prendre pour règle le vœu de l'Assemblée, résumé dans ces mots : Pacte fraternel avec l'Allemagne, reconstitution de la Pologne indépendante et libre, affranchissement de l'Italie. » (*Mouvement prolongé.*) Ne vous souvient-il pas aussi des termes de l'art. 5 de votre propre constitution?

« Elle (la République) respecte les nationalités étrangères comme elle entend faire respecter la sienne, n'entreprend aucune guerre dans des vues de conquête, et n'emploie jamais ses forces contre la liberté d'aucun peuple. » (*Mouvement d'approbation à gauche.*)

Comment hésiter en présence d'une ligne de conduite aussi profondément tracée ! Suivez l'enchaînement de l'idée : République de Février, explosion instantanée du peuple, qui fait appel à tous les peuples ses frères ; manifeste du Gouvernement provisoire, qui déclare sur la question spéciale de l'Italie, que si elle veut changer sa forme de gouvernement, non seulement elle a le droit de repousser l'intervention étrangère, mais que la France, dans ce cas, doit lui prêter l'appui de ses armes. Puis l'Assemblée nationale s'approprie les termes du manifeste ; elle décide que la commission exécutive *persévérera* dans la conduite tracée dans le manifeste lui-même ; et elle ajoute, pour qu'il n'y ait pas de doute, que la pensée de l'Assemblée nationale est rendue par trois mots : affranchissement de la Pologne, *indépendance de l'Italie*, pacte fraternel avec l'Allemagne. (*Marques d'approbation à gauche.*)

Déclarations furent-elles jamais plus claires, plus réitérées, plus solennelles? Eh bien, vous ne pouvez pas y manquer sans répudier l'héritage de la révolution de Février; vous ne pouvez pas y manquer, je le disais en commençant, sans déshonorer la révolution, dont vous seriez les indignes agents. (*Bravos à gauche.*)

Et c'est à de tels actes de la souveraineté du peuple qu'on vient répondre par des moyens évasifs, par un langage double et ambigu, par je ne sais quelle logomachie entre le spirituel et le temporel! Encore un coup, qu'on respecte, au nom de la liberté de conscience, le chef de l'Église, comme tous les chefs de religion; mais qu'on respecte aussi le jugement porté contre le prince temporel qui a démérité de son peuple. (*Allons donc! Exclamations à droite.* — *A gauche: Oui! oui!*)

Citoyens, c'est vainement que quelques voix réclament contre l'expression que j'ai employée. Permettez-moi de vous le dire, aujourd'hui la cause est jugée.

La première fois que j'adressai, il y a quelques semaines, mes interpellations, que me répondit-on? « C'est une insurrection sans racine dans le peuple, faite par quelques factieux; ce n'est pas une révolution, c'est une émeute dont on aura bientôt raison. » Et je répliquai, moi : « C'est une révolution aussi sainte que la révolution de Février. » L'avenir s'est chargé de justifier mes paroles, car l'avenir vous a appris, par l'organe d'une assemblée sortie du peuple tout entier, que la révolution était dans les vœux de la nation, et que la république était l'objet de ses vœux. Oui, malgré toutes les réclamations, la cause est souverainement jugée, et c'est aujourd'hui de l'histoire.

Ah! oui, je comprends l'embarras du ministère; il doit être grand, en effet, puisqu'il semble résolu à faire le con-

traire de ce que veut la France. Ce qu'elle voulait, c'était
qu'on portât au besoin la guerre au dehors, dans l'intérêt
de la liberté des peuples; et, chose inouïe, c'est contre la
liberté des peuples qu'on va la laisser faire : car il n'y a
plus à s'y tromper, au travers des réticences du ministère,
c'est la guerre qu'on va laisser entreprendre au profit du
chef de la religion catholique. Ah! je le déclare, une guerre
de religion au dix-neuvième siècle, ce sera quelque chose
de monstrueux, et que la postérité ne saurait trop flétrir.
(*Vive et longue approbation à gauche.*)

Une guerre de religion! Mais j'aime à croire que, si ce
pape que vous défendez si mal, avait au fond du cœur des
sentiments vraiment chrétiens (*Vives exclamations à droite*),
comme je le crois, il serait le premier à vous dire : pas de
sang, pas de sang pour rétablir mon pouvoir temporel!
(*Mouvement prolongé.*)

Je termine. L'Assemblée se souvient que le gouvernement n'a pas répondu sur la prétendue intervention dont
'ai parlé; il ne le peut pas, car je dois être parfaitement
renseigné. On a cherché, par un jeu d'esprit, si l'on peut
ainsi parler, à répondre qu'il n'était pas possible que du Piémont on passât directement en Romagne. Personne ne s'y
est mépris; je parlais du but, et non des étapes intermédiaires.

Je maintiens que Charles-Albert interviendra, espérant
ainsi assurer son trône et se faire pardonner par l'Autriche
et la Sainte-Alliance ses hypocrites démonstrations de libéralisme.

Je maintiens que le ministère, à l'heure qu'il est, a décidé
qu'il entrerait dans cette intervention par un côté indi-
rect, détourné, honteux, par une observation des ports du
littoral italien.

Je répète ces choses pour qu'il soit bien constant qu'elles
sont frappées à l'avance de protestation.

Si nous sommes assez malheureux pour qu'elles se réalisent jamais, il faut dire que la France, je me trompe, que le Gouvernement français aura manqué au plus saint des devoirs : oui, le gouvernement et non la France ; car la France a appris avec une profonde et universelle émotion que la vieille Rome avait secoué, en un jour, le joug de toutes ses tyrannies. (*Murmures à droite. Bravos à gauche.*)

Quelles que soient, grand Dieu ! les basses intrigues de la diplomatie, quelles que soient les armées qu'on amoncelle, j'en ai le sentiment, la république romaine triomphera. (*Dénégations à droite.*) La question n'est plus aujourd'hui, permettez-moi de le dire une fois pour toutes, la question n'est plus aujourd'hui une question matérielle, mais une question d'idée, et quand l'idée est parvenue à renverser la domination de onze siècles d'adoration presque fanatique, cette idée est plus puissante que vos canons, que vos armées. (*Longue approbation à gauche.*) Non, non, je ne crains pas pour la république romaine. Il n'y a pour elle de redoutable que les hommes du lendemain, ceux qui, repoussant le peuple la veille, ont ensuite crié : *Vive la République !* plus haut que tout le monde ; les perfides, les peureux, en un mot (*À gauche : Très bien ! très bien !*), ne se mettent tardivement dans le mouvement que pour le comprimer. Oui, puissent mes paroles être entendues sur les bords du Tibre ; puissent les vrais républicains, nos frères, n'avoir plus qu'une pensée : marcher sans cesse au delà des événements pour n'en être pas surpris, et être assez audacieux, assez téméraires pour faire rentrer dans le néant, par une inflexible volonté, ceux qui la veille étaient et sont encore au fond les ennemis irréconciliables de la démocratie ! (*Bravos à gauche. — Agitation prolongée.*)

LXII

DISCOURS PRONONCÉ A L'ASSEMBLÉE NATIONALE

CONTRE LA VIOLATION PAR LA POLICE, DU BANQUET DES ÉCOLES
QUI S'ÉTAIT RÉUNI LE PREMIER MARS.

(3 mars 1849)

Citoyens,

Mon intention n'était pas de prendre la parole dans cette discussion. La question de droit, selon moi, était tellement évidente, qu'elle avait été établie, je vais le démontrer, le 22 février, à l'ancienne Chambre, par des membres même qui appartenaient à ce qu'on appelait l'opposition modérée.

Je n'ai été appelé à cette tribune que par la citation qu'on a faite de quelques-unes de mes paroles prononcées dans une autre enceinte.

On a cherché ainsi à passionner la discussion, à détourner le débat et à étouffer, sous des récriminations de partis, les principes qui doivent condamner la conduite du ministère, ou qui doivent l'absoudre.

On vous a dit : « Les banquets, il ne faut pas les tolérer, car ils sont la cause de la misère publique. » On vous a dit : « Les clubs, il faut les fermer, car le droit d'association entretient la frayeur, et, par cela même, la détresse. »

On vous a dénoncé un article de journal, afin de vous faire comprendre apparemment que la prospérité ne renaîcrait que quand la censure, plus ou moins directe, serait rétablie.

Pitoyable fantasmagorie, vieux et misérables arguments employés par le gouvernement déchu contre M. Grandin lui-même lorsqu'il était dans l'opposition.

Quel était le langage de M. Guizot ? Le même que celui que vous venez d'entendre dans la bouche du ministre qui descend de la tribune. Et le langage des chefs des banquets, de MM. Duvergier de Hauranne, de Maleville et Odilon Barrot ? absolument le même que celui que nous tenons aujourd'hui. (*Mouvement.*)

Le citoyen de Maleville : Nous n'avons jamais contesté le droit de présence aux banquets de l'autorité publique ; nous l'avons demandée au contraire. Nous avons réclamé nous-mêmes la présence des commissaires de police.

Si M. de Maleville avait moins l'habitude d'interrompre (*Nouvelle interruption*), M. de Maleville se serait évité cette interpellation.

J'ai dit qu'à l'époque où vous dirigiez l'agitation des banquets, le gouvernement vous adressait, sur les tendances, selon lui, funestes de ces banquets, les mêmes reproches que nous fait le pouvoir d'aujourd'hui. Je n'ai pas dit un mot de plus, car je n'ai pas encore traité la question de droit ; lorsque j'y serai, je dirai exactement ce que vous avez voulu et ce que permettait la loi.

Récusez vous, par hasard, vos paroles ? les voici ; un ami vient de me les remettre au moment où je montais à la tribune ; M. Duvergier de Hauranne disait :

« Vous dites que ce sont nos banquets qui sont cause *de tout le mal*, qu'un abîme se creuse, que sous nos pieds même *des idées funestes, anarchiques,* ANTISOCIALES, font explosion.... »

Oui ! oui ! répondait la majorité, comme aujourd'hui.... (*Rires à gauche*) ; ce qui n'empêchait pas, malgré cette majorité, la révolution de Février de se faire, deux jours après. (*Mouvement prolongé.*)

« Nous disons, nous, ajoutait M. Duvergier de Hauranne, nous disons que ce sont les doctrines que vous professez, et surtout *la détestable politique que vous pratiquez.* » (*Sourires.*)

Voici maintenant ce qu'ajoutait M. de Maleville :

« Je disais au banquet du Château-Rouge : Nous serons accusés d'être des *fauteurs de désordre et d'anarchie :* opposons d'avance à ces déclamations un calme désespérant ; et si, comme on l'avait prédit, l'agitation des banquets avait été l'occasion de désordres dans la rue, je crois qu'on leur pardonnerait en secret, tout en les condamnant tout haut. » (*Hilarité à gauche.*)

Je ne rappellerai pas, pour le moment, les paroles de M. Odilon Barrot, qui faisait éclater son indignation au nom de la morale publique et du droit sacré de réunion.

Vous le voyez, c'est là l'histoire de tous les gouvernements : ils sont incorrigibles ; quand un mal existe, profond, radical, résultat d'abus plus ou moins séculaires, au lieu d'y regarder de près et de chercher un remède, ils excitent les passions ; les partis s'irritent, s'accusent les uns les autres, et, contre des principes, cherchent à faire prévaloir des passions. (*Très bien ! très bien !*)

Que cela nous serve de leçon !

Vous dites que le peuple est malheureux. Ah ! vous avez bien raison ! mais quelqu'un en est-il plus profondément touché que nous ?

Vous dites, oh ! douleur ! qu'il a été constaté que quelques-uns de nos semblables avaient été réduits à manger de l'herbe. Sans doute, c'est à fendre le cœur ; mais si la république n'a point encore cicatrisé cette plaie, au moins n'a-t-elle pas pour cause la République. (*A gauche : C'est vrai ! c'est vrai !*)

Car, sous le gouvernement déchu, à la tribune, j'apportais les mêmes faits, j'en donnais les mêmes preuves, je citais comme vous ces lamentables tableaux.

Oui, sans doute, ce gouvernement avait contribué à ces désastres des classes pauvres par ses prodigalités de corruption, par ses détestables lois économiques ; mais la société elle-même, par ses longs préjugés, y était bien pour quelque chose aussi ; ce sont là de difficiles et redoutables problèmes, et vous ne voudriez pas comprendre que nous nous en entretinssions dans nos banquets, quand nous le faisons, quoique vous en disiez, sans violence !

Ah ! vous ne m'avez pas embarrassé en citant mon discours. Quel était mon toast ? Le voici : « Plus de force brutale, plus de violence ! A la puissance de l'idée qui seule désormais peut gouverner le monde ! » (*A gauche : Bravo !*)

Voilà quel était le cadre de ma pensée.

Eh bien, si vous voulez sincèrement un remède aux angoisses poignantes, aux tortures cruelles de la faim, ne commencez pas par injurier, par calomnier ceux qui vous disent que le remède réside dans l'amélioration, dans la transformation de certaines institutions sociales.

Commencez par leur laisser la libre parole pour expliquer ce qu'ils veulent, où ils s'arrêtent.

Quand le mal est constaté, quand sa profondeur est sondée, je le répète, ne flétrissez pas ceux qui, en s'intitulant socialistes, n'ont qu'une loi : Généraliser le bien-être, la fraternité, faire que des plaies que n'ont pu cicatriser les seules réformes politiques se ferment par des moyens économiques nouveaux.

Vous avez prononcé le mot d'anéantissement ! L'anéantissement n'est pas dans la loi morale, plus qu'il n'est dans la loi physique ; c'est la transformation successive qui est dans la loi du monde physique. Eh bien, c'est cette transformation sociale que nous voulons aussi. (*Bravos prolongés à gauche.*)

J'arrive maintenant en quelques mots à la question légale ; je supplie l'Assemblée de vouloir bien m'entendre avec attention ; je serai excessivement bref, et j'ose espérer que cette question, dont le débat a été écouté religieusement par l'ancienne Chambre, sera écouté avec quelque intérêt par celle-ci.

On a dit : Le doute n'est pas possible.

La présence des commissaires de police peut être imposée dans un banquet.

Eh bien, je demande à mes contradicteurs de vouloir bien me produire un texte. (*Mouvement.*) Cette lutte n'est pas nouvelle, je l'ai soutenue autrefois en ayant pour auxiliaires des hommes qui aujourd'hui siègent dans le cabinet.

Vainement invoque-t-on la loi de 1790, qui déclare qu'il sera pris par les administrations municipales, dans l'intérêt de la voie publique, toutes les mesures qui seront nécessaires pour la libre circulation. Cela a été constaté à l'encontre de M. Duchatel. Quel rapport donc entre cette disposition et la police intérieure des banquets ?

Quelle est la véritable loi des débats ?

Vous la connaissez, mais il faut la citer de nouveau : c'est la constitution de 1791, laquelle *reconnaît le droit de réunion, pourvu qu'on y soit paisible et sans armes.*

Voilà donc une constitution de 1791 reconnaissant, enregistrant le droit de réunion, encore un coup, pourvu qu'on y soit paisible et sans armes. Pas un mot de plus, pas un mot de moins ; pas d'intervention de la police ; car, avec l'intervention de la police, vous comprenez qu'il n'y a plus de droit de réunion. Pas d'équivoque à cet égard. Du moment où un commissaire de police peut à chaque instant, vous arrêter, épiloguer sur chaque mot, non, il n'y a plus de liberté de réunion, de liberté de tribune.

Que répond-on ? que sous le gouvernement déchu l'opposition n'a pas résisté à ce qu'on laissât intervenir un commissaire de police. Que me fait l'imprudente concession de l'opposition, si la loi ne l'exige pas ? La question est celle-ci : Où est le texte qui déclare que, dans un banquet, un officier de police pourra s'imposer ? il n'y a pas de texte. (*Réclamations au banc des ministres.*)

Il n'y a pas de texte, je vais vous le prouver :

(*M. Odilon Barrot : Allons donc ! c'est vulgaire ; personne n'a jamais contesté cela.*)

Mon Dieu ! je prierai M. le président du conseil de se calmer un peu. (*On rit.*) Tout à l'heure, je lui citerai ses propres paroles ; pas celles de 1832 qu'il a oubliées ; les autres sont beaucoup plus récentes : du 22 février 1848.

Je disais donc que je défiais qu'on citât un texte qui autorisât la police à s'introduire et à assister à un banquet.

Je comprends bien la confusion qu'on essayera de faire, mais je la démasque à l'avance pour ne point y laisser tomber l'Assemblée.

On vous parlera peut-être d'une loi qui autorise l'autorité à surveiller l'extérieur du local où se tient la réunion. Cela, je le comprends, j'y souscris ; il faut faire respecter la voie publique, et que si un délit se manifeste au dehors, il soit à l'instant même réprimé. (*A gauche : C'est cela ! c'est cela !*)

Ce qui prouve, citoyens, qu'il en est ainsi, c'est le rapport même qui vient de vous être fait sur la loi des clubs.

Dans ce rapport on reconnaît si bien que la constitution de 1791 a jusqu'à présent maintenu le droit de réunion consacré de plus dans l'article 8 de la constitution actuelle, qu'on y déclare que désormais les banquets ne pourront plus se tenir qu'en présence d'un commissaire de police. (*Mouvement.*) Eh bien, je demande à l'Assemblée, du moment que les jurisconsultes qui composaient sa commission ont pensé qu'il fallait une disposition d'avenir, s'ils pensaient,

eux, que la question fut tranchée par la loi de 1790.
(*A gauche : Très-bien ! très-bien !*)

Il est donc impossible de répondre à cette déduction
logique : La loi de 1790 pour la police de la voie publique ;
la constitution de 1791 pour la consécration du droit de
réunion sans l'intervention de la police, la constitution de
1848 acceptant ce droit sans limites, le rapport de votre
commission sur les clubs ne proposant la présence du commissaire que pour l'avenir ; et son projet est loin encore
d'être voté.

Non, toutes les passions du monde ne peuvent rien changer à ces textes, ni en altérer le sens. La question est donc la
même aujourd'hui qu'au 22 février. (*Agitation.*)

Sans doute, alors, on nous disait que nous ne pouvions
nous réunir qu'avec une autorisation préalable, aux termes
de cette même loi de 1790, notez ceci. Oui ; mais que répondait l'opposition :

Elle répondit : la loi de 1790, qui exige l'autorisation,
est abrogée.

Eh bien, si la loi de 1790 était abrogée lorsque le gouvernement en voulait faire sortir la nécessité d'intervention
préalable, est-elle moins abrogée quand on en veut faire
sortir l'intervention de la police ? là est la question. Qu'on
me réponde !

Ainsi, deux constitutions et un usage constant depuis
février, voici nos autorités toutes puissantes. Où sont les
vôtres ? (*Vive approbation à gauche.*)

Il n'y a pas de discours habiles, d'insinuations perfides,
d'allusions provoquantes qui détruisent ces textes que je
viens de lier, d'enchaîner devant vous.

Encore une parole, et c'est par là que je termine.

Lorsqu'on agitait cette question sous le gouvernement
déchu, quelle était la réponse de M. Odilon Barrot ?

« Il est bien incroyable, disait-il, que dans ce pays, après cinquante ans de liberté, la main de la police doive se trouver partout! il est bien incroyable que, quand il s'agit de l'exercice d'un droit naturel, vous vouliez partout avoir pour ainsi dire une main mise sur la bouche de ceux qui veulent parler! »

A ces accusations, que répliquait à son tour M. Guizot ? Ceci :

« Prenez bien garde que, si vous étiez assis sur les mêmes bancs que nous, poursuivis par les mêmes exigences, vous feriez comme nous. » (*Rires prolongés.*)

M. Barrot de s'écrier, alors :

« Je vous garantis le contraire. *J'en prends l'engagement formel.* »

A quoi M. Guizot répondait, avec ce ton dédaigneux que vous savez :

« Je n'accepte pas la garantie de la parole de M. Barrot. »

Citoyens, je n'ajouterai plus un mot; car, pour le chef du pouvoir actuel, avoir vérifié ainsi à la lettre les soupçons de M. Guizot, c'est, à mes yeux, le plus cruel des châtiments. (*Vive approbation à gauche.*)

LXIII

DISCOURS PRONONCÉ A L'ASSEMBLÉE NATIONALE

A L'APPUI DES INTERPELATIONS FAITES AU GOUVERNEMENT
SUR LES AFFAIRES D'ITALIE.

(8 mars 1849)

CITOYENS,

M. le ministre des affaires étrangères vient de vous dire qu'il était superflu de demander une consécration nouvelle de l'ordre du jour du 24 mai. La raison, c'est que la politique suivie aujourd'hui par le gouvernement serait la politique même que l'Assemblée aurait adoptée, proclamée le jour où elle vota la résolution du 24 mai.

J'entendais dire d'un certain côté de l'Assemblée : Pour apprécier si cette politique est conforme ou non à cet ordre, il faudrait savoir quelle est la politique du gouvernement. C'est là la question. (*Oui, oui!*) Le gouvernement ne veut pas le dire ; je vais essayer de répondre pour lui. (*Rires.*)

Oui, citoyens, je vais essayer de répondre pour lui, et ce mot n'aurait pas dû faire sourire une partie de l'Assemblée, car, malheureusement, la question est d'une brûlante actualité ; vous avez là (*l'orateur désigne une tribune*), frappant à vos portes, les ambassadeurs officiels de la république romaine, venant vous demander votre réponse. Vous avez reçu un manifeste adressé à l'Europe tout entière, où la constituante romaine, poussant à la fois un cri de délivrance et un cri de secours, vient dire : Vous êtes responsables en face de la postérité de la conduite que vous allez tenir vis-à-vis de ce peuple romain qui vient de déclarer son émancipation. (*Mouvement prolongé.*)

Eh bien, que répond le gouvernement ? La république romaine ! nous ne pouvons pas la reconnaître. (*Sensation.*) La république romaine ! elle est contraire au vœu de toutes les grandes puissances de l'Europe. La république romaine ! si elle est opprimée par une intervention, nous ne pouvons pas l'empêcher. Voilà ce qu'a dit le gouvernement. Il ne peut pas me démentir. Il a ajouté même : Cette république, nous la reconnaissons si peu, que vous pouvez retourner, vous, ambassadeurs officiels, vers ceux qui vous envoient ; le représentant, l'unique représentant de l'Italie, c'est à nos yeux, le représentant du pape, le nonce du pape. Voilà, et je rougis à la répéter, voilà la réponse du gouvernement. (*Sensation prolongée.*)

Ah ! cette réponse ne s'enveloppe pas dans les nuages ; elle n'est malheureusement que trop saisissable ! Non seulement le gouvernement ne reconnaît pas la liberté, l'indépendance d'un peuple ami, mais il déclare qu'il laissera intervenir, s'il n'intervient pas directement.

Et c'est en présence d'une politique aussi liberticide, aussi impie, que M. le ministre des affaires étrangères a le courage de vous dire : Cette politique est conséquente à l'ordre du jour du 24 mai ; en ne reconnaissant pas l'indépendance de la république romaine, nous exécutons l'ordre du jour du 24 mai, qui déclare justement que cette indépendance doit être respectée.

Ai-je bien entendu, grand Dieu ! et ce langage est-il sérieux ? Oui, je le répète, est-ce sérieux ? Si c'est sérieux, c'est honteux (*A gauche : Oui ! oui !*) et indigne du nom français. (*Bravos à gauche.*)

Peu m'importe le ministère; mais vous tous qui m'é-
coutez êtes-vous donc complètement libres? le peuple
italien n'a-t-il pas pu compter sur vos engagements? C'est
vainement qu'on voudrait aujourd'hui fouler aux pieds,
jeter dans l'oubli le manifeste du Gouvernement provisoire; ce manifeste déclarait, que, pour le cas où l'Italie
constituerait par une transformation intérieure un autre
gouvernement, non seulement la France ne permettrait pas
l'intervention, mais qu'elle porterait à l'Italie régénérée le
secours de ses armes.

Permettez-moi de le dire en passant : je m'étonne,
depuis bientôt six mois, de défendre, seul membre du
Gouvernement provisoire, cette politique à la tribune.
(*Très bien! très bien! — Agitation!*)

(*M. de Lamartine : Je demande la parole.*)

Ah! je suis heureux que ma parole, frappant au cœur de
M. de Lamartine, en fasse jaillir enfin une réponse, une
défense au profit de la politique qu'il a glorieusement in-
tronisée avec nous.

Non, vous n'êtes plus libres, car ce manifeste du Gouvernement provisoire, vous l'avez adopté, vous, Assemblée,
le 24 mai. N'avez-vous point, en effet, encouragé la commission exécutive à persévérer dans la politique tracée par
le Gouvernement provisoire, politique que vous avez ré-
sumée en trois mots : pacte fraternel avec l'Allemagne,
reconstitution de la Pologne, indépendance de l'Italie.
(*Adhésion.*)

N'est-ce pas là une foi jurée, un pacte sur lequel le
peuple romain a pu et dû compter? Écoutez-moi donc avec
attention, car votre parole, votre honneur sont engagés
dans la question. (*Nouvelle et vive approbation.*)

Mais, citoyens, ce n'est pas par les actes seulement que
le peuple romain avait le droit de compter sur vous; je
vais plus loin, c'est par la vie, par les précédents des

hommes mêmes qui, aujourd'hui, tiennent le gouvernail des affaires. (*Attention marquée.*)

Qui donc avait à répondre aux ambassadeurs romains, qui? Le ministre des affaires étrangères, le président du conseil des ministres et le président de la République. Eh bien, voyons ce qu'ils ont dit, voyons ce qu'ils ont pensé sur la question italienne et sur l'affranchissement de la Péninsule.

Le ministre des affaires étrangères! Mais c'est lui, vous vous le rappelez, qui, comme président du comité, comme rapporteur, est venu vous proposer à cette tribune l'ordre du jour du 24 mai. (*Mouvement.*)

Déplorable contradiction! C'est par sa bouche qu'avait passé l'espérance; les députés qui sont là, l'Italie tout entière, devaient le regarder comme un soutien, comme un tutélaire appui; et c'est de cette même bouche qu'ils viennent d'entendre le désaveu de la république romaine! (*A gauche : Très bien! très bien!*)

Quant au président du conseil, qu'il me permette de lui rappeler ses sentiments passés sur la question italienne et les luttes glorieuses qu'il a soutenues à une autre époque.

Et qu'on ne me dise pas que les circonstances sont différentes, que la question n'est pas la même; on n'aurait raison qu'en un point : c'est que les circonstances aujourd'hui sont cent fois, mille fois plus favorables. (*A gauche : C'est vrai! c'est vrai!*)

C'était, vous vous le rappelez, en 1831 ; une portion de la Romagne se soulevait contre le pouvoir temporel du pape et lui demandait des concessions. Même question donc. Séparation du temporel et du spirituel, unité des États italiens, affranchissement du joug de l'Autriche. (*Oui! oui!*)

A la nouvelle de cette commotion, que disait M. Odillon Barrot? Écoutez :

« Est-il donc étonnant qu'en présence d'un pareil spectacle nous demandions ce que sont devenues ces négociations, s'il sera jamais permis au peuple italien de conserver des institutions ?

« Vous appelez cela de la propagande, vous, ministres, vous dites, que le sang français ne doit couler que pour la France. Sans doute, le sang français ne doit couler que pour la France; mais la France a d'autres intérêts que des intérêts matériels ; elle est protégée par des principes, par des intérêts moraux, par des sympathies, par des alliances que nous ne pouvons pas sacrifier sans nous exposer à sacrifier aussitôt nos intérêts matériels eux-mêmes.

« Ainsi, lorsque nous pressons le ministère de ne pas permettre que les baïonnettes autrichiennes viennent étouffer en Italie la liberté, nous défendons dans Modène, dans la Romagne les mêmes principes de liberté que ceux qui ont triomphé dans notre révolution, et, en définitive, nous défendons nos intérêts matériels ; car, lorsque nous aurons laissé flétrir par la force les germes de la liberté autour de nous, qu'arrivera-t-il ? C'est que toutes nos alliances, toutes les sympathies qui nous protégeaient ayant disparu, nous serons dégradés, en quelque sorte, à nos propres yeux, nous n'aurons plus de force morale pour soutenir ce que nous avons fait chez nous, et alors en vain chercherons-nous à défendre nos intérêts matériels : car c'est au nom des principes moraux, que vous appelez des abstractions, vous, ministres, qu'on excite l'enthousiasme et qu'on fait le sacrifice de sa vie et de sa fortune. (*Très bien !*)

« Je ne doute pas, continuait l'orateur, je ne doute pas que le ministère ne soit conséquent avec le premier système politique que je viens proclamer à cette tribune, la non-intervention absolue; je ne puis croire qu'il l'abandonne, je suis convaincu qu'il repoussera le principe de l'interven-

tion étrangère partout où il pourra le repousser. Le principe de notre politique ne peut pas changer avec les
hommes, — vous entendez bien ceci — (*Mouvement*); le
principe de notre politique ne peut pas changer avec
les hommes qui se succèdent au pouvoir (*On rit*), car ce
serait désavouer le principe même en vertu' duquel nous
existons.

« Cependant je vois avec peine que, sans le désavouer
d'une manière absolue, le ministère cherche des moyens
INDIRECTS pour légitimer à ses propres yeux l'abandon de ce
principe. » (*Rires ironiques à gauche.*)

Citoyens, je ne vous demanderai pas pardon d'abuser de
votre patience, puisque c'est M. Odilon Barrot qui vous
entretient par mon organe. (*Rire prolongé.*)

Ce que vous avez entendu, et qui vous impressionne
vivement, ce n'est rien encore. Permettez-moi de citer un
passage bien autrement décisif. (*Parlez ! Parlez !*)

« A l'intérieur — ceci se prononçait six mois après —
à l'intérieur, quelle est notre doctrine ? Nous n'écouterons
pas l'Europe. Notre droit est de nous constituer, suivant le
degré de civilisation où notre population est arrivée. Notre
droit est de concilier nos mœurs avec notre liberté, sans
aucune préoccupation de ce qui peut se passer au dehors.

« Quant à l'extérieur, notre doctrine aussi est simple et
morale; elle se rattache à un principe de justice éventuelle, qui sera apprécié partout où il y a un homme qui
sent qu'il a une indépendance et un droit à défendre. Notre
doctrine est que, sans précipiter ni encourager les peuples
à faire des révolutions prématurées, à cueillir, comme le
disait M. Guizot, le fruit avant qu'il soit mûr, du moins
lorsque le fruit est mûr, nous ne permettrons jamais
qu'une puissance étrangère empêche ce peuple de le
cueillir. »

Et à cette époque, la gauche tout entière, la gauche qui

aujourd'hui fait une notable fraction de la droite, de crier:
Bravo! (*Rires*.)

« Nous ne permettrons jamais, remarquez bien ceci :

« Nous ne permettrons jamais *qu'il s'interpose entre un
gouvernement et la nation une puissance étrangère qui*
METTE SON ÉPÉE DANS LA BALANCE. » (*Très bien! — Bravo!*)

« Le principe n'est pas seulement moral, il est politique.
Il est politique, car il nous donne pour alliés les sympathies des peuples européens, et il garantit à jamais que les
peuples nous auront pour auxiliaires, pour appui, jamais
pour ennemis, jamais pour conquérants.

« Voici Messieurs, quelle est notre doctrine; qu'on ne
cherche point à l'affaiblir en la poussant à des conséquences
extrêmes, déraisonnables.

« Sans doute, si hors de notre influence naturelle, hors
de la possibilité de notre influence, il s'élève une altercation
entre une puissance et un peuple, qu'un puissant voisin y
prenne parti, nous pourrons faire des vœux pour ses efforts,
nous plaçant dans l'hypothèse où était l'Amérique lors de
notre révolution, nous pourrons nous borner à des vœux
et nous refuser à toute espèce d'intervention.

« Mais que, dans notre voisinage, aux bords de nos frontières, dans la sphère de notre influence légitime et de nos
intérêts réels, une puissance s'arroge le droit de défendre
à toute population que peuvent atteindre ses armées, de
songer à se créer un autre ordre social que celui sous lequel elle existe ; que cette puissance intervienne à l'instant
même avec ses armées et mette le poids de cette intervention, de cette force matérielle et brutale, pour arrêter les
efforts d'une civilisation naissante, et qu'elle condamne *la
Péninsule*, ce berceau de la civilisation, ce foyer de tous les
arts, à rester sous le bon plaisir *de quelques petits potentats*
ou dans les liens de je ne sais quel gouvernement *moitié
théocratique, moitié despotique...* (*Bravos prolongés à*

gauche. — *Un colloque assez vif s'établit entre le citoyen Étienne Arago et le ministre président du conseil, Odilon Barrot.*)

L'Assemblée, par suite du mouvement de vive sympathie qu'elle a manifesté pour les principes de M. Odilon Barrot, m'a empêché de finir la phrase ; je la reprends :

«...La force à rester sous le bon plaisir de quelques petits potentats ou dans les liens de je ne sais quel gouvernement *moitié théocratique, moitié despotique,* c'est ce que nous ne pouvons pas permettre, sous peine de nous déshonorer. » (*Marques générales d'approbation. — Sensation prolongée.*)

(*M. Odilon Barrot : Quel despote!*)

Mis ainsi face à face avec lui-même, je ne saurais vraiment quelle pourrait être la réponse de M. le président du conseil, si je ne la prévoyais à deux choses :

A un mot d'abord qu'il vient de prononcer : *quel despote!* en parlant du pape, sans doute ; et à un signe qu'il a fait au moment où je lisais le passage dans lequel il disait lui-même, en réponse à M. Guizot, qu'il fallait cueillir le fruit quand il était *mûr.*

Oui, sa pensée par là s'est assez fait jour pour que j'entrevoie par quelles explications il s'efforcera de concilier sa conduite actuelle avec les principes d'autrefois qui en sont la plus cruelle condamnation.

Quand le fruit est *mûr!*

Selon vous, apparemment, il ne l'est pas. Eh bien, vous êtes un homme d'État si expérimenté... (*Sourires à gauche.*) Je parle sérieusement. (*Mouvement à droite et nouveaux rires à gauche.*)

(*Le ministre : Chacun a son expérience. Vous avez fait la vôtre, je fais la mienne.*)

Je dis que je fais appel à vos souvenirs d'homme d'État expérimenté. Sans doute, lors des événements de 1851, on aurait pu comprendre, à la rigueur, que vous eussiez tenu le langage d'aujourd'hui ; on aurait pu comprendre, c'est une hypothèse, que vous eussiez dit : Mais les manifestations ne sont que locales, isolées. Peut-être sont-ce des turbulents, des instigateurs de désordre, comme vous le disait Casimir Périer. Oui, on aurait été jusqu'à concevoir que l'arbre, passez-moi l'expression, ne fût qu'en boutons, que les fruits n'en fussent point encore mûrs. Cette indépendance de l'Italie tombait, en effet, comme un problème inattendu au milieu de la politique européenne. A cette époque, le peuple tout entier ne s'était pas prononcé ; ce n'était qu'une guerre de partisans, d'hommes généreux, mais en petit nombre, protégés par l'Apennin. Avec quelque apparence de raison, vous auriez donc pu répondre, comme M. Guizot : Le fruit n'est pas mûr ; il n'y aura pas d'intervention de la France.

Mais aujourd'hui, combien les choses ne sont-elles pas changées ! Sous la puissante fécondation de la France, que de progrès ne se sont point opérés en quelques mois ! Quoi, la France, ce foyer immense, ce foyer ardent, la France proclame la république ; sa constitution est faite, elle a assis les fondements de son nouvel édifice, et voilà que, par contre-coup, des nations que vous avez encouragées font elles-mêmes un appel à l'indépendance, à l'unité fraternelle ; elles ne procèdent pas par soubresaut ni surprise, mais prudemment, avec ordre ; elles vous copient presque servilement, si je puis ainsi parler ; elles organisent, elles consultent le suffrage universel ; des entrailles mêmes de la population tout entière sort une assemblée nationale unanimement acclamée ; cette assemblée, à son début, montre autant de calme que de force, autant d'expérience que de magnanimité ; pas un de ses actes que ne s'approprie le peuple et qui ne soit obéi d'enthousiasme, et vous osez balbutier que le fruit n'est pas mûr !

Ah ! je ne vous suivrai pas dans ces indignes faux-fuyants ; non, je ne vous répondrai pas ; je ferai la conscience de l'Assemblée juge de la question, et je me contenterai d'en appeler à la pudeur publique. (*Applaudissements prolongés à gauche.*)

Le pape, quel despote ! avez-vous dit ironiquement, comme pour trouver dans ses premiers actes de libéralisme un prétexte à votre désertion ! Vous me parlez pape, et je vous parle, moi, souveraineté du peuple. (*A gauche : Bravo !*)

Comment ! vous avez vu à Paris un peuple passant devant vous pour chasser un roi, et vous ne voulez pas que l'on fasse là-bas ce que nous avons fait ici ! Vous méconnaissez le droit même de notre révolution ! Vous êtes lié par nos propres actes.

Nier à Rome le droit de chasser son prince temporel, c'est nier à la France le droit qu'elle a eu de chasser Louis-Philippe. M. Guizot ne dirait point autrement ; faites place à M. Guizot. (*Vive approbation à gauche.*)

Ce droit que vous contestez est la racine, le fondement et le principe de votre constitution, et on le comprend si bien en Italie, que je lisais hier dans une lettre d'un homme éminent dans le clergé et dans la politique, qui a joué le rôle le plus important à Rome, après le pape, je lisais ceci : « Prenez-y bien garde, en laissant frapper la révolution romaine, c'est le foyer de la révolution française qu'on veut rétrécir à ce point qu'on puisse l'étouffer en posant le pied dessus. (*Sensation.*)

Ah ! laissez intervenir, pour ne pas être infidèles seulement à la politique de la république, mais pour tomber au-dessous de la politique de la monarchie. Vous mentirez à trois siècles de combats soutenus par nos pères pour arracher à l'Autriche son influence sur l'Italie.

Vous ferez les affaires de notre éternelle envieuse, l'Angleterre. Je vais vous le démontrer.

Ainsi, cette même lettre, dont je vous entretenais tout à l'heure, me disait : « Nous venons de déclarer les biens ecclésiastiques biens de la nation ; nous ne pouvions pas faire autrement pour consacrer la révolution. (*C'est un prêtre qui parle !*)

« Eh bien, en le faisant, nous avons donné un pied chez nous à l'Angleterre, car elle nous a proposé immédiatement de nous prêter 15 millions, en les hypothéquant sur les biens ecclésiastiques ; elle s'y enracinera, comme elle l'a fait en implantant des Irlandais dans l'Inde et dans toutes les parties du monde dont elle s'est rendue maîtresse. » (*A gauche : Très bien !*)

Comprenez-vous, maintenant? (*Mouvement prolongé.*)

Citoyens, je vous disais que le peuple romain avait pu non seulement compter sur un acte, mais sur les engagements antérieurs, sur la vie des hommes qui sont au pouvoir.

J'en veux donner une dernière preuve.

En 1831, lorsqu'il s'agissait, je le répète exprès, de la même question, la séparation du spirituel et du temporel, l'unité de l'Italie, l'affranchissement du joug autrichien, qui donc combattait à Forli? qui donc avait un frère blessé près de lui, qui mourut plus tard, si ce n'est le président même de la République? (*Approbation à gauche.*)

Que va donc penser l'armée, qui, dans le vote du 10 décembre, a voulu une chose, la lacération des traités de 1815? Que penseront ces paysans dont le sol a été foulé par l'odieuse invasion de 1814 et de 1815? (*Nouvelle approbation.*) Que va penser tout homme qui, en mettant un bulletin dans l'urne, croyait qu'il en sortirait gloire et honneur pour la France? oui, que vont-ils penser? (*Applaudissements à gauche.*)

Quoi, ce nom choisi par tant d'entre eux, parce qu'il avait glorieusement frappé tous les échos de l'Italie, deviendrait l'oppresseur de l'Italie! Ah! pauvre France, elle se serait bien trompée. Chose inouie ! ce nom pourrait être déshonoré et flétri par l'histoire ! (*A gauche : Très bien ! très bien !*)

Oui, Rome a eu le droit de compter sur vous ; sur vous, Gouvernement provisoire, sur vous, commission exécutive, sur vous, Assemblée, sur les précédents de vous autres, hommes d'État (*l'orateur désigne les ministres*), sur les précédents de vous, monsieur le président de la République. Oui, Rome a eu le droit d'y compter. Eh bien, qu'allez-vous faire ? Intervenir ? intervenir pour étouffer la liberté ? Vous ne pouvez le faire sans violer la Constitution française (*Exclamation*) ; oui, sans violer la Constitution française ! Que dit-elle, dans son article 5 ? Ceci :

« La France respecte les nationalités étrangères ; jamais *ses forces ne seront employées contre la liberté d'aucun peuple.* »

Chercherez-vous un échappatoire pour vous tirer de ce pas périlleux, sous lequel se trouve l'accusation de trahison ? Qu'allez-vous dire ? Peut-être ceci : que vous laisserez intervenir les grandes puissances, et que, vous, vous conseillerez. Peut-être encore que vous voulez entrer en négociations pour prévenir les actes sauvages qu'on tenterait sur l'Italie.

Pas d'ambiguïtés ! Je fais encore un appel à la conscience de tous les honnêtes gens. Intervenir directement par la force des baïonnettes, intervenir directement par des escadres qui longeront les plages de l'Italie ! ou intervenir, au contraire, en prêtant son ascendant moral, en conseillant, en entrant en négociations ! O citoyens, ou les mots n'ont plus de signification, ou, quoi qu'on fasse, c'est toujours intervenir. (*Bravos à gauche.*) Oui, c'est intervenir, et la constitution est là avec son texte inflexible.

J'ai fini pour ce que j'avais à dire au point de vue politique. Si quelqu'un monte à la tribune pour défendre l'indissolubilité du pouvoir temporel et du pouvoir spirituel, je suis prêt à lui répondre. Mes raisons en vaudront bien d'autres, car elles ont été celles de Napoléon pendant quatorze ans. Pendant quatorze ans, Napoléon a séparé le pouvoir spirituel du pouvoir temporel, et cependant il n'était point irrégulieux, puisque c'est lui qui a rouvert les églises.

Je me contente de le dire en passant pour rassurer les consciences religieuses et leur faire bien comprendre que la question de souveraineté du peuple est indépendante du dogme et de la foi, qui n'en reçoivent point d'atteinte (*Approbation*); je le dis bien haut, pour que le pape médite profondément la solution qu'il va prendre. Qu'il n'ébranle pas la religion qu'il représente, pour reconquérir une souveraineté à laquelle il n'a plus droit ; que, prêtre du Christ, il ne provoque pas l'effusion du sang pour des biens que condamnait le Christ. (*Mouvements divers.*)

Croyez-moi, citoyens, les considérations que j'ai développées devant vous ne sont pas des considérations de parti, ce sont des considérations d'honneur national. Dans les discussions intérieures, nous pouvons être opposés ; mais quand il s'agit de l'étranger, quand il s'agit de l'histoire, ayons au moins ce sentiment unanime de légitime orgueil que sait trouver l'Angleterre pour se faire respecter vis-à-vis du monde. L'Angleterre ne défend que des principes matériels ; vous, vous défendez des principes moraux gardiens de la civilisation.

Aussi, pas de faiblesses, pas de divisions ; n'ayons qu'un sentiment, la gloire de la France. Notre parole est engagée ; toute boule qui pourrait amener l'intervention est une boule qui déshonorera celui qui la posera dans l'urne. (*Applaudissements à gauche. — Longue agitation.*)

LXIV

DISCOURS PRONONCÉ A L'ASSEMBLÉE NATIONALE

SUR LA QUESTION DES AFFAIRES D'ITALIE
APRÈS LA DÉFAITE DU ROI DE PIÉMONT PAR LES AUTRICHIENS

(30 mai 1849)

CITOYENS,

Pour les amis de la liberté, la défaite de l'armée piémontaise est sans doute un fait capital, je pourrais dire
lamentable ; cependant ce n'est qu'un incident de la grande
question italienne, et cet événement deviendrait à jamais
déplorable si notre gouvernement pouvait s'en servir pour
donner le change à l'opinion, s'il pouvait, sous prétexte
de sauvegarder les droits non attaqués du Piémont, faire
oublier à la France les intérêts d'honneur, les engagements
qu'elle a pris pour l'affranchissement de l'Italie.

Oui, dans la question piémontaise, le gouvernement tient
un langage qui, sous forme d'une protection à peu près
stérile pour Turin, ne cache au fond, selon moi, qu'un
abandon à peu près certain de la cause italienne.

Il se crée une difficulté chimérique pour en tirer avan-
tage au préjudice de la difficulté vraie.

En effet, comment se faire un mérite de l'évacuation du
Piémont ? car l'Autrichien lui-même déclare que sa préten-
tion n'est pas de le conquérir ; et nous, gouvernement de
France, nous, gouvernement d'une grande nation, avons-

nous des efforts bien héroïques à tenter pour que la nationalité piémontaise soit respectée, pour que le pied de l'autrichien ne repose pas longtemps sur le sol piémontais ?

Citoyens, comme moi, vous aurez été étonnés, je pourrais presque dire affligés de l'inanité de cette déclaration. Le gouvernement autrichien vous dit qu'il ne veut pas conserver, et vous déclarez, comme pour vous montrer forts et puissants, dans les conseils de l'Europe, que vous ne permettrez pas... quoi ? ce que le gouvernement autrichien ne veut pas faire. (*Vive approbation à gauche.*)

Je me demande si, dans une question de cette importance, c'est là un rôle sérieux et digne de la France.

Pour le faire croire, il n'aurait pas fallu que vous nous lussiez les dépêches que vous avez apportées à cette tribune. Comment ! vous reconnaissez vous-mêmes qu'une fois le tribut payé, les Autrichiens se retireront ! Toute la question est donc, de la part de la France, de contribuer à alléger ce tribut le plus possible. Mais, même à cet égard, il lui faudrait une armée sur les limites du Piémont, pour appuyer sa parole ; car elle sait ce qu'il y a d'amer dans la nécessité de payer tribut à l'étranger. Ce mot ranime dans le cœur de ses enfants de douloureux souvenirs.

Oh ! je le sais bien, le farouche vainqueur promet, dans une dépêche, d'être modéré : mais à la moindre pulsation d'une artère qui battra dans le pays, on profitera d'un frivole prétexte pour l'écraser ; puis on lui demande au delà de ce qu'il peut donner, on lui demande, comme à la France, ses munitions, ses armes de guerre, et on s'éternisera dans quelques places fortes. Voilà ce qui attend le Piémont.

Oui, l'Autriche tiendra garnison sur quelques points principaux, car dans la question piémontaise, il n'y a pas seulement pour elle la soumission de la Lombardie, il y a la lutte acharnée de l'absolutisme contre la liberté, question flagrante à Rome et en Toscane ; elle comprend très-bien qu'en conservant position dans le Piémont, elle domine mieux l'Italie tout entière. Voilà le vrai. (*A gauche* : *Oui ! oui !*)

Mais, croyez-moi, citoyens, la question du Piémont n'est plus seulement italienne, désormais elle est française. Savez-vous pourquoi ? C'est que cette brusque invasion démontre à tous les hommes sensés qu'il n'y a qu'un bond à faire pour qu'en deux jours les Autrichiens soient sur vos frontières. (*Mouvement.*)

Nous vous disions, il y a quelques semaines : Une guerre à mort est encore engagée aujourd'hui entre la Révolution et les derniers vestiges du privilége et du despotisme. Nous vous montrions à cette tribune la Russie armant, s'emparant des provinces Moldo-Valaques, se massant dans la Transylvanie; nous vous disions : Elle se rapproche de l'Autriche pour la dégager et la pousser plus compacte sur l'Italie. Eh bien, aujourd'hui, ces tristes prédictions, menaçantes pour la sécurité de notre pays, se sont-elles vérifiées ?

Est-il certain que l'Autriche, en deux jours, peut se trouver sur la cime des Alpes, que la Russie, est à quelques marches de l'Italie centrale ? Si cela est certain, est-ce avec l'Autriche qu'il faut pactiser ? Non ! c'est avec les républiques italiennes qui se forment et vous font avant-garde. (*Rires à droite. — Vive approbation à gauche.*)

Je crois que les membres qui m'ont interrompu se seraient évité des dénégations, s'ils avaient voulu, pour un instant, se représenter l'histoire des cinquante dernières années.

Est-ce que vous croyez, par hasard, que quand vous aurez pactisé avec les puissances aristocratiques, tout sera fini ? Est-ce que vous croyez que l'idée révolutionnaire sera étouffée jusqu'au germe ? Non, mille fois non ! Est-ce que de 1792 à 1814, cela n'a pas été la pensée de tout le continent? Et cependant, qu'est-il arrivé? Après 1814, ils croyaient, les insensés, que la France épuisée, abattue sous l'avalanche de tout un monde qui fondit sur elle, ne renaîtrait plus à la liberté. Demandez à 1830 ce que la Révolution comprimée a fait d'explosion dans le reste de l'Europe. (*Sensation.*)

Oui, en 1830 comme aujourd'hui, tous les peuples se sont éveillés à l'imitation de la France ! A ce moment solennel Louis-Philippe avait deux politiques à suivre, l'alliance avec les peuples, l'alliance avec les monarchies : il a préféré, dans un intérêt dynastique, se faire admettre dans la politique des rois. Où cela l'a-t-il conduit? au 24 février 1848.

Ainsi, vous le voyez, parce que vous pactiseriez aujourd'hui avec l'oligarchie continentale, avec les rois absolus, il ne faudrait pas croire pour cela que l'idée révolutionnaire, pût-elle être un instant comprimée, serait à jamais extirpée; non, cela n'est pas possible. L'ordre des temps, la destinée de l'humanité ne le permettraient pas. (*Approbation à gauche.*)

Si cela n'est pas possible, j'avais donc raison de vous dire : Votre force n'est pas avec les rois, elle n'est qu'avec les peuples; c'est dans l'Italie, à Rome, à Florence, à Turin qu'il faut la puiser, par une union étroite et fraternelle. (*Interruption à droite.*)

Qui conteste l'histoire des cinquante dernières années que je viens de citer ?... Avant d'être interrompu, je voudrais que quelqu'un se levât pour s'inscrire contre elle.

Si l'histoire est vraie, si, malgré six coalitions soudoyées par l'Angleterre, les idées de liberté en 1792, en 1821, en 1830, en 1848, ont fait de nouveau explosion dans le monde, que cette marche ascendante vous serve de leçon ; et que vos alliances, à peine de perdre, non pas la République, — elle est immortelle, — mais de précipiter tout ensemble le gouvernement et le premier magistrat qui est à sa tête, oui, que vos alliances soient avec les démocraties ! Agir autrement, c'est démence, c'est éterniser la guerre, non pas la finir. (*Très bien !*)

Eh bien, sur cette question italienne ainsi agrandie, qu'est venu vous dire le gouvernement ?

J'ai vu recommencer ici la comédie qui, pendant dix-huit ans, s'est déroulée sous mes yeux.

Nous disons au ministère : Changez de politique, elle est mauvaise.

Que répond-il ?

« Elle n'est pas pire que celle de mes prédécesseurs. » Et là dedans il trouve une excuse !

Ce n'en est pas une. Si vos prédécesseurs s'étaient trompés, s'ils avaient méconnu, compromis les intérêts de la France, vous ne pourriez pas vous retrancher derrière leurs fautes pour couvrir une conduite qui n'est ni nationale ni patriotique.

Après tout, l'assertion n'est pas vraie, je vais le prouver rapidement.

On vous a dit : Le Gouvernement provisoire n'avait rien promis, d'une façon définitive, à l'Italie ; il avait parlé un langage général, nuageux, sans dire quand et comment l'armée française devrait intervenir.

Me permettrez-vous de vous rappeler quelques paroles du manifeste lui-même ! Le voici... (*Interruption au fond de la salle.*)

Je ne les répète que parce qu'on s'obstine à les contester ; si je fatigue l'Assemblée... (*Non ! non ! — Parlez ! parlez !*)

Voici les termes mêmes du manifeste : « Nous le disons hautement, si l'heure de la reconstruction de quelques nationalités opprimées en Europe ou ailleurs nous paraissait avoir sonné dans les décrets de la Providence ; si la Suisse, notre fidèle alliée ; si les États indépendants de l'Italie étaient envahis ; si l'on imposait des limites ou des obstacles à leur transformation intérieure ; si on leur contestait à main armée le droit de s'allier entre eux pour consolider une patrie italienne, la République française se croirait en droit d'armer elle-même pour protéger ces mouvements légitimes de croissance et de nationalité des peuples. »

Voici maintenant quelque chose de bien plus formel. M. de Lamartine, répondant au nom du gouvernement, répondant à la députation italienne elle-même, parlait en ces termes : « Eh bien, puisque la France et l'Italie ne font qu'une seule nation, dans nos sentiments communs pour sa régénération libérale, allez dire — écoutez bien ceci. — allez dire à l'Italie qu'elle a des enfants aussi de ce côté des Alpes ; allez lui dire que si elle était attaquée dans son sol ou dans son honneur, dans ses limites ou dans ses libertés, que si vos bras ne suffisaient pas à les défendre, ce ne sont plus des vœux seulement, c'est l'épée de la France que nous lui offririons pour la préserver de tout envahissement. »

Le ministre de l'intérieur : Il fallait intervenir. Vous voulez que nous fassions ce que vous n'avez pas fait ; vous avez tout souffert.)

J'entends dire à M. le ministre de l'intérieur : Il fallait intervenir. Je répondrai tout à l'heure. Il dit encore : Vous, Gouvernement provisoire, vous avez tout souffert. Je répondrai également ; mais, avant tout, je ne veux pas interrompre une troisième citation. Ceci est l'extrait d'un rapport fait ici, devant vous, et que vous avez couvert de vos applaudissements :

« La campagne de l'indépendance italique se poursuit lentement par l'Italie seule. Mais, devant la Suisse et devant la France armée, *prête à agir*, si l'intérêt de leurs principes, ou la sûreté de leurs frontières, leur semblaient compromis, dans leur vigilance sur l'Italie....

Voici donc, on ne peut plus le contester, des engagements formels.

On peut dire que le Gouvernement provisoire s'est trompé; mais ce que je veux constater sans qu'on puisse le discuter, c'est que les engagements pris vis-à-vis de l'Italie par le Gouvernement provisoire étaient aussi formels, aussi sacrés qu'engagements puissent l'être.

(*Une voix* : *Pour les États indépendants* — *Voix nombreuses à gauche* : *N'interrompez pas !*)

Pour les États indépendants, dit-on; mais c'est là une misérable équivoque; et si, au surplus, c'est M. Thiers qui m'interrompt, je lui répondrai tout à l'heure en parlant de la question d'Ancône.

Quel est donc le grand argument du ministère? « Vous, Gouvernement provisoire, pour dire les choses par leur nom, vous avez fait des phrases, et vous n'avez pas agi. » Voilà l'accusation; j'y réponds.

On s'est adressé au roi Charles-Albert pour lui demander si l'intervention des armées françaises lui était utile. Il a répondu qu'il n'en avait pas besoin pour défendre la cause lombarde.

Il faut le reconnaître maintenant, il voulait conquérir une partie de la Lombardie pour lui-même, et son intention était de faire la guerre seul pour se faire payer le prix de son concours; il craignait aussi que les soldats français n'allassent porter les sentiments et les principes républicains au delà des Alpes. Voilà ce qu'il redoutait par-dessus tout. (*Approbation à gauche.*)

Notez bien qu'il ne s'agissait pas alors du reste de l'Italie non encore affranchie, mais du Piémont seulement, et que le Gouvernement provisoire, en intervenant forcément, craignait de réveiller contre la France des reproches d'esprit de conquête : tel est le seul motif de son inaction momentanée.

Voulez-vous une preuve irrécusable? Je vais vous lire le passage d'un discours de M. de Lamartine prononcé à cette tribune. Voici ce qu'il disait le 23 mai :

« Dès les premiers jours, nous avons fait communiquer aux puissances italiennes la ferme volonté d'intervenir au premier appel qui nous serait fait, et, par un acte conforme à cette déclaration, nous avons réuni à l'instant au pied des Alpes, d'abord trente mille hommes, et puis soixante mille. Nous avons attendu l'appel de l'Italie, nous l'avons attendu, et, *sachez-le bien, malgré notre profond respect pour l'Assemblée nationale, si ce cri eût traversé les Alpes, nous n'eussions pas attendu votre aveu, nous aurions cru accomplir d'avance votre volonté, vos prescriptions, en nous portant au secours de la nationalité italienne.* » (*Vive approbation sur presque tous les bancs.*)

Voilà la situation dans toute sa sincérité; elle ne peut plus être discutée. Le Gouvernement provisoire, conséquent aux principes de la révolution, n'avait point écrit une lettre morte quand il avait dit aux peuples : « Si vous êtes mûrs pour l'indépendance, et que vos forces ne vous suffisent pas, faites appel à nous ! » Et il avait pris toutes les précautions pour que cet appel ne demeurât pas infructueux.

Que répond-on? Cependant le Gouvernement provisoire n'a point agi. Je vais vous démontrer qu'il était sur le point d'agir, malgré la résistance de Charles-Albert, et je ne crains pas d'être démenti.

Il y a eu, peu de temps avant le 24 juin (mes souvenirs sont fidèles), un conseil de la commission exécutive, dans lequel M. de Lamartine, voyant des mouvements de troupes s'opérer dans une partie de l'Europe, craignant pour les frontières de la France, avait demandé qu'on entrât fraternellement, à titre de séquestre, dans le comté de Nice et dans les États de Savoie. Qui a empêché de décider? Une seule chose, les terribles événements de juin qui ont dissous la commission exécutive; mais je déclare qu'en ce moment la commission exécutive, en majorité, peut-être pourrais-je dire entière, était d'avis que l'armée des Alpes devait recevoir la distination patriotique qui lui avait été donnée. Voilà le vrai. Que répondez-vous ?

Le ministre ajoute immédiatement : La politique a changé, et lorsque les peuples italiens ont fait appel au gouvernement qui a succédé à la commission exécutive, au lieu de répondre par le concours armé, on a répondu par l'intervention diplomatique.

Que m'importe ce qui a été fait après le Gouvernement provisoire ou la commission exécutive ! Celui ou ceux qui ont tenu le pouvoir après elle sont responsables de leurs actes. Ce que je ne puis pas me permettre de dire, c'est qu'un appel a été fait par l'Italie au Gouvernement provisoire ou la commission qui l'a suivi, et que cet appel est demeuré sans écho ! Ce que j'écarte, c'est la politique qui, à une demande d'intervention armée, a répondu par des diplomates. Cette politique n'est pas la nôtre ! (*Très bien.* — *Vif assentiment à l'extrême gauche.*)

Et cette politique, telle quelle, ne pouvait pas même vous servir d'égide. Est-ce que, en effet, depuis ce temps, les choses ne se sont pas encore modifiées largement ? Est-ce que nous en sommes encore aujourd'hui à des effervescences populaires qui auraient pu ne pas avoir de causes sérieuses, nationales ? Est-ce qu'il n'y a pas, depuis lors, deux grands faits accomplis dans la péninsule italique, la déclaration légitime de la république à Rome (*Légère rumeur*), la déclaration légitime de la république en Toscane ? Et c'est en présence de ces deux faits que vous répondez : « Envoyés de la république romaine, envoyés de la république florentine, nous ne vous reconnaissons pas ; nous ne voulons pas vous recevoir. » Votre politique ressembler à la nôtre ! je dis qu'il y a un abîme entre vous et nous. (*Applaudissements à l'extrême gauche.*)

Est-ce que l'appel que nous avons vainement attendu ne vous est point parvenu, à vous? Est-ce que de Rome vous n'avez pas entendu des voix, des voix suppliantes vous crier : Si l'Autrichien avance, France, viens nous défendre, car jadis nous avons combattu pour toi! (*Mouvement.*) Cette patriotique cité de Florence ne tend-elle pas vers vous les mains?

Et ce ne sont pas des despotes qui vous appellent, ce sont des frères, ce sont de petites républiques, mais des républiques non moins grandes, non moins sacrées que la vôtre aux yeux du droit, qui viennent vous dire : Frères! à notre secours! et vous n'y allez pas! Je dis que votre politique est antifrançaise et antihumaine. (*Bravos à gauche.*)

Hélas! il me faudra donc toujours, sur ces questions, en être réduit à rappeler l'opinion passée de mes adversaires politiques d'aujourd'hui!

Voici comment, dans le banquet de Saint-Quentin, s'exprimait M. Odilon Barrot : (*Exclamations et rires prolongés.*)

« Cependant, disait-il, si poussée par un sentiment fatal de conservation, l'Autriche, se jetant de nouveau sur les états indépendants de l'Italie, si *le conflit s'engageait entre le gouvernement et les peuples de l'Italie combattant pour les droits de leurs nationalités*, et l'Autriche attaquant pour ce qu'elle appelle *la sécurité de sa domination*, la France, je vous le demande à tous, quelque amis de la paix que vous puissiez être, la France pourrait-elle rester indifférente en présence de cette lutte?» Non! non! s'écriait-on de toutes parts.

« Vous avez répondu, ajoutait l'orateur, *les canons comme on l'a dit, partiraient tout seuls.* (*Salve d'applaudissements.*) » (*Mouvement prolongé en sens divers.*)

(*Une voix : Il n'était pas alors président du conseil!*)

J'ai dit que j'en étais réduit à citer, depuis quelque temps, l'opinion de mes adversaires; qu'on me permette en ce moment de m'adresser à cette portion de l'Assemblée, la droite. (*On rit.*)

En 1831, on se le rappelle, il y a eu une question qui avec celle-ci présentait la plus grande analogie. Les États italiens s'étaient en partie soulevés, ils voulaient secouer le joug de la puissance temporelle du pape, obtenir l'indépendance et l'unité de l'Italie.

Un ministre bien hardi, si on le compare au gouvernement d'aujourd'hui (*Sourires aux extrémités*), voyant l'Autriche entrer dans les Marches et la Romagne, jeta, vous le savez, quelques régiments à Ancône.

Les conservateurs les plus absolus, les plus fervents soutiens de la paix à tout prix louèrent cette mesure comme utile à l'honneur et à l'intérêt de la France.

Sept ans plus tard, un ministre, tombant, je veux le croire, dans un piège, rappela les bataillons d'Ancône. (*Tous les regards se portent sur M. Molé.*) A ce moment, quels furent les intrépides jouteurs contre lui? L'honorable M. Odilon Barrot (*Rires marqués à gauche*), l'honorable M. Duvergier de Hauranne (*Nouveaux rires*), l'honorable M. Thiers qui sourit à l'avance. Pour que le concert soit complet, il n'y manque qu'un homme, M. Guizot!... (*Longs bravos à gauche. —Agitation.*)

Eh bien, que disait cette phalange d'hommes illustres au ministre d'alors? On allait jusqu'à lui dire : Vous avez trahi les intérêts de la France! Si vous relisiez dans le *Moniteur* les débats de ce moment, vous seriez étonnés des expressions passionnés, ardentes, presque injurieuses qu'on s'adressait. En retirant la garnison d'Ancône, vous avez fait perdre à la France, lui répétait-on impitoyablement, son influence sur l'Italie ; vous avez livré l'Italie à la politique de l'Autriche, contre laquelle la France combat depuis deux cents ans.

Au souvenir de ce triste spectacle, je n'ai qu'une chose à

dire : Ou tout cela n'était qu'une misérable guerre de porte-feuille ; ou les hommes qui m'entendent doivent venir à cette tribune défendre la même cause que moi. (*Longs bravos à gauche.*)

Oui ! la situation est la même ; je vais plus loin, elle est cent fois plus favorable.

A cette époque, vous pouviez dire, en répétant un éternel argument : Les hommes qui combattent là-bas sont des factieux. Aujourd'hui, ce sont des droits consacrés par le suffrage universel. Vous pouviez dire alors : Rien n'est promis ; pourquoi voulez-vous que la France intervienne ? Non ! la France n'avait rien promis, car Louis-Philippe désertait déjà l'idée révolutionnaire ; mais aujourd'hui la France a promis, elle a promis par la bouche du Gouvernement provisoire, elle a promis par la vôtre, et, à peine de manquer à son honneur, à peine de se flétrir, elle doit défendre l'Italie, car elle l'a promis ! (*C'est cela ! — Très-bien ! — Vive approbation à gauche.*)

Oui ! la position est plus favorable, car Ancône était loin encore de la frontière française ; mais Turin y touche ; mais le Tessin, on l'a franchi ! et, si je ne me trompe, j'ai lu quelque part, dans une des histoires de M. Thiers, que, quand le Tessin était franchi, la France, voyant ses limites à découvert, considérait presque ce fait comme un cas de guerre. (*Mouvement.*)

Citoyens, je ne veux point abuser plus longtemps des moments de l'Assemblée. Je me résume en deux mots : Le Gouvernement provisoire a promis ; si l'on avait demandé, il aurait exécuté, car il avait à sa disposition tous les moyens de faire respecter sa parole. Le gouvernement qui l'a suivi a négocié, je ne sais point dans quels termes, ce n'est point à moi à le dire ni à le défendre. Quant au ministère actuel, non seulement il a négocié, mais, vous ne pouvez le nier, il a négocié dans de telles conditions que les puissances ont

osé lui dire qu'elles prendraient pour base les traités
de 1815. Or, est-ce que vous ne savez pas que la question
des traités de 1815 n'est pas seulement une question de
droit, mais une question qui se trouve jugée au plus profond
du cœur de chacun? Allez donc dans les ateliers, allez donc
dans les champs, allez parmi nos braves soldats demander si
les traités de 1815 n'ont point été lacérés deux fois, lacérés
par la révolution de 1830 et par la révolution de 1848!
et vous verrez ce que répondront l'ouvrier, le paysan, le soldat! (*Oui ! oui !* — *Applaudissements à gauche.*)

Je le répète, ou vous êtes pour les traités de 1815 avec l'é-
tranger, ou vous n'êtes point avec l'étranger contre la république. Enfin, montez à cette tribune, venez défendre les principes que vous avez proclamés autrefois ; ou bien vous êtes
jugés par l'histoire ; la guerre que vous faisiez à M. Molé
n'était qu'une guerre de misérable ambition, indigne et
odieuse. (*Vive approbation à gauche.*)

Quant aux Italiens, qu'ils ne s'y trompent pas, la France
est avec eux, non son gouvernement. Ce n'est point une raison de désespérer, s'ils sont vraiment dignes de la liberté.
Que tout chez eux soit soldat ; leurs ancêtres n'ont jamais
négocié que victorieux, et ils vendaient à l'encan les portions
de terre sur lesquelles campaient leurs ennemis. (*Longue
agitation.*)

LXV

DISCOURS PRONONCÉ A L'ASSEMBLÉE NATIONALE

CONTINUATION DE LA DISCUSSION SUR LES AFFAIRES D'ITALIE

(31 mai 1849)

CITOYENS,

Bien que j'aie l'honneur de répondre à deux orateurs, je serai excessivement bref, car dans les longs développements que vous avez entendus, trois choses saillantes seulement m'ont frappé, et je ne répondrai qu'à ces trois choses.

Ce n'est qu'en passant que je dirai quelques mots sur les explications qu'est venu vous apporter à la tribune M. le général Cavaignac. Je ne ferai que glisser, car, en présence de l'intérêt si grave, si capital, si brûlant de la question qui s'agite, une revue rétrospective n'est guère de mon goût. Cependant, je dois à moi-même, je dois aux fondateurs de la république de replacer sous son vrai jour la politique du Gouvernement provisoire et de la commission exécutive.

M. le général prétend que c'est presque cette politique qu'il a suivie. Hier, je crois avoir irrévocablement établi le contraire; je vous ai démontré, par cinq citations différentes, et entre autres par votre ordre du jour du 24 mai, que, pour le cas où un appel serait fait par les peuples d'Italie, la France avait déclaré qu'elle interviendrait. En prenant dans son ensemble le manifeste de M. de Lamar-

tine, quoi qu'on fasse, il n'y a pas autre chose. Or,
citoyens, sous le Gouvernement provisoire, l'appel n'a pas
été fait par l'Italie, et, au contraire, il a été repoussé
par Charles-Albert, ainsi que je l'ai déjà prouvé à votre
dernière séance.

Sous le cabinet du général Cavaignac, en a-t-il été ainsi?
Loin de là. J'ai là entre les mains une dépêche dans laquelle
il est attesté non seulement que la Lombardie, mais que la
Vénétie ont demandé à la France un concours armé.
Qu'a-t-il été répondu par le général Cavaignac dans un
document que voici :

« Le concours armé, nous ne vous le donnerons pas. La
seule chose que nous puissions faire, c'est de négocier. »

Et savez-vous comment on a négocié? Les documents officiels cités hier par l'honorable M. Billaut et dont je tiens,
dans un journal allemand, le texte authentique, établissent
que l'Autriche n'acceptait la médiation que sur la base des
traités de 1815, et que, surtout, elle ne voulait laisser
engager, dans la négociation qui allait s'ouvrir, qu'une seule
chose : *la question piémontaise*. Quant à la question de l'indépendance italienne, elle ne voulait même pas qu'il en fût
parlé.

Eh bien, si ces faits sont vrais, et je défie qu'on les conteste, il en résulte que, au lieu de prêter le concours de l'intervention armée, ainsi que le voulait le Gouvernement
provisoire, le général Cavaignac n'a, au contraire, consenti
qu'une médiation reposant sur les traités antinationaux de
1815.

Oui, reconnaître ces traités néfastes et écarter de la négociation la question de l'indépendance italienne, c'était faire
une chose antipathique au vœu du pays.

Ou les documents que je viens de relater ont menti, ou il
faut conclure que la politique du cabinet du 24 juin est un
démenti formel à la politique du Gouvernement provisoire.

Quelques paroles encore sur un autre point : le général Cavaignac vous a dit : « Ma responsabilité, après tout, n'est pas autrement engagée, car je n'ai fait que suivre pas à pas le vœu de l'Assemblée ; l'Assemblée ordonnait, et moi, son bras droit, j'exécutais. »

Oh ! je comprendrais ce langage, si nous avions oublié comment les choses se sont passées ici. Quand l'Assemblée, pour prendre une résolution éclairée demandait des renseignements, des communications, qui donc lui répondait uniformément à peine de compromettre le sort des négociations : Impossible d'en raconter les détails, d'en indiquer même la marche, les phases successives ; comptez sur moi, soyez persuadés que je sauvegarderai l'honneur et les intérêts de la France ?

Et quand, après ces paroles, l'Assemblée entrevoyait que le chef du pouvoir résistait à la guerre, quand surtout ce chef était un soldat, que devait-elle faire ? le croire mieux informé qu'elle de l'état de la France et de l'Europe, et se confier à sa parole ; mais ne venez pas nous dire aujourd'hui, pour décliner en quelque sorte la responsabilité, j'ai reçu une consigne et je l'ai exécutée. Pour que cela fût vrai, il faudrait que le pouvoir, en France, n'eût pas d'influence, n'eût pas d'empire, que, même sorti d'une Assemblée, il ne conservât pas assez de prestige pour imposer à cette assemblée elle-même.

Au fond des choses la responsabilité est bien à vous, partagée, il est vrai, par l'Assemblée, mais par l'Assemblée devant laquelle vous vous êtes toujours tenu bouche close, je pourrais presque dire murée. Donc cette politique est bien au fond la vôtre. (*Approbation à gauche.*)

Et si elle doit peser devant l'histoire, vous aurez à supporter la plus lourde part du fardeau. (*Approbation à gauche.*)

Citoyens, j'arrive maintenant à l'objet principal de la

séance, au discours qui vient d'être prononcé par M. Thiers.
J'avouerai qu'en écoutant cette parole claire, courante,
affirmant si résolûment les détails, les faits, je regrettais
mon insuffisance, et je me sentais comme embarrassé de
répondre à de si longs développements. Un souvenir me
soutient, me fortifie, c'est que je l'ai entendu soutenir en
1840 la doctrine de la guerre avec la même assurance qu'il
a soutenu aujourd'hui la doctrine de la paix.

(*A gauche : Très bien ! très bien !*)

(*M. Thiers : Non ! non !*)

M. Thiers dit que non. Je veux croire, cependant, malgré
sa dénégation, qu'il pensait que la guerre était bien imminente. Autrement, comment expliquer les 800 millions que
sa politique de cette époque, et que les préparatifs de
guerre ont coûtés à la France? (*Bravos à gauche.*)

(*M. Thiers : Vous vous trompez !*)

Je me trompe, dites-vous? Cela a été relevé par des hommes plus compétents que moi, à plusieurs reprises, par
certains même de vos amis d'aujourd'hui, et qui étaient vos
adversaires à cette époque. (*Sensation.*)

On vous a reproché souvent, à l'ancienne tribune, que,
par vos dépenses d'armement, le trésor se trouvait, sinon
épuisé, au moins fortement obéré.

(*M. Thiers : On a répondu à tout cela.*)

La question n'est pas de savoir si on a répondu, mais si
on a convaincu le pays. (*Vive approbation à gauche.*) Des
phrases, il est toujours facile d'en faire... (*Rires à droite*) ;
mais ce qui est moins facile, c'est de faire revenir la conscience du pays sur des faits avérés et contre lesquels la
lutte doit être infructueuse. Vous avez beau dire, il est
évident qu'en 1840 vous avez dû croire à la guerre ; autrement pourquoi tant de sacrifices et toute cette longue comédie? Ne surexcitiez-vous pas les populations? ne faisiez-vous
pas sonner par tous vos journaux d'héroïques fanfares? ne

jetiez-vous pas dans l'air les mots de gloire, d'honneur

Or, maintenant, voulez-vous me permettre de vous rappeler pourquoi cette éventualité de guerre? Pourquoi? Pour un intérêt éloigné.

Il s'agissait simplement de ne pas laisser prendre sur l'Orient de prépondérance à une autre puissance. Mais cette guerre se passait sur des plages lointaines au delà des mers, loin de nos frontières, non point à Turin, non point dans l'Italie, non pas aux portes de France. Et c'est vous, tout à l'heure, qui osiez nous dire d'un air dogmatique : On ne se bat pas pour une question d'influence. (*Rires approbatifs à gauche.*)

Non, non, nous ne nous serions pas battus en Orient pour une question de conquête; c'était simplement pour rentrer dans le concert européen. Et quand vous venez enseigner ici qu'on ne se bat pas pour une question d'influence, vous êtes écrasé par votre passé. (*Assentiment à gauche.*)

En Italie, au contraire, est-ce une simple question d'influence qui se débat? Oh! non, c'est bien plus que cela. c'est la question de la coalition des rois contre les républiques; en d'autres termes, c'est la question même de la démocratie qui a triomphé chez nous.

Dans la question italienne, avez-vous dit, il y avait trois politiques à suivre : la première, la politique de la guerre; la seconde, la politique des négociations; la troisième, qui consisterait à avoir l'air de faire pour ne pas faire. Je crois que c'est la politique du ministère que vous avez voulu caractériser; à lui le soin de vous répondre. (*Rires à gauche.*)

Je ne m'occuperai, moi, que de ce que vous appelez la politique de la guerre.

Vous dites : « Si c'est la guerre que vous voulez, il faut avoir le courage de venir le déclarer à cette tribune. »

Moi, je vous répondrai : Si vous voulez le contraire, si

c'est la paix à tout prix (*Approbation à gauche*), il faut
avoir aussi le courage de le dire à cette tribune.

Vous dites encore : La guerre! mais y avez-vous bien
pensé? La guerre avec l'Autriche! mais c'est une grosse
affaire pour la France elle-même ; et à l'instant, sentant
qu'on pouvait vous répondre, vous avez jeté en passant ce
mot : « Vous auriez tort de compter sur la sympathie des
peuples ; qu'est-ce que c'est, en effet, que cette sympathie?
Un seul combat à Turin n'en a-t-il point donné la mesure? »

D'abord, permettez-moi de vous le dire, parce que l'armée
piémontaise a été vaincue à Novare, la cause de l'Italie n'est
pas perdue. C'est vainement que vous avez jeté, en quelque
sorte, un *de profundis* sur elle. Je vais vous démontrer,
moi, qu'elle vit plus que jamais. (*Approbation à gauche. —
Longue agitation.*)

Oui, l'Italie est plus vivace que jamais ; je viens de recevoir à l'instant deux lettres, l'une de Milan, l'autre de
Bologne, *qui nous laissent au cœur quelque espérance.*
Celle de Bologne m'apprend que le général Pépé a culbuté
dans la Vénétie, six mille Autrichiens ; qu'il les a refoulés
de l'autre côté du Pô ; que les provinces de la Vénétie,
jusque-là comprimées, sont en pleine insurrection.

La nouvelle ne doit pas être controuvée ; elle vient d'un
banquier de Bologne (*hilarité*), qui s'adresse à une maison
de Paris, et qui, en racontant le fait, le déplore. (*Nouvelle
hilarité à gauche.*)

La dépêche de Milan vient d'un des personnages influents
de la ville ; elle annonce que Milan est en grande fermenta-
tion et près de passer à l'insurrection (*Mouvement*) ; que
Radetzki a l'ordre de faire bombarder la ville.

Et Bergame, cette cité importante, subit le bombardement
depuis trois jours, parce qu'en apprenant la nouvelle de
Turin, elle est entrée en insurrection pour soutenir la cause
italienne. (*Sensation.*)

Ah! je suis heureux, je l'avouerai, de pouvoir répondre ainsi à une assertion qui m'a profondément affligé. M. Thiers n'a pas craint de dire que la cause de Turin avait été désertée par les peuples de l'Italie. Ces paroles, qu'on me permette de le dire, sont bien légères; car, lorsque, vingt-quatre heures après l'armistice dénoncé, les hostilités ont commencé, je demande à M. Thiers lui-même si les peuples de la Toscane, si les peuples de la Romagne avaient eu le temps de se rendre sur le théâtre du combat.... (*Assentiment à gauche.*)

Ah! c'est parce qu'ils n'ont pas eu le temps matériel de se rendre sur le champ de bataille, que j'ai raison de dire que la cause italienne n'est pas morte! Car, j'en suis convaincu, pour la soutenir, chacun de ses enfants se fera soldat! (*Très bien! très bien!*)

Vous avez ajouté que, protéger l'Italie de nos armes, c'était avoir la guerre avec l'Europe entière, une guerre indéfinie... Eh, mon Dieu! M. Thiers aurait dû trouver dans ses propres souvenirs, dans ceux de ses amis d'aujourd'hui ou d'autrefois, une réponse à cette banale objection.

En 1840, quand on accusait votre politique de conduire à une lutte interminable, qu'écrivait un de vos amis, M. Duvergier de Hauranne? Ceci : On ne peut parler de l'honneur de la France, on ne peut se prononcer pour telle ou telle alliance sans qu'à l'instant on ne vous jette à la face : L'Europe entière va se soulever; sans qu'on ne dise : C'est une conflagration générale! *Tout cela*, s'écriait-il, *n'est que de la rhétorique*. Et quand, plus tard, dans cette même question de 1840, M. Odilon Barrot, que je suis bien forcé de citer malgré moi... (*Rires ironiques.*) Messieurs, vous vous méprenez sur mes intentions; en agissant ainsi, soyez bien convaincus que je ne fais pas une guerre puérile, cela n'est pas dans mes idées, et la plupart d'entre vous pourraient me connaître assez pour savoir que ce n'est pas dans mes habitudes. Je le fais, parce que si je puis trouver pour appuyer les principes que je défends la pensée d'hommes en qui vous avez confiance, puisque vous leur donnez la majorité, croyez-vous que je n'aie pas le droit, gravement et sérieusement, de le faire ? (*Très bien ! très bien !*)

Je disais qu'en 1840, quand des amis de la paix à tout prix, c'est-à-dire de la honte, reprochaient à M. Odilon Barrot d'appuyer les démonstrations de guerre, sous prétexte que c'était la perturbation de l'Europe, la ruine de la France, M. Odilon Barrot répondait : « Vous engagez mal la question ; elle n'est pas de savoir si c'est la ruine de la France, mais bien si c'est son déshonneur. »

Il disait : « Vous parlez continuellement de guerre européenne. Est-ce qu'il y a eu la guerre quand à Ancône la France a fait acte de vigueur ? Est-ce qu'il y a eu la guerre européenne quand la France a fait bombarder Anvers ? Non, ajoutait-il, ce n'est pas le moyen de faire la guerre, c'est le moyen de l'éviter.

Citoyens, il faudrait en finir avec ces éternels arguments qui vont mal au tempérament et au cœur de la France. Quoi ! dans ce noble pays, quand il s'agira d'un question de dignité, c'est par le sentiment de la peur qu'on essayera d'agir sur nous ! (*Bravos à gauche.*)

Non, non, cela n'est pas français ! (*Très bien ! très bien!*) Et soyez convaincus, si vous consultiez au dehors le sentiment général, qu'il vous dira que ce n'est pas par de tels arguments qu'on peut défendre même une bonne cause. (*Approbation à gauche.*)

Ainsi, écartons cette vaine fantasmagorie. Voyons avec calme, avec fermeté, voyons si l'intérêt, si l'honneur de la France exigent son intervention dans le Piémont. Quelques mots suffiront à traiter cette question.

Je dis que la France est intéressée par sa parole, et je le démontre. Quoi qu'on fasse, on se débattra vainement

contre les promesses qui ont été faites. Oui, on a dit — je
ne veux pas relire le manifeste, il est conçu dans les termes
les plus explicites — on a dit : Italie, si tu veux te livrer à
un remaniement intérieur, tu en as le droit, et si tu n'es
pas assez forte, appelle les armes de la France, elles viendront à ton secours. Voilà les termes du manifeste. Et
quand M. de Lamartine, pour ne citer que ceci, s'exprimant
au nom du Gouvernement provisoire, disait aux Italiens
près de partir : « Allez dire, vous qui quittez la France,
allez dire à vos frères d'Italie qu'ils ont des frères au delà
des Alpes, et que, s'ils ne sont pas assez nombreux, sur un
signe, nous volerons à leur secours. » Est-ce précis, est-ce
formel ?

Mais, plus encore, vous ne pouvez avoir perdu le souvenir de votre ordre du jour du 24 mai ! Vous ne pouvez pas,
— permettez-moi de vous le dire, et ne vous récriez pas, je
parle avec sincérité, — vous ne pouvez pas, sans vous déshonorer, démentir ce que vous avez proclamé : l'*affranchissement de l'Italie*. (*Approbation prolongée à gauche.*)

Il n'y a pas de parole, éloquente ou verbeuse, qui puisse
lutter contre cette phrase si laconique, si sacramentelle,
qui a été entendue de l'autre côté des Alpes : *Affranchissement de l'Italie*. Elle appartient déjà à l'histoire, vous ne
pouvez plus la rayer ; en y manquant, vous ne pouvez faire
qu'une chose : inscrire au-dessous d'elle votre déshonneur !
(*Nouvelle approbation à gauche.*)

. La France est engagée, première question ; la France, ne
fût-elle pas engagée, a-t-elle intérêt ! voilà la deuxième
question. Je dis que la France a intérêt, et je vous prie de
m'écouter sans préventions. Hier, je l'ai démontré ; depuis
cinquante ans, qu'avons-nous fait ? Alliance avec les rois.
Les alliances nous ont-elles réussi ? Nous avons été trahis
par elles. Il faut donc essayer d'une autre politique, il faut
faire alliance avec les peuples. Vous souriez, vous dites :

Mais l'Italie, qu'est-ce que cela pour nous défendre? Ah!
permettez-moi de revenir justement par cette transition à
la question posée par M. Thiers, qu'avec la sympathie des
peuples on ne peut rien faire, et qu'ils seraient pour la
France de misérables auxiliaires.

Voyons, monsieur Thiers, je fais appel à vos souvenirs,
à vos travaux; avez-vous vu jamais à aucune époque de
l'histoire, vous qui l'avez écrite, avez-vous jamais vu la
France dans une situation aussi favorable? La révolution du
24 février éclate : eh bien, l'Europe tout entière est ébran-
lée en huit jours.

Il n'y a pas un coin du continent qui, à l'instant même,
ne ressente un contre-coup, une secousse. Voyez donc si
c'est là quelque chose de superficiel et de factice : c'est
l'Italie tout entière; ses princes sont obligés de donner des
constitutions; c'est la vaste Allemagne, c'est la Moldo-Valachie, c'est la Hongrie, c'est Vienne, c'est la Prusse; ce
sont tous les petits États qui se rapprochent des bords du
Rhin; en un mot, il s'est fait souterrainement une espèce
d'ébranlement électrique, et l'on entend retentir, pour ainsi
parler, de toutes ces crevasses, de toutes ces fissures, des
cris formidables d'indépendance, de liberté!

C'est dans une telle situation que vous avez dit : Les
sympathies des peuples, leurs alliances ne sont rien. Vous
blasphémez.... Comptez leur nombre infini et comptez le
nombre des rois! (*Applaudissements à gauche.*)

Vous rêvez de temps qui ne sont plus. Vous me dites :
Dans la première révolution, les armées suivaient leurs
rois. Oui, les monarques levaient l'épée et les peuples les
suivaient pour combattre la France. Aujourd'hui, la situation est-elle la même? aujourd'hui que les peuples chassent
leurs rois pour imiter la France! (*Bravos à gauche.*) Vous
croyez que cette sympathie n'est rien! Ah! monsieur Thiers,
permettez-moi de vous le dire, vous avez compris le passé,

vous avez une vive et grande intelligence ; mais vous ne comprenez ni le présent, ni l'avenir, ils sont fermés pour vous.

Ah ! non ; vous n'avez pas visité ces peuples depuis quelque temps ; vous les trouveriez transformés à l'air fortifiant de la liberté.

Il n'est point un homme, comme me l'écrivait un prêtre de Rome, point une femme, point un enfant dont le cœur ne batte pour la république et pour l'indépendance italienne. Or quand, sous la main de Dieu, les choses se sont ainsi changées, dire : Les sympathies des peuples ne sont rien, et raisonner comme en 1792, c'est être resté pétrifié à cinquante ans de distance. (*Très bien ! très bien !*)

Et cependant, si vous pensez que la cause des peuples est morte, il faut le dire sincèrement ; n'est-ce pas par là que vous finissiez votre discours en parlant contre l'anarchie ?

Parlons sans ambages : par anarchie, ne vouliez-vous pas dire liberté ?

Eh ! oui, sans doute, c'est mon regret cuisant ; le Gouvernement provisoire, il faut le confesser, aurait dû à l'instant même déployer nos soldats sur les frontières voisines, non pas en conquérants, mais en frères. J'y ai poussé pour mon compte ; il a, dans son honnêteté, craint d'anciens préjugés contre la France : s'il les eût surmontés, j'en suis convaincu à l'heure qu'il est, il n'y aurait plus un despote, il n'y aurait plus un roi. (*Applaudissements à gauche.*)

Non ! non ! la cause des peuples n'est pas perdue. De secrets desseins l'ont peut-être suspendue un instant ; mais voyez donc ces Hongrois si braves qui luttent depuis bientôt dix mois.

Vous l'avez lu comme moi, et comme moi, sans doute, vous l'avez appris également par des documents particuliers ; aujourd'hui ils se trouvent sur le Danube à trente-cinq lieues de Vienne seulement.

Et en Prusse, dans ce pays où tout se passait dans la sphère des idées, et où aujourd'hui l'idée devient acte! Dans la Prusse, n'avez-vous pas vu comme les doctrines radicales travaillaient même la capitale, Berlin? Et quand ce sont les trônes qui craquent, vous dites : Faites alliance avec les trônes ! Je le répète, vous ne comprenez pas le présent; la force n'est que dans les peuples. (*Approbation prolongée à gauche.*)

J'ai bientôt fini. (*Parlez ! parlez !*) Vous avez, en terminant, essayé de lancer quelques traits acérés contre le Gouvernement provisoire. Je le comprends; c'est une rancune mal déguisée, et, pour mon compte, je vous la passe volontiers.

Vous avez dit : Le Gouvernement provisoire voulait la guerre, et il ne prenait pas les moyens de la faire. Oh ! si vous aviez dit vrai, il aurait trahi le pays.

Comment ! vous saviez la vérité et vous ne l'avez pas dite ! Avez-vous donc pensé que moi je pouvais l'oublier? Voici des souvenirs précis : au 24 février il y avait 16 000 hommes en congé, ils furent rappelés pour le 1er mars. A la fin de mars, le Gouvernement provisoire décrétait l'appel des contingents arriérés de 1842, de 1843, de 1844, de 1845 et de 1846, et, en ce moment, il rappelait 90 000 hommes sous les drapeaux, il ordonnait des mesures intermédiaires pour devancer le temps de l'arrivée aux corps de la classe de 1847.

Il rappelait 20 000 hommes d'Afrique, il ordonnait l'achat de 30 000 chevaux, pour la cavalerie l'artillerie et le train ; l'achat de 8000 selles, la construction de 1500 affûts à canons, de 200 caissons et d'équipages de guerre ; il faisait tripler la fabrication des projectiles de guerre, la fabrication des armes à feu ; il faisait confectionner des millions de cartouches ; il est bien évident que pour tout cela il faut quelques semaines. Combien a-t-il reçu ?

Savez-vous que vous avez été bien imprudent en parlant ainsi

Vous m'avez appelé sur un terrain qui vous sera funeste. Savez-vous, quand le peuple nous a appelés, ce que votre monarchie nous avait faits ? Avec 370 000 hommes d'effectif, — je ne parle pas de l'armée d'Algérie, — 70 000 hommes, au plus, pouvaient entrer en campagne. Que de millions avaient dû être dilapidés !

Savez-vous ce que votre monarchie nous avait laissé ? Nous trouvions à Vincennes des fusils qui n'étaient pas de calibre, et qu'il a fallu forer, des cartouches de cendres et des cartouches sans balles. (*Exclamations, rires.*)

Ce qui excite le rire de quelques membres a excité notre indignation. Le fait que je raconte ne peut pas être contesté, mes anciens collègues sont là ; sans cela je ne l'aurais pas porté à cette tribune.

Sans doute vous avez été imprudent de nous appeler sur ce terrain ; car vous avez pendant si longtemps gouverné les affaires du pays, au pouvoir, ou dans l'opposition, donnant des conseils officieux, vous saviez mieux qu'un autre que la France n'aurait pas été prête pour faire la guerre ; je vous l'ai entendu dire, et je vous répondais — c'était en particulier : — « Comment pouvez-vous garder sur le cœur un secret qui me brûlerait, moi, si ma parole pouvait être accueillie et faire autorité comme la vôtre ! »

Si le Gouvernement provisoire a quelque peu hésité, c'est à la monarchie, c'est à vous que nous le devons, car elle avait en partie épuisé nos finances ; car pendant si longtemps, avec des sacrifices si considérables, elle n'avait pas su avoir un matériel de guerre...

Je le redis, vous avez été bien imprudent de rappeler des souvenirs qui retombent sur vous. (*Vif assentiment à gauche. Très bien ! très bien !*).

Vous avez tenté de nous accabler encore en disant : La

difficulté de la situation, relativement à la question italienne, doit vous être en grande partie imputée : car il y a
eu un instant où l'Autriche abattue proposait de donner
des institutions à la Lombardie, à la Vénétie, et vous avez
refusé ; vous n'avez pas su saisir la fortune, c'eût été là une
conclusion heureuse.

Je n'ai qu'une chose à vous répondre : Peut-être aurions-
nous pu refuser par des considérations politiques ; mais
jamais ni au Gouvernement provisoire, ni à la commission
exécutive, j'en atteste les membres.... jamais cette proposition n'a été faite...

(*MM. Pagnerre, Garnier-Pagès, Barthelcmy Saint-
Hilaire : Jamais ! jamais !*)

Oh ! oui, certainement nous aurions pu craindre que ce
fussent là des promesses de rois ; nous aurions pu craindre
que, comme ces princes d'Italie ou d'Allemagne qui avaient
donné des constitutions le lendemain de février, et qui, quand
la politique de la France faiblissait, les retiraient à mesure,
nous aurions pu craindre cela ; mais, je le répète, nous n'a-
vons pas même eu à apprécier, à débattre ces conditions. Le
reproche eût pu être pesant, mais les coups que vous nous
destiniez portent ailleurs. (*Très bien ! très bien ! à gauche.*)
Non, jamais ni le gouvernement provisoire ni la commission exécutive n'ont été saisis. Oh ! peu m'importent vos
dates ; voici ce qui est vrai : il y a eu une proposition faite à
M. Casati, à Milan. M. Casati l'a repoussée. Avait-il consulté
la France ? Non. L'Angleterre avait-elle consulté la France ?
Non ! La France a-t-elle eu à délibérer ? Non ! non ! Voilà
la vérité !

Que reste-t-il donc de ces accusations habilement tissées
contre nous, et de ce discours qui avait des prétentions à
l'habileté ? Rien.

La seule chose qui soit sérieuse dans tout ceci pour les
véritables patriotes, c'est l'indépendance de l'Italie. Voilà la

question à laquelle il faut toujours revenir : l'honneur et l'intérêt de la France nous y obligent.

Eh bien, qu'allons-nous faire ? Vous dites : Si c'est la guerre, il faut avoir le courage de le dire. Messieurs, nous ne voulons pas la guerre...

(*A droite : Ah ! ah ! rires.*)

Attendez ! Croyez-vous que ce soit bien digne à vous de vous récrier avant d'entendre la fin d'une phrase? le croyez-vous ?

Je vous dis : Nous ne voulons pas la guerre pour la guerre. Je vous le dis avec M. Odilon Barrot, avec M. Thiers en 1840, avec M. Duvergier de Hauranne, avec tous les hommes qui ont eu la prétention de s'intéresser un instant à la dignité de la France. Non, nous ne voulons pas la guerre pour la guerre. Je n'accepte pas la question ainsi posée ; ce que nous voulons, c'est l'honneur et l'intérêt de la France. (*Bravos à gauche.*) Et si, comme conséquence, la guerre doit éclater, eh bien, que la guerre éclate ! Mieux vaut une nation qui se bat qu'une nation déshonorée. (*Nouveaux applaudissements.*)

Si l'honneur ne peut être conservé qu'à ce prix, le pays nous comprendra quand nous lui dirons : Nous avons voulu avec vous verser notre sang, parce que toute nation qui se parjure est une nation déchue. N'êtes-vous plus les fils de la grande armée ? (*A gauche : Très bien ! très bien !*)

La guerre n'être pas possible pour la France ! Mais quelle est donc la nation qui l'a jamais faite mieux qu'elle ? et si j'avais besoin d'une autorité, je vous la citerais telle quelle.

M. Louis Bonaparte, avant de devenir président de la République, ne disait-il pas :

« A la France ce qu'il faut conserver, c'est son honneur, c'est ce qu'a défendu mon oncle, et pour le conserver, elle ferait au delà du possible. »

Ce que je demande, moi, ne s'étend pas au delà du possible : c'est que la France, engagée par votre bouche, tienne sa parole.

Ce que je demande, encore un coup, c'est que la question soit ainsi posée : non pas la guerre pour la guerre, mais la guerre ou la honte (*Bravos*) ; et je me porte fort pour mon pays, car il me semble qu'en ce moment son âme tout entière passe dans mes paroles ; oui, je me porte fort pour lui qu'il préfère la guerre à la honte. (*Longs applaudissements à gauche. — L'orateur reçoit à son banc de nombreuses félicitations.*)

LXVI

INTERPELLATIONS AU GOUVERNEMENT

DANS LA SÉANCE DE L'ASSEMBLÉE NATIONALE DU 11 AVRIL 1849, SUR L'INTERVENTION
DE LA POLICE DANS LES RÉUNIONS ÉLECTORALES

DISCOURS A L'APPUI DE CES INTERPELLATIONS

La parole est donnée à l'orateur pour ses interpellations.

CITOYENS,

Hier, en demandant à adresser des interpellations, je vous ai dit que, dans différentes cités importantes, des réunions électorales avaient eu lieu, que les préfets avaient donné des ordres pour que la police intervînt dans ces réunions, pour qu'elle les surveillât, pour qu'elle rendît compte, dans certaines circonstances, des professions de foi qui y seraient faites par les candidats et des discussions qui auraient lieu. Je puis ajouter aujourd'hui que l'émotion dans certaines villes a été telle, que des municipalité ont cru, pour résister aux ordres donnés par le Gouvernement, devoir donner leur démission.

Vous le voyez, c'est là un conflit regrettable ; c'est une question que, dans l'intérêt public, il faut trancher : elle ne peut pas rester en suspens.

Or, pour moi, qui n'ai jamais entendu dire que les réunions électorales fussent susceptibles d'être surveillées par
la police, je viens demander à M. le ministre de l'intérieur
qu'il veuille bien nous dire en vertu de quelle loi ces ordres
ont été donnés, quelles sont les instructions qu'il a adressées
à ses agents, et quand je saurai le texte des lois sur lequel
il appuie les mesures, selon moi illégales, qu'il a prises,
alors je lui répondrai.

Après les explications du ministre, la parole est donnée à l'orateur pour lui
répondre.

MESSIEURS,

L'orateur qui descend de cette tribune a cherché à donner au débat, selon son habitude, une tournure passionnée
et personnelle... (*Exclamations à droite.*)

Permettez-moi de vous déclarer ceci : la question est fort
grave ; les rires ni les interruptions n'y feront rien, je veux
rester calme ; je vous forcerai à rester calmes... (*Rumeurs.*)
M. Baze ne veut pas rester calme ? (*Rires bruyants.*)

(*Le représentant Baze prononce quelques paroles au milieu du bruit*).

J'ai dit et je répète que l'orateur qui descend de la tribune a voulu, selon moi, passionner le débat et le rendre
personnel ; j'ai ajouté qu'il ne parviendrait pas à m'émou-
voir : pour cela, il faudrait autre chose. J'ai posé une
question de droit, vous y répondez par des faits puisés je ne
sais où et dans quelle sentine.

Je vous parle, moi, du droit électoral, de ce qu'il a de
plus vivace et de plus sacré, et vous me répondez par des
rapports qui peuvent contenir les paroles de je ne sais quels
agents provocateurs....

Vous dites qu'on a parlé d'anéantir les hommes qui

seraient les ennemis du principe démocratique, vous dites qu'on a parlé de les repousser par la force. Si on a tenu un pareil langage en violation de la constitution, on a eu tort ; mais il me suffira de répondre un mot. Ce langage, tout blâmable qu'il serait, n'est qu'une représaille... (*Rumeurs diverses.*) Vous avez pu lire tous, dans les journaux, la profession de foi d'un prétendu candidat, à qui je ne veux pas faire l'honneur de prononcer son nom ici, à la tribune... (*Approbation à gauche. — Chuchotements. — C'est Granier de Cassagnac !*)

Eh bien, cet homme qui, pendant qu'il a tenu une plume, n'a jamais cessé, vous le savez bien, d'être un agent provocateur ; cet homme qui, au 24 février, comme tant d'autres, au lieu de défendre ses maîtres, s'est caché, voici, aujourd'hui qu'il croit que c'en est fait de la République, voici le langage qu'il tient :

« Il faut, non pas réfuter le socialisme ; ce qu'il faut, c'est le supprimer. La société est en présence du socialisme comme en présence d'un ennemi implacable ; il faut que la société l'anéantisse ou qu'elle soit anéantie.

« Dans ces termes, -- écoutez bien ceci, -- dans ces termes toute discussion se réduit à une lutte, et toute raison à une arme. Que fait-on vis-à-vis d'un ennemi irréconciliable ? fait-on de la controverse ? Non, on fait de la guerre. Ainsi, la société doit se défendre contre le socialisme, non par des raisonnements, mais par la force. Elle doit — écoutez bien ceci — non pas discuter ou réfuter ses doctrines, mais les supprimer. »

Cette citation amène de bruyantes exclamations des deux côtés de la chambre et notamment une interpellation du représentant Denjoy, que l'orateur relève, ce qui amène entre eux un échange de vives paroles[1].

Quand le président a rétabli le silence, l'orateur continue :

[1] Un duel fut la suite de cet incident.

Je veux en finir avec ces tristes faits. Ce n'est pas moi qui les ai introduits dans le débat ; j'ai seulement répondu ceci : que, si on avait tenu dans une réunion quelconque un langage que je blâme, ce n'était que la représaille d'un langage tenu publiquement par un homme que vous connaissez, dans une profession de foi publique, et que vous n'avez pas poursuivie. Pourquoi donc trouver mauvais, dans une réunion, quand vous en rapportez la preuve, ce que vous trouvez bon, apparemment, contre le socialisme et les républicains ? Voilà ce que j'ai à dire.

Cette question pour moi est une question de principe. Je vais chercher, messieurs, à l'élever immédiatement à sa véritable hauteur et la dégager de toutes ses circonstances. Cette question a préoccupé gravement l'assemblée dernière, elle a préoccupé le Gouvernement, et l'a fait chasser, je vais vous le démontrer tout à l'heure : car la question est la même ; or, j'espère qu'elle méritera quelques instants de votre attention et de votre bienveillance.

Qu'est-ce qu'est venu vous dire M. le ministre de l'intérieur ? Il est venu vous dire ceci : « Les réunions électorales, eh ! mais c'est un masque peut-être, elles peuvent être des clubs, et en conséquence il faut que le gouvernement ait le droit de surveiller une réunion quelconque : car si cette réunion était un club, à l'instant même il faudrait la frapper. »

Je demande à tous les hommes de bon sens et de bonne foi qui sont dans cette assemblée, si ce n'est pas là la censure préventive appliquée aux réunions électorales. Quand une réunion électorale a laissé transpirer au dehors un langage qui peut constituer un délit, oh ! je comprends parfaitement que vous poursuiviez ; mais que dans la bouche de ceux qui prononcent une profession de foi, ou qui discutent dans un débat, vous commenciez par épier des paroles, et qu'avant que la réunion soit véritablement un club, vous ayez le droit de mettre le pied dans la réunion électorale, je dis que c'est la censure préventive; je dis que ce n'est pas le droit : je vais le prouver.

Maintenant qu'avez-vous invoqué? Vous m'avez parlé avec une certaine hauteur de la loi de 1790. Est-ce qu'il me sera permis de vous demander si vous l'avez jamais lue?

Vous avez répété ce que vos journaux disent tous les jours : la loi de 1790, elle donne un droit illimité, indéfini; en vertu de cette loi, on peut introduire la police partout, dans toute réunion publique; aucune n'est exceptée, aucune.

Voilà ce que vous avez dit.

Eh bien, je me permets encore de vous demander si vous avez lu la loi de 1790, si vous savez son origine, si vous avez lu son commentaire et ses explications. J'aime mieux croire pour vous que vous ne l'avez pas lue; car, autrement, je serais obligé de supposer que vous avez voulu tromper l'Assemblée, et je ne veux pas le penser.

Voyons d'abord quelles sont les circulaires qui sont adressées par le ministre à ses agents. En voici une qui est officielle :

« La loi affranchit les réunions électorales préparatoires des dispositions restrictives exigées à l'égard des clubs, des réunions politiques publiques ou non publiques. »

Voilà un principe posé. Je continue :

« Mais il serait facile aux partisans de désordre d'éluder les prescriptions de la loi et d'organiser, sous prétexte de réunion électorale préparatoire, de véritables clubs d'autant plus dangereux qu'ils ne seraient assujettis à aucune surveillance. L'autorité a donc incontestablement le droit de vérifier, en toute circonstance, si une réunion électorale préparatoire n'est pas détournée de son objet, et si, à l'abri d'un texte légal, on ne cherche pas à constituer des sociétés secrètes ou des clubs illicites.

« Dans ce but, les citoyens qui formeront des réunions électorales préparatoires, devront être prévenus qu'un agent de l'autorité aura mission d'assister à la séance, et de consigner, dans un rapport à l'administration supérieure, tous les incidents qui paraîtraient de nature à provoquer des poursuites judiciaires, tous les faits qui présenteraient le caractère d'un délit. Il ne sera pas nécessaire que ces agents de l'autorité soient revêtus de leurs insignes. Toutefois l'agent devra faire reconnaître de cette manière sa mission et sa présence, lorsqu'un incident se produira de nature à exiger son intervention officielle. »

Maintenant, messieurs, écoutez ceci, et il faut convenir que, si la question était moins grave, on pourrait dire que le tour est joli :

« Le commissaire de police est électeur. A ce titre seul il aurait le droit de se faire admettre dans une réunion électorale. » (*Rires à gauche.*)

Écoutez ! écoutez !

« Le commissaire de police est électeur ; à ce titre seul il aurait droit de se faire admettre dans une réunion électorale tenue dans la commnne où il exerce. De plus, il est officier de police judiciaire, et la surveillance des lieux publics ne saurait lui être contestée.

« La présence d'un agent de l'autorité ne pourra, en aucune façon, nuire à la liberté que chaque électeur doit avoir de proposer ses candidats ou de discuter les mérites des diverses candidatures.

« J'ajouterai que, dès aujourd'hui, les réunions électorales qui voudraient se former en vue des prochaines élections générales devront être considérées comme préparatoires, et qu'à ce titre, toutes réserves faites pour le droit de surveillance, il y aura lieu de les tolérer. »

Voilà donc une circulaire qui contient un peu de tout.

Elle contient d'abord l'énonciation de la loi. Elle dit : Le Gouvernement a le droit de faire surveiller.

On se garde bien de citer un texte. Il n'y en a pas ; je vais le démontrer. Et puis, comme on ne se sent pas assez fort par les principes, alors, comme je le disais, on s'arrange avec les faits, et ceci, permettez-moi de le dire, est presque comique, car on vient dire à un commissaire de police : « Vous êtes toujours électeur, vous entrez bénignement, anodinement comme électeur ; puis, quand personne ne pense à vous, vous tirez votre écharpe de votre poche, vous dressez procès-verbal et le tour est joué. » (*Rires à gauche.*)

Citoyens, je me permettrai de demander à tous les membres de cette Assemblée, sans acception d'opinions, si c'est ainsi qu'ils comprennent le droit et la dignité du pouvoir ; je leur demanderai s'il est permis, quand le droit est douteux, de prendre un moyen oblique, détourné, jésuitique, pour avoir l'intervention de la police dans une réunion électorale ; je demanderai ce que le pouvoir gagne à de tels stratagèmes. Pour moi, je le déclare, il y a là une atteinte grave portée à sa dignité, au respect qu'il doit avoir de lui-même. (*Approbation sur plusieurs bancs.*)

Reste donc maintenant la fameuse question de droit. Examinons-la.

Ouvrons le texte de la loi de 1790.

Voici ce qu'on y lit au chapitre *Des juges en matière de police :*

« Art. 5. Les objets de police confiés à la vigilance et à l'autorité des corps municipaux sont tout ce qui intéresse la sûreté et la commodité... »

Paragraphe 2. « Le soin de réprimer, de punir les délits contre la tranquillité publique, tels que les rixes, les disputes accompagnées d'ameutement dans la rue, le tumulte excité dans les lieux d'assemblée publique, les bruits,

les attroupements nocturnes qui troublent le repos des
citoyens; »

Paragraphe 3. « Le maintien du bon ordre dans les en-
droits où il se fait de grands rassemblements d'hommes,
tels que les foires, marchés, réjouissances, cérémonies publiques, spectacles, jeux, cafés, églises et autres lieux publics. »

Voilà ce fameux, ce formidable texte. Le droit de réunion
est un droit sacré, M. Odilon Barrot l'a soutenu le 22 février. Le droit de réunion est un droit naturel, vivant, en
dehors de la constitution apparemment : car je ne sache pas
que la charte de 1851 en ait jamais dit un mot. Eh bien,
voilà que ce droit primordial serait anéanti dans une loi
de police concernant les marchés, les rassemblements !
Comment ce droit primordial serait-il confisqué ? Il serait
confisqué par ces mots : « et autres lieux publics ; » de
façon que c'est par une omission, par une réticence, que
le droit le plus considérable, que celui sur lequel repose
en ce moment la base même du gouvernement républicain
serait confisqué !

Je demande si poser la question ainsi, ce n'est pas déjà
la résoudre.

Mais ce n'est rien. Voyons un peu d'où procédait cette fameuse loi de 1790 qu'invoquait tout à l'heure M. le ministre de l'intérieur.

Elle procédait d'une loi du 14 décembre 1789.

Cette loi, citoyens, était la première loi rendue sur les
municipalités. Elle définissait ce que c'était que la municipalité, elle disait quelle en était la juridiction, et dans
cette loi de décembre 1789 on déclarait déjà que la municipalité avait le droit de faire des arrêtés pour tout ce qui
concerne la voirie, la sécurité publique et l'ordre dans les
rassemblements.

Voilà ce que disait la loi de 1789.

Maintenant, que trouvons-nous dans son article 62 ?
Ceci :

« Les citoyens actifs ont le droit de se réunir paisiblement et sans armes, en assemblées particulières, pour rédiger des adresses, pétitions, soit aux corps municipaux, soit aux administrations de département, soit au corps législatif. La seule condition sera de déclarer le jour de leur réunion. »

Voilà donc que la loi de 1789 qui existait, bien entendu, avant celle de 1790, voilà que cette loi consacre d'une façon indiscutable le droit de réunion pour les citoyens ! Or, quand le droit de réunion a été créé par le décret de 1789. vous oseriez aujourd'hui soutenir que le droit a disparu dans la loi de 1790, et qu'il a disparu par ces mots vagues et élastiques : « et autres lieux publics ! »

Cela ne peut pas être.

Je vais vous démontrer que la loi de 1790 n'a pas le sens que vous lui donnez.

Je ne veux pas rappeler vos paroles, cela finit par être une satiété pour l'Assemblée ; mais je rappellerai une discussion à laquelle vous avez pris une si large part, et je démontrerai que la loi de 1790 n'est point applicable, en produisant un texte qui dira que cette loi n'a jamais pu s'étendre aux réunions politiques.

En effet, citoyens, la loi de 1790, et j'emprunte cet argument à l'honorable M. de Maleville...

(*M. de Maleville : La question n'était pas la même ; on nous défendait de nous réunir*).

J'y reviendrai. Permettez, je ferai la distinction ! L'argument est bon : vous êtes son auteur ; en conséquence, je vous en reporte tout l'honneur.

Voici ce que je vous disais : La loi de 1790 a été accompagnée d'une circulaire explicative, en l'adressant aux corps constitués. Il y a eu un commentaire, il y a eu la circulaire qui expliquait la loi, et dans cette circulaire, que décrète-t-on ? On décrète que la loi de 1790 ne peut pas s'appliquer aux réunions politiques. Vous comprenez bien la question ? Quel est l'argument qu'on vous fait ?

(*M. Odilon Barrot :* Voyons donc cette circulaire !)

Quel est l'argument qu'on vous fait ? On vous dit : Cette loi de 1790 a déféré au gouvernement le droit de surveillance partout ; en conséquence, même des réunions politiques. Et je vous réponds : La loi de 1790 a été accompagnée d'une circulaire dans laquelle on a déclaré nettement que les réunions politiques sont exceptées, et que la loi de 1790 ne peut les atteindre. Est-ce clair ?

Vous me demandez... l'honorable président du conseil me demande, dans un aparté, que je produise des textes. Je viens d'en indiquer un, la circulaire ; si vous voulez la date, vous la trouverez dans le discours de M. de Maleville, au *Moniteur*. A ce moment vous souteniez la même cause ; il vous sera facile de la retrouver.

Maintenant, voici un fait et un texte :

Il y a eu à Dax une poursuite qui a été faite contre une société populaire. Ceci se passait au 15 novembre 1790.

La société populaire se plaint à l'Assemblée nationale de ce que la police intervient dans son sein, de ce qu'on a troublé l'ordre de sa discussion, et de ce qu'on a pris ses papiers.

L'Assemblée nationale de cette époque, qui s'occupait beaucoup de ces questions, qui trouvait que c'était quelque chose de très capital qu'une atteinte portée au droit de réunion, écrit trois fois à la municipalité de Dax pour lui déclarer qu'il lui est impossible de troubler une réunion politique, que la loi de 1790 ne touche pas à ces sortes de réunions. La loi est invoquée ; voulez-vous le décret ?

Le voici.

Je reprends un peu plus haut dans le *Moniteur* :

« Ces sociétés propagent l'esprit public (c'est le rapporteur qui parle) et le patriotisme dans les départements ; les municipalités ne peuvent les dissoudre que dans le cas où elles formeraient dans leur sein des complots contre l'exécution des lois et troubleraient l'ordre public ; encore faudrait-il, dans ce cas, agir avec des précautions infinies.

« Deux lettres successives, écrites par votre comité à la municipalité de Dax sont demeurées sans réponse. Quoiqu'on lui ait rappelé le décret qui autorise tous les citoyens à se réunir paisiblement et sans armes pour délibérer sur leurs intérêts, elle a persisté dans le refus de restituer à la société des Amis de la Constitution les papiers qu'elle lui avait enlevés. »

Voici le décret :

« L'Assemblée nationale,

« Considérant que, par son décret du 14 décembre 1789, il est libre à tous les citoyens de se réunir paisiblement et sans armes, en informant simplement la municipalité du lieu de leurs séances ;

« Décrète que la municipalité de Dax n'a pu troubler la société établie dans cette ville ni lui défendre de tenir ses séances, encore moins lui enlever ses papiers, et qu'elle sera tenue de les restituer sur-le-champ. »

(*M. Odilon Barrot. C'est très juste, très accepté !*)

L'honorable M. Barrot me dit que c'est très juste ; j'en suis convaincu ; c'est même pour cela que je fais la citation. Voici seulement l'argument qu'on doit en tirer nécessairement, impérieusement.

Vous prétendez que la loi de 1790, par ces mots, *et autres lieux publics*, a compris les réunions politiques. Je vous réponds : Cela n'est pas possible, car la loi de 1790 avait, avant elle, une loi de 1789 qui autorisait les réunions publiques. Or, quand une loi de cette importance existe, ce n'est pas par voie de réticence, par voie de silence, qu'on aurait pu l'anéantir. Il faudrait donc montrer, dans la loi de 1790, un texte formel pour supprimer le premier texte.

Maintenant, voici la deuxième partie de l'argumentation, et je vous demande pardon d'argumenter un peu comme au palais, mais ce n'est pas ma faute ; c'est ici une question de droit, et c'est la situation qui m'y oblige. (*Parlez ! Parlez !*) Voici donc la deuxième partie de l'argumentation.

En 1790, au mois de décembre, l'Assemblée nationale est consultée sur la question de savoir si une réunion politique a pu exister. Est-ce que, par hasard, l'Assemblée nationale répond : Ah ! mais, aux termes de la loi de 1790, vous ne pouvez pas exister ; aux termes de la loi de 1790, la police peut intervenir ; aux termes de la loi de 1790, que vous invoquez, la surveillance est nécessaire : or, vous, municipalité de Dax, loin d'avoir tort, vous avez raison, car vous avez pour vous la loi de 1790 qui déclare formellement que la police peut intervenir dans toutes les réunions politiques. Voilà ce qu'il faut trouver dans votre argument. Eh bien, je n'ai qu'un mot à vous répondre, mais il est décisif.

La loi de 1790, n'oubliez pas cette date, c'est toute la question, la loi de 1790 est du 16 août, et le décret de l'Assemblée nationale est du 15 décembre 1790. Or, quand l'Assemblée nationale a été consultée sur cette question : La municipalité a-t-elle pu intervenir par sa police pour surveiller une réunion politique ? quel a été le rôle de l'Assemblée nationale ? A-t-il été de répondre : Oui, la police a pu intervenir ; oui, la police a pu surveiller, car il y a une loi de 1790 qui a été faite au mois d'août, laquelle loi déclare que la surveillance est absolue, que la surveillance s'étend non seulement aux réunions publiques, non seulement aux marchés, mais aux réunions politiques ? Non, l'Assemblée nationale rend un décret qui répond tout le contraire, un décret qui vient vous dire : La loi applicable, ce n'est pas la loi de 1790, qui est faite depuis trois mois ; la loi applicable, c'est la loi de 1789, qui déclare que les citoyens peuvent se réunir, que les réunions politiques ne peuvent pas être frappées de surveillance.

Citoyens, je m'arrête ici un instant ; il est difficile de faire comprendre à une assemblée de 900 membres une question métaphysique ; cependant elle est tellement capitale que je veux y revenir en quelques mots, et je vous supplie, pour ne point allonger mon discours, ce qui vous fatiguerait et moi aussi, je vous supplie de m'écouter avec attention pendant trois minutes seulement.

Vous comprenez bien ceci : il y a une réunion politique ; ce n'est pas un club ; tant qu'on n'a pas fait la preuve que c'est un club, la présomption est que c'est une réunion électorale. Voilà le principe.

Maintenant, pour la réunion électorale, que dites-vous ? Vous dites : Je puis intervenir aux termes de la loi de 1790, qui me permet de tout surveiller, même les réunions électorales. Voilà votre argument. Je vous réponds : Votre loi de 1790 est postérieure à la loi de 1789, qui déclare que les réunions politiques sont exceptées. J'ajoute que la première Assemblée nationale, consultée au mois de décembre, quand la loi de 1790, que vous invoquez, était faite depuis trois mois, au lieu de répondre : Oui, la municipalité a eu raison, elle a le droit de surveillance, répond : Non, la municipalité a eu tort ; la loi de 1790 n'est pas applicable ; ce qui est applicable, c'est la loi de 89 qui consacre le droit illimité de réunion.

Je le répète, si le raisonnement ne vous frappe pas, ce n'est pas la faute de la loi, c'est la faute de l'orateur. Il est incontestable qu'aucun de vous ne veut violer la Constitution ; que tous tant que vous soyez, dans toutes les nuances, vous voulez la respecter. Eh bien, il est certain que si jamais texte a été décisif, que si jamais filiation logique, source d'un texte, a été impérieuse, que si jamais interprétation postérieure à une loi a été faite dans une occasion sacramentelle, c'est celle-ci. Ajoutez par vos consciences ce qui peut manquer de clarté à mes paroles, et vous ne pourrez pas ne pas être de cet avis, que le texte est impérieux, que la réunion politique échappe à la surveillance de la police. Relisez le texte, et, à peine de violer la Constitution, déclarez que la réunion politique est supérieure et échappe à la surveillance de la police.

Citoyens, voilà la question de texte nettement posée.

Maintenant je réponds à une objection qui paraît surgir dans la tête de quelques-uns d'entre vous, si j'en juge par quelques mots que j'ai saisis tout à l'heure.

On dit : La question qui se présentait au 22 février n'était pas la même. Qui le discute? Ce n'est pas moi. La question qui se présentait au 22 février était celle-ci : le ministère disait : « Le droit de réunion, il n'existe pas, je le nie : le droit de réunion, il est subordonné à l'autorisation accordée par le gouvernement. » Où le gouvernement de cette époque puisait-il ses arguments? Dans la loi de 1790, vous vous le rappelez tous. Il disait : « Il n'y a pas de loi spéciale, il y a une loi générale qui me permet de surveiller toutes les réunions. »

(*Le ministre :* Nous ne repoussions pas la suurveillance !)

Permettez, n'interrompez pas ; je connais la discussion comme vous.

Il ajoutait : « Surveiller, c'est le droit d'empêcher ; or vous voulez vous réunir ; donc, aux termes de la loi de 1790, qui me donne le droit de surveiller, je prétends avoir le droit de ne pas octroyer la réunion, et je la défends. »

Voilà bien la question. Eh bien, aujourd'hui, parce que

la question est changée, croyez-vous par hasard qu'elle est plus favorable aux hommes qui ne seraient pas de mon avis? Il ne faudrait pas avoir vu deux textes de loi en sa vie pour soutenir cela.

Que viens-je de vous dire? Je viens de vous dire : Le droit de réunion est un droit primordial; je puis l'exercer non seulement sans vous demander d'autorisation, comme le gouvernement de juillet le prétendait, mais je puis l'exercer même sans contrôle. Vous me dites ceci : Le droit de contrôle existe dans la loi de 1790; et je vous réponds : Le droit de contrôle n'existe pas dans la loi de 1790. Or la question a changé de face, mais elle provient toujours du même principe, la loi de 1790; c'est à cela qu'il faut vous ramener, c'est de là que vous partez.

Eh bien, qu'est-ce que je viens de vous démontrer? Je viens de vous démontrer d'une façon que je ne crains pas de dire irréfutable, je viens de vous démontrer que la loi de 1790 ne justifie pas plus la prétention du gouvernement de juillet qu'elle ne justifie votre prétention à vous. Je viens de vous démontrer que le droit de réunion est en dehors de la loi de 1790. Je viens de vous démontrer, et je veux y revenir, car je veux vous éviter, s'il est possible, une de ces fautes capitales qui peuvent amener des rixes sanglantes; je vous ai démontré ceci : La loi de 1790 n'est pas applicable aux réunions politiques, car le décret de 1789 est seul applicable; je vous l'ai démontré sans discussion possible, car je vous ai montré, dans ce décret rendu touchant la municipalité de Dax, que la Constituante, que l'Assemblée nationale a déclaré que le droit de surveillance, retenez bien ceci, que le droit de surveillance, que le droit de troubler, en d'autres termes, n'appartient pas au gouvernement, que le gouvernement ne peut faire qu'une chose, laisser libre. A quelle condition? A la con-

dition qu'on ferait une déclaration purement et simplement
à la municipalité.

Ainsi donc, si la question n'est pas la même, le texte est
le même; la prétention que vous soutenez, n'a pas plus d'appui dans la loi de 1790 que la prétention du gouvernement de juillet dans la même loi.

Maintenant je termine. A côte des textes, je le répète, toujours difficiles à discuter devant une grande assemblée,
voulez-vous me permettre de vous demander de faire un
seul effort de mémoire? Est-ce que, par hasard, le droit
électoral n'a pas été placé, par tous les gouvernements, en
dehors même des lois exceptionnelles de police? Ainsi vous
rappelez-vous sous la Restauration, vous rappelez-vous une
seule réunion électorale où la police ait eu la prétention
de mettre à l'intérieur un de ses agents pour faire dresser
un procès-verbal? Vous rappelez-vous, je le répète, sous ce
gouvernement jaloux, un seul agent de l'autorité intervenant dans une réunion électorale préparatoire, pour dire :
Vous avez prononcé telles paroles, je vais en prendre acte et
dresser un procès-verbal? Vous rappelez-vous, sous le gouvernement de juillet une seule circonstance où un préfet
de police, ou les préfets des départements aient voulu intervenir dans une réunion électorale? Vous rappelez-vous
une seule circonstance où on les ait troublées, aux termes
de la loi de 1790? (*Rumeurs et marques d'inattention.*)

Citoyens, l'Assemblée est fatiguée. . . .

(*Voix à gauche*. Non ! non ! — Parlez ! parlez !)

Je disais, citoyens, que si chacun de vous voulait faire,
pour interpréter cette loi, un appel à ses souvenirs, il était
certain que, dans les plus mauvais jours de la Restauration,
et sous le gouvernement de juillet, jamais l'autorité préfec-
torale n'était intervenue dans ces réunions préparatoires
pour demander à les surveiller. Et, remarquez-le bien....

Un grave incident vient interrompre la séance en même temps que l'orateur.

Le représentant Eugène Raspail s'étant laissé aller à frapper un de ses collègues dans l'intérieur du palais de l'assemblée, le procureur général
présente immédiatement à l'assemblée un réquisitoire afin d'être autorisé
à exercer des poursuites contre lui.

L'autorisation est accordée.

Aussitôt l'incident terminé, la parole est rendue à l'orateur.

Lorsque j'ai été interrompu par le pénible incident qui
vient de se passer, je n'avais plus que quelques considérations à ajouter. La partie principale de l'argumentation que
je voulais soumettre à la Chambre avait été développée
complètement, j'attendrai donc, car je la crois susceptible
d'occuper gravement vos esprits, j'attendrai la réponse du
gouvernement et je verrai si je dois ajouter quelques considérations.

Après la réplique du ministre.

Citoyens, le président du Conseil, au lieu de répondre
avec des textes de loi, vous a présenté des considérations
politiques. Toutes celles qu'il vous a dites, on les lui a op-
posées lors de la discussion des banquets. (*Rumeurs à
droite.*)

A cette époque, on soutenait la même chose. Le droit des
banquets, disait-on, pouvait être toléré, mais c'était l'abus
qu'on voulait poursuivre et frapper ; et comme, dans les
banquets, il se tenait — et c'est à l'opposition de gauche
qu'on parlait encore à ce moment, — il se tenait des discours
incendiaires, c'était pour cela qu'on refusait l'autorisation.
Ainsi nous tournons toujours dans ce misérable cercle.

J'ai dit et je maintiens qu'il serait cependant temps de
mettre un terme à cette manière d'argumenter. Quand nous
parlons d'un principe, on vient exposer des considérations
de nécessité politique, et, au lieu de répondre à des textes,

on cherche à entraîner l'Assemblée sur un terrain qui n'est pas celui de la discussion. J'y reviens en deux mots.

Quand vous avez rendu une loi sur les clubs, qu'avez-vous dit? Vous avez dit ceci : Que le droit de réunion existerait à trois conditions : la réunion publique ; celle-là, ce sont les clubs, vous l'avez réglementée. Vous avez parlé ensuite de la réunion non publique et non politique ; celle-là, vous l'avez soumise à des conditions, et vous avez fini par déclarer qu'il y avait une exception formelle ; que cette exception existait ; pourquoi? pour deux choses : pour les réunions qui auraient pour objet l'exercice d'un culte, ou bien encore pour les réunions électorales préparatoires.

Eh bien, voilà le texte. Qu'y a-t-on répondu? Pourrez-vous dire que le droit de réunion qui vient d'être, je le répète, réglementé par vous, pouvez-vous dire que ce droit n'a pas excepté les réunions électorales préparatoires?

De quoi s'agit-il aujourd'hui? de savoir si la réunion électorale préparatoire est soumise ou non à la surveillance de la police. Eh bien, dans la discussion sur les clubs, je vous en conjure, rappelez-vous ce texte qui est récent, dans votre loi sur les clubs, vous déclarez : « Le préfet de police pourra envoyer un agent ou de l'autorité judiciaire ou] de la police dans les clubs. Il devra dresser procès-verbal, en cas de contravention. » Que dites-vous dans la circulaire de M. le ministre de l'intérieur que j'ai lue au commencement de cette séance? Vous y dites ceci : « Un commissaire de police assistera aux réunions électorales, et il y dressera procès-verbal, s'il le juge convenable. »

Vous dites donc pour les réunions électorales ce qui a été décidé seulement pour les clubs.

Eh bien, maintenant, je demande qu'on ne se jette pas toujours dans des considérations politiques, je demande qu'on réponde purement et simplement à ces textes. Oui ou non, avez-vous décidé que, pour les clubs seulement, l'in-

tervention de la police aurait lieu? Oui ou non, avez-vous
décidé que l'intervention de la police aurait lieu, et que,
quand elle le jugerait convenable, elle dresserait des procès-
verbaux? Que venez-vous de déclarer dans votre circulaire
à tous les préfets? Que dans les réunions électorales la police entrerait, qu'elle dresserait des procès-verbaux. Vous
avez donc déclaré pour les réunions électorales ce que vous
avez décidé seulement pour les clubs. Voilà la question.

Je vous demanderai de répondre à cette question : Comment, au bas de votre loi électorale, avez-vous pu insérer
cette disposition, que les réunions électorales préparatoires
seraient exceptées de la loi des clubs? Répondez-moi à cela.
Il ne s'agit pas de discuter, de se jeter dans des considérations, il s'agit de répondre à un texte clair, net, à un décret que vous avez rendu, il y a quelques mois seulement.

Maintenant, messieurs, permettez-moi de dire un mot en
réponse à une objection qui n'a vraiment pas de fondement.
M. le président du conseil vous dit : Prenez bien garde, si
vous décidez que les réunions électorales échappent à la loi
des clubs, à l'instant même vous ouvrez la porte aux plus
criants abus ; tous les clubs vont se transformer en réunions
électorales, et si la police ne surveille pas, il sera impossible
de savoir s'il se cache un club derrière une réunion électorale permise, et alors tous les délits pourront être impunément commis.

Comment! on a osé vous présenter sérieusement cette ar-
gumention à la tribune! Mais ce n'est pas possible ; mais
vous ne vous rappelez pas la discussion. Non, vous ne vous
la rappelez pas ; je vais vous le démontrer.

Lorsque la loi a été discutée, qu'avait-on demandé? On
avait demandé que les réunions électorales fussent exceptées, et, comme vous êtes venus apporter à cette tribune
toute cette fantasmagorie de délits qui pourraient se commettre sous le masque électoral, l'Assemblée a porté une

restriction et a déclaré que ce qui était excepté, c'étaient les réunions électorales préparatoires.

Eh bien, je vous le demande, où placer tous ces crimes dont vous cherchez à épouvanter l'Assemblée, toutes ces excitations que vous cherchez à réprimer?

Comment! il arrivera qu'en deux ans, qu'en trois ans vous n'aurez qu'une réunion préparatoire, et vous venez déclarer que votre loi des clubs est anéantie par cela seul qu'on autorisera pour les réunions électorales ce qui n'est pas autorisé pour les clubs!

Je dis qu'une argumentation pareille n'est pas sérieuse; elle ne peut pas vous frapper : il est incontestable qu'il n'y a pas abus; car, vous le savez parfaitement, la passion, la fougue de l'élection n'est pas permanente. Vous y avez apporté vous-même une limite quand vous avez déclaré que c'était pour les réunions préparatoires, et quand les tribunaux décident que les réunions permanentes ne sont plus permises, il ne faut pas dire que la loi des clubs va être anéantie, que c'est une arme stérile, une arme impuissante brisée entre vos mains ; non, car l'élection n'est que passagère, n'est que momentanée ; vous avez déclaré vous-mêmes que ce n'était que pour les réunions préparatoires.

Ainsi votre loi des clubs reste tout entière ; mais, à côté de votre loi, il est impossible que vous échappiez à cette disposition que vous y avez inscrite vous-mêmes, à savoir, que la réunion électorale admettait une exception, et que la police ne pourrait pas entrer là où elle pourrait entrer dans les clubs.

Je vous ait dit que cet ordre d'idées vous était indiqué par la pente même de nos mœurs. Est-ce que vous ne vous rappelez pas cette discussion si ardente, si passionnée de la loi de 1834 sur les associations? A cette époque on a essayé un instant également de confisquer la liberté de la réunion électorale. Eh bien, il a été décidé par les exposés

des motifs du gouvernement, par les rapporteurs des commissions, que la loi de 1831 n'embrasserait pas les réunions
électorales, d'où cette conséquence qu'aujourd'hui, sous la
République, vous voudriez faire plus que ce qu'on a fait
sous le gouvernement de juillet. Vous le savez, après les
événements si graves de 1832, après le mouvement de 1834,
la société s'est armée contre les associations, et cependant
elle a respecté le droit électoral que vous voudriez anéantir
aujourd'hui.

Je vous le répète, entre vous et nous il y a un argument
invincible, c'est celui-ci : Votre loi des clubs déclare positivement que la réunion électorale est exceptée; quoi que
vous fassiez, vous ne pourrez pas l'interpréter. L'Assemblée
a voulu placer la réunion électorale au-dessus de toutes
protestations, et vous, en la violant, vous violez la Constitution, vous violez manifestement la loi des clubs.

Maintenant, je n'ajoute plus qu'un mot.

L'honorable président du conseil vous a dit : La loi de
1790, mais je ne comprends même pas comment on ose
soutenir qu'elle n'est pas applicable à toutes les réunions
électorales sans exception, à toutes les réunions publiques,
en d'autres termes.

Mon Dieu ! c'est une singulière méthode de raisonnement
que d'affirmer un texte sans prendre la peine de venir le
lire à la tribune. Est-ce que vous ne vous rappelez pas que
je vous ai démontré qu'il y avait un droit préexistant à la
loi de 1790 ? Le droit, c'était le décret de 1789, qui établissait que les réunions politiques se trouvaient en dehors
de la surveillance de la police.

Et en effet, le décret de 1789 dispose que les réunions
politiques ne sont astreintes qu'à une seule condition, la
déclaration du lieu faite à l'autorité municipale, et l'on vous
a dit : Oh! peu importe le décret que vous avez cité, du
mois de décembre 1790. Qu'est-ce que, en effet, a décidé

l'Assemblée nationale ? Elle a décidé qu'on ne pouvait pas troubler une réunion politique ; nous sommes de son avis, et cependant nous croyons qu'on peut s'introduire dans une réunion électorale.

Citoyens, mettons pour un instant la main sur la conscience : croyez-vous franchement que, quand la police s'introduit dans une réunion, il y ait là liberté absolue ? Croyez-vous qu'il soit possible, devant des hommes qui appartiennent à cette administration, de s'expliquer avec, je dirai, toute dignité, toute indépendance ; je ne parle pas des abus, je les blâme comme vous ; je parle de la dignité, de l'indépendance dans les véritables limites. Eh bien, je dis qu'il y a, pour la dignité de chacun, un reproche à s'adresser, de s'expliquer en présence d'agents de police, épiant vos paroles. Je dis que, pour la plupart d'entre vous, vous n'accepteriez pas cela ; qu'il y a là quelque chose qui répugne à votre indépendance ; et l'on ne peut pas dire que, dans cette espèce de confession, il y ait encore une liberté, quand la police est là. (*Assentiment sur plusieurs bancs.*)

M. Odilon Barrot, lorsqu'il s'agissait de discuter la loi des banquets, disait : « Dans notre pays, les plus grandes questions, les questions constitutionnelles, de droit de réunion, on veut les faire dégénérer en simples questions de police. La police veut apposer sa main sur toutes les bouches. »

Ce que vous disiez pour les banquets, à plus forte raison avons-nous le droit de le dire pour les réunions électorales ?

Ainsi de ce débat il résulte ceci, et c'est par là que je termine : une loi de 1790, qui ne s'applique pas aux réunions politiques, une loi de 1790 qui a été interprétée par un décret de décembre, qui déclare que les réunions politiques sont mises en dehors ; et ce qui reste par-dessus tout, c'est un texte inexpugnable, le texte de la loi sur les clubs, qui déclare que les réunions électorales sont exceptées, qu'elles ne sont pas frappées par la loi sur les clubs, qu'elles restent en dehors, pourvu qu'elles ne soient pas permanentes, pourvu qu'elles soient préparatoires. Je dis que c'est là un texte auquel vous ne pourrez pas répondre; je dis qu'il est certain que cela était tellement dans l'esprit de l'Assemblée, que si le jour où la loi des clubs a été discutée, on était venu dire que la police pourrait assister aux réunions électorales, vous auriez trouvé ici un soulèvement d'indignation contre une pensée qui n'était pas même venue à la Restauration.

Ainsi vous déciderez que la loi des clubs est applicable aux réunions électorales, et vous le déciderez contre un texte. Et remarquez bien qu'alors nous aurions le droit de dire ce que disait M. de Maleville sur la question des banquets, ce que disait M. Odilon Barrot sur les banquets. Oui, il faut obéir au pouvoir quand il n'est pas arbitraire; mais quand le pouvoir viole la loi, il n'y a plus que le droit de résistance. (*Manifestations bruyantes et prolongées.*)

LXVII

DISCOURS PRONONCÉ A L'ASSEMBLÉE NATIONALE

LORS DE LA DISCUSSION DU BUDGET, AU SUJET DES CIRCULAIRES
DE MARS 1848 ET DE L'IMPOT DES 45 CENTIMES ATTAQUÉS

(12 mars 1849)

CITOYENS,

Il paraît qu'aujourd'hui c'est un jour de confession. (*On rit.*) J'aurais désiré, pour mon compte, qu'elle fût complète.

Il est une chose qui paraît avoir vivement préoccupé l'Assemblée, c'est l'énonciation de ce fait, qu'un des membres du Gouvernement provisoire aurait demandé que l'État fît banqueroute.

(*Un membre : Non, jamais !*)

Je crois que, quand une pareille assertion est faite, bien entendu je ne veux donner de leçon à personne, mais je crois que j'ai le droit de m'adresser à l'honneur, à la loyauté de celui qui 'a faite, et si, par hasard, j'ai pu dire, dans la vivacité d'une interpellation, un mot qui n'était pas parfaitement mesuré, je le retire ; ce n'est pas la forme, en effet, qu'il faut voir ici, mais bien le fond qui est de la plus haute importance ; je dis que quand une pareille accusation est portée à une tribune, il faut prononcer le nom de celui qui a pu proposer la banqueroute. (*Très bien ! très bien !*) Je m'adresse à tous les hommes d'honneur dans cette assemblée, et je répète que la question de forme n'est qu'une frivolité, c'est le fond qui importe. S'il y a eu un membre du Gouvernement provisoire qui ait ainsi fait, son nom? son nom? il ne faut pas reculer. (*Longue approbation.*)

Son nom, le porter ici est un devoir; il faut que chacun prenne la responsabilité de ses actes; pour moi, je suis prêt à prendre la responsabilité des miens. Ainsi l'on vous a dit — et il y a longtemps que ce reproche plane au-dessus de moi, du sein de l'Assemblée, du pays même, pour m'atteindre et me frapper incessamment; je suis trois fois heureux que l'occasion de m'expliquer me soit enfin offerte, — on a d'abord insinué, puis on a osé dire tout haut : Ce sont les circulaires qui ont amené les 45 centimes; et à cela, la droite n'a pas manqué d'applaudir. Ah! ce sont les circulaires! Eh bien, si je m'étais attendu à ce débat, je vous aurais rapporté ici la longue liste des maisons de banque tombées en déconfiture depuis le 24 février jusqu'au 12 mars, et vous auriez vu par les dates que ce ne sont pas les circulaires qui ont amené dans les finances une si profonde, une si universelle perturbation. Je dirai même que plusieurs chefs des maisons les plus importantes sont venus dans le cabinet du ministre de l'intérieur, peu de jours après la révolution de février, bien *avant le 12 mars*, pour lui dire que leur situation était désespérée; qu'ils ne pouvaient plus satisfaire à leurs engagements. N'oublions pas que la détresse de la plupart de ces établissements remontait même avant février.

Voilà les faits — je puis l'attester sur l'honneur — qui se passaient avant le 12 mars. Avant de me juger, cette fois, récapitulez bien vos souvenirs, surtout oubliez pour un instant l'homme politique; à celui-là, je le sais, vous ne pardonnerez jamais. (*Mouvement.*) Ne reportez votre esprit que sur des dates et des faits, et répondez consciencieusement à cette question : La plupart des maisons de finance ou de commerce n'étaient-elles pas, par suite de la politique de la monarchie, dans les plus grands embarras? Le discrédit n'était-il pas à son comble, l'argent introuvable, sinon au plus désastreux intérêt? Oui, répondez!

Un mot maintenant sur les circulaires.

Je ne fatiguerai point votre attention, puisqu'il ne s'agit que d'une seule, la première, d'où a découlé tout le mal.

A force d'exagérer son influence, car elle aurait agi sur les localités les plus éloignées de Paris en deux jours, on a fini par rendre l'accusation puérile.

Pour m'expliquer, je vous demanderai un peu de calme, car je vais parler nettement; prêt à le reconnaître, si je me suis trompé, mais conservant jusqu'ici la conviction que j'ai cru bien faire et que j'ai bien fait. (*Parlez! Parlez!*)

A vous entendre, ce sont les circulaires qui ont fait naître la réaction. Eh bien, je le répète, c'est la réaction qui a fait naître les circulaires. (*Vif assentiment à gauche. — Dénégations à droite.*)

Vous dites que non. Eh! mon Dieu, il est bien facile de se récrier en masse et loin des preuves; c'est ce qui fait, permettez-moi de le dire, la tyrannie des assemblées. Mais si je vous prenais homme à homme, vous mes plus vifs adversaires, et que je vous menasse au ministère de l'intérieur; que là je vous montrasse les rapports qui m'étaient adressés des départements....

(*A droite. Par qui?*)

Vous me demandez par qui? Par les commissaires.... (*Rires à droite. — Rumeurs à gauche*) par les commissaires dont la presque totalité fait partie de cette Assemblée.

Vous verriez, dans ces rapports que contiennent les archives, que dans la plupart des départements la réaction s'est manifestée dès le lendemain de la révolution. Je vous montrerais, par exemple — c'est un souvenir qui m'arrive entre mille — que, dans un département voisin de Paris, la garde national déclarait qu'elle ne reconnaîtrait jamais

la République ; je vous montrerais que, le lendemain même
du jour où des prisonniers à qui la révolution avait ouvert
les portes de leurs cachots, traversaient une ville de ce département, on voulut les précipiter dans la rivière ; qu'une
émeute, grossie contre eux, a été sur le point de se porter
aux dernières extrémités. Vous y verriez que, dans plusieurs
départements, les royalistes des deux régimes conspiraient,
et cherchaient à soulever des hommes peu éclairés : et vous
croyez que, dans une pareille situation, je n'ai pas pu dire
— c'est ce qui a été attaqué surtout — que ces commissaires auraient des pouvoirs illimités ! (*Mouvement à
droite.*)

Ne nous arrêtons pas aux mots : la question, pour des
hommes sérieux, n'est pas de savoir si les mots ont effrayé,
mais bien si sous ces mots il y a un acte arbitraire quelconque qui ait porté atteinte, je ne dirai pas à la vie d'un
citoyen, mais seulement à sa liberté ; voilà la véritable
question. Voulez-vous que je vous dise toute ma pensée ?
Un jour on me saura gré d'avoir employé des mots qui ont
empêché qu'on ne sévît autrement : on me comprend.
(*Assentiment à gauche.*)

Je ne dis pas cela pour que vous me pardonniez mes circulaires ; on me les reproche parce que contre tout homme
politique il faut une arme, il faut un champ clos où on
cherche à s'en défaire : n'ayant pas autre chose à me reprocher, il faut me reprocher cela. Non, je ne dis pas ces choses
pour excuser mes circulaires ; je les dis parce que c'est la
vérité. Je le déclare devant Dieu, elles seraient à refaire,
je les ferais encore ! (*Vive approbation à gauche.*)

Autre accusation sous laquelle on a réussi longtemps à
m'écraser.

Non-seulement j'aurais été l'auteur des 45 centimes, ce
qui maintenant est reconnu faux, mais j'aurais proposé
dans le sein du gouvernement 1 fr. 50. Oui, voilà ce

qu'on a osé me reprocher, ayant entendu par les fissures de
je ne sais quelle porte une portion de la vérité....

(*Le citoyen Duclerc* : Je demande la parole.)

Ce n'est pas de vous que je parle. Je répète : *une portion
de la vérité.*

La voici tout entière :

Oui, j'ai proposé 1 fr. 50., et je m'en honore, entendez-vous bien ! Oui ! j'ai demandé 1 fr. 50., mais j'ai
demandé que cet impôt frappât *sur les riches seulement.*

Je ne crains pas d'être démenti.

(*A gauche. Oui ! oui ! C'est vrai ! — Agitation prolongée.*)

Voilà la vérité dans tout son éclat.

Citoyens, on dit que nous manquons de calme, de patience, de résignation, que nous sommes un parti pressé,
violent. Voilà cependant quinze longs mois que ces calomnies des 45 centimes, des 1 fr. 50 pleuvent sur moi, m'é-
treignent et me tuent politiquement. J'ai souffert ; mais
ai-je seulement pensé à me défendre ? Notre réputation,
notre honneur, notre vie ne sont-ils point au peuple ? Que
m'importait donc ? Je poursuivais impassiblement mon
œuvre, sans me plaindre, sans m'inquiéter. (*Sensation.*)

Donc j'ai proposé 1 fr. 50 sur les riches ; et cette idée
de dégrever le pauvre, ce n'était pas chez moi une pensée
passagère, fugitive ; j'y suis revenu constamment, avec
persévérance. Tous les jours j'ai lu au Gouvernement provisoire les rapports des commissaires disant : Les 45 centimes perdent la République.

Tous les jours, au Gouvernement provisoire, je portais
des rapports où on lisait : Le paysan dont l'instruction n'est
pas assez faite, lui qui ne comprend la politique que par
le thermomètre du percepteur, qui n'a de rapport avec
l'État que par l'agent financier de l'État, le paysan ne pourra
pas comprendre que la République soit un gouvernement

tutélaire, protecteur pour lui, puisqu'il commence par lui imposer un fardeau plus lourd.

Alors j'ai proposé qu'on ne laissât plus à l'arbitraire du percepteur le soin de décider quels étaient les petits propriétaires qu'il fallait exempter de l'impôt. J'ai proposé, quinze jours après. M. Garnier-Pagès me fait un signe d'assentiment........

Le citoyen Duclerc : Ce n'est pas un signe d'assentiment ; c'est M. Garnier-Pagès lui-même qui l'a proposé. (*Exclamations à droite.*)

Le citoyen Garnier-Pagès : C'est moi qui l'ai demandé ; Voilà le signe d'assentiment.

Nous l'avons demandé ensemble, si vous voulez, mais par suite des rapports que je lisais tous les jours. Nous avons demandé, quinze jours après....

Le citoyen Duclerc : Tout de suite !

Qu'une circulaire ayant force de loi exemptât tous les propriétaires surchargés ou pauvres, tous les petits cultivateurs.

Ce n'est pas tout.... Je considérais l'impôt des 45 centimes comme si fatal à la République, que je demandai à plusieurs reprises que des moyens financiers fussent substitués à cette charge pesante pour les plus pauvres citoyens. Oui, je l'ai demandé. Vous me dites aujourd'hui : C'est le papier-monnaie ! Eh bien, soit ! qu'on me blâme sur le papier-monnaie, qui cependant offrait toutes les garanties ; mais qu'on ne me blâme pas sur les 45 centimes. Un reproche exclut l'autre, puisqu'il est aujourd'hui constant que j'ai proposé les bons reposant sur les domaines de l'État, pour supprimer l'impôt des 45 centimes.

Mais ce n'est pas le moment de discuter les mesures financières que je proposais.

(*Une voix. Pourquoi pas ?*)

Non ! ce n'est pas le moment de les discuter ; cependant

je suis prêt, et si l'Assemblée veut m'entendre sur ces incidents.... (*Non ! non ! N'interrompez pas votre discours. —
Expliquez-vous !*)

J'ai proposé deux choses : d'abord qu'on créât des billets
de banque-monnaie, qui auraient pour garantie les biens de
l'État.

On me répond : Les biens de l'État ne valent pas tant
qu'on le croyait. Mais peu importe ; ces biens valent toujours autant que les lingots qui sont dans les caves de la
Banque de France, et je ne voulais qu'on en émît que dans
les proportions raisonnables de la valeur du domaine foncier de l'État.

J'ai demandé autre chose encore : qu'on émît des bons
qui auraient cours forcé jusqu'à concurrence d'une moitié
de l'impôt et qui serviraient plus tard à acquitter l'impôt à
mesure de ses échéances successives.

C'était une mesure excellente, féconde, qui créait à l'instant une immense ressource pour alimenter le travail et
l'industrie, mesure bien peu révolutionnaire cependant,
car c'est ce qui avait été proposé par l'honorable M. Laffitte,
en 1831.

Ah ! oui, je suis heureux que le jour ait enfin lui sur
toutes ces accusations ténébreuses, j'en suis heureux pour
mes amis et contre mes ennemis !

Je veux, dans la révolution, prendre la responsabilité de
mes actes, mais rien que la responsabilité de mes actes.

Oui, j'ai voulu 1 fr. 50 sur les riches, mais sur les
riches seulement.

(*Plusieurs voix à gauche. Vous aviez raison !*)

(*Une voix : Qu'est-ce que les riches ? — Agitation.*)

Citoyens, un membre me crie à satiété : Qu'est-ce qu'un
riche ? Un autre, de ce côté (la gauche), me dit : Qu'est-ce
qu'un pauvre ?

Le pauvre, c'est l'homme qui ne peut payer qu'une cote

très minime. La question n'est pas une question de classes entre les hommes, mais une question de cote sur le livre de l'impôt. On sait combien paye un homme et combien paye un autre homme. Je demandai que l'impôt fût frappé jusqu'à concurrence de certaines cotes et non pas jusqu'à concurrence de certaines autres.

Et je ne veux pas descendre de la tribune sans insister sur une chose qui n'a point été assez dite. Toutes ces mesures, je ne les proposais encore que transitoirement, car je voulais, avec tout le Gouvernement, que la République établît un impôt proportionnel d'abord, et progressif, en raison de la fortune, et sur tous les biens sans exception, fonciers ou non fonciers. C'était là la pensée, le principe du Gouvernement provisoire. Il l'a décrété; mais, comme on lui a objecté que le cadastre n'était pas fait pour ce nouvel impôt, il n'a pu que discuter le principe, et il n'a établi que l'autre mode d'impôt.

Oui, notre pensée, la pensée républicaine vraie, a été celle de l'impôt proportionnel et progressif. Le Gouvernement l'a proclamé à l'unanimité.

Citoyens, je terminerai par la protestation même pour laquelle je suis monté à la tribune; oui, par une protestation contre la pensée que, le lendemain de la révolution, nous avions demandé la banqueroute. Si quelqu'un l'a fait, je le répète, qu'on le nomme; je regarde cela comme un devoir de loyauté, car, il le faut, à chacun la responsabilité de ses actes. (*Vive approbation à gauche.*)

LXVIII

DISCOURS PRONONCÉ A L'ASSEMBLÉE NATIONALE

DANS LA DISCUSSION OUVERTE SUR LA POLITIQUE DU GOUVERNEMENT EN ITALIE

(16 avril 1849)

Citoyens,

Dans le discours que vous venez d'entendre, un mot m'a frappé. Ce mot, c'est la pensée du Gouvernement; ce mot fatal, je l'avais prévu il y a trois mois; aujourd'hui on vient de le prononcer : c'est la restauration du pape.

La question se trouve ainsi nettement posée. D'un côté, l'Italie libre, républicaine.... (*Interruption à droite.*) D'un côté, le peuple romain libre, ayant proclamé le gouvernement républicain, s'étant défait du pouvoir temporel, en respectant dans une déclaration solennelle le pouvoir du chef de l'Église; de l'autre, le chef de l'Église consentant à être ramené par les baïonnettes étrangères, et voulant imposer un joug qui avait été rejeté par le peuple italien. En d'autres termes, d'un côté, les prétentions papales; de l'autre, les droits de la souveraineté du peuple.

Dans une telle situation, qu'est-ce que va faire la République française? Elle va intervenir.

On a demandé pourquoi? M. le président du conseil a répondu franchement : Les formes du gouvernement nous sont indifférentes; ce que nous consultons, a-t-il dit, ce sont les intérêts de la France. Et si le pape doit être restauré par la force des armes, eh bien, que la restauration ait lieu.

Je demande si c'est ce qu'a voulu l'Assemblée à deux reprises différentes ? M. le président du conseil le croit. Je pense qu'il se trompe ; je m'explique en deux mots. Je ne reviendrai pas sur d'anciennes discussions ; je ne rappellerai pas la résolution prise par vous le 24 mai, je ne dirai pas que vous avez solennellement déclaré que l'indépendance italienne serait reconnue ; je ne dirai rien de tout cela.

M. le président du conseil vous dit aujourd'hui : Nous sommes conséquents à la politique posée par le dernier vote, par le dernier ordre du jour. On nous a donné le droit d'intervenir en Italie ; on n'a pas fixé le lieu. Nous croyons que le moment est arrivé, nous voulons exécuter les ordres de l'Assemblée, et voici pourquoi nous envoyons une escadre. Les ordres de l'Assemblée, quels sont-ils ? Est-il vrai, comme on a eu l'air de le soutenir, que l'Assemblée ait dit : On interviendra pour restaurer le pape par la force? Eh bien, si vous consultiez encore aujourd'hui la majorité de cette Assemblée, je suis convaincu que tel n'a point été son sentiment. Non, ce n'est pas le sentiment de la majorité de l'Assemblée ; et cependant, c'est la conclusion forcée de l'intervention que vous allez essayer.

(Au banc des ministres : Non! non!)

Comment, non ! Oh ! je comprends bien par quels moyens indirects vous voulez échapper à la question, et je m'explique à cet égard. Ah ! sans doute, votre politique est une politique au jour le jour, une politique superficielle.... *(Interruption.)*

Votre politique est une politique d'expédients, et avant de m'interrompre, je désirerais qu'on écoutât au moins la fin de la phrase.

Oui, c'est une politique d'expédients, car voici pourquoi et sur quoi vous comptez. Vous dites : Y aura-t-il la guerre ? Non, vous ne le pensez pas. Mais vous ajoutez dans votre esprit : Dès que l'escadre française aura débarqué ses régiments à Civita-Vecchia, qu'arrivera-t-il ? Il arrivera ceci qu'à la vue du drapeau français, les populations, se levant en faveur du pape, le restaureront sans qu'on tire un coup de fusil. (*Interruptions diverses.*)

Savez-vous, citoyens, pourquoi le Gouvernement pense ainsi ? C'est qu'il a préparé lui-même le dénouement et en a été jusqu'ici complice. Je vais le démontrer.

Depuis trois mois, depuis que la république romaine est proclamée, le Gouvernement, il vous l'a dit, n'a pas voulu reconnaître les ambassadeurs.

Où a été son représentant ? A Gaëte, près du souverain expulsé de ses états. Que faisait-il à Gaëte ? Il s'y tenait un congrès européen, et dans ce congrès on a décidé, présent l'ambassadeur de France, qu'on restaurerait le pape par les armes. Et, depuis cette époque, les membres du sacré collége qui se trouvent près du pape ont travaillé sourdement les populations romaines pour jeter la discorde dans leur sein. (*Interruption.*)

Oui, on a compté qu'on aurait raison des populations par l'intrigue d'abord, et c'est alors qu'on vous déclare que, quand le pavillon français apparaîtra en rade de Civita-Vecchia ; quand le drapeau tricolore flottera sur la terre italienne ; quand, par suite de ses malheurs, les populations auront été ainsi préparées ; on est sûr à l'avance que le pape sera restauré sans qu'il y ait un seul coup de fusil tiré. (*Mouvements en sens divers.*)

(*A droite : Quel malheur y aurait-il ?*)

J'entends dire d'un certain côté de l'Assemblée : « Après tout, quel malheur ? »

Je demanderai à ceux qui m'interrompent ainsi s'ils

reconnaissent la souveraineté du peuple. (*Oui! oui!*)

On me répond qu'on reconnaît la souveraineté du peuple. Singulière souveraineté vraiment que celle qui va s'exercer entre les divisions françaises d'un côté, et les baïonnettes autrichiennes de l'autre ! Non, cela ne peut pas être sérieux. Je défie l'un de vous, ayant prêté serment à la constitution...

(*Quelques membres : On n'a pas prêté serment !*)

(*Interruption.*)

Je dis que je porte le défi à aucun de ceux qui ont voté la constitution, si vous le voulez, de monter à cette tribune pour soutenir.... (*Nouvelle interruption à droite.*)

Mon Dieu ! messieurs, si vous trouvez que la question est assez éclaircie, je suis prêt à me retirer. (*Parlez !*)

Je dis donc que je défie aucun de ceux qui ont voté la constitution de monter à cette tribune et d'expliquer comment, en présence de l'art. 5 qui déclare que jamais les forces françaises ne seront contre la liberté d'un peuple, on peut concilier le texte avec l'intervention qu'on fait, dans ce moment-ci, contre la liberté du peuple romain. (*Approbation à gauche. — Réclamations à droite.*)

Citoyens, est-ce que par hasard... (*Bruit à droite.*)

Je le déclare nettement, si c'est un parti pris.... (*Exclamations à droite. — Interruption prolongée.*)

(*Le président rétablit le silence.*)

Je me demande si, par hasard, et ici je ne veux blesser personne, vous ne seriez pas vous, citoyens, l'expression du vœu du peuple français. Vous prétendez que cette expédition ne va pas porter atteinte à la liberté du peuple romain. Mais vous ne savez donc pas qu'il a été distribué à chacun de vous un appel fait par les représentants du peuple romain.... (*Oh ! oh!*)

Ah ça! vraiment, je déclare que, pour mon compte, je n'y comprends plus rien. (*Rires et nouvelle interruption.*)

(Plusieurs membres : Parlez! parlez!)

Je parlerai quand on m'écoutera.

Je dis ceci, et, au lieu de rire, je demanderais qu'on me répondît, ce qui, peut-être, serait beaucoup moins facile. *(Rumeurs à droite.)*

Je vous dis que les représentants du peuple romain se sont adressés à vous pour vous demander d'intervenir en faveur de la république qu'ils avaient constituée. Je vous dis un fait, et vous riez! A ce fait, j'ajouterai : Pourquoi ces représentants ne seraient-ils point aussi sacrés dans leur vote, dans leur action, aussi inviolables, aussi respectés que vous? *(Réclamations diverses.)*

(Le président invite l'Assemblée à s'abstenir d'interruptions.)

L'honorable M. Molé, ce soir, m'a interrompu cinq fois.

(Le citoyen Molé : Moi! pas du tout!)

Je vous demande pardon, votre pétulance est telle que vous pourriez demander la parole et monter à cette tribune.

Dans cette espèce de dialogue qui a lieu, car ce n'est point un discours, dans cette espèce de dialogue, je tiens à constater un fait, et, quelles que soient les clameurs, je veux le constater : c'est que les envoyés romains, envoyés officiels, les représentants du peuple, nommés par le suffrage universel comme vous, aussi sacrés à mes yeux que vous, j'y insiste, se sont adressés à vous pour vous demander d'intervenir au profit de la liberté, au profit de la république qu'ils avaient constituée.

Eh bien, je vous dis que les interruptions ne peuvent pas changer l'ordre logique de mes idées. Qu'on monte à cette tribune et qu'on m'explique comment, quand un peuple vous fait un appel pour sa liberté, en envoyant les forces militaires pour le comprimer et lui arracher le gouvernement qu'il a établi, on peut dire que ce n'est pas là la violation la plus scandaleuse de la constitution! *(Très bien!)*

Oui, à mes yeux, cette intervention faite contre le vœu légitime, exprimé légitimement, de la population romaine qui, jusqu'à présent, malgré les intrigues, n'en a pas exprimé d'autres, est une violation de l'article 5 de la constitution française. Il faut qu'on le sache, pour que la responsabilité pèse tout entière sur vous.

Maintenant, citoyens, que vous a dit le président du conseil?

Il vous a dit : Dans la situation grave où se trouve la péninsule italique, il y avait trois partis à prendre : le premier parti, c'était le parti logique, mais que nous n'adoptons pas, c'est le parti de la guerre, c'est le parti qui dirait à l'Autriche : Vous n'interviendrez pas, ou, si vous intervenez, comme vous violez une nationalité que nous avons juré, nous, dans notre constitution, de défendre, alors nous interviendrons à notre tour ; notre armée sera en présence de la vôtre, pour faire respecter la nationalité des peuples. De ce premier parti, on n'en veut pas.

Il y a un second parti diamétralement opposé, celui de l'abstention absolue ; le Gouvernement n'en veut pas non plus. Il dit : Ce parti ne serait pas digne pour la France ; il ne peut pas être permis à un grand pays de laisser des faits considérables s'accomplir dans le monde, changer l'équilibre européen, sans qu'à l'instant il intervienne pour y dire son mot et y jouer son rôle.

Et alors le Gouvernement de vous dire : C'est le dernier parti que nous adoptons, c'est le parti des intérêts français ; nous voulons que, si l'Autriche intervient pour restaurer le pape, nous assistions à cette restauration pour empêcher, autant que possible, le retour des événements funestes que nous avons vus s'accomplir lors du sac de Milan, de Brescia et d'autres villes.

Quant à moi, je ne dirai rien pour le moment du parti de la guerre, je ne parlerai pas du parti diamétralement opposé, je ne dirai qu'un mot du parti adopté par le Gouvernement, et je lui demanderai d'abord jusqu'où il ira, où il s'arrêtera, et si le parti qu'il appelle le parti de l'influence n'est pas le parti de la guerre malgré lui.

Oui, le dernier parti, le parti que vous prenez est le parti de la restauration papale, c'est-à-dire le parti des prétentions religieuses contre la souveraineté des peuples ; ou si ce n'est pas cela seulement, c'est la guerre, car, vous le savez, ce que l'Autriche veut, c'est le rétablissement du pape ; à Gaëte, depuis trois mois, elle ne joue pas d'autre rôle. Vous consentez donc à la restauration du pape ? Ce sera une désertion, une violation de la constitution dans son art. 5. (*Oui ! oui — ! non ! non !*)

Je ne répondrai pas encore à ce mouvement de l'Assemblée ; cependant je la supplierai de vouloir bien se rappeler cet enchaînement de raisonnements.

Encore un coup, dans ce pays, les représentants jusqu'ici n'ont demandé qu'une intervention au profit de la république ; vous avez déclaré dans votre constitution que vous n'interviendriez pas contre la liberté des peuples, et vous intervenez contre cette liberté : donc vous violez cette constitution. (*Dénégations à droite. — Assentiment à gauche.*)

Je reprends mon raisonnement, et je vous dis : Vous avez embrassé une conduite qui, à mes yeux, vous mène — qu'on me permette cette expression, c'est une hypothèse, j'aime à croire encore que ce n'est qu'une hypothèse — vous mène directement à une lâcheté ou à une guerre avec l'Autriche. (*Rumeurs à droite.*) Oui, à une lâcheté, car si l'Autriche veut vous imposer le pape à des conditions que vous ne voudriez pas, de deux choses l'une : ou il faudra subir les conditions de l'Autriche, et alors vous abaissez l'honneur français ; ou, au contraire, vous résisterez à ces conditions, et alors vous avez fatalement la guerre. (*Mouve-*

ment.) Oui, vous avez la guerre ! Et dans quels termes, dans quelles conditions avez-vous la guerre ? Après avoir violé le principe de votre propre constitution et de votre propre Gouvernement ; non pas pour défendre les peuples, mais pour les opprimer, c'est-à-dire dans les conditions les plus funestes.

Maintenant vous dites : La guerre avec l'Autriche est redoutable, vous l'avez dit dans une des dernières séances, et cette pensée germe dans vos cœurs, car autrement vous ne craindriez pas la guerre.

D'abord, vous vous trompez ; quand un gouvernement comme la France sait faire sentir le poids de sa volonté, on la respecte.

Si nous regardons, nous, à deux fois pour avoir la guerre, croyez-vous que les autres peuples n'y regardent point aussi ? Croyez-vous que le souvenir de la gloire française n'ait pas laissé de traces? Croyez-vous que la puissance de notre armée si courageuse, si formidable ne les préoccupe point aussi ?

Il faudrait donc laisser de côté, dans une discussion de cette gravité, une pensée qui plane toujours dans cette enceinte, la pensée de la peur. (*Rumeurs à droite.* — *Adhésion à gauche.*)

La guerre, dites-vous, elle est à craindre, car ce serait une guerre européenne que celle qui commencerait aujourd'hui avec l'Autriche ; derrière l'Autriche, nous voyons massée cette formidable armée russe qui, incontestablement, entrerait en lice avec elle.

Voici ma réponse : Vous le savez aussi bien que moi, l'Autriche n'a jamais été si faible et si chancelante qu'aujourd'hui. Vous le savez aussi bien que moi, elle éprouve des revers constants, quoi qu'on en dise, dans la Hongrie. Ces Hongrois si vaillants, qui se rapprochent chaque jour jusqu'au cœur de ses états et si près de sa capitale, croyez-vous qu'elle ne s'en préoccupe pas? Croyez-vous que ces armées russes, repoussées par le brave Bem, croyez-vous que les armées russes n'y regardent point à deux fois à venir secourir l'Autriche comme vous le prétendez? Or la question est celle-ci : au moment où vous paraissez redouter l'Autriche, la puissance de l'Autriche, l'Autriche est chancelante, et il suffirait de lui parler le langage de la raison, pour qu'elle le comprît, sans avoir la guerre.

Mais après tout, citoyens, est-ce que ce n'est pas faire par trop bon marché du droit de je ne sais quoi d'éternel qui frappe tous les hommes? Est-ce que quand vous viendrez dire à l'Autriche : Voilà un peuple qui est indépendant, il ne s'agit point en ce moment seulement du duché de Toscane ou des états lombardo-vénitiens, sur lesquels vous avez des prétentions que je ne veux pas encore examiner, je les réserve, il s'agit d'un droit, d'un droit éclatant comme la lumière; du droit d'un peuple qui s'est levé, qui a fait appel à sa souveraineté, qui a prononcé sur son sort, et chez lequel, vous, Autriche, vous ne pouvez pas intervenir, est-ce que vous croyez que l'Autriche n'y réfléchira pas?

Quand on est fort du sentiment du droit, du droit éternel, de cette religion qui, pour ainsi dire, survit à toutes les religions qui tombent, on est puissant, et, dans ce cas, on ne doit pas redouter la guerre, la force matérielle. Lorsqu'on a la raison pour soi, on peut parler le langage de la raison, et essayer de le faire prévaloir.

Mais ce n'est pas là ce que vous essayez; vous dites, au contraire : Nos soldats, jetés sur la terre italienne, appelleront toutes les sympathies des peuples à eux, et alors ces peuples se donneront un gouvernement, un gouvernement qui ne sera peut-être pas le gouvernement de la République, mais un gouvernement que nous accepterons, quelle que soit sa forme.

Voyez-vous d'ici, citoyens, le rôle que vous allez faire jouer à nos armes?

Comment, voilà ces hommes qui sont les fils des vainqueurs de Rivoli, des vainqueurs de Lodi, les vainqueurs de Castiglione, les voilà qui aujourd'hui vont aller combattre, non pas pour les peuples ou pour leurs libertés, mais combattre contre les peuples, souiller la gloire de leurs pères, devenir, eux, les fils de héros, des soldats de la foi, des soldats du pape !

(*Une voix : un cierge et un parapluie... voilà de quoi on veut armer nos soldats !*)

Ah ! permettez-moi de vous le dire, il ne faut pas jouer avec de pareils souvenirs et les mettre en présence d'un pareil abaissement. Qui vous dit donc que, sur cette terre italienne, le soldat français, électrisé par les sentiments de liberté qu'il emportera de chez nous, obéira aux ordres de compression qu'on lui aura donnés ? Qui vous dit donc que ce soldat, devenu citoyen, réfléchissant, voudra obéir d'une façon aveugle, muette, quand même, à de certains ordres que vous lui aurez donnés ? (*Murmures à droite. — Exclamations au banc des ministres. — Bravos à gauche.*)

Citoyens, je ne dirai plus qu'un mot ; mais avant de descendre de la tribune je veux jeter cette dernière pensée dans vos esprits : Il est grave, mille fois grave pour un gouvernement de marcher à l'encontre de ses principes ; il est périlleux pour un gouvernement de vouloir étouffer du pied des germes de la même origine que ceux qui l'ont fait naître ; oui, cela est dangereux ! Rappelez-vous le gouvernement sorti de la révolution de juillet. Tout ce que nous voyons ici n'est pas nouveau ; il semble que nous n'ayons changé que les noms, et que la plupart des hommes soient restés les mêmes. Après 1830 il y eut une explosion de liberté partout ; et après 1831, que faisait-on dans un moment semblable à celui-ci ? Louis Philippe, son gouvernement, qui avaient promis secours, assistance aux populations, manquaient, pour entrer dans la famille des rois, aux engagements donnés !

Que disait-on alors ? Ce qu'on dit aujourd'hui : il faut intervenir par des influences. Pour quoi faire ? Pour préserver les patriotes. Cependant, rappelez-vous le supplice de Menotti ; rappelez-vous les engagements pris par la cour papale, pris par des cardinaux, et puis tous les patriotes décimés, exécutés ! Voilà le sort qu'on réserve aux républicains du dehors : est-ce pour mieux faire comprendre que ce sort peut atteindre les républicains du dedans ? (*Approbation à gauche.*)

Il faut le dire, c'est là une grande responsabilité.

Vous ne pouvez sortir de cette situation, encore un coup, que par une lâcheté ou par la guerre ; oui, par la guerre. Eh bien, la guerre, ferez-vous comprendre à ce peuple de France, ferez-vous comprendre à ces commerçants qu'on puisse la faire après avoir engagé 12 000 hommes ? Supposez, en effet, supposez que le sol italien vomisse des défenseurs....

(*Une voix : Vous les comparez à vous.*)

Citoyens, je suis étonné de cette interruption. Le volcan vomit des laves et des flammes, et le sol peut vomir des soldats. (*Approbation à gauche.*)

Eh bien, je vous le dis, supposez que l'Italie multiplie ses défenseurs ; supposez qu'elle résiste ; supposez que l'Autriche, d'autre part, vous fasse de dures conditions ; qu'est-ce que 12 000 hommes dans une condition semblable ? Ce n'est pas 12 000 hommes qu'il faut jeter en Italie, vous ne pouvez pas les faire battre en retraite ; c'est une armée, une armée tout entière.

Et si Vienne venait à faire sa révolution, qu'est-ce que c'est, je le répète, que cette armée de 12 000 hommes ? C'est une lâcheté, ou c'est une guerre insensée ; et si c'est une guerre entreprise contre les intérêts de la liberté, contre nos intérêts, il est certain que vous faites peser sur vous la plus capitale, la plus grave de toutes les responsabilités.

Maintenant, citoyens, un dernier mot (*Ah ! ah !*), oui, un dernier mot.

Je vous demande de répondre catégoriquement à ceci : Est-ce une restauration du pape que vous voulez? Ayez le courage de le dire ; sortez des nuages ; rejetez les voiles. Si c'est une restauration du pape, il faut que le pays le sache bien ; car, j'en suis convaincu, loin de s'associer à vous, le pays tout entier se soulèverait à une pareille idée. (*Exclamations à droite. — Assentiment à gauche.*)

Oui, le pays s'associerait à nous comme en 1831.

Il a marché un instant derrière M. Odilon Barrot. En 1831, évidemment, la question était la même, et quand on a formulé cette fameuse association qui a été poursuivie, que disait M. Odilon Barrot? Il disait ceci : (*Rumeurs à droite. — A gauche : Écoutez ! écoutez !*)

M. Odilon Barrot vous disait qu'il fallait *se souvenir*. Eh bien, je me souviens, et je crois que l'Assemblée ne peut pas éviter une opinion qui a gravité dans la question.

En 1831, quand on formait cette fameuse association qui a été poursuivie, M. Odilon Barrot répondait : « En présence de la molle attitude du Gouvernement à l'égard de la liberté du peuple à l'étranger, nous avons le droit de nous associer pour défendre cette liberté, car il ne faut pas oublier que la coalition de 1792 se reforme contre nous, formidable, écrasante ; c'est pour cela que nous avons constitué notre association ». C'est au nom des mêmes principes, c'est au nom des mêmes sentiments que je vous conjure de faire cesser cette agitation qui paraît vous dominer.

Prenez bien garde à la décision que vous allez prendre ; je le répète, ce n'est pas la paix, c'est la guerre peut-être, et

la guerre dans les plus détestables conditions, la guerre malgré vous, la guerre malgré votre constitution. Oui, ce sera
la guerre, et si ce n'est pas la guerre, c'est une trahison.
(*Vive approbation à gauche. — Agitation.*)

LXIX

DÉNONCIATION A L'ASSEMBLÉE NATIONALE

DE L'ATTENTAT COMMIS LA VEILLE A MOULINS, SUR LA PERSONNE DE L'ORATEUR
AU SORTIR D'UN BANQUET POLITIQUE

(2 mai 1849)

CITOYENS,

Un fait grave vient de se passer; une tentative criminelle a été faite contre trois représentants du peuple,
contre trois membres de cette Assemblée. De nombreux
amis qui l'ont appris m'engagent à vous en entretenir
tout de suite; je vais le faire avec toute l'exactitude, toute
la sincérité dont je suis capable. Si, par hasard, ma
mémoire me faisait commettre une erreur involontaire, je
serais trop heureux qu'on me fournît les moyens de la
rectifier.

Après un banquet dont m'avait honoré la ville de
Châteauroux, au nom du département de l'Indre, je fus
convié à un banquet qui devait avoir lieu à Moulins, dans
l'Allier. Ce banquet était donné le mardi, à deux heures.
Lorsque j'arrivai, le lundi soir, ma venue fut accueillie par
les vivats de 8 ou 10 000 personnes qui me conduisirent
des barrières jusqu'à la maison du citoyen Mathé, mon
collègue. Le lendemain, mardi, la population ouvrière de
la ville se rendit en grand nombre au lieu du rendez-vous
où se pressèrent bientôt les habitants des campagnes, en

tout au nombre d'environ 5000 personnes. Le banquet
se donnait dans un jardin clos ; mais ce jardin était dominé
par un boulevard où il pouvait tenir environ 10 000 personnes. De là on voyait parfaitement, mais les paroles
ne devaient point y être clairement entendues. Le programme du banquet fut suivi, tous les discours furent
prononcés ; à intervalles, on entendait du boulevard quelques protestations systématiques et organisées qui avaient
pour but de couvrir la voix des orateurs. Ce stratagème ne
réussit pas.

On vint bientôt nous apprendre du dehors que de l'argent
était distribué ostensiblement par des meneurs légitimistes,
car vous savez que Moulins est une ville d'aristocratie, qui
en contient beaucoup.

Ils étaient là sur le boulevard, l'œil, le geste provocateur, excitant de pauvres enfants, leurs propres serviteurs
en livrée. Leurs noms, on les prononçait, je ne veux pas
les dire ici, on les connaîtra bientôt. Ils voulaient, assurait-
on, engager une collision au moment où les convives
sortiraient du banquet. Je l'ai dit, les paysans étaient
arrivés avec un ordre admirable, précédés de leurs bannières, venant de 8, 10, 15 lieues de distance. La première
bannière qui sortit fut celle de Montluçon : au moment où
elle franchissait la grille, quelques hommes voulurent
s'emparer du drapeau ; à l'instant même il fut repris par
le frère d'un de nos collègues, Fayolle ; la hampe fut cassée,
l'irritation se peignait sur les visages ; mais, à ce moment,
nous recommandâmes au peuple qui avait assisté là avec
nous le calme le plus parfait, le sang-froid le plus absolu,
en lui disant : Vous allez passer au milieu d'ennemis, ne
dites rien ; laissez-vous insulter, allez jusque-là. Ne répondez pas ; notre cause ne peut que gagner à une si
odieuse provocation. (*Bravo ! bravo !*)

Vous savez en effet, citoyens, ce que sont les habitants

de la campagne, vigoureux, fiers du drapeau. La contrainte, la résignation furent donc difficiles. Eh bien, malgré de misérables excitations, nous fûmes assez heureux pour qu'il n'y eût pas de collisions ; seulement ils enlevèrent des mains des provocateurs quelques-unes de ces massues flexibles à deux bouts qu'on avait eu l'audace de brandir sur eux : elles figureront parmi les pièces de conviction.

On s'écoula donc avec le plus grand calme, car 5000 personnes, bien compactes, ne sont pas faciles à arrêter ; elles impriment le courant et ne le reçoivent pas : elles me reconduisirent jusque chez moi. Les royalistes en avaient été pour leurs frais. Là je les ai engagées à regagner leurs campagnes, à ne pas rester dans la ville; elles défilèrent devant moi; je puis affirmer qu'il en resta bien peu, peut-être pourrais-je dire pas du tout.

Je le répète : de leur part, pas un cri contraire à la constitution, pas le moindre désordre.

Le préfet ayant appris qu'au sortir du banquet, on avait pu redouter la collision provoquée par les royalistes, crut devoir faire battre le rappel : il fit assembler un escadron de chasseurs. Quelques patrouilles furent faites ; mais bientôt préfet et général rentrèrent à leur hôtel, le calme n'étant pas troublé. A ce moment j'étais retenu chez le citoyen Mathé; il était environ quatre heures. De quatre heures à sept heures et demie, je demeurai chez lui, en famille. Ces détails ne sont pas inutiles; bientôt vous allez le voir.

J'avais commandé pour huit heures moins un quart les chevaux. Nous montâmes six dans une voiture ; trois représentants, Fargin-Fayolle, Mathé et moi ; trois autres personnes devant : les citoyens Baronnet, Mathis et Martin, avocat de la Châtre. Nous franchissions la ville au trot, assez rapidement.

Vers le milieu de la ville, quelques ouvriers, en très petit

nombre, quatre ou cinq, crièrent : *Vive la République!
vive Ledru-Rollin! vive la montagne!* De la main, de la
voix, je les engageais amicalement à se retirer, en leur
disant que la démonstration était finie, qu'il ne fallait
fournir aucun prétexte.

A peine débouchions-nous sur la place de l'Hôtel-de-Ville,
que nous vîmes 150 à 200 gardes nationaux, pompiers,
artilleurs, rangés en bataille, tous en uniforme.

La voiture n'avait pas eu le temps de paraître, que plusieurs d'entre eux s'étaient précipités à la tête des chevaux;
ils avaient, d'un mouvement, détourné le timon de la voiture pour l'empêcher de partir, et nous n'avions pas eu le
temps d'ouvrir la bouche, que nous fûmes couchés en joue;
d'autres dirigeaient leurs baïonnettes sur nous, d'autres
la pointe de leurs sabres, ils poussaient d'horribles voci-
férations : *A bas les brigands! à bas les rouges!* qu'on les
descende *et qu'on les fusille sur place* avant que le peuple
ait le temps d'accourir. (*Sensation profonde et universelle.*)

J'affirme devant Dieu que, loin de les insulter, nous ne
les avions même pas regardés, étant tout entiers, mes amis
et moi, aux regrets de nous quitter au premier relai; et
cependant des projectiles, pierres, balles de plomb avaient
été lancés contre notre voiture, les glaces brisées, des coups
de baïonnette portés dans les panneaux et dans la capote,
qui en porte les traces; les canons de fusil toujours en joue;
un d'eux me cherchant particulièrement, qui fut paré par
le citoyen Baronnet qui le détourna en s'emparant de la
baïonnette, dont il reçut deux coups qui traversèrent ses
habits. La caisse se trouvait percée d'un coup de baïonnette
à l'endroit où était assis le citoyen Mathis, avocat. Un coup
de sabre fut dirigé sur moi avec tant de violence par un
lieutenant, je crois, que, paré avec mon manteau, il n'en
fit pas moins une large entaille au cuir de la voiture, à la

hauteur du côté. Fayolle et Mathé, mes collègues, me cou-
vrirent de leurs corps. Ce fut alors que, pour m'atteindre
autrement, deux coups d'épée, dirigés par derrière, à la
hauteur de mes épaules, percèrent le cuir et la doublure
de la calèche, et effleurèrent mes vêtements. Je n'y échap-
pai qu'en bondissant en avant.

Hélas! comment échapper à tant d'assaillants, pressés et
sans armes. Une scélératesse de ces lâches nous sauva.
Pour faire abandonner les guides au postillon, ils lui as-
sénèrent un coup violent sur la main, la bouche des chevaux s'en ressentit, et l'un d'eux fut piqué en même temps
par un tel coup de baïonnette, qu'ils partirent comme
l'éclair. Nous étions sauvés! Je me trompe, un dernier
danger nous attendait; la voiture était visée, quand un
ouvrier typographe, Louis Dourlan, dont le courage doit
être honoré par tous les gens de cœur, s'élança sur le
marchepied, couvrit le derrière de la voiture de son corps
et montra sa poitrine aux balles qui n'osèrent le frapper.
(*Sensation prolongée. — Une voix : C'est le parti de la
modération !*)

Je demande de ne pas être interrompu, même par les
approbations de mes amis. Dieu m'est témoin que je raconte les faits en me recueillant dans ma conscience, et
comme je le ferais dans le sanctuaire d'un tribunal.

S'il ne se fût agi que de moi, je n'aurais pas pu me décider à dérouler devant vous cette horrible scène; c'est si
pénible, si humiliant pour son pays; mais il ne s'agit pas
de moi, mais de nous tous, mais de l'indépendance du représentant. Ce qu'un parti fait aujourd'hui, demain un
autre, bien plus nombreux, le fera peut-être...

Le représentant Flocon : Non, il ne le fera pas.

*C'est bon pour les royalistes; jamais les républicains ne
le feront. (Agitation.)*

On a mal compris ma pensée. Je dis que si des faits

aussi sauvages n'étaient pas éclaircis, que si une enquête n'était pas ordonnée, ils pourraient amener, ils amèneraient des représailles dans le parti contraire, le parti innombrable du peuple. Au nom de l'humanité, au nom de la civilisation, oui, je demande que ces faits soient vérifiés. (*Approbation générale.*)

Encore un mot : Dans l'enquête on établira que, par ces provocateurs incorrigibles dont je parlais, qui sont de toutes les royautés parce qu'ils ne savent vivre qu'en parasites, l'argent était distribué sur place; vingt, trente personnes l'ont vu, que cet argent a été distribué pour provoquer à une rixe sanglante; que ces gardes nationaux ont été des gardes nationaux choisis parmi des séides qu'ils ont organisés et qu'ils soudoient; qu'on a, en dehors du rappel, été les recruter à domicile.

Oui, une enquête est indispensable. (*Oui! oui!*) Mais une enquête faite sur les lieux, contre la garde nationale, contre les amis, les parents de ceux-là même qui sont les juges; permettez-moi de le dire, quelle que soit leur impartialité, ils sont des hommes et sous la robe leurs sentiments de famille ne s'étouffent pas.

Si nous voulons avoir une enquête sérieuse, véritable, il faudrait, comme en Angleterre, une enquête faite par délégation de l'Assemblée. Il s'agit d'un attentat contre trois représentants; je me trompe, il s'agit de tous les représentants; il s'agit de la représentation nationale. (*Oui! oui!*)

Eh bien, pour effacer l'influence locale, élevons jusqu'à nous les pratiques habituelles de la justice, ordonnons que ce soit par une enquête dirigée par l'Assemblée que les faits seront éclaircis. (*Mouvement.*) J'aime à croire alors que l'on trouvera quelques meneurs, quelques instigateurs seulement, puis le reste composé d'hommes entraînés par la misère, et cédant à l'argent ou à l'ivresse. Non, ce ne peut pas être une horde d'assassins, la garde nationale, la bourgeoisie d'une ville dont le peuple s'est montré si calme, si maître de lui, si noble dans la manifestation dont il a bien voulu m'honorer. (*Mouvement prolongé. — Vive agitation.*)

LXX

DISCOURS PRONONCÉ A L'ASSEMBLÉE NATIONALE

POUR APPUYER LES INTERPELLATIONS FAITES AU GOUVERNEMENT
AU SUJET DE SA CONDUITE DANS LES AFFAIRES D'ITALIE

(9 mai 1849)

CITOYENS,

Maintenant que ce débat est commencé, j'avoue que, pour mon compte, je n'en comprends l'ajournement à demain qu'après une préalable et énergique protestation.

On vous dit que peut-être des dépêches, dont la marche est aujourd'hui entravée, arriveront demain, et que, si elles arrivent, alors on pourra faire des communications et discuter.

Arriveront-elles demain d'abord ? Et en supposant qu'elles arrivent demain, en quoi cela pourrait-il modifier l'exécution du vote que vous avez rendu avant-hier ?

Vous avez déclaré qu'une politique serait suivie, politique contraire à celle du ministère. Je le répète, en quoi les faits venus de l'extérieur pourront-ils changer l'ordre du jour que vous avez voté à une grande majorité, et dont l'exécution doit avoir lieu, à peine, il faut le reconnaître, de porter atteinte à votre dignité. Je le dis encore, à mes yeux, le débat ne peut être ajourné quant à sa solution, qu'autant qu'il aura été d'abord répondu à M. le président du conseil, puisque M. Grévy n'a pas jugé à propos de le faire. Je demande à l'Assemblée qu'elle veuille bien m'accorder quelques minutes. (*Parlez ! Parlez !*)

Deux questions avaient été posées :

1° La lettre qui a été insérée était-elle connue du cabinet ? Renferme-t-elle sa politique ?

2° Le vote de l'Assemblée sera-t-il exécuté par le cabinet, et déjà le cabinet a-t-il donné les ordres nécessaires ?

Le ministère répond en ce qui concerne la lettre. C'est quelque chose de particulier, de privé : le cabinet ne la connaissait pas ; il n'y a pas donné son attache. En conséquence, cette lettre ne renferme pas sa politique. Qu'importe ? si elle exprime la politique du président, qui est responsable au même titre que les ministres ! (*Mouvement.*)

Et d'abord, qu'il me soit permis de m'étonner qu'on appelle une pareille dépêche quelque chose de privé et de confidentiel.

Quoi ! voilà un président de la République, responsable comme vous, pouvant avoir une politique comme vous en avez une, qui s'adresse à un général en chef, pour lui dire : quoi ? « Dites à vos soldats que je partage leurs peines.... (*Mouvements divers.*) Dites à vos soldats que je partage leurs peines, que j'apprécie leur bravoure, et que des renforts leur seront envoyés....

(*A droite : Très bien !*)

J'entends répondre par quelques membres de ce côté : « Très bien ! »

La question n'est pas encore de savoir si c'est très bien ou très mal, j'y viendrai ; mais vous ne me ferez pas devancer ma discussion. La question, à l'heure qu'il est, est celle-ci : La lettre est-elle, comme on l'a prétendu pour l'excuser, une chose confidentielle, ou, au contraire, est-ce quelque chose d'officiel ?

Non, cette lettre n'est point confidentielle ; ses termes le

prouvent, puisque le signataire dit au général : « Vous
direz à vos soldats que j'apprécie leur bravoure, que des
renforts leur seront envoyés. » Or, comment un général
communique-t-il avec ses soldats ? Par un ordre du jour à
l'armée. Voici donc que le général en chef mettra à l'ordre
du jour la lettre du président de la République, et vous
dites que c'est là un acte indifférent, qui n'a pas le caractère officiel des actes contre-signés par le cabinet ! Mais
vous raisonnez ainsi dans une hypothèse qui est celle du
passé, de la monarchie, et qu'on ne saurait admettre sous
la République. Je comprenais parfaitement cela sous la
royauté, quand il y avait un roi irresponsable et inviolable; mais quand il y a un premier magistrat responsable ?

J'adjure la majorité de l'Assemblée de déclarer si, en
effet, tel n'a pas été son sentiment. Oui, certainement ; elle
ne voulait pas autre chose. Dans une partie de la droite il
pouvait y avoir des membres qui eussent un autre espoir au
plus profond du cœur ; mais je parle de ce qu'a voulu la
majorité. Nos troupes ne pouvaient donc entrer à Rome que
dans ces deux circonstances, et pour prévenir des catastrophes. Voilà ce que vous avez voulu lors du premier vote.
(*Oui! oui! — Très bien!*)

Ainsi, citoyens, nous sommes tous d'accord. Je vois qu'en
interprétant ainsi le vote de l'Assemblée, je suis dans le
vrai et dans le vif de la question. (*Oui ! oui !*)

Eh bien, maintenant, qu'est-il arrivé ? Il est arrivé qu'une
fois le vote rendu par l'Assemblée, il a été dénaturé, méconnu, au mépris de votre pouvoir souverain et de votre
dignité.

On arrive à Civita-Vecchia ; que fait-on ? Une première
proclamation, laquelle a pour objet de déclarer que nous
entrons fraternellement; et puis, quand la population nous
a accueillis, nous désarmons la population, nous nous
emparons des fortifications, et alors le général comman-

dant fait une proclamation nouvelle qui n'a plus le même sens, qui ne comporte plus les mêmes principes et les mêmes idées que la première ; et puis, sans attendre que Rome ait appelé l'armée française, sans attendre l'intervention autrichienne ni napolitaine ; au contraire, malgré les protestations les plus énergiques du consul de Civita-Vecchia ; malgré les protestations solennelles, suprêmes de la Constituante romaine, nous allons essayer de nous emparer de Rome.

Eh bien, c'est cette conduite violatrice de la Constitution française, c'est cette infraction à la politique de l'Assemblée que vous avez voulu condamner dans votre ordre du jour d'avant-hier ; quand vous avez compris que le Gouvernement vous avait trompés, vous vous êtes soulevés d'indignation et vous avez décrété que, sans délai, l'expédition serait ramenée à son but primitif.

Voilà ce que vous avez voulu, n'est-ce pas ? (*Vive approbation à gauche.*)

Eh bien, si ces faits sont exacts, citoyens, nous n'avons pas besoin de dépêches pour savoir si, oui ou non, votre volonté toute-puissante a été obéie.

Que lit-on, en effet, dans cette lettre du président ? En voici l'esprit : « Vous aurez des renforts ; persévérez dans votre conduite, je l'approuve. » Ici je passe par-dessus la tête du cabinet ; je m'adresse au premier magistrat de la République et je lui dis : « Comment ! vous écrivez cette lettre cinq jours après la dépêche télégraphique ! Quoi ! pour féliciter le général, vous attendez cinq éternels jours, et c'est le lendemain même du vote de l'Assemblée, que venant démentir, effacer ce vote, vous déclarez que vous enverrez des renforts ! » *Très bien ! très bien !*)

Vous voyez que je vais droit au fait. Je fais le moins possible de phrases, je rappelle des faits et je conclus.

Oui, le lendemain du vote de l'Assemblée, qui n'ordondait pas précisément de faire ramener nos troupes à Civita-Vecchia, c'est vrai — on ne l'a pas dit, car on s'effrayait peut-être de l'immense responsabilité d'une armée battant en retraite — mais le lendemain d'un vote qui exigeait au moins que l'armée n'entrât point à Rome, qu'elle n'étouffât pas la République… vous, président, vous avez la témérité d'écrire officiellement : « Persévérez, vous aurez des renforts. »

Citoyens, agir ainsi, c'est déchirer votre décision, trahir la République. (*Vive approbation à l'extrême gauche et sur divers bancs.*)

Citoyens, je n'abuserai pas de la tribune, les circonstances sont trop graves ; je ne veux plus dire que quelques mots, et ceci non plus en réponse au président de la République, mais en réponse au cabinet.

On vous a dit : « Nous voulons exécuter sincèrement la résolution de l'Assemblée ; nous nous inclinons devant elle, nous avons pour elle un grand respect. »

On sait ce que valent ces banales protestations ; il est certain pour tout homme impartial que le reste du discours, à l'insu, si vous le voulez, du président du conseil, était un moyen d'éluder votre décision même dans ce qu'elle a d'impérieux : le respect de la république romaine et de la grande cité des souvenirs.

On vous a dit, en effet : Rentrer à Civita-Vecchia ! Nous ne nous y sommes pas engagés ; nous aurions déclaré que nous n'obéirions pas. Ce que nous avons compris, c'est que l'échec de l'armée française serait réparé.

Président et ministres, sachez-le bien, l'échec des armes françaises, en cette circonstance, n'est pas honteux pour elles. (*Non ! non ! — Rumeurs diverses.*)

Non, non, quelques soldats ont beau se récrier ici, l'échec des armes françaises ne sera pas honteux pour elles…. (*Non ! non ! — Nouvelles rumeurs.*)

(*Le général Lebreton : Ils ne se récrient pas, ils disent comme vous.*)

J'entends un brave général dire qu'ils ne se récrient pas, qu'ils disent comme nous. Je l'en remercie pour l'honneur bien entendu de notre nation. (*Très bien !*)

Ce qui est une honte dans l'histoire d'un peuple libre, c'est une bataille livrée pour étouffer la liberté et anéantir une république. Ce qui est une honte, c'est que, quand un peuple allié, frère, vous appelle à lui, on cherche à exciter des dissensions dans son sein, le patriotisme des honnêtes gens, comme on les appelle, pour extirper le principe du suffrage universel. Voilà ce qui est une honte ineffaçable ! (*Approbation à gauche.*)

Ah ! nous ne comprenons pas d'une façon étroite la gloire de l'armée, nous : une bataille n'est pas seulement gagnée parce qu'on a le terrain, elle n'est gagnée, à nos yeux, que quand elle est juste et sainte dans la cause des peuples. (*Nouvelle approbation à gauche.*)

Est-ce ainsi que le cabinet a compris l'exécution de votre ordre du jour ?

Il vous dit : Nous interviendrons à Rome au profit de la liberté en ce sens que nous voulons empêcher la restauration de tous les préjugés, du vieil absolutisme.

Voulez-vous me permettre de vous rendre ma pensée d'une manière vulgaire ? Eh bien, c'est là du juste milieu. Vous appelez liberté celle qui vous conviendra ; vous appelez liberté la réintégration de Pie IX ; vous appelez liberté tout ce qui ne sera pas la République. Voilà ce que vous appelez liberté ! (*Très bien ! très bien !*)

Eh bien, à cette condition, nous ne pouvons pas nous entendre. Il est incontestable que l'Assemblée française n'a pas voulu étouffer la république, parce que c'était la république romaine ; elle n'a voulu qu'une chose : dégager ceux-là qui seraient opprimés ; elle n'a voulu qu'une chose : que, si le gouvernement romain n'était pas l'expression du pays, on pût rendre libre la majorité qui ne l'était pas. Voilà ce qu'a voulu l'Assemblée. (*Oui! oui!*)

Mais du moment qu'il vous a été démontré que le gouvernement n'était pas un gouvernement d'aventuriers.... (*Interruption. — Cela n'est pas encore prouvé.*)

Non, citoyens, ce n'est point un gouvernement de minorité que celui qui est parvenu à galvaniser ainsi tout un peuple ; non, ce n'est pas un gouvernement de minorité que celui qui a rendu des décrets déclarant que chacun des représentants présiderait à une barricade, et qui n'a pas été démenti par le peuple ; non, ce n'est pas un gouvernement de minorité que celui qui a dit : Honneur à la nation française, si elle est libératrice ; mais, si elle vient pour nous opprimer, honte à son gouvernement ! que ses soldats soient mis hors la loi ! Répondez, où avez-vous recueilli une seule parole, malgré vos provocations à la discorde, où avez-vous entendu une seule voix qui ait protesté contre les décrets de l'assemblée constituante romaine ?

Votre général, que lui aviez-vous dit ? d'exciter les populations ; vous lui avez dit, dans vos instructions, d'entretenir les dissensions, de faire appel aux passions réactionnaires ; vous l'avez engagé à faire tout cela dans vos instructions.

Eh bien, cependant, l'unité romaine est restée inébranlable pour la défense du pays. Non, ce n'est pas là un peuple d'aventuriers, c'est un noble peuple mûr pour la liberté, qui a conquis le gouvernement qu'il voulait conquérir, le gouvernement de la république qui donne, avec la liberté, l'indomptable courage de la défendre. (*Très bien !*)

Citoyens, concluons. La lettre du président de la République est de la plus haute gravité. Oui, elle infirme votre décision ; oui, la politique qui y est contenue est contraire à celle de votre dernier ordre du jour. Cela reste grave, quoi que fasse et dise le ministère.

Quant à la conduite du ministère, elle se borne à ces explications : « Nous avons envoyé un agent, et nous voulons une liberté sage ; nous voulons rétablir des institutions libérales. »

Misérable équivoque ! Ce qu'il faut dire, c'est que, si la République est le vœu de la nation, vous la respecterez. Voilà ce qu'il faut dire. (*Très bien !*)

Maintenant que j'ai protesté au nom de l'honneur national, au nom de l'humanité, au nom de la solidarité des peuples, attendez à demain, si vous voulez, pour prendre une résolution ; mais ce qu'il fallait surtout, c'était s'élever contre cette lettre, qui, jetée à l'heure qu'il est, dans la situation de la France et de l'Italie, est un engagement contraire à votre volonté ; ce qu'il fallait, c'était une protestation vigoureuse, pour faire comprendre au pays que le premier magistrat qu'il a mis à sa tête ne conserve ni son honneur, ni celui de la République. (*Vive approbation et applaudissements prolongés sur un grand nombre de bancs de la gauche.*)

LXXI

DISCOURS PRONONCÉ A L'ASSEMBLÉE NATIONALE

SUITE DE LA DISCUSSION SUR LA CONDUITE DU GOUVERNEMENT
DANS LES AFFAIRES D'ITALIE

(11 mai 1849)

CITOYENS,

Depuis hier la question italienne a pris des proportions nouvelles.

Un document que je promets à votre étonnement, je pourrais presque dire à votre indignation, vous prouvera quel lien étroit existe entre la conduite tenue à Rome et la conduite tenue depuis quelques jours en France. Vous y verrez un plan arrêté, un système tout entier de contre-révolution. C'est la République qu'on médite d'étouffer au dehors comme au dedans. (*Vive approbation à gauche.*)

Je rappelle rapidement les faits :

Lorsque vous avez voté le subside, je le disais, il y a trois jours, vous avez voulu une armée qui appuyât l'influence française dans la péninsule italienne, dans le cas d'une intervention probable de Naples et de l'Autriche ; vous vouliez qu'on se tînt à l'état d'observation. Vous vouliez qu'on n'entrât à Rome que pour le cas où on y serait appelé, ou bien si une intervention napolitaine ou autrichienne menaçait le gouvernement romain. Je le répète, cela a été posé, par moi, il y a trois jours ; il est constant que la majorité de cette Assemblée n'a pas voulu autre chose et ne l'a pas voulu autrement. (*Approbation.*)

Que s'est-il passé depuis? A peine entré à Civita-Vecchia, le général en chef a cru devoir se porter sur Rome : y avait-il été appelé? Aujourd'hui le contraire est démontré. Vous avez vainement essayé de dire que deux des triumvirs avaient appelé les armes françaises; aujourd'hui la propre dépêche de votre général démontre que les triumvirs sont restés parfaitement unis avec la population tout entière, et qu'ils n'ont point appelé l'armée d'expédition : loin de là, qu'ils n'ont consenti à ce qu'elle entrât que comme une armée de frères et à la seule condition qu'elle n'interviendrait pas dans les affaires romaines, qu'elle ne renverserait pas le gouvernement établi. Sous les murs de Rome, qu'est-il arrivé? Ce n'est point à moi de discuter la question stratégique. On prétend que notre général a été imprudent, inhabile; qu'on le blâme! il y a ici des hommes spéciaux, c'est leur mission. Ce qu'il y a de sûr, c'est que c'était malgré notre volonté que le général en chef avait légèrement, témérairement poussé son armée jusque sous les murs de Rome.

Dirai-je le sort réservé, là, à nos malheureux soldats? On prétend qu'on n'a pas reçu de nouvelles; je crois être bien informé en disant qu'hier il en est arrivé au ministère. Mais enfin, si je me trompais, je pourrais prouver, hélas! que les pertes ont été plus considérables qu'on ne l'avait d'abord cru. Ainsi, j'ai là une lettre d'un officier de l'armée qui écrit du camp même du général Oudinot, à la date du 4 mai, et qui, dans un seul régiment, le 20e, annonce qu'il y a eu 3 officiers de tués, 5 de blessés, 3 capitaines, 1 lieutenant et 1 sous-lieutenant; 11 officiers prisonniers, dont 1 chef de bataillon et 3 capitaines; 27 soldats tués, 107 blessés, 278 prisonniers. (*Sensation prolongée.*) Je le répète, ces pertes ont été souffertes par un seul régiment, le 20e; jugez des autres. (*Nouvelle sensation.*)

Cette lettre m'est confirmée par la lettre d'un autre officier, d'un capitaine du même régiment : la voici (*l'orateur tient cette lettre à la main*) ; elle atteste les mêmes faits, et toutes deux ajoutent ce que je disais hier : que les soldats, pour être poussés sur Rome, avaient été trompés. Ces deux officiers, dont je ne peux pas dire les noms, on comprend pourquoi, et cependant ils ont le courage de m'y autoriser, ces deux officiers déclarent qu'on leur avait dit que les Napolitains étaient entrés dans Rome, qu'ils y opprimaient la république, et que nos soldats allaient pour la défendre.... (*Bruyantes exclamations. — C'est une trahison ! — Agitation prolongée.*)

Je ne lirai qu'une seule phrase pour démontrer dans quelle horrible perplexité on a placé notre armée : « Républicains, on nous a fait combattre contre des républicains, braves contre braves : car, il faut le reconnaître, les Italiens se sont noblement conduits. Voilà le rôle qu'on nous a fait jouer. Que faire ? Abandonner le drapeau français ? Non.... cela n'est pas possible ; se faire tuer, c'est ce que la plupart d'entre nous ont fait. » (*Vifs applaudissements.*)

Eh bien, citoyens, quand vous avez entre-deviné, en partie, cette désolante situation, qu'avez-vous résolu ? Vous avez dit : Nous avons été trompés ; il est certain, désormais, que le gouvernement républicain est bien sorti des vœux libres du pays. Non, non, on ne peut plus le nier : car chefs et peuple, pauvres et riches, ont versé leur sang ensemble et fondé, dans une héroïque défense, d'indissolubles liens. (*Bravos à gauche.*)

Eh bien, quand vous avez su cela, au travers des réticences du ministère, vous avez dit : « L'expédition sera ramenée à son but primitif ; on ne pourra pas l'en détourner plus longtemps. »

Voilà votre résolution ; elle était noble. Beaucoup d'entre vous s'étaient laissé égarer à la suite des paroles falla-

cieuses du ministère; ils avaient cru que nous allions loyalement, glorieusement, soutenir le nom français, l'honneur
de notre République. Lorsqu'ils ont su le contraire, ils
n'ont pas craint de se donner un démenti devant le pays.
Ils ont expliqué leur apparente contradiction, en invitant
le gouvernement à faire rétrograder les troupes.

Alors qu'est-il advenu? Le ministère a dit: « Déjà votre
résolution, nous l'avons exécutée; nous avons envoyé des
dépêches et un agent, le citoyen de Lesseps. »

Eh bien, j'ose le dire, pour décider de votre sincérité,
il nous faut la communication des dépêches; c'est notre
droit. (*Oui! oui!*) Vous êtes désormais, vis-à-vis de nous,
car vous nous avez trompés sur les faits, vous êtes placés à
l'état de suspicion. Les dépêches, il nous les faut; autrement
nous ne pouvons pas juger. (*C'est cela! Très bien!*)

Vous avez envoyé un agent; mais que s'est-il passé dans
cet intervalle? Vous le savez, une lettre a été jetée dans la
circulation, lettre dans laquelle le président de la République
a osé dire: « Je partage vos peines, j'approuve votre bravoure; *des renforts*, vous en aurez! »

Oui, j'ai attaqué cette lettre, ici, avec ardeur. On a prétendu que c'était de la haine! De la haine? Non! non! c'était
l'invincible sentiment de notre honneur outragé, de la constitution violée. (*Très bien! — Vif assentiment à gauche.*)

J'ai attaqué cette lettre, et j'ai dit: Comment! le lendemain même de votre décision, venir la déchirer, la fouler
aux pieds, annoncer qu'on enverra des renforts! et pourquoi
faire? pour continuer! car la dépêche du général en chef
vous l'a dit: «*J'ai été repoussé, mais je veux y revenir.* »
Écrire ainsi, ce ne serait point un conflit contre votre souveraine autorité! (*Très bien! très bien!*)

Voyez-vous cette lettre arrivant à l'armée avant que votre
décision soit connue, et encourageant les soldats au sac de
Rome!

Ou les lois de la logique sont changées, ou il faut conclure que l'on a déversé sur votre résolution le plus profond
mépris. Si vous ne savez pas vous donner satisfaction, non,
vous n'existez plus : le président de la République est tout.
(*Très bien! très bien! Agitation prolongée.*)

Que m'a-t-on répondu ? Franchement, ce n'était pas quelque chose de sérieux. On m'a dit : Cette lettre, nous ne la
connaissions pas ; elle est confidentielle ; c'est l'expression
secrète d'un sentiment de sympathie ; ce n'est pas un acte
politique.

Je réponds, moi : Une si misérable explication n'est que
de la puérilité.

Comment! ce n'est pas un acte politique ! et le président
dit : Expliquer à vos soldats que j'enverrai des renforts.
Comment l'expliquer , je l'ai déjà dit, autrement que par
un ordre du jour?

Donc la lettre est officielle ; donc elle est un acte politique, et cette téméraire politique du président contredit, ef-
face, détruit la vôtre.

Ministres, si vous avez ignoré cette lettre outrageante
pour la majesté de l'Assemblée, donnez votre démission, autrement, vous êtes des complices. (*A gauche! Très bien!*)

Et tout cela, citoyens, n'était encore que la moitié de la
vérité.

Le complot contre la République, la conspiration des
royalistes contre les patriotes se révèle d'une façon bien
plus éclatante dans un acte que je ne veux pas qualifier,
car une accusation seule, prompte, énergique doit en faire
raison. C'est là que vous lirez, à n'en plus douter, le défi
jeté à cette Assemblée.

Ce document, le voici :

Ordre de la brigade.

« Le général en chef m'écrit.... »

(Ceci est signé par un des généraux de brigade de Paris ; tous ont reçu une pareille dépêche.)

« Le général en chef m'écrit :

« Mon cher général,

« Vous avez remarqué dans les journaux la lettre suivante, adressée par le président de la République au chef des troupes qui ont combattu courageusement sous les murs de Rome. »

Suit la lettre du président.

« Le général en chef ajoute :

« Faites que cette lettre soit connue de tous les rangs de la hiérarchie militaire ; elle doit fortifier l'attachement de l'armée au chef de l'État. (*Exclamations prolongées à gauche.*)

« Elle doit fortifier l'attachement de l'armée au chef de l'État, et elle contraste heureusement avec le langage de ces hommes qui, à des soldats français placés sous le feu de l'ennemi, voudraient envoyer, pour tout encouragement, un désaveu. » (*Mouvement.*)

(*Une voix : C'est assez transparent.*)

(*Une autre voix : Quelle est la date de cet ordre du jour ?*)

Il est daté d'hier.

Citoyens, d'autres pourraient faire ici des phrases oratoires, le texte serait beau ; moi, je vous demanderai simplement ceci : Êtes-vous des hommes ? La main sur le cœur, avez-vous le sentiment de votre dignité ; si vous l'avez, répondez à cet insolent défi par un acte d'accusation, ou, comme hommes et comme représentants, disparaissez, car vous avez l'opprobre au front ! (*Applaudissements à gauche.*)

Quoi ! voilà l'Assemblée nationale à qui on reproche, dans sa majorité, de jeter un désaveu à nos soldats sous le feu

de l'ennemi ! Comment ! on vous montre comme les ennemis de l'armée ! on vous désigne à ses baïonnettes, au profit de qui ? au profit d'un prétendu chef d'État, c'est-à-dire
d'un simulacre impérial ou royal.

(*A gauche : très bien ! très bien !*)

Et que dit-on pour accompagner ce document ? Les journaux royalistes disent : Les hommes de l'opposition sont les
ennemis de l'armée.

Les misérables ! A l'époque où ils se cachaient, quel était
donc l'homme qui, en présence de 200 000 citoyens, a
demandé que l'armée rentrât dans Paris, si ce n'est moi ?
Quel est l'homme qui au Champ de Mars a eu les mains
baignées par les larmes des vieux soldats et des jeunes officiers de l'état-major, parce qu'il demandait, au mépris de
sa popularité, la rentrée de l'armée dans Paris, si ce n'est
moi ? (*C'est vrai ! — Très bien !*)

Je ne le dis pas pour m'en glorifier, non ; je le dis parce
qu'on m'accuse. Oui, je voulais que l'armée passât dans
Paris successivement. J'avais le sentiment qu'en s'immer-
geant dans la population de Paris, elle deviendrait prompt-
tement, non par ordre, mais par conviction, profondément
républicaine. Un avenir prochain m'a donné raison ; deman-
dez-le plutôt à l'armée ! (*Très bien ! très bien !*)

Citoyens, j'ai dit que la question italienne avait pris de
grandes proportions. Me suis-je trompé ?

Une lettre du président de la République, contraire à
votre volonté et venant la démentir oificiellement ; une lettre du général en chef venant exciter l'armée contre vos
décisions ! Quoi ! cet empiètement, ce conflit de pouvoir, ce
n'est pas là de la contre-révolution ! ce n'est pas essayer
d'étouffer la République ! Voyez donc ! Au dehors, que fai-
sons-nous ? Nous nous allions avec les rois, avec les aristocraties, contre les peuples ; ah ! je le sais bien, sous un vain
prétexte de religion. La religion ! elle est avec le peuple qui

se bat, et qui, pour défendre sa liberté, expose le saint
sacrement sur les barricades ; c'est là qu'est la vraie religion ! Le reste n'est que de l'hypocrisie. (*Bravos à
gauche.*)

Oui, au dehors, le Gouvernement sert la contre-révolution ; car, pendant qu'il va opprimer l'indépendance de
l'Italie, les troupes lombardes, devenues libres, se retirent
et vont se ranger autour de Vienne pour combattre la liberté
qui s'avance avec les Hongrois ; il oublie de demander
compte au gouvernement russe de sa menaçante intervention en Transylvanie.

Oui, il y a pacte d'alliance avec les aristocraties du
dehors.

La République est-elle moins sacrifiée au dedans ? Non,
cela ne peut plus être une question. Il suffit de quelques
faits pour le prouver.

Le 29 janvier, que fait le commandant en chef ? Il environne l'Assemblée de troupes sans ordre du président. On
le demande ; il est trop occupé ; il envoie un officier d'état-
major. On crée pour lui un commandement spécial qui lui
met 300 000 hommes dans la main. Ce commandement est
menaçant : c'est une véritable dictature ; il est contraire à
la loi. Nous en demandons la suppression ; le Gouvernement ne cède pas. Une question d'argent se présente ; sous
la question d'argent palpitait la question politique. On
repousse le crédit ; le Gouvernement ne s'incline pas. Puis
arrive la lettre du président, puis la lettre de ce prétorien,
qui vient déclarer que notre volonté n'est rien, que la
volonté du chef de l'État est tout, et vous vous taisez ! Et la
République n'est pas menacée ! C'est la contre-révolution,
ou la lumière n'est plus la lumière ! (*Assentiment à gauche.*)

Dans une situation aussi solennelle, je n'ai plus qu'un
mot à dire : ou les ministres sont solidaires de la lettre du

président, de la conduite du général Oudinot, et, dans ce cas, président et ministres doivent être mis en accusation, pour violation de la Constitution. C'est à quoi je conclus.

Voilà pour les faits passés; mais pour l'avenir la question italienne est là pendante; laisserons-nous expirer la république romaine? Êtes-vous bien convaincus, vous qui avez voulu si longtemps fermer les yeux, êtes-vous bien convaincus que cette république romaine est vivace? êtes-vous bien convaincus que ce n'est pas un ramas d'étrangers? êtes-vous bien convaincus que ceux-là qui ont fait reculer 7000 Français doivent être la population tout entière? êtes-vous bien convaincus que ces femmes et ces enfants qui aiguisent leurs couteaux, que toutes ces classes qui combattent comme un seul homme, sont un peuple libre comme vous? Si vous en êtes convaincus, il vous reste un devoir à remplir, c'est de faire à l'assemblée constituante romaine une adresse où vous lui direz: « Nous reconnaissons la république, nous voulons la paix; la guerre a été faite malgré nous: désormais soyons frères et cicatrisons nos blessures communes! » (*Vive approbation et applaudissements sur plusieurs bancs de la gauche.*)

LXXII

DISCOURS PRONONCÉ A L'ASSEMBLÉE NATIONALE

A L'APPUI D'INTERPELLATIONS FAITES AU GOUVERNEMENT AU SUJET DU PROJET DE RÉTABLISSEMENT DE L'EMPIRE

(23 mai 1849)

Dans la séance de la veille, 22 mai, des interpellations avaient été adressées au gouvernement sur sa politique à l'égard de l'intervention russe en Hongrie.

Le scrutin ouvert sur les résolutions proposées à la suite de ces interpellations, restant incomplet par suite de l'abstention calculée des membres de la majorité, on avait proposé la permanence.

Le président de l'assemblée avait donné connaissance de cette situation au président du conseil des ministres, en l'avertissant qu'il allait prendre des mesures militaires pour la sécurité de l'Assemblée.

A la séance du 23 mai, le représentant Crémieux avait apporté à son tour une interpellation au gouvernement sur le bruit courant généralement qu'il se préparait une tentative de rétablissement de l'empire.

Le fait était nié par le gouvernement.

Ledru-Rollin monte à son tour à la tribune :

CITOYENS,

Ce que vous demandez pour prouver qu'une conspiration existe, ce sont des faits :

(*Une voix : Des preuves !*)

Des faits, ou des preuves, si vous voulez. Eh bien, il est un fait qui a son importance et qui s'est passé hier.

Hier, à 7 heures moins 20 minutes, vous avez décidé que l'Assemblée resterait en permanence si, à 7 heures, le scrutin n'était pas complet ; votre président a donné avis de cette décision au président du conseil des ministres.

(*Réclamation du président du conseil.*)

(*Un colloque s'établit entre lui et le président de l'Assemblée qui confirme l'assertion de l'orateur.*)

Voici le fait que j'avançais complètement constaté.

(*Dénégations à droite.*)

Mon Dieu ! messieurs, vous avez tort de vous récrier. Je vous ai dit que le fait que j'apportais ici était très important, et celui-là ce n'est pas le principal ; rien au monde ne m'empêchera de dire que l'allégation que j'apporte à la tribune est parfaitement constatée.

Votre décision prise, M. le président de l'Assemblée a cru devoir prévenir M. le président du conseil que l'Assemblée resterait en permanence, si, à sept heures, le scrutin n'était pas complet, et il a ajouté que, dans le cas de la permanence de l'Assemblée, il ordonnerait sans doute des prescriptions militaires.

Voilà le fait bien constaté entre nous, n'est-ce pas ? Eh bien, voici l'autre fait dont je veux parler :

J'affirme, et le fait ne pourra être dénié, qu'à l'instant même M. le général Changarnier a donné avis à tous les commandants de brigades, à tous les colonels, qu'ils ne devaient obéir qu'aux ordres qui seraient donnés par lui-même.

(*Une voix : Il a bien fait !*)

Je viens et j'insiste sur ce second fait que le général Changarnier aurait ordonné aux chefs de corps que je viens de désigner, qu'ils n'obéissent qu'à ses ordres, à lui, et ne défèrent pas aux ordres qui seraient donnés par le président de l'Assemblée. Cela est net !

(*A droite : La preuve ?*)

J'entends dire d'un côté, il a bien fait ; de l'autre, la preuve ? Il faudrait tâcher de ne pas devancer, autant que possible, les paroles de l'orateur; il ne peut dire qu'une parole à la fois. Les preuves, je viens vous les offrir; elles sont bien simples.

Vous comprenez apparemment que ce n'est pas à moi qu'on a envoyé la lettre. Eh bien, je vous dis ceci : Vous en voulez des preuves? Êtes-vous hommes de bonne foi, êtes-vous hommes sincères? Vous pouvez les avoir dans une heure. Vous n'avez qu'à nommer une commission.... (*Exclamations à droite.*) Permettez; ne vous récriez pas, vous ne tromperez personne. Si vous ne voulez pas des preuves, vous serez complices de la conspiration. (*Assentiment à gauche.*) Eh bien, je vous dis ceci, et entre vous et moi le pays jugera. Nommez une commission, faites comparaître à l'instant les chefs de brigade, faites comparaître les colonels; j'en ai vu un, moi, qui m'a dit avoir reçu la lettre; je ne dois pas le nommer; j'en ai vu un, et je suis convaincu que, dans cette enceinte, il y a d'autres représentants qui ont reçu la même confidence; qu'ils parlent!

Ne venez pas dire que ce sont des rêves. Non, non! ce ne sont pas des chimères; c'est une vérité, et vous sentez si bien que cette preuve peut vous accabler, que vous ne voulez pas la recevoir; mais si vous ne voulez pas que cette preuve se produise devant une commission, je le dis en face de la France, oui, vous êtes les complices de la conspiration. (*Vif assentiment à gauche. — Exclamations à droite.*)

Ah! je comprendrais que vous prissiez cela légèrement si c'était un fait isolé; mais revoyez donc, en remontant à quelques jours, ce qui s'est passé : d'une part, c'est une lettre du président de la République adressée à l'armée pour dire le contraire de ce que vous avez voulu; d'autre part, c'est le général Changarnier mettant cette lettre à l'ordre du jour. Le 29 janvier, c'est encore lui qui, par un prétendu malentendu, fait entourer l'Assemblée nationale,

quand le président voulait autre chose ; puis, il y a quelques jours, quand on demande que des ordres soient exécutés directement par un général, c'est toujours le même
général en chef, le général Changarnier, qui ordonne aux
généraux de brigade de ne pas exécuter l'ordre du président de l'Assemblée nationale. Et quand cela s'est passé
trois fois, voici que, pour la quatrième fois, après une
séance ardente, où vous pouviez déclarer votre permanence,
ce même général écrit à tous les généraux sous ses ordres :
Vous n'exécuterez pas les ordres de l'Assemblée, vous exécuterez les miens. (*Vives exclamations à gauche.*)

Je dis que c'est une conspiration au premier chef, et qu'il
n'y en eut jamais de mieux constatée. (*Très bien! très bien!*
— *Vives rumeurs à droite.*)

Mon Dieu! je vois M. Vieillard qui, pour la troisième
fois, paraît sourire et m'interrompt.....

(*Le citoyen Vieillard : Je suis parfaitement convaincu
qu'il n'y a pas de conspiration.*)

Une dénégation ne suffit pas.... Montez à la tribune.

(*Le citoyen Rouher : Je vous demande la preuve que je
suis complice, moi et mes collègues, d'une conspiration.*)

Vous ne me comprenez pas ou vous feignez de ne pas
me comprendre. Quand on démontre une telle persévérance dans la désobéissance, quand elle est aussi systématique, quand on se révolte contre la loi, en conservant
indûment un commandement qui met 500 000 hommes
dans la main d'un homme, quand on a l'air de s'incliner
devant l'Assemblée en nommant un général qui, en définitive, n'est qu'un chef d'état-major, quand on fait tout
cela, quand on y met une telle opiniâtreté, je dis que ceux
d'entre vous qui ne veulent pas accepter la preuve que nous
offrons pourraient être jugés complices de la conspiration.
Voilà ce que je voulais dire. Maintenant je conclus. Nous
déclarons des faits, vous paraissez les nier. Je vous le ré-

pète, le pays vous jugera, vous et nous. Voulez-vous faire une chose qui désintéresse votre conscience, qui ne puisse vous faire suspecter? Eh bien! sans désemparer, nommez une commission.

(*Voix nombreuses à gauche : Oui! oui!*)

Nommez une commission, faites mander devant cette commission les chefs de corps dont je vous ai parlé; demandez-leur sous leur parole, sous la foi du serment, comme vous voudrez, si le fait est vrai, s'ils ont reçu de pareils ordres, qui sont des infractions à votre volonté souveraine; si cela est vrai, vous ne pouvez pas conserver plus longtemps à la tête de la milice, à la tête de l'armée, l'homme qui la commande aujourd'hui.

(*A droite : Ah! ah! Vives approbations à gauche.*)

Je vous ai dit que si les faits étaient prouvés, il faudrait bien nous résigner enfin à sacrifier le chef de cette armée; vous vous êtes récriés. Qu'est-ce à dire? Y avez-vous réfléchi? Comment! s'il vous était démontré que pour la cinquième fois il enfreint vos ordres, s'il vous était démontré qu'il veut violer la Constitution, comment, vous le soutiendriez!

Allons, allons, vous ne pouvez pas dire cela. (*Murmures à droite.*)

Non, vous ne pourriez pas dire cela, et cependant, si vous refusez de nommer la commission que je vous demande à l'instant même de désigner, il est certain que vous craignez ces preuves. Si nous disons le contraire de la vérité, on verra que nous nous sommes trompés et que nous avons exagéré. Où sera le danger? Si, au contraire, vous refusez la preuve, on dira, que la Constitution est en péril, qu'une conspiration est flagrante et que vous en avez été les auxiliaires. Voilà ce qu'on dira.

Dans une situation semblable, en dehors de la question de parti, ne faisant qu'un appel à vos consciences, vous ne pouvez pas rester sous le coup d'une pareille accusation de complicité.

Les faits que j'articule sont patents ; les hommes sont là, vous pouvez les entendre ; dans une demi-heure, on verra si j'ai tort ou raison ; mais vous ne pouvez pas refuser de nommer cette commission que je vous propose, ou encore, je le répète, c'est une conspiration que vous voulez ; et quand je vous dis cela, ne croyez pas que nous ayons peur... (*Vive approbation à gauche.*)

Non ! non ! ce n'est pas cela ; parfois, permettez-moi de vous le dire, nous l'avons prouvé. Ce que nous voulons, c'est que, si la constitution est violée, on sache qu'elle l'est par vous ; ce que nous voulons, c'est que si la bataille est offerte, et nous la gagnerons, il soit prouvé que vous avez voulu étouffer la République. (*Acclamations prolongées à gauche.*)

LXXIII

DISCOURS PRONONCÉ A L'ASSEMBLÉE NATIONALE

SUITE DES INTERPELLATIONS SUR LE PROJET DE RÉTABLISSEMENT
DE L'EMPIRE

(24 mai 1849)

CITOYENS,

Hier, une conspiration vous était dénoncée à cette tribune; on vous parlait de faits généraux, vous prétendiez qu'ils étaient vagues. Pour ma part, j'en ai apporté un qui, aux yeux de beaucoup de mes collègues, avait sa gravité; je vous ai dit qu'une lettre avait été écrite, enjoignant aux troupes de n'obéir qu'à un commandement, le commandement du général en chef. On paraissait hier contester même la possibilité de la lettre. Nous avons eu à vaincre une première résistance; aujourd'hui nous sommes parvenus à établir, passez-moi l'expression, le fait matériel; la lettre qu'on ne supposait pas possible a été écrite, et aujourd'hui on vient devant vous expliquer, défendre, légitimer l'intention. Ce n'est plus qu'une question d'intention, pas autre chose. Examinons : il faut convenir que le cabinet est malheureux.

Les choses se passent : nous autres de l'opposition, nous sommes obligés de les lui apprendre; quand nous les lui avons apprises, il reconnaît, après avoir lutté, qu'elles sont vraies; alors il vient ajouter que l'intention est bonne, ou, dans quelques circonstances, que des excuses sont faites.

Je demanderai, non à des hommes de parti, les hommes
de parti se contentent de peu : un prétexte, ordinairement,
leur suffit; mais je fais un appel, en ce moment, à toutes
les consciences honnêtes; je leur demande qu'est-ce que
c'est qu'une explication qui consiste à dire pour le général
Changarnier seulement, à cinq reprises différentes : il a
violé la constitution en fait, il a écrit contrairement à la
loi, il a désobéi aux ordres de l'Assemblée, il a voulu lutter
d'autorité avec elle ; tout cela est vrai, mais l'intention est
excellente; il respecte parfaitement l'Assemblée. Son intention, comment en douteriez-vous? Il est membre de
cette Assemblée : vouloir porter atteinte à sa dignité, mais
c'est folie. Il est donc incontestable que, quelle que soit,
sous ce rapport, la culpabilité, toujours l'innocence ressort
de l'intention.

Eh bien, je demande si, pour un homme expérimenté.
les affaires publiques peuvent être traitées d'une façon aussi
peu sérieuse.

Vous dites que la lettre n'a pas eu pour objet de contre-
carrer les ordres de l'Assemblée. Examinons. Avant-hier, à
sept heures moins vingt minutes, il y avait une éventualité
de permanence. (*Rumeurs à droite.*)

(*A gauche : C'est vrai ! c'est vrai !*)

Avant-hier, à sept heures moins vingt minutes, il y avait
une possibilité de permanence. Les vice-présidents se ren-
dent près du président et déclarent que, pour le cas où la
permanence aura lieu, des ordres vont être donnés, des
mesures militaires prises pour faire protéger l'Assemblée.
Et l'on vous dit : Le général Changarnier l'a ignoré. Eh !
mon Dieu, il ignorait donc tout ce qui se passe ici où cependant il a un siège ! (*Voix à gauche : Il n'y est jamais.*)

Le général Changarnier n'aurait donc pas dans cette enceinte un ami politique pour lui raconter au moins ce qui
s'y fait ! (*Rumeurs à droite.*) Il n'a donc pas des aides de

camp dans cette tribune qui vont lui redire les impressions de l'Assemblée.

Le général Changarnier vit donc dans une atmosphère autre que celle dans laquelle nous vivons! Je vous le répète, cela n'est pas possible. Ainsi, peu importe que, officiellement ou non, le président ait averti le président du conseil. La question n'est pas là. En effet, consciencieusement, quand tout Paris le savait, le général Changarnier pouvait-il l'ignorer? Non, ce n'est pas possible.

(*Une voix : Je demande la parole.*)

Je voudrais bien que l'orateur qui demande la parole pût répondre, par exemple, à la question que je vais poser.

Le général Changarnier ignore tout. Mais voilà que tout à coup il adresse une lettre dans laquelle il dit ceci :

« Général, les troupes sont consignées jusqu'à nouvel ordre.... » Ce n'était donc pas un cas ordinaire ; il y avait donc quelques troubles possibles.

« Général, les troupes sont consignées jusqu'à nouvel ordre. Vous n'avez à obtempérer à aucun ordre de réquisition autre que ceux qui vous seraient donnés par le général en chef lui-même. » (*Rumeurs.*)

Maintenant, je demanderai à ceux qui voudront répondre, qu'ils m'indiquent pourquoi cette lettre aurait été écrite, si elle n'était pas écrite pour contrecarrer les ordres de l'Assemblée.

(*A gauche : C'est évident ! — Rumeurs prolongées.*)

Je demande qu'on me donne une raison valable pour expliquer cette lettre tombant juste au milieu de cette situation d'une permanence éventuelle.

Je demanderai qu'on m'explique pourquoi le général Changarnier, qui savait que l'Assemblée voulait faire exécuter ses ordres, ordres qu'il avait fait afficher, dit-on, dans les casernes, pourquoi il écrivait directement le contraire : « Vous n'obéirez à aucune autre réquisition qu'aux réquisitions et aux ordres donnés par le commandant en chef. »

Je demande à tout homme de bonne foi de m'expliquer une cause de cette lettre en dehors de celle-ci, de vouloir contredire les ordres de l'Assemblée. (*Mouvements en sens divers.*)

Voulez-vous que je vous en dise plus ? Eh bien, le voici : supposons que le général Changarnier ne veuille lancer qu'un ordre ordinaire ; il y a des filières, il y a l'état-major, il y a ses officiers qui les transmettent sur les *têtes de lettre* de l'état-major.

Eh bien, je certifie ici qu'il y avait une telle rapidité dans l'exécution, que M. Changarnier avait tellement le désir que ce fût à cette heure et non pas à une autre, c'était quelque chose de tellement exceptionnel dans sa pensée, que, je l'affirme, la lettre remise aux généraux était écrite de sa propre main.

(*Dénégations du président du conseil.*)

J'insiste sur ce fait, démenti par M. le président du conseil. Je déclare que la lettre était écrite de sa propre main, et j'ajoute que ses officiers d'état-major ne le savaient pas. (*Dénégations au banc des ministres.*) Vous ne me croyez pas ; je dis ceci : Voulez-vous, non pas nommer une commission d'enquête, mais voulez-vous indiquer un bureau, voulez-vous faire comparaître les généraux.... (*Interruption prolongée.*)

Citoyens, je dois vous déclarer une chose qui pourra abréger la discussion. J'ai la vérité dans mes mains, ou je vous mets sur la trace pour la trouver. Je suis décidé à aller jusqu'au bout ; toutes les interruptions du monde ne m'en empêcheront pas. (*Parlez ! parlez !*)

Je vous dis que si, sans nommer une commission, vous voulez avoir la preuve, cas exceptionnel, cas anormal, cas grave qui peint à lui seul la pensée de l'auteur de la lettre ;

si vous voulez avoir la preuve que la lettre a été écrite de sa main, vous n'avez qu'à le mander ici.... (*Interruption à droite : Nous ne demandons pas la preuve.*)

Je reprends ma phrase et je dis : Je ne veux point avoir avancé un fait légèrement; vous en admettrez la preuve ou non, cela m'est parfaitement égal; mais ce que je veux, c'est qu'au dehors on sache qu'en l'avançant ma conscience n'a rien à me reprocher.

Vous pouvez reculer devant la vérité, vous êtes libres.

Le président du conseil interrompt l'orateur pour produire une lettre du général Changarnier déclarant que la lettre incriminée n'est pas de sa main, mais a été dictée par lui.
(*Bruyantes exclamations ; longue interruption.*)

Je ne réponds pas à l'affirmation de l'honorable général Changarnier. On comprendra le sentiment de convenance qui, me faisant inculper l'acte, m'empêche de répondre à sa lettre.

Je disais seulement ceci, que si l'Assemblée désire savoir la vérité, même sur ce détail, un officier porteur de la lettre déclarant qu'elle est de la main du général... (*Exclamations à droite.*)

Je recommence, puisque vous m'y forcez, et je dis qu'un officier porteur de la lettre viendrait attester à votre bureau qu'il l'a reçue du général Changarnier et qu'elle est de sa main. Voilà un fait qui n'est pas passionnant. Il s'agit simplement de savoir si vous voulez avoir la vérité oui ou non. Je le répète, libre à vous de ne pas la connaître; ce n'est pas mon fait, c'est le vôtre. Qu'il me suffise de dire ceci : le fait que j'affirme là est aussi vrai que celui que j'affirmais hier, à savoir que la lettre existait.

Eh bien, maintenant, quand ce fait n'est pas isolé, quand pour la cinquième fois vous le voyez se reproduire, vous dites que ce n'est rien, que c'est un malentendu! Permettez-moi une seule observation.

Supposez, par impossible, que le général, à qui toutes les forces sont soumises, ne représentât pas l'opinion de ce côté de l'Assemblée (*L'orateur montre la droite*), mais qu'il représentât celle de ce côté-ci (*L'orateur désigne la gauche*), et que cinq fois la même résistance obstinée se fût rencontrée, croyez-vous que vous n'auriez pas demandé une enquête?

Croyez-vous que vous n'auriez pas demandé qu'il comparût ici pour s'expliquer. Je vous en fais juges, vous l'auriez fait. (*Oui! oui! — Non! non!*)

Eh bien, vous nous refusez ce qui est juste. Je le répète, entre vous et nous l'opinion décidera.

Maintenant, ce fait est-il isolé? Cette enquête à laquelle nous concluons ne comporte-t-elle que la résistance du général Changarnier? Mais la plupart des membres qui sont là (*les ministres*), comme quelques-uns d'entre vous, savent parfaitement que, depuis quatre ou cinq jours, des bruits d'un complot, d'une conspiration pour le 28 de ce mois-ci, circulent, existent dans Paris. (*Interruption prolongée.*) Vous le savez si bien, ou vous pouvez si bien le connaître, qu'il vous serait démontré par de nombreux témoignages que l'embrigadement qui a eu lieu à la dernière revue pour faire crier *Vive Napoléon!....* (*Interruptions et rumeurs diverses.*)

Eh bien, cet embrigadement persévère. Si vous voulez nommer une commission....

(*A droite : Ah! ah! — Interruptions diverses.*)

Si la partie droite de l'Assemblée est décidée à ne pas écouter, je ne demande pas mieux que de descendre de la tribune.

Je vous dis que si une commission d'enquête était nommée, vous apprendriez le nombre des hommes qu'on embrigade, l'endroit qu'on désigne, la somme qu'on leur paye dès à présent, et le but qu'on se propose pour le 28.

(*Sourires et dénégations au banc des ministres.*)

Cela peut vous faire sourire ; ce qu'il y a de certain, c'est que je n'invente pas ces faits ; ce qu'il y a de certain, c'est que j'ai vu chez moi des témoins qui en ont déposé, à qui on avait fait cette proposition.

(*Le président du conseil : Dénoncez à la justice.*)

Quand il s'agit de conspiration pour le 28, la justice est trop lente ; elle arriverait après. Je dis donc, pour me résumer, j'espère n'y plus revenir, que la lettre, l'infraction, existe avec sa gravité ; que pour une question d'intention il ne s'agit pas d'une excuse apportée ici par procureur ; le général, membre de l'Assemblée comme vous, ayant d'autres devoirs, a aussi celui d'être représentant ; il a trouvé bon, dans une circonstance où il a cru son honneur ou son amour-propre engagé, de répondre à M. le général Cavaignac ; il devrait trouver bon, quand il s'agit de rassurer le pays, de venir ici pour expliquer ses actes lui-même.

Les faits existent, je vous l'affirme ; il ne dépend que de vous de lever le voile. Si vous ne le voulez pas, je le répète, à vous la responsabilité, peu m'importe.

Maintenant, que dit-on pour s'opposer à la commission d'enquête ? On dit : L'enquête, mais elle est inutile ; à quoi servirait-elle ? A prouver une folie ; la puissance du droit est la seule réelle. A prouver une folie ; eh, mon Dieu ! est-ce qu'il ne s'en est pas commis en ce monde ? Je suis obligé de m'expliquer avec franchise ; est-ce qu'il n'en est pas deux qui ont étonné la France et le monde tout entiers. Et cette fameuse folie de Strasbourg ! (*Rumeurs et interruptions diverses.*)

Comment, citoyens, en 1836, quand Louis-Philippe semblait plus assuré que jamais sur son trône, sans racines dans le pays qu'il ne connaissait pas, un homme a pu être assez audacieux pour commettre un pareil attentat, et on dit : les folies ne sont pas possibles. (*Nouvelle interruption.*)

Cela vous étonne! Mon Dieu, la folie pourrait être persévérante. (*Sourires à gauche. — Rumeurs à droite.*)

En 1836, on écrit une lettre pour déclarer qu'on aura pour Louis-Philippe une éternelle gratitude, et on recommence en 1840; et, en 1840, avec quelques hommes déguisés en soldats, on crie : « Vive l'Empereur! » Et ce n'est pas là de la folie! (*Violentes exclamations à droite. — Applaudissements à l'extrême gauche.*)

Une vive agitation règne dans l'Assemblée. — Des cris : A l'ordre! se font entendre. — Les interpellations se croisent.

Citoyens, il y aura quelque chose qui parlera plus haut que vos protestations; c'est l'histoire. Vous ne pouvez pas l'effacer plus que nous. Et je dis que, quand deux fois des faits semblables se sont présentés, il ne faut pas soutenir que nous parlons légèrement en disant qu'une troisième fois ils seraient possibles encore.

(*Le président du conseil : Nous ne voulons rien en dehors de la loi.*)

J'entends dire par M. Odilon Barrot : « Nous ne voulons rien faire en dehors de la loi. » Eh bien, je lui rends cet hommage que je le crois. (*Se tournant vers le président du conseil.*) Vous vous tromperiez si vous croyiez que c'est vous que j'attaque. Je sais, dans une certaine mesure, votre respect pour la loi.

Je dis *dans une certaine mesure*, et je justifie mon expression.

Si vous étiez un observateur fidèle et absolu de la loi, quand nous vous apportons non pas des indices, mais des preuves, eh bien, avec nous vous demanderiez l'enquête. (*Dénégation du ministre.*)

Oui, certainement, vous demanderiez l'enquête !

Maintenant, croire que vous êtes homme à un coup de main, croire que vous voulez confisquer les libertés publiques, je le déclare, je ne vous ai jamais fait cette injure.

(*Une voix au banc des ministres : Alors à quel autre membre du cabinet vous adressez-vous ?*)

Vous allez savoir ce que je veux dire ; j'ai l'habitude d'expliquer ma pensée.

La question entre nous n'est pas là ; je vais la poser.

Vous avez souvent discuté, dans une autre enceinte, le gouvernement personnel et le gouvernement apparent ; nous avons soutenu cette lutte ensemble ; vous avez souvent démontré qu'il y avait derrière le rideau des ministres une main qui, parfois, conduisait les affaires publiques. Eh bien, aujourd'hui je veux soulever la même question. Ce que nous avons fait sous la royauté, ne pouvons-nous pas le faire sous la République ? Oui, nous pouvons le faire. (*A gauche : Très bien ! très bien !*)

Voici ce que je dis : Autour du président de la République, il peut y avoir.... il y a des hommes irresponsables qui peuvent le pousser à un coup de main auquel vous n'auriez pas pensé.

Il est des hommes qui l'entourent, qui ont été longtemps éloignés de la France, et qui, à tort ou à raison — je n'ai pas à scruter leur pensée — peuvent croire qu'une autre forme de gouvernement peut être substituée à celle-ci. Maintenant, pour nous rassurer, que nous dites-vous ? Vous nous dites : Nous veillons. Je vous réponds : Vous veillez, vous ne voyez pas. (*Mouvement.*)

Non, vous ne voyez pas ; car, toutes les fois qu'on a dénoncé ici un acte attentatoire à la constitution, vous l'ignoriez. Je fais un appel même à ce côté de l'Assemblée (*la droite*) ; est-il une circonstance où vous n'ayez pas été obligé de dire : Il faut éclaircir, nous ne savons pas. Donc il y avait en dehors de vous des hommes qui agissaient à votre insu. (*Mouvement d'approbation à gauche.*)

Oui, il y avait en dehors de vous des hommes qui agissaient ; et quand vous l'avez su, au fond de votre cœur, souvent vous les avez blâmés. Je ne prétends pas, comme on le dit, que vous vouliez vous perpétuer ici ; je ne le crois pas ; je crois que vous êtes souvent fatigué de ce pouvoir ainsi tiraillé. Mais la question n'est pas de savoir si vous en êtes fatigué, mais si nous courons des dangers à le laisser dans une main qui est débile.

Oui, ces faits souvent vous les ignoriez ; le fait du 29 janvier, vous l'avez ignoré : quand le président, quand le général, au moins, avait couvert l'Assemblée de troupes sans que le président de l'Assemblée le sût, qu'êtes-vous venu faire ? Vous êtes venu couvrir de votre vieille probité un acte que vous ne ratifiiez pas. (*Mouvement.*)

Cette lettre du président, vous ne la connaissiez pas ; nous vous l'avons dénoncée, et le lendemain vous avez été obligé de venir expliquer les intentions.

Le colonel Forestier est arrêté au mépris de tout ce qu'il y a de plus sacré ; au fond vous blâmiez l'arrestation, vous êtes obligé de le faire relâcher. La dernière lettre du général Changarnier, hier vous l'avez presque niée, aujourd'hui vous venez ici traînant votre vieille probité pour l'excuser encore.

Est-ce là le rôle d'un homme politique ? est-ce là le rôle d'un homme d'État ? Je le répète, vous veillez, mais vous avez les yeux fermés, vous ne voyez pas !

(*A gauche : Très bien ! — Bravo !*)

Permettez-moi de vous rappeler ceci. Je prends Dieu à témoin que je le fais sans passion et parce que j'y suis forcé pour servir ma cause.

Un homme, quel qu'il soit, ne refait pas sa nature ; vous ne pouvez pas refaire la vôtre. Est-ce la première fois que

vous avez été trompé? Ç'a été votre rôle dans l'ancienne
Chambre, pendant dix-huit ans. (*Rires ironiques à gauche.*)

Je ne veux vous rappeler qu'un seul fait, mais il frappera
tous les esprits.

Le 24 février, quand vous marchiez au ministère de l'intérieur, quand, environné par une démonstration factice, à
ce moment où vous croyiez plus que jamais à la dynastie
de Juillet, eh bien, la République vous suivait de l'œil,
quelques instants après elle entrait à l'Assemblée. Comment verriez-vous venir un coup d'État, vous devant qui a
pu passer impunément une révolution sans être aperçue.

Eh bien, il faut le dire : à cette heure, il ne s'agit ni
de probité ni d'honnêteté, il s'agit d'être un homme d'État,
et de voir. Si j'avais à vous qualifier, non, non, je ne dirais pas que vous êtes un conspirateur, je dirais ce que
l'on a dit de vous, que vous êtes un aveugle. (*Adhésion à
gauche.*)

(*Le ministre : Je ne savais pas qu'il fût dans ma destinée
d'être traité d'aveugle par M. Guizot et par M. Ledru-
Rollin.*)

Ainsi, ne parlons plus de droit; oui, la puissance du
droit est tout, mais sous le voile du droit on peut tout
faire sans que vous le sachiez. Voilà ce que je redoute.
C'est parce que je le redoute, c'est parce que vous n'avez
jamais connu les faits, c'est parce que nous en apportons
de capitaux, que je demande qu'une enquête soit ordonnée, qu'une commission soit nommée, et que vos yeux
soient enfin dessillés devant la lumière. Voilà ce que je
demande.

Je termine par un dernier mot. Ne croyez pas que, si je
fais cela, c'est parce que nous redoutons ce coup d'État.
Non ! non ! soyez-en convaincus, il peut arriver, nous n'en
redoutons pas le succès. Je sais parfaitement comment il
serait étouffé ; mais c'est parce qu'li peut l'être dans le

sang, que je vous conjure de prévenir de telles catastrophes en ouvrant enfin les yeux, en ordonnant l'enquête, et
en n'assumant pas sur vous cette terrible responsabilité,
que quand on a voulu vous montrer la vérité vous n'avez
pas voulu la voir. (*Applaudissements à gauche.*)

LXXIV

DÉPOT SUR LE BUREAU DE L'ASSEMBLÉE LÉGISLATIVE

D'UN ACTE D'ACCUSATION CONTRE LOUIS-NAPOLÉON BONAPARTE ET SES MINISTRES

(11 juin 1849)

L'orateur avait annoncé des interpellations au gouvernemnt au sujet de l'expédition de l'armée d'Italie, envoyée pour protéger l'indépendance de l'Italie et détournée de son but. — La parole lui est donnée pour ces interpellations.

CITOYENS,

Il est des moments suprêmes où les phrases paraissent complètement inutiles. Je crois que nous sommes dans une de ces graves circonstances. J'aurais compris, il y a six ou sept jours, les interpellations; aujourd'hui, je le déclare, elles me paraissent complètement inutiles.

Des interpellations, pour quoi savoir? à quoi ont-elles servi jusqu'à présent? Il faut le dire nettement, à dénaturer la vérité, ou à couvrir sous la pompe des mots la honte des choses. Des interpellations, pour savoir ce qui s'est passé à Rome? Ah! malheureusement, nous savons tous ce qui s'y est passé; chacun de vous a pu recevoir, comme nous, des communications, chacun de vous a pu savoir que Rome avait été attaquée avec énergie, avec fureur, il faut le dire, pendant toute une longue journée, et que Rome avait été défendue avec non moins de courage.

Ce que chacun de vous peut savoir par des lettres qui sont là (*L'orateur indique du doigt un dossier de lettres qu'il*

a apportées sur la marche de la tribune), c'est que, dans les
deux journées fatales des 3 et 4 juin, les troupes françaises,
après des efforts de valeur, ont été, à deux reprises différentes, repoussées, et qu'aujourd'hui les murs de Rome ne
sont pas encore entamés. Mais le sang français, mais le sang
romain a coulé à torrents : voilà ce que tout le monde sait,
voilà ce qui fait saigner le cœur aussi, et voilà pourquoi je
n'ai pas besoin d'interpellations. Ce que vous pouvez savoir
encore, j'ai honte de le dire, cependant cela est vrai, le
gouvernement doit avoir les preuves dans les mains : c'est
qu'une portion notable de notre cavalerie aurait été non-
seulement repoussée, mais massacrée dans une sortie où une
batterie d'artillerie masquée aurait fait dans ses rangs les
ravages les plus mortels. (*Dénégations au banc des ministres.*)

Je ne citerai pas les lettres, vous pourriez les révoquer en
doute ; j'en ai là trois, parties le 4 au soir et le 5 au matin
de Rome. Mais ce que vous ne pouvez pas ne pas connaître,
c'est ce qui est imprimé, c'est ce qui paraît à Marseille.
Eh bien, voulez-vous me permettre de mettre un document
sous vos yeux ?

« juin 1849.

« Voici, à la hâte des nouvelles de Rome qui arrivent par
deux navires du commerce et un vapeur du gouvernement.
Le carnage de la journée du 3 a été immense ; il paraît que
nos troupes ont immensément souffert.

« La villa Pamphili, prise deux fois à la baïonnette par
nos soldats, et reprise successivement par les Romains, a
fini par rester à ces derniers.

« Deux régiments, le 33ᵉ et le 66ᵉ, sont ceux qui ont été
le plus maltraités. Les pertes des Romains, on ne les connaît pas ; elles sont moindres que les nôtres et dans une
proportion immense, par cette raison qu'ils étaient défen-
dus par les canons de leur place.

« On disait, à *Civita-Vecchia*, qu'une suspension d'hostilités avait été demandée par le général Oudinot pour vingt-
quatre heures... »

Et cette nouvelle est confirmée par trois lettres que j'ai
ici. Et l'on ajoute que la suspension avait été accordée par
les triumvirs, parce qu'elle avait été demandée pour, de
part et d'autre, ramasser les blessés et enterrer les morts
tombés sur le champ de bataille.

Je dis qu'en présence de pareils faits les interpellations
deviennent inutiles. Je ne demande à l'Assemblée qu'à dire
deux mots pour caractériser la situation.

Il est certain que nous avions promis, sous la Constituante, à Rome, de protéger son indépendance ; il est certain
que, par la constitution, nous avons déclaré que jamais nous
ne porterions atteinte à la souveraineté, à la nationalité, à
la liberté d'aucun peuple ; il est certain que, par le vote
du 7 mai, l'Assemblée constituante a décidé que l'expédition d'Italie ne pourrait pas être détournée plus longtemps
du but qui lui avait été assigné par elle.

Eh bien, tout le monde le reconnaît, faire aujourd'hui
une vaine discussion serait stérile. M. Odilon Barrot, les
autres ministres l'ont répété à satiété : le but de l'expédition n'était pas d'étouffer la république romaine, ce but
était, pour le cas où les Autrichiens se seraient emparés de
Rome et voudraient lui imposer un gouvernement absolutiste, ce but était, de la part de la France, de protéger
Rome pour lui donner des institutions libérales.

Ainsi voilà trois textes inflexibles : le premier, la déclaration de l'Assemblée constituante ; le second, votre propre pacte fondamental ; le troisième enfin, la décision rendue le 7 mai par l'Assemblée, déclarant solennellement,
après une discussion importante et longue, que l'expédition
serait ramenée à son but.

Après tout cela, qu'est-il arrivé ? Il est arrivé que le

général Oudinot est allé sous les murs de Rome pour s'emparer violemment de la ville. Et cependant ç'avait été pour empêcher qu'on ne pût recommencer un pareil acte de violence, qu'on avait décidé, le 7 mai, que l'expédition serait ramenée à son but primitif; ce qui était un blâme, tout le monde l'a compris, de l'indigne conduite du général Oudinot, de sa conduite attentatoire... (*Murmures à droite. — Approbation à gauche.*)

Eh bien, que fait le gouvernement dans les interpellations successives? Il nous répond qu'il ne pense qu'à une chose : exécuter le vœu de l'Assemblée constituante ; et puis, le 29 mai, pendant que notre agent, M. de Lesseps, était sur le point de conclure, concluait un traité où les principes de l'humanité étaient enfin consacrés et reconnus, le gouvernement, profitant de la cessation de l'Assemblée constituante, profitant de cette lacune où l'Assemblée législative n'était point encore constituée, le gouvernement, vous le savez maintenant, on ne peut plus le discuter, envoie deux ordres, le premier au général Oudinot, de s'emparer de Rome, coûte que coûte, et le deuxième à M. de Lesseps pour le rappeler.

Eh bien, à quoi peuvent servir, je vous le répète, des interpellations? Que peut-on répondre à cela? Ce sont des dates : il n'y a qu'à lire les dépêches du général Oudinot, il n'y a qu'à lire les dépêches de M. de Lesseps, de M. de Lesseps dont on voulait, pour ainsi dire, ébranler à l'avance l'autorité morale, en faisant plus ou moins supposer qu'il avait été frappé d'aliénation.

Voilà les faits. Eh bien, ces faits on n'y peut rien répondre ; et quand ils sont maintenant rapprochés des textes, quand ces textes sont la constitution, sont un décret, je le répète, des interpellations sont chose stérile, sont chose frivole, sont chose indigne d'une grande nation. Ce qui est vrai, c'est que le gouvernement a manqué au plus sacré de ses devoirs, c'est qu'il a violé la constitution ; ce qui est vrai, c'est qu'une mise en accusation est le seul acte qu'on puisse diriger contre lui. (*Vive approbation à gauche.*)

Maintenant un seul mot, et c'est le dernier.

Il ne faut pas essayer de donner le change, ni à notre armée ni à l'opinion publique ; il ne faut pas essayer de dire que nous voulons combattre contre l'honneur du drapeau français ; il ne faut pas essayer de dire que, quand un échec a été éprouvé par nos troupes, nous voulons nous satisfaire d'un échec nouveau. Non, cela n'est pas vrai. L'honneur du drapeau français, je l'ai dit déjà, il est compris par certains hommes d'une façon qui n'est plus de cette époque.

La question n'est pas de savoir si la force brutale d'une nation de 36 millions d'hommes peut s'emparer d'une ville ; la question est de savoir si nous avons pour nous le droit et la justice ; la question est de savoir si, en allant attaquer Rome, un peuple de frères, une république comme nous, nous ne manquons pas au plus sacré des principes. Or il ne faut pas nous dire que, parce que les Français ont essuyé une défaite, il faut une victoire aujourd'hui ! Cela n'est pas possible. Il ne peut pas y avoir de victoire contre la violation du droit. S'emparât-on de Rome un jour, on ne pourrait jamais compter cela dans nos annales pour une victoire ou un succès ; non, ce serait une honte, je ne crains pas de le dire à la tribune, parce qu'il y a quelque chose de supérieur à la question d'honneur, c'est la question de justice immortelle, c'est la question du droit le plus vivace et le plus sacré. (*Nouvelle approbation à gauche.*)

Je le dis donc encore, les interpellations, elles me paraissent désormais inutiles. Les faits sont irrévocablement constatés, les textes existent. Ce serait les affaiblir et affaiblir notre situation que de discuter. Je ne puis donc faire qu'une chose, c'est de descendre de cette tribune, après avoir déposé aux mains du président de l'Assemblée un acte d'accusation contre le président de la République et contre les ministres qui se sont rendus coupables, quoi que vous en disiez, au plus haut chef, de ce qu'il y a de plus grave, de la violation formelle de la constitution. (*Approbation à gauche. — Rumeurs au centre et à droite.*)

LXXV

DISCOURS PRONONCÉ A L'ASSEMBLÉE LÉGISLATIVE

A LA SUITE DES EXPLICATIONS FOURNIES PAR LE PRÉSIDENT DU CONSEIL DES MINISTRES POUR REPOUSSER L'ACTE D'ACCUSATION

(Même séance, 11 juin 1849)

Citoyens,

C'est quelque chose de profondément douloureux de voir à quel point, sous les artifices du langage, les souvenirs les plus récents s'effacent, les actes les plus solennels sont dénaturés ou oubliés.

M. Odilon Barrot a cherché, selon moi, à déplacer la question ; j'y reviendrai succinctement, l'enfermant dans les textes mêmes, rappelant quelle a été la pensée, quelle a été l'intention de la Constituante et comment ses rapporteurs se sont exprimés. Vous voyez qu'il n'y aura là ni exagération ni emphase ; la question sera toute simple ; on verra ce qu'a promis le ministère, comment il a exécuté ses promesses, et si, oui ou non, comme je l'ai posé, en débutant, la constitution a été violée.

Vous vous rappelez qu'après la défaite de Novare un premier décret a été rendu par l'Assemblée constituante ; permettez-moi de vous en remettre les termes sous les yeux :

« L'Assemblée nationale déclare que si, pour mieux garantir l'intégrité du territoire piémontais et mieux sauvegarder les intérêts et l'honneur de la France, le pouvoir exécutif croit devoir prêter à ses négociations l'appui d'une occupation particlle et temporaire en Italie, il trouvera dans l'Assemblée nationale le plus entier concours. »

Ainsi voilà un décret par lequel l'Assemblée constituante, se préoccupant de la défaite des Piémontais, craignant que les Autrichiens n'abusassent de leur victoire, déclarait qu'un point de l'Italie serait occupé par les armées françaises pour protéger la nationalité et l'indépendance du territoire piémontais.

Peu de jours après, l'Assemblée prend une nouvelle décision ; le 17 avril elle déclare :

« L'Assemblée ouvre un crédit extraordinaire de 1 200 000 francs pour subvenir au surcroît de dépenses qu'exigera l'entretien sur le pied de guerre, pendant trois mois, du corps expéditionnaire de la Méditerranée. »

C'est ici qu'il faut bien s'entendre ; le ministre déclare ceci : qu'en vertu de cette décision l'Assemblée constituante, oubliant l'article 5 de la constitution qui veut que la nationalité d'aucun peuple ne soit attaquée par les armées françaises, le ministre, dis-je, prétend qu'en vertu de cette résolution les armes françaises pouvaient être portées jusque dans la ville de Rome. Là est la question.

Permettez-moi de vous relire les paroles mêmes du rapporteur qui a préparé le projet de décret qui a été voté par l'Assemblée.

Voici en quels termes s'exprimait M. Jules Favre :

« La Commission a appelé dans son sein M. le président du conseil et M. le ministre des affaires étrangères. De leurs explications il est résulté que la pensée du gouvernement n'était pas de faire concourir la France au renversement de la république, qui subsiste actuellement à Rome.

« Il agit dans sa liberté, dégagé de toute solidarité avec d'autres puissances, ne consultant que ses intérêts, son honneur, la part d'influence qui lui appartient nécessairement dans ce grand débat européen. »

Écoutez bien ce que dit le rapporteur :

« Votre commission a pris acte de cette déclaration positive ; elle vous prie de ne pas l'oublier dans le cours de la délibération qui va s'ouvrir. »

Ainsi le rapporteur, l'organe officiel de la majorité de la commission, vient déclarer que le gouvernement a pris l'engagement formel de ne pas intervenir dans la forme du gouvernement romain, et qu'il a pris l'engagement de ne faire qu'une chose : exercer la part d'influence sur les affaires d'Italie qui appartient à la nation française ; et comme, dès ce moment, la majorité de l'Assemblée constituante semblait se défier, il faut le dire, de la conduite louche du ministère, le rapporteur insiste et dit :

« Nous vous invitons à prendre acte de cette parole aussi positive, et ce n'est qu'après cette déclaration et à cette condition que nous déclarons, nous commission, qu'il y a urgence et que les 1 200 000 francs doivent être votés. »

Voilà le point de départ. Il est bien clair, il est bien certain que vous avez dit, dans le sein de la commission, que vous ne vouliez pas étouffer la république romaine. Il est certain que vous avez déclaré que vous ne vouliez qu'une chose, conserver l'influence française à Rome, comme l'Assemblée constituante avait eu la pensée de conserver l'influence française dans le Piémont, quand elle avait dit que, pour empêcher les Autrichiens d'abuser de leur victoire, une armée française serait là pour stipuler des conditions libérales. Ainsi ce point ne peut plus aujourd'hui être discuté ; vos paroles heureusement ont été conservées, elles ont été constatées dans un rapport officiel. Il est certain que vous n'aviez pas le droit, au point de départ, d'intervenir dans les affaires de Rome, de changer la forme de gouvernement que le peuple s'était donnée.

Maintenant, est-ce que l'Assemblée constituante n'a eu qu'une fois cette préoccupation? est-ce que sa pensée fixe, systématique de faire respecter l'art. 5 de la constitution n'a pas reçu deux autres sanctions?

Quand l'expédition part de Civita-Vecchia, quand elle arrive sous les murs de Rome, quand le général Oudinot fait une première attaque, est-ce que, par hasard, l'Assemblée constituante reste impassible? est-ce que l'Assemblée ne s'émeut pas profondément? est-ce qu'en présence de ce général qui, selon elle, avait outrepassé les limites de son mandat, elle ne vint pas demander, par voie d'interpellations, des explications au ministère? est-ce que le ministère n'a pas été obligé à ce moment, en balbutiant je ne sais quelles excuses, de désavouer en quelque sorte les démarches qui avaient été faites? Je vais vous le démontrer. Cela résulte de la discussion, cela résulte de paroles que vous ne récuserez pas, des paroles du citoyen Senard, qui vous expliquent en quels termes l'Assemblée constituante a compris la mesure qu'elle avait ordonnée. Ces paroles, je vais vous les citer.

Voici comment il s'explique. Remarquez que ce n'est pas un simple membre, mais un rapporteur, un organe officiel de votre majorité, qui parle :

« Maintenant, voyez ce que nous proposons. Une formule qui vous ramène à ce que l'Assemblée nationale a voulu, et qui vous laisse cependant la liberté dont vous avez besoin pour ménager, dans tous les cas, la dignité de nos armes, ce que l'honneur de la France exigera pour faire face aux éventualités qui sont encore inconnues... »

Vous vous rappelez qu'il s'agissait d'un échec éprouvé sous les murs de Rome, et vous comprenez avec quelle délicatesse, avec quel sentiment de réserve devait parler le rapporteur.

« Non, nous ne vous demandons pas, dans ces circonstances mal connues, de retirer nos troupes de Rome, si elles y étaient entrées, pour les ramener à Civita-Vecchia...»

Ecoutez bien :

« ... Mais, quelque soit l'état des choses à l'heure qu'il est, nous vous demandons de vous souvenir que la constitution à laquelle nous obéissons, à laquelle vous devez obéir, ne vous permettrait pas plus à vous de demander qu'à nous de voter que nos troupes servissent à détruire un gouvernement constitué par la force seule de la nationalité qui se l'était donné... »

Est-ce clair ?

« Nous vous demandons de vous en souvenir, et nous ne souffrirons pas que vous équivoquiez sur la question de savoir si vous défendrez la république romaine... »

C'est ce que vous faisiez tout à l'heure.

« ... Sans doute, vous aviez déclaré que vous ne la reconnaissiez pas, que vous ne la défendriez pas, mais en même temps vous avez déclaré que vous ne l'attaqueriez pas. »

« Le citoyen Jules Favre : Vous l'avez déclaré sur l'honneur dans la commission. »

Voilà ce rapporteur du premier décret qui s'écrie, de sa place : « Dans la commission, vous l'aviez déclaré sur l'honneur ! » et cela est constaté par *le Moniteur*.

Maintenant, le citoyen Senard continue en ces termes :

« Et dans le fait, aujourd'hui, la république romaine est attaquée ; l'Assemblée constituante romaine persiste, réclame, proteste, et les troupes françaises marchent contre Rome, contre l'Assemblée constituante romaine. Eh bien, nous ne voulons pas que l'Assemblée constituante de Rome, que la république romaine soient attaquées, contrairement à notre constitution, contrairement à la pensée qui nous a dicté le vote du crédit, soit attaquée par les troupes françaises, qui seraient déshonorées. (*Mouvement.*) »

Eh bien, sincèrement, voyons, mettons les artifices de

langage de côté, est-ce clair? jamais vérité a-t-elle brillé
d'un éclat plus vif? pouvez-vous dire, en vous tenant dans
je ne sais quel système mixte, amphibie, que vous avez
déclaré à maintes reprises que vous ne voudriez pas reconnaître la république romaine ? Ce n'est pas ce que nous
demandons; vous avez beau essayer de donner le change sur
la question, nous n'accepterons pas le terrain sur lequel
vous voulez perfidement nous attirer; non, non, ce n'est
pas ce que nous disons. Voici ce que nous disons : Vous
avez déclaré que vous ne seriez pas solidaires avec elle,
contrairement à nos principes, mais en même temps vous
avez déclaré, conformément à la constitution, que vous ne
l'attaqueriez pas. Je le répète, il n'y a pas d'équivoque possible ; non, non, vous n'avez jamais voulu la défendre, mais
vous avez été obligés, pour vous incliner devant vos pairs,
devant votre majorité, obligés de déclarer que vous n'attaqueriez pas la république romaine. (*Approbation à gauche.*)
Eh bien, je viens vous demander compte aujourd'hui de
votre conduite.

Voulez-vous maintenant que je persiste jusqu'au bout,
car la preuve deviendra plus claire encore? Je reprends
cette phrase : « Eh bien, non, nous ne voulons pas que l'Assemblée constituante de Rome, que la république romaine
soient attaquées contrairement à notre constitution, contrairement à la pensée qui nous a dicté le vote, qu'elle soit
attaquée par les troupes françaises, qui seraient déshonorées.»
(*Approbation prolongée à gauche.*)

« Voilà ... Écoutez bien, citoyens, vous qui n'étiez pas
membres de la Constituante, et qui, sur une question d'honneur pour le pays, ne pouvez pas avoir de parti pris, écoutez
bien : « Voilà le sens de la formule que nous présentons à
l'Assemblée, — *c'est toujours le rapporteur qui parle,* — de
la formule qui répond, suivant nous, à la pensée des premiers
votes, en même temps qu'elle répond à toutes les nécessités

et à toutes les éventualités dans lesquelles vous pouvez vous trouver.

« La république romaine, qui ne devait être ni défendue ni attaquée, est attaquée directement aujourd'hui. En conséquence, la commission a l'honneur de vous faire la proposition suivante :

« L'Assemblée nationale invite le gouvernement à prendre sans délai les mesures nécessaires pour que l'expédition d'Italie ne soit pas plus longtemps détournée du but qui lui était assigné. » (*Sensation.*)

Je vous le déclare, il y a vraiment des instants dans la vie où le découragement vous gagne. Je ne sache pas de puissance de parole qui puisse lutter avec de pareils passages et de pareilles résolutions.

Je ne comprends pas qu'un homme se commette, je dirai presque, qu'il se déshonore à soutenir par des phrases ce qui est si clair, ce qu'il ne pourrait jamais rendre plus lumineux.

Vous avez prétendu que vous aviez le droit d'aller dans le cœur de Rome faire couler le sang français mêlé avec le sang italien. Je vous dis, moi : Vous ne l'aviez pas.

Vous dites à ses membres qui n'étaient pas de la Constituante nationale, que l'Assemblée nationale vous en avait donné le droit. Je vous dis que vous ne l'aviez pas, et je le prouve....

Vous venez vous jeter dans je ne sais quelle histoire de pape pour déplacer la question. Je ne parle pas de sa vertu, la question n'est pas là. Je ne vous parle pas des griefs qu'on lui reproche, la question n'est pas là. Un peuple souverain s'est levé, qui a proclamé sa nationalité et son indépendance. Une Assemblée nationale a dit : Vous n'irez pas le secourir, non ; mais vous ne pourrez pas l'attaquer ; voilà la question. (*Approbation à gauche.*)

Cela vous fait sourire, monsieur Barrot ; cela me paraît pourtant bien clair.

Que s'est-il passé? Il faut exécuter cet ordre si positif de l'Assemblée nationale, et alors, vous envoyez M. de Lesseps. Nous vous demandons quel est votre agent; vous nous répondez par son nom qui pouvait nous suffire, mais vous y ajoutez toutes les qualités dont il a brillé dans ses missions successives.

Et bien, cet agent, il assiste, dans une tribune, aux délibérations si ardentes de l'Assemblée nationale; il s'en est impressionné, et vous nous avez dit, vous ancien ministre des affaires étrangères, vous nous avez dit, à deux reprises différentes, ceci : « Il est parti pour exécuter les ordres de l'Assemblée nationale. » Il a donc dû les exécuter; et quand il les a exécutés et qu'il obtient une suspension d'armes, que faites-vous?

Je ne saurais trop le répéter, vous profitez d'une lacune entre une Assemblée qui va finir et une Assemblée qui n'était pas encore debout, pour faire un empiètement de pouvoir, pour révoquer votre agent d'une part, et pour donner l'ordre d'entrer dans Rome coûte que coûte.

Eh bien, maintenant, je vous demande ceci : votre droit, où l'avez-vous puisé? que s'est-il passé de la part des Romains?

Quoi! braves, héroïques, ils ont voulu défendre leur souveraineté, vous êtes venus à eux leur apportant, dites-vous, des paroles de paix. Allons! c'est insensé! des paroles de paix au bout des baïonnettes, au bout de la mitraille; ce n'est pas possible.

Ils vous ont répondu qu'ils n'acceptaient pas.

Voilà tout ce qui s'est passé, et, cependant, vous avez attaqué Rome, et, depuis quatre longs jours, nos soldats sont là qui combattent, et qui, peut-être, éprouvent des revers; et vous dites que vous n'êtes pas responsables?

Je dis que vous avez au front une tache de sang. (*Sensation. — Applaudissements à gauche.*)

Vous osez nous dire que la France agit libre dans son indépendance, sans être influencée par les cours de la sainte-alliance ! vous osez nous dire cela ! Et cet agent que vous nous avez tant vanté, dont vous avez proclamé vous-même la loyauté, vient vous dire, dans sa correspondance, que les contradicteurs, que les adversaires, que les ennemis qu'il trouvait auprès du général en chef pour combattre ses desseins, c'étaient les agents de la Prusse, de la Russie et de l'Autriche. (*Mouvement.*)

J'avoue franchement que je ne comprends pas que vous riiez, M. Barrot.

(*M. Odilon Barrot : Vous vous trompez, je ne ris pas, je suis seulement indigné que vous supposiez que le général Oudinot ait cédé aux influences de l'Autriche, de la Prusse et de la Russie.*)

Comment ! cet homme que vous avez été choisir entre tant d'agents honorables, et dont vous nous avez tant de fois fait l'éloge, il aurait manqué à ce point de déclarer une chose contraire à la vérité ! il aurait manqué à vingt-cinq ans de sa vie ! Non, il a dit la vérité, l'avenir le prouvera.

Eh bien, je le répète, je ne veux pas abuser des phrases, et je regrette de n'avoir pas aujourd'hui plus de force à consacrer à cette question qui est une question capitale et qui, soyez-en convaincus, laissera une des traces les plus funestes dans notre histoire.

Je me résume en disant : Il est faux que l'Assemblée constituante ait permis qu'on violât l'article 5 de la Constitution ; il est faux que l'Assemblée constituante, dans un premier décret, ait autorisé à ce qu'on intervînt jusque dans Rome ; il est faux, quand la première intervention a eu lieu, quand la première attaque a été faite, que l'Assemblée constituante l'ait en quelque sorte sanctionnée. Non, l'Assemblée a déclaré que vous n'aviez pas le droit d'entrer dans les murs de Rome, que vous n'étiez là que de simples

observateurs, pourquoi faire? Pour empêcher les Autrichiens, s'ils venaient, d'abuser de leur pouvoir ; et pour
cela vous n'aviez pas besoin d'entrer dans les murs de Rome.
Il est faux que la Constitution, j'y insiste, ait été respectée par vous ; elle a été violée au premier chef; il n'est
pas de phrase oratoire qui puisse lutter contre cette déclaration, il n'est pas de phrase oratoire qui puisse effacer,
anéantir les rapports inscrits au *Moniteur*, il n'est pas de
phrase oratoire qui puisse effacer les paroles de M. Senard,
homme modéré entre tous. Ainsi la Constitution a été
violée, manifestement violée.

Vous nous dites en commençant, comme pour nous inti-
mider : Vous qui nous interrogez, vous qui nous accusez,
êtes-vous bien sûrs de rester dans la légalité? Je vous répondrai : Je vous trouve bien téméraires, vous qui avez violé
la Constitution de nous adresser une telle question; notre
réponse est bien simple : la Constitution a été violée, nous
la défendrons par tous les moyens possibles, même par les
armes !

(*Vives exclamations. — Les cris : A l'ordre! éclatent avec
une grande force. Un certain nombre de membres de la
gauche se lèvent et répètent les dernières paroles de l'orateur : « Oui, même par les armes ! » — L'agitation est à
son comble.*)

LXXVI

DISCOURS PRONONCÉ A L'ASSEMBLÉE LÉGISLATIVE

POUR RÉCLAMER LA PRODUCTION DES DOCUMENTS RELATIFS AUX FAITS
INCRIMINÉS DANS L'ACTE D'ACCUSATION DÉPOSÉ LE 11 JUIN

(12 juin 1849)

Citoyens,

Je ne crois point avoir à répondre aux observations de
votre honorable président. Il est contraire aux habitudes de
l'Assemblée et contraire également au règlement que l'on
puisse discuter immédiatement sans avoir, comme on le
disait, consulté l'Assemblée; en conséquence, je demande
au moins la parole pour persévérer, non pas dans la demande d'ajournement, on s'est trompé, mais dans la demande de communication de pièces.

(*Un membre à droite : C'est la même chose !*)

J'entends dire de ce côté (la droite) que la demande de
communication de pièces ou la demande d'ajournement,
c'est la même chose. L'honorable membre qui parle ainsi
se trompe. Quand on ne veut pas d'ajournement, on peut
faire une chose, déclarer l'Assemblée en permanence, et
cependant ne pas moins communiquer les documents qui
seraient nécessaires.

Ainsi, je le répète, nous ne voulons pas d'ajournement;
personne n'a intérêt à l'ajournement.

On prétend que nous voulons de l'agitation ; nous ne voulons pas d'agitation, et je proteste contre ce mot. (*Réclamations à droite.*)

Je répète que nous ne voulons pas d'agitation. Vous pouvez en penser dans vos consciences ce que vous voulez, mais la mienne me dit que ni moi ni mes amis nous ne voulons pas d'agitation.

Vous prétendez vous autres, que vous ne voulez pas d'agitation ; il faudrait au moins écouter jusqu'au bout les orateurs qui vous tiennent un langage fort calme et fort peu passionné, ce serait prêcher d'exemple.

J'arrive à la question.

Il y a deux choses que l'on n'a pas distinguées, une demande de mise en accusation et une condamnation qui peut en être la suite. Ici je fais un appel à toutes les intelligences et à toutes les consciences. Des faits sont révélés à l'opposition ; l'opposition croit que, par leurs conséquences, par leurs résultats, ces faits sont assez graves pour motiver un acte d'accusation : l'opposition dépose un acte d'accusation. Intervient une commission qui déclare que l'acte d'accusation ne sera pas suivi d'effet ; et on cherche à faire retomber sur l'opposition la prétendue agitation qu'elle aurait voulu causer à l'aide d'une accusation mal fondée. Il est donc de toute justice qu'entre l'accusation et la condamnation, les pièces, les documents interviennent. Cela est tellement vrai, que, lorsque le général Oudinot, outrepassant ses pouvoirs, selon l'Assemblée constituante, allait mettre le siège sous les murs de Rome, avant cette décision du 7 mai que je vous lisais, une commission a été nommée ; elle a eu à statuer sur l'urgence ; elle croyait, comme vous, que les événements étaient graves, qu'une agitation pouvait en être la suite.

Qu'a-t-elle fait ? elle a déclaré d'abord qu'il y aurait permanence de l'Assemblée ; mais, tout en déclarant qu'il y aurait permanence de l'Assemblée, et pour concilier ce qu'elle devait à la paix publique et à la justice, elle n'en a pas moins déclaré que dans son sein se rendraient les membres du gouvernement apportant les pièces, les ordres donnés au général Oudinot; et c'est en connaissance de cause que l'arrêté du 7 mai a été rendu.

Ainsi, vous le voyez, dans les précédents de la Constituante, comme dans tous les précédents, entre un acte d'accusation et une condamnation, il faut produire des documents. Avons-nous le droit de les demander?

Vous répondez : ces documents, ils sont connus ; quelques-uns ont été publiés par le gouvernement; quelques autres ont été révélés par l'agent qui avait été envoyé par le gouvernement.

Vous savez bien que ces documents ne sont pas complets; ici je fais appel aux souvenirs de M. le président du conseil. Quand j'ai dû faire des interpellations avant l'acte d'accusation, je lui avais demandé, c'était une chose de loyauté entre nous, de déposer aux archives de l'Assemblée les dépêches adressées par le gouvernement à M. de Lesseps et celles adressées par M. de Lesseps au ministre des affaires étrangères. M. Odilon Barrot s'était engagé à donner ces pièces...

(*M. Odilon Barrot : Je me suis engagé à en parler à M. le ministre des affaires étrangères.*)

Vous vous êtes engagé à en parler à votre collègue, mais vous m'avez déclaré que, quant à vous, vous n'y voyiez aucun inconvénient et que les pièces seraient communiquées. Vous dites que toutes les pièces ont été communiquées. Vous savez bien que non ; il en est une qui est capitale. Vous vous rappelez que le général Oudinot, dans une de ses dépêches, déclare que les ordres qu'il a reçus n'étaient pas les mêmes que ceux donnés à M. de Lesseps. Vous vous rappelez parfaitement le conflit. M. de Lesseps a prétendu qu'il était resté dans les limites du mandat qui lui avait été assigné.

Le général Oudinot a déclaré formellement dans sa dépêche qu'il avait reçu des instructions contraires.

Eh bien, je vous demande s'il est possible de décider si le gouvernement a eu tort ou a eu raison, s'il a ou non violé la constitution, avant de connaître ces documents contradictoires.

Je comprends très bien qu'une majorité puisse se passionner et veuille juger de propos délibéré et préconçu ; je comprends qu'une minorité puisse se passionner et accuser sur des résultats et sur des faits ; cela ne pourrait pas faire que la vérité ne soit pas la vérité, que l'agent et que le général Oudinot n'aient pas dit qu'ils avaient des dépêches qui se contrariaient.

Nous avons donc besoin, pour savoir si l'acte d'accusation est ou non fondé, si le gouvernement a ou non violé la constitution, de savoir ce que portaient les dépêches qui ont été envoyées par lui. Nous avons besoin de connaître ces instructions..

Voulez-vous que je vous frappe par un exemple ? En voici un : Le général Oudinot — je ne me rappelle pas parfaitement les termes, mais c'est l'esprit — déclare qu'il doit s'emparer de Rome coûte que coûte. Eh bien, cet ordre a dû être donné ou par le ministère, ou par une autre autorité que le ministère.

Si cela est vrai, cela est manifestement contraire aux instructions de M. de Lesseps, qui était parti pour négocier ; cela est manifestement contraire au mandat qui lui avait été donné d'arriver à une solution pacifique. Vous ne pouvez donc pas dire que vous avez communiqué tous les documents ; car en voici un qui, je le répète, est suprême et décisif, c'est celui qui est indiqué dans la dépêche de M. le général Oudinot et où il vous dit nettement qu'il fallait s'emparer de Rome, coûte que coûte, parce que telles étaient ses instructions.

Mais il y a autre chose. Vous vous rappelez parfaitement une discussion qui s'est élevée dans la presse et qui aurait dû frapper tous les esprits : le message du président, le message communiqué authentiquement, *la copie*, comme on l'appelle au *Moniteur*, porte ceci qui ne peut être contesté, c'est que la question romaine ne pouvait trouver sa solution que dans Rome.

Je dis qu'en présence de semblables contradictions, quand l'agent diplomatique que vous déclariez honorable et qui l'est, M. de Lesseps vient vous dire : mes instructions ne sont pas celles données au général Oudinot, il faut donc qu'il y ait eu des instructions secrètes, il faut donc qu'on ait donné au général Oudinot d'autres instructions qu'à l'agent diplomatique ; je dis que la France a besoin de les connaître ; je dis que, vous, majorité, si vous rendez un jugement sans les connaître, on dira que vous l'avez rendu *ab irato. (Interruptions.)*

(Une voix à droite : On l'a déjà dit de l'accusation).

Vos interruptions me forcent à préciser de nouveau la question.

Oui, pour nous, les faits sont tels que l'acte d'accusation a dû être rédigé ; oui, pour nous, les faits sont si graves, tellement attentatoires à la constitution, que nous avons dû, pour obéir à notre conscience, déposer un acte d'accusation. Quant à vous, qui venez prétendre que l'acte d'accusation est frivole, je dis que vous ne pouvez pas faire que l'opinion publique ne dise pas : quand ils devaient demander les pièces avant de décider, quand la commission devait se les faire représenter, quand la commission qui a statué sur l'urgence, devait avoir les dépêches et les instructions, elle n'a rien vu, et quand l'opposition est venue demander que ces instructions fussent révélées, pour savoir qui avait

tort ou raison du général Oudinot et de M. Lesseps —
ce qui n'est pas chose légère, — car, si M. Lesseps a
eu raison, le sang français et le sang romain n'ont pas
dû être versés ; si M. Oudinot a reçu des instructions,
M. Oudinot est innocent, mais le ministère est coupable, —
le ministère nécessairement a agi en dehors du décret de
l'Assemblée constituante rendu le 7 mai. Quand, dis-je, l'opposition demandait des documents propres à porter la
lumière, on les a refusés.

Ainsi vous pouvez prendre une décision, vous avez la majorité, je le sais. Eh ! M. Guizot, dans les derniers temps,
agissait toujours à coups de majorité. (*Interruption.*)

(*Plusieurs voix : Vous insultez au suffrage universel !*)

Je vous demande pardon ! Vous vous méprenez sur mes
paroles ; vous savez parfaitement que je ne vous insulte pas
et que je ne veux pas vous insulter. (*Bruit.*)

(*Une voix : Acceptez-vous ou n'acceptez-vous pas le suffrage universel ?*)

J'entends un membre qui me dit : Si vous voulez nous
insulter, nous ne le souffrirons pas. C'est faire du courage
inutile ; je déclare nettement ceci, et mes paroles ne sont
que la mesure de ma pensée : je ne suis pas à la tribune
pour insulter personne, j'y suis pour discuter, et je crois,
le faire convenablement. (*A gauche : Très bien !*)

J'ajoute qu'un autre membre s'est levé pour me dire :
Reconnaissez-vous ou non le suffrage universel ? Eh ! mon
Dieu, si vous aviez été à Paris le 24 février, vous auriez su
que je combattais sur les barricades pour vous le conquérir.
(*Vive approbation à gauche. — Rires ironiques sur quel-
ques bancs.*)

Je crois donc au suffrage universel, c'est ma foi ; mais je
crois aussi qu'il y a quelque chose de supérieur au suffrage
universel qui pourrait se tromper... (*Interruption à droite.*)

Il y a quelque chose de supérieur au suffrage universel

qui pourrait se tromper, c'est le droit éternel et la justice (*Mouvement*), c'est ce je ne sais quoi (*Nouvelle interruption*) qui est la conscience humaine, qu'on ne viole pas impunément et qui finit toujours par prévaloir malgré les majorités. Eh bien, c'est pour revenir au droit, à la justice, que je vous dis qu'il est impossible que nous rendions un jugement équitable et éclairé sans avoir pris communication des pièces. Pour nous, les faits sont suffisants ; pour vous, ils le sont aussi, puisque vous voulez délibérer sans avoir vu les pièces ; mais, pour le pays, pour l'opinion publique, à laquelle tout à l'heure le ministre de l'intérieur rendait hommage, reconnaissant apparemment que, dans un gouvernement républicain, le pays avait le droit de juger ; je dis que, pour le pays, ce sont les pièces qu'il faut ; car, bien certainement, entre l'acte d'accusation et la condamnation, si les documents n'ont pas été fournis, si les pièces ne sont pas produites, quoi que vous disiez, on prétendra que vous avez fait un acte de colère et non pas un acte de justice.

Maintenant je veux dire un dernier mot.

Je ne rétracte rien des paroles que j'ai dites hier, mais je veux leur donner leur sens. (*Marques d'attention à droite. — Écoutez ! écoutez !*)

Je ne rétracte rien, disais-je, des paroles que j'ai dites hier, mais je veux leur donner leur sens.

La passion peut s'en emparer ; je veux, à l'avance, sans savoir quels seront les résultats, dont je me soucie peu pour moi, je veux pour mon pays qu'on sache ce que j'ai dit et non ce que quelques-uns peuvent me faire dire.

Oui, j'ai dit ceci : Tous les moyens pacifiques pour maintenir la constitution ; mais, si la constitution était violée, me servant de l'art. 7 de cette même constitution qui dit qu'il faut la défendre, même au péril de sa vie, j'ai dit dans ce cas que ce serait les armes à la main que chacun de nous devrait la défendre.

Voilà mes paroles, voilà leur mesure, et j'y persévère. (*Vive approbation à gauche. — Agitation prolongée.*)

LXXVII

RÉPONSE AU DISCOURS DE M. THIERS

QUI A SOUTENU LA CAUSE DU GOUVERNEMENT DANS LA DISCUSSION SURVENUE
A PROPOS DE L'ACTE D'ACCUSATION A L'ASSEMBLÉE LÉGISLATIVE

(Suite de la séance du 11 juin 1849)

M. Thiers, selon moi, vient de déplacer la question en déclarant que nous prétendions aujourd'hui ne pas être assez éclairés, lorsque hier nous avions conclu, sur les faits seulement, à une violation de la constitution. Oui, nous sommes éclairés, je vous l'ai dit, et je remonte à la tribune pour que vous ne puissiez pas dénaturer ni travestir mes paroles. Mais il y a un fait qui est capital : le gouvernement, lorsqu'il a violé la constitution, lorsqu'il a violé, je vais vous le démontrer, le décret de l'Assemblée constituante, par quels moyens les a-t-il violés ? Vous nous dites qu'aujourd'hui notre affirmation d'hier doit suffire ; je vous réponds et vous n'avez pas dit un mot contre cela : entre vous, majorité, et nous, il y a le pays. Eh bien, vous ne pouvez pas faire comprendre au pays ceci : qu'après avoir suivi ostensiblement la politique de l'Assemblée constituante jusqu'au 29 mai, que le 29 mai, tout à coup, vous ayez changé de politique, que vous ayez rappelé votre agent d'une part, et que, d'autre part, vous ayez donné des ordres au général Oudinot d'entrer directement dans Rome.

Je dis que vous avez dû être impressionnés par des actes,
par des faits, que nous ne les avons pas connus, que ces
faits, ces actes sont renfermés dans vos instructions, et que
vous devez les communiquer.

Et je vous dis ceci non pas pour changer ni votre
conviction, qui est faite, ni la nôtre, qui est faite; mais,
entre l'accusation — vous ne pouvez pas répondre à cela
— entre l'accusation et le jugement, il y a tout un monde.
Eh bien, il faut qu'en présence de notre accusation, le pays
soit mis à même de savoir si la constitution a été violée ou
si elle ne l'a pas été.

Et je dis que, pour décider, il a besoin de connaître les
actes; vous êtes sous un gouvernement républicain, vous
ne pouvez pas les lui soustraire; et il y a ce fait capital pour
l'accusation que, pendant la session de l'Assemblée constituante, et avant la réunion de l'Assemblée législative, vous
avez tout d'un coup, sous je ne sais quelle impression, donné
des ordres que nous avons le droit de connaître.

Maintenant, est-ce que vous croyez par hasard que nous
n'avons pas bien fait d'insister pour avoir cette communication? Est-ce que vous croyez par hasard que la présence
de M. Thiers à la tribune, et que l'aveu qu'il vient de faire
n'est pas la question tout entière? Eh bien, ne fussé-je remonté à la tribune que pour constater ce fait, je dis que
c'est un fait très grave, et je vais vous le démontrer.

Ah! rappelez-vous-le, oui, l'aveu que vous avez fait
aujourd'hui est un des aveux les plus graves, et qui pèse
sur vous. Vous avez dit que la question était entre la démagogie et l'ordre.

(*Quelques membres à droite : Oui! oui !*)

Vous répondez que oui; eh bien, vous vous associez donc
à cette politique qui, à Rome, quand le suffrage universel
de toute une nation a prononcé…. (*Rumeurs. — Interruption.*) vous vous associez donc à cette politique qui appelle

démagogie l'exercice des droits d'un peuple libre ! Soyez francs jusqu'au bout : ce que vous nommez démagogie à Rome, c'est la république.

(*A gauche : Bravo ! bravo !*)

Vous dites que la Constituante, en autorisant notre armée à descendre à Civita-Vecchia, à peine d'être stupide, avait apparemment eu la pensée qu'on pourrait pousser jusqu'à Rome. Les phrases dites plus ou moins rapidement, plus ou moins habilement, sont faciles à venir faire à cette tribune. Avez-vous répondu au rapport de M. Senard? M. Senard n'était pas un membre isolé de l'Assemblée constituante; il était rapporteur de la majorité de cette Assemblée. Avez-vous répondu à ce procès-verbal que je vous apportais hier, et que vous ne pouvez pas discuter, et dans lequel il disait au gouvernement : Vous n'irez pas à Rome; nous n'osons pas vous dire de revenir immédiatement à Civita-Vecchia, car nous ne connaissons pas les circonstances, et sous l'empire d'un échec nous ne voulons pas avoir l'air de donner tort à nos soldats. Mais nous vous enjoignons de ne pas aller à Rome. Vous n'y étoufferez pas la liberté romaine ni la république; nous vous le disons; nous prenons acte de vos paroles.

Et qu'avez-vous répondu à cet autre rapport de M. Jules Favre, qui venait dire : « Le gouvernemeut s'est présenté dans la commission; il a déclaré deux choses : qu'en allant à Civita-Vecchia on n'avait voulu que ceci — retenez-le bien je veux que la France le sache; toutes les habiletés de tribune ne pourront pas effacer cette volonté de l'Assemblée constituante — oui, l'armée française ira à Civita-Vecchia pour empêcher les Autrichiens et les Napolitains d'abuser de la victoire; mais vous n'irez pas à Rome pour étouffer la république romaine. Et vous avez répondu que ce n'était pas votre intention.

Et vous dites aujourd'hui, je ne sais par quel abus de

langage, que les Autrichiens seraient à Rome si l'armée française ne s'était pas trouvée aux abords de la ville éternelle. Que vous répondait donc le triumvirat? Il vous disait ceci : Faites éloigner les troupes françaises; des Napolitains, nous en avons eu raison.... (*Rumeurs au centre et à droite.*) Nous ne vous demandons qu'une chose, c'est de nous laisser faire justice également de l'armée autrichienne. (*Exclamations et rires à droite. — A gauche : Oui! oui!*)

Tous les doutes, tous les rires ne peuvent pas prévaloir contre une pièce officielle. Quand les Romains vous ont dit qu'on leur laissât faire justice eux-mêmes des Autrichiens, ils vous l'ont dit après avoir fait preuve de courage contre les Napolitains. Et de quel droit voulez-vous vous montrer plus protecteurs de leur nationalité qu'eux-mêmes? De quel droit voulez-vous repousser des ennemis qu'ils veulent repousser par eux-mêmes? Vous ne pouvez pas vous soustraire à cette déclaration des deux rapporteurs. Et quand veus-mêmes vous avez dit dans la commission que vous ne vouliez pas étouffer la liberté romaine, que vous ne vouliez intervenir à Rome que pour lui donner des institutions libérales; vous ne pouvez pas, après cette première faute commise par votre général en chef, ainsi que l'a décidé l'Assemblée constituante, prétendre que cette Assemblée, par l'organe de son rapporteur officiel, ne vous a pas fait cette défense au nom du pays : « Vous n'irez pas jusqu'à Rome pour tuer et anéantir le gouvernement qu'elle s'est donné. » Je le répète, toutes les phrases de M. Thiers ne pourront pas prévaloir contre les rapports officiels; je les lui oppose, le pays saura les lui opposer lui-même; c'est la meilleure de toutes les réponses.

Maintenant, un dernier mot, et j'insiste sur ce point, je tiens à le constater; vous avez dit : C'est la guerre entre l'ordre et la démagogie. Monsieur Thiers, savez-vous bien

que les paroles que vous avez prononcées là ne sont pas de
vous ; elles sont de l'empereur de Russie, elles sont du roi
de Prusse. (*Bravos et applaudissements à gauche.*)

Oui, ces détestables paroles sont celles de l'empereur de
Russie dans son manifeste. Il a déclaré ceci, que, depuis le
24 février 1848, il avait observé le mouvement de l'Europe,
et, quand il avait cru que le mouvement était venu d'agir
au nom de l'ordre contre l'anarchie et la démagogie,
c'est-à dire contre les républiques.... (*Murmures et vives
réclamations au centre et à droite. — A gauche : Oui !
oui !*)

C'est vainement que vous vous récriez. Si vous aviez
voulu lire avec attention ce manifeste si grave....

(*A droite : Nous l'avons lu !*)

Vous y auriez vu ceci, c'est que c'était la révolution de
Février qu'on caractérisait. (*M. Thiers fait des signes de
dénégation.*)

C'est vainement que vous répondez que non, monsieur
Thiers ; je pourrais envoyer chercher ce manifeste, si on
voulait suspendre un instant la séance. (*Exclamations sur
plusieurs bancs.*)

Messieurs, voulez-vous ou ne voulez-vous pas de la discussion ? (*A droite : Parlez ! parlez !*)

Eh bien, si vous vouliez de la discussion d'une façon sincère, comme vous prétendez que l'interprétation que je
donne au manifeste de l'empereur de Russie n'est pas exacte,
je fais ce que fait tout homme loyal, je vous dis : Voulez-
vous l'envoyer chercher ? (*Bruit. — Interruptions.*)

Je dis que vous verriez dans le manifeste de l'empereur
de Russie et dans celui du roi de Prusse qui l'a suivi de
quelques jours, que ce n'est point aux mouvements insur-
rectionnels de l'Allemagne et de l'Italie qu'on s'adresse,
mais bien à la révolution de Février elle-même. Je le dis
pour l'avoir lu dans *l'Assemblée constituante*, et j'ajoute

que, quand en relatant les paroles textuelles j'en tirai cette conséquence, personne n'a pu m'interrompre, parce qu'elle était impérieuse et fatale.

Eh bien, quand vous venez nous répéter ces mots : *l'ordre* et *la démagogie*, je vous dis, encore une fois, que c'est la question de la monarchie et la question des républiques. (*Dénégations à droite et au centre. — A gauche : Si !*)

C'est si bien la question des républiques, que la république romaine, apparemment, ne pouvait point intéresser l'empereur de Russie au point de vue de la catholicité ; vous ne pensez pas qu'il ait intérêt à défendre le catholicisme. Eh bien, pourquoi donc, lui, parle-t-il aussi de la république romaine dans son manifeste ? Pourquoi y fait-il allusion ? Parce que c'est la république.

(*Une voix au centre : Non, parce que c'est la démagogie.*) (*Réclamations à gauche.*)

Vous me répondez : C'est la démagogie que la république romaine !

Permettez-moi de répondre ici en son nom.

On reprochait hier à la république romaine qu'un meurtre l'avait inaugurée. Ceux qui disent cela savent parfaitement qu'ils ne disent pas une chose vraie. (*Exclamations au centre et à droite.*)

(*A gauche : Non ! non !*)

(*Une voix à droite : Est-ce que par hasard M. Rossi n'est pas mort ?*)

Le meurtre commis sur M. Rossi est arrivé cinq mois avant la proclamation de la république, et apparemment vous ne rendez pas tout un peuple responsable d'un fait isolé !

J'aime à croire que vous vous inclinez tous les jours devant la révolution de 1789, devant la république française. Eh bien, est-ce qu'elle n'a pas commencé, il faut le dire, par de fatales exécutions ? Est-ce que vous pourriez confondre avec des accidents fatals ce qu'il peut y avoir de vrai, de sacré dans la liberté d'un peuple ? Par suite d'un fait isolé vous ne seriez pas sincères en reprochant à la république romaine d'avoir été inaugurée par le meurtre de M. Rossi. (*Vive agitation.*)

Je dis que la république romaine n'est pas de la démagogie, non, bien certainement ! Comment ! un peuple, par son suffrage universel, au milieu de la paix, sans insurrection, produisant une assemblée constituante, vous pouvez dire que c'est de la démagogie ? Vous n'osez pas le dire de la France, et cependant il faut conclure de la même façon.

La démagogie ! vous prétendez que cette Assemblée n'est pas le produit légitime de ce peuple ! Cependant, à la manière héroïque, unitaire, indivisible dont elle se défend, pouvez-vous dire que ce sont des démagogues ? C'est une république aussi sacrée, aussi sainte que la vôtre, sachez-le bien.

Eh bien, je vous le répète, je n'ai plus qu'un mot à vous dire, et j'y reviens souvent parce que je veux que cette pensée soit bien constatée aux yeux du pays ; vous avez dit : C'est l'ordre en opposition à la démagogie. Oui ! c'est l'ordre qui s'avance dans toute l'Allemagne, c'est l'ordre de la Prusse, qui vient jusqu'à nos frontières, jusqu'au pont de Kehl ! Oui ! c'est l'ordre qui s'avance avec l'Autriche jusque sur le Wurtemberg, c'est l'ordre qui vient vous menacer jusque sur nos frontières, voilà l'ordre ! Vous êtes du parti des Cosaques, vous n'êtes pas républicains !

LXXVIII

LE 13 JUIN

JUGEMENT PORTÉ

SUR LES ÉVÈNEMENTS DU 13 JUIN 1840 ET LA QUESTION D'ITALIE

ET CONSEIL A LA DÉMOCRATIE

(Londres, novembre 1849)

C'est un procès jugé, mais non plaidé.
C, *à l'occasion du thermidor.*

I

Depuis cinq mois, j'ai laissé l'action et la parole à nos ennemis : ils en ont usé largement, comme ils savent le faire, quand la dictature les couvre; et, sauf les pontons que l'exil remplace, la réaction de juin 1849 n'a rien oublié, dans ses débauches, des violences de sa mère, la sanglante réaction de 1848. Ainsi, l'état de siège quand Paris jouissait du calme le plus profond, les conseils de guerre, les mandats sur délation, les visites domiciliaires, la suspension des journaux, aggravée cette fois du pillage des imprimeries, des citoyens frappés à genoux sans défense, d'autres jetés dans les cachots pour un mot, pour un geste, ou même pour simple cause de suspicion, voilà ce que nous avons vu depuis le 13 juin, sans compter la plus riche hécatombe de représentants que l'histoire ait connue, et la série de lois draconiennes qui sont l'impôt obligé des journées fatales au peuple, la prime ordinaire des contre-révolutions heureuses.

Dans cette belle curée que les royalistes se sont ouverte, comme la liberté, comme le peuple, comme mes amis, j'ai laissé ma part de dépouilles ; mais, ne pouvant assouvir sur ma personne leurs implacables rancunes de Février et d'avant Février, mes loyaux ennemis se sont jetés sur mon honneur, et, pendant quatre mois, tous ces *braves* m'ont accusé de lâcheté, de désertion à l'heure de la bataille. Je n'ai pas voulu répondre aux *Bayards* si connus de Février et de Juillet ; car leur parole ne vaut en matière d'honneur ; et, comme leur bouclier, leur cœur est de carton, ainsi qu'en témoignent deux dynasties tombées sous nos coups, sans qu'ils aient su montrer même le courage des valets pour les défendre ou pour les suivre.

Que m'importait, d'ailleurs ? N'avais-je pas pour me venger la preuve publique imminente aux procès, les témoignages à l'audience qu'on ne pouvait ni supprimer ni travestir. N'étais-je pas certain qu'il serait fait justice au grand jour, en plein débat, de toutes ces fables burlesques, inventées ou ramassées sous toutes les polices, et perfidement enchâssées dans les réquisitoires, à cette honnête fin de frapper, dans l'un des fondateurs de la République, la République elle-même ?

Aujourd'hui, quoiqu'un arrêt ait supprimé violemment la défense générale de la cause et de ces martyrs, cette preuve que j'attendais, cette preuve expiatoire s'est faite, par les témoignages et par la parole loyale de mes amis, dont la probité fidèle, dans les fers, comme dans les autres fortunes, m'a touché profondément et me console de toutes ces avanies.

Un mot seulement, un dernier mot sur ces calomnies, misérables cartouches de police qui ont servi depuis cinq mois à charger tous les gros et petits calibres de la réaction.

Dans la journée du 13 juin, au Conservatoire, nous avons vu la mort d'assez près, quelques-uns de mes amis et moi. Le long du mur, alignés, sans armes et sans défense, nous étions à six pas, sous le feu d'un peloton qui nous tenait ajustés et qui n'attendait plus que le dernier commandement. L'officier, ivre de fureur et de vin (disent plusieurs témoins), levait son épée pour donner cet ordre de mort, quand un chef supérieur, accourant à toute bride, n'eut que le temps de relever les fusils. « Ils sont prisonniers, dit-il ; s'ils bougent, on les fusillera tout à l'heure. » Oui, un instant de plus et nous tombions assassinés, sans provocation, sans combat, sans explications, sans jugement, comme un troupeau qu'on égorge à l'abattoir ! Eh bien, à ce moment tragique et suprême, un seul des hommes rangés le long de ce mur a-t-il baissé la tête, a-t-il, en suppliant, marchandé sa vie, et fait prix pour son corps aux dépens de son honneur ? Quel sont donc les lâches, de ceux qui se tiennent ainsi sous la mort, sans pâlir, ou de ceux qui les insultent le lendemain, prudemment abrités derrière les canons de l'état de siège ? Non, non, pendant cette journée de sacrifices, je n'ai point oublié un instant que, de tous ces représentants, j'étais celui que la France venait d'honorer du plus grand nombre de ses suffrages.

Et plus tard, en effet, lorsque j'ai quitté le Conservatoire, y avait-il lutte ? y avait-il bataille ? avais-je des amis engagés dans un combat ? Il n'y avait ni combat, ni lutte, ni bataille d'aucune espèce. Sans avoir rendu ni les droits ni les armes, car je n'avais pas d'armes, et mon droit restait entier sous la force, j'étais prisonnier de guerre dans une place mal gardée. Je me suis retiré librement, sans laisser derrière moi, — ni ma parole, que je n'avais pas donnée, ni mes amis ; — car, depuis plus d'un quart d'heure, il ne restait que quatre d'entre nous aux Arts-et-Métiers : Martin-Bernard, Considérant, Guinard et moi ; — ni, par conséquent, mon honneur. Depuis quand le prisonnier de guerre est-il lui-même justiciable de ses fers tombés ? et si la force ne sait ou ne peut garder ses captifs qu'entourent trop de sympathies, quelle est la morale qui les condamne à se faire leurs geôliers eux-mêmes ? — Pourquoi, d'ailleurs, moi, représentant, aurais-je sanctionné la violence exercée sur le Peuple souverain dans ma personne ? Est-ce que, dans l'accomplissement de mon droit et de mes devoirs, j'avais à légitimer la force, en laissant mon écharpe, ma liberté ou ma vie en otage à ses caporaux ? Non ! ceux qui me dénoncent comme ayant déserté la bataille savent bien qu'il n'y a jamais eu de bataille au Conservatoire. Maintenant, qu'ils aient été hors d'eux-mêmes d'avoir laissé échapper la proie.... sans trop de présomption, je le comprends, au luxe de pièges dont ils l'avaient environnée ; mais je ne saurais compatir à leur douleur, quand je me souviens que le guet-apens audacieux de Moulins est resté sans vengeance, et qu'on n'a pas voulu trouver les coupables d'un assassinat public tenté contre ma personne.

Laissons les hommes et parlons principes.

II

Le 13 juin dernier, nous avons été déclarés factieux par le gouvernement de M. Louis Bonaparte ; nous avons été traqués comme tels, et livrés, sans débats, par l'Assemblée nationale, aux bras vengeurs de la justice politique, Une longue instruction s'est faite contre nous, sous l'état de siège, sans aucune garantie de publicité ni de contrôle, car toutes les feuilles libres étaient supprimées ou bâillonnées ; et de ces investigations à huis-clos, un acte d'accusation est sorti, qui nous a traduits devant la haute-cour de Versailles, comme accusés de complot et d'attentat *contre la République*, à propos des affaires romaines.

Les affaires romaines ! l'Europe entière les sait. Comme cependant ce n'est que du pur énoncé des faits, du simple rapprochement des dates que découle naturellement la preuve et de notre justification et du forfait du gouvernement, qu'il me soit permis de les rappeler rapidement.

Au mois de mars dernier, un ministre du gouvernement fut chargé de porter à la tribune de la Constituante la demande d'un crédit de 1 200 000 francs pour les frais d'un corps expéditionnaire qu'on voulait envoyer dans les États romains. Ce ministre déclara qu'il y avait péril imminent pour l'indépendance et la liberté romaine ; que les puissances alliées du Saint-Siège allaient envahir Rome, et qu'il fallait que le drapeau de la France fût là pour arrêter les vainqueurs et couvrir les vaincus.

A cet hypocrite appel fait au nom de liberté, je compris qu'une mauvaise pensée venait de naître dans les conseils du gouvernement, et que cette pensée portait dans ses conséquences non seulement une violation flagrante de notre Constitution, mais la ruine de la République romaine et la restauration de tous les vieux abus de la papauté. Je dénonçai ce complot en germe ; la Constituante ne partagea pas mes craintes, que les événements, hélas ! n'ont que trop justifiées depuis. Une commission fut nommée pour examiner à fond le projet du gouvernement, et les engagements les plus formels des ministres, dans les bureaux, ayant calmé tous les scrupules, même ceux de M. Jules Favre, la majorité sanctionna par son vote le crédit et l'expédition.

Tel fut le premier acte public de cette longue intrigue gouvernementale, si féconde en palinodies indignes, et qui s'est dénouée dans le sang à Rome, à Paris par la déportation.

Notre instinct nous avait bien servis, mes amis et moi ! N'avions-nous pas d'ailleurs la leçon des événements ? Les faits qui se passaient sous nos yeux n'étaient-ils pas autant de preuves vivantes ? Ainsi, la République romaine était, comme la nôtre, sortie des libres volontés d'un Peuple souverain, et bien qu'elle eût un gouvernement légal, issu du suffrage universel, on refusait de la reconnaître ; on n'avait de relations officielles qu'avec le représentant du pouvoir déchu, témoignant ainsi effrontément de la haine qu'on portait à Rome affranchie ; enfin le commandement de l'expédition est confié à un des porte-bannières de l'Église et de la branche aînée.

Maintenant que le pays a payé l'assassinat de Rome de son or et du sang de ses fils, maintenant qu'il est engagé par la question romaine dans une impasse infranchissable, il peut dire si nous avions raison de sonner le tocsin à la première alerte ?

Mais le complot tramé dans l'ombre pour un succès électoral qui devait désarmer la Révolution à l'intérieur, ce complot des Royalistes et de l'Élysée va bientôt poindre au grand jour et se développer dans toutes ses perfidies. L'attaque du 30 avril, en effet, cette attaque sauvage contre Rome, découvrit le dessin caché de la politique française et les secrètes instructions qu'on avait données au général Oudinot.

Qu'avait voulu la Constituante? Qu'on entrât, *en amis*, dans les États romains, qu'on occupât un point du territoire, ainsi que l'avait fait Casimir Périer pour Ancône, et qu'on attendît, avant d'intervenir, les hostilités de l'Autriche ou du Bourbon de Naples. Qu'avait cent fois répété le gouvernement par ses deux organes ministériels, MM. Drouin de Lhuys et Odilon Barrot? — Qu'il n'y aurait pas de prise d'armes contre Rome, qu'on respecterait son Peuple et ses Assemblées dans leurs volontés souveraines, et qu'on n'agirait que pour sauvegarder, en cas de malheur, les libertés romaines contre les violences de l'étranger. Eh bien, le général en chef de cette expédition *fraternelle* et *tutélaire* avait ouvert sa campagne *philanthropique* par l'occupation militaire, dictatoriale de Civita-Vecchia, indignement, misérablement abusée, et le 30 avril, il marchait sur la capitale bataillon en armes et mèche allumée.

Subitement éclairée par ce guet-apens inouï, l'Assemblée nationale sentit l'injure. Elle se souvint de ces paroles, prononcées le 16 avril par M. Barrot : « *Nous ne voulons pas faire concourir la France au renversement de la République romaine.* » Et, devant cette déloyauté qui se trahissait à coups de canon, elle vota son fameux ordre du jour du 7 mai : « L'Assemblée nationale invite le gou- « vernement à prendre, sans délai, les mesures nécessaires « pour que l'expédition d'Italie *ne soit pas plus longtemps* « *détournée* du but qui lui était assigné. »

Par cette sentence législative qui restera comme une flétrissure publique dans notre histoire, la Constituante dégageait sa responsabilité, châtiait le gouvernement et tentait de l'arrêter dans ses félonies.

Le ministère, en effet, accepta ce terrible jugement ; il jura de l'exécuter dans toute sa rigueur, et, pour mieux tromper l'Assemblée, il envoya M. de Lesseps à Rome avec plein pouvoir de débattre et de résoudre. Mais les élections approchaient ; la Constituante, qui s'était dépouillée de ses mains, allait remettre à la Législative les destinées de la République, et sa volonté mourante fut bientôt scandaleusement trahie.

A l'heure où sa souveraineté venait de s'ensevelir dans le nouveau scrutin, on déchirait son testament à l'Élysée, avant que la Législative fût elle-même installée ; on donnait ordre au général Oudinot de renouveler sa marche sur Rome : on engageait enfin l'honneur et les forces de la France, au mépris de la Constitution, au mépris des deux Assemblées dont l'une avait prononcé souverainement et dont l'autre était encore à parler !

C'est ici que le complot éclate dans tout son jour et que va commencer la série des attentats. Les acteurs se présentent désormais sans masque sur la scène, et chacun fait publiquement sa partie. Le président annonce des renforts à son cher Oudinot, et les vapeurs, armés en guerre, sillonnent la Méditerranée. L'honnête homme du conseil, M. Barrot, dénonce la République romaine comme un gouvernement de terreur et d'assassinats ; la ville éternelle n'est plus qu'un coupe-gorge, un repaire de bandits et de révolutionnaires étrangers opprimant un peuple chrétien. Il faut chasser à tout prix ces écumeurs sauvages du saint asile métropolitain, et délivrer de la tyrannie de ces dictateurs cette grande cité catholique où tous les cœurs appellent, d'un vœu tacite mais ardent, le père de la mansuétude, le pape de toutes les miséricordes, Sa Sainteté Pie IX.

Pour cette œuvre fratricide, toutes les nuances du royalisme se donnent la main. J'entends encore d'ici la voix
aigre de M. Thiers, les notes séraphiques et mielleuses de
M. de Falloux, mêlées au faux bourdon du vieux chantre
de la paroisse constitutionnelle. Ce brave homme, traître
à ses serments de la veille, à tous ses actes, à toutes ses paroles de vingt ans, vient demander un nouveau crédit pour
doubler les forces de l'expédition, pour écraser Rome,
qu'il devait couvrir contre les Autrichiens. Le malheureux !
acheter quelques heures de pouvoir par tant de bassesses,
pour se voir ignominieusement chassé plus tard par l'o-
dieuse ingratitude d'un frère, et recevoir au cœur une
inguérissable blessure. Mânes de la République romaine,
vous commencez à être vengées !

Je le demande, y a-t-il place encore à l'équivoque, au scru-
pule, dans les cœurs honnêtes? La Constitution n'est-elle
pas cyniquement violée dans son article 5, et le sang romain ne crie-t-il point vengeance devant le Peuple, devant
la Constituante, dont le dernier vote fraternel s'est traduit
par un long et sanglant bombardement?

Certes, si cette Assemblée s'était trouvée debout, dans
son pouvoir souverain, devant cette rapide et scandaleuse
évolution, devant cette indigne volte-face du gouvernement, à moins d'abdiquer toute pudeur et tout respect
d'elle-même, elle aurait fait jeter à Vincennes le président
et ses conseillers; elle les aurait livrés à la justice nationale comme atteints et convaincus de haute trahison. Mais
la Constituante n'existait plus, et quatre cents royalistes siégeaient sur ses bancs, jaloux de conclure et de porter contre la République romaine un coup fatal à la République
française.

Aussi, voyez la marche des événements et comme tout
se précipite sous l'impulsion des chefs royalistes, parmi
lesquels sont venus siéger jusqu'aux vieillards de 1815.

La lettre du président de la République était un acte flagrant de révolte contre la Constitution et contre le dernier arrêt d'une Assemblée omnipotente. Eh bien, la nouvelle Assemblée l'amnistie, le fait sien et sanctionne, par ses acclamations, cette scandaleuse usurpation du pouvoir souverain, cette insulte grossière à la première Assemblée, sortie du suffrage universel.

Le ministère s'était engagé d'honneur, par des actes (*l'envoi de M. de Lesseps*) et par la parole (*les discours de M. Barrot*), à faire exécuter l'arrêt du 7 mai dans toute sa rigueur. Eh bien, la nouvelle Assemblée déclare que le ministère a bien fait de mentir à sa parole, de changer un corps d'observation, une expédition de sauvegarde en une expédition violente, en guerre acharnée contre un Peuple, contre une nationalité libre, indépendante, maîtresse d'elle-même. — M. de Lesseps, fidèle aux instructions qu'il avait reçues, ainsi qu'à la politique de la Constituante, voyant de près les choses et les hommes, conclut un armistice et formule un traité qui termine le différend à l'honneur des deux politiques et des deux Peuples engagés. — Eh bien, l'armistice est violemment rompu par le chef militaire de l'expédition : un simple agent du pouvoir exécutif déchire le traité d'un plénipotentiaire ! M. de Lesseps est désavoué, rappelé, flétri par un gouvernement parjure, par une politique à double visage, qui ne fut qu'une éternelle hypocrisie. — Et la nouvelle Assemblée de glorifier encore cette longue série de scandales, de trahisons, d'équivoques, dont le dernier mot devait être l'arrêt de mort d'un Peuple, et le dernier terme, l'assassinat d'une République.

Que devions-nous faire devant ce pouvoir exécutif qui, ministres et président, venait entrer, après trois mois de conspiration, d'intrigues de mensonges, en pleine révolte contre l'esprit de la révolution de Février, contre les principes de la politique républicaine, contre les décisions suprêmes de l'Assemblée, contre le texte formel de la Constitution et contre la foi jurée? Nous devions demander la mise en accusation des ministres et du président; nous devions provoquer devant l'Assemblée législative l'application immédiate des articles de la Constitution sur la responsabilité.

Ce devoir, nous l'avons accompli jusqu'au bout; — nos conclusions et nos motifs, comme les faits de cette guerre impie, sont déjà de l'histoire; mais dans la conscience contemporaine, ils sont demeurés aussi vivants qu'au jour de la lutte : elle en est encore toute saisie, et dans plus de vingt procès, elle nous a donné raison par le verdict solennel de ses jurés.

L'Assemblée législative rejeta pourtant nos propositions vengeresses de l'honneur et de la loi outragés. La demande de mise en accusation fut repoussée par la majorité royaliste, et la politique anticonstitutionnelle du gouvernement consacrée par le vote d'uu crédit nouveau.

Oui, quelle conduite tenir, dans cette conjoncture extrême, devant une Assemblée qui légitimait le parjure des ministres, l'usurpation du président, et qui se rendait complice de leur révolte contre la loi fondamentale de la République?

En présence de cet article 7 du préambule de la Constitution : « Le citoyen doit aimer la patrie, servir la République, la défendre, même au prix de son sang. »

De l'article 109 : « L'Assemblée nationale confie le dépôt de la Constitution et des droits qu'elle consacre à la garde et au patriotisme de tous les Français. »

Ces prescriptions obligatoires et sacrées, nous les avons, par la tribune, par la presse, portées devant le Peuple, et montrant tous les pouvoirs en flagrant délit d'attentat contre la Constitution, nous les avons déclarés déchus, rappelant à chacun ses droits et ses devoirs.

C'était mettre en demeure le souverain, au nom de la Constitution violée par ses délégués; c'était accomplir notre dernier acte de représentants constitutionnels.

Le souverain a répondu, le lendemain, par une manifestation pacifique, par une dernière tentative en droit, fondée sur l'article 8 de la Constitution, qui dit :

« Les citoyens ont le droit de s'associer, de pétitionner, de s'assembler paisiblement et sans armes. »

Or, à cette manifestation *légale*, comment, à son tour, a répondu le gouvernement? Par la violence sans sommation, (je le prouverai), par une attaque sauvage, par la baïonnette, par l'épée qui a versé le sang et qui nous a poussés au Conservatoire.

Et qu'a fait l'Assemblée? Elle a livré le Peuple, le souverain, à la dictature militaire, et les protestants parlementaires au parquet, comme elle avait livré la Constitution au gouvernement.

Voilà la crise de juin dans ses causes et dans ses faits généraux.

A quelques jours de là, on entendit tomber les murailles de Rome sous les boulets de la France républicaine, et le ministère annonça que nos armes avaient enfin délivré la ville éternelle.

En effet, la dictature étrangère exercée par un soldat venait d'être établie, et gouvernait sous l'inspiration des prêtres : on avait chassé la Constituante, chassé les administrations, chassé le gouvernement, aboli la République, dissous la garde nationale et ce qui restait de l'armée. La presse était au bâillon, le peuple sous la loi martiale, et deux drapeaux flottaient au château Saint-Ange, celui des cardinaux inquisiteurs et celui de l'étranger victorieux. Rome était donc bien libre, libre, comme le Paris de 1815 sous la lance du Cosaque et sous la pression de l'Europe armée.

Ce peuple *affranchi* pourtant ne criait point *Noël !* n'appelait point son pape, n'embrassait pas ses libérateurs ; il enterrait ses morts et portait, à la face de l'armée française, le deuil de la République.

Dans cette ville qu'opprimaient la veille les *condottieri* de révolutions et des bandits érigés en dictateurs, malgré toutes les manœuvres de la police, malgré les appels ardents d'Oudinot et de ses aides en diplomatie, l'on n'entendait pas une acclamation en faveur de Pie IX, et, tous les foyers, comme tous les cœurs, restaient fermés à l'étranger.

Autre malheur : on ne trouvait pas de crimes au compte des triumvirs, pas de sang à leurs mains, dans leur poche pas une baïoque du trésor public ; on avait donc calomnié le peuple, l'armée, le gouvernement ; on avait trompé la France en toutes choses et sur toutes choses, pour abattre, pour assassiner une République !

Et qu'importe à nos saints ministres, à notre religieuse Assemblée, le silence terrible du peuple romain, son attitude sombre, sa piété pour sa République et pour ses morts? Qu'importent les déceptions du jour, filles des vieilles calomnies? Ce n'est pas l'indépendance, la souveraineté, la liberté du peuple romain dont il s'agit ; c'est l'intérêt général de la catholicité qui est en cause, et cet intérêt veut que le pape soit rétabli sur son trône, dans toute la plénitude de ses deux puissances, de ses deux souverainetés, qui, l'une sans l'autre, sont condamnées à périr.

Ainsi l'entendent ces deux capucins attardés sur la route du progrès, MM. de Falloux et de Montalembert ; ainsi le veut la majorité des 400 qui, sous la restauration de la tiare, voit ressusciter déjà tout l'ancien monde des couronnes et des hiérarchies.

Ce chant de victoire indiscret, ce triomphe prématuré des légitimités menace le président lui-même ; il trouve alors qu'on va trop vite en besogne ; il sait nos officiers voltairiens et fort las de jouer, aux yeux du monde, le beau rôle de geôliers du saint-office : il veut d'ailleurs, avant le Consulat ou l'Empire, se produire en pied sur la scène, et tout à coup il jette dans la politique une lettre napoléonienne qui, stipulant quelques apparences de liberté règle et fixe les destins de Rome !

Mais M. Bonaparte a compté d'une part sans le pape, de l'autre sans M. Thiers et ses *croisés*. Le premier lui répond par un décret *ex cathedrâ* à la Grégoire XVI, et M. Thiers, *oubliant* la lettre de l'Élysée, fait voter par ses royalistes l'encyclique de la proscription et de l'absolutisme.

C'est à ce point qu'en est le drame aujourd'hui; M. Bonaparte a renouvelé son vestiaire et choisi des commis. Mais il a subi la politique de l'Assemblée ; — le pape n'a cédé ni d'un principe ni d'un pardon, — et la liberté romaine a pour suaire, non la pourpre de César, mais la robe rouge des cardinaux. Le pape, s'il rentre à Rome, ne pourra pas y rester huit jours après le départ de l'armée française; et, d'après le Père Ventura lui-même, il aura tué son sacerdoce éternel au profit de sa royauté viagère.

Ainsi, la République romaine est morte sous nos coups ; nous avons violé son territoire, trahi son peuple, abattu son gouvernement, confisqué sa souveraineté. Nous avons rétabli l'Église de paix sur un volcan de guerres civiles.

Président de la République, et vous, membres de la majorité, que répondrez-vous à l'histoire, en face de ce texte de la Constitution : « La République française respecte les nationalités étrangères, comme elle entend faire respecter la sienne ; elle n'entreprend aucune guerre dans des vues de conquête, et *n'emploie jamais ses forces contre la liberté d'aucun peuple ?* »

Que répondrez-vous à l'histoire, vous, bigots sans génie, qui n'aurez pas voulu séparer le prince du pontife, dégager le dogme des souverainetés mondaines qui lui sont étrangères, et qui aurez laissé porter à la religion le coup le plus mortel, par l'aveugle entêtement de son premier vicaire ?

III

LE PROCÈS DE VERSAILLES

Qu'est-ce que le procès de Versailles ? C'est un drame substitué, par un gouvernement aux abois, à l'accablante et simple vérité des faits ; c'est une protestation légale, la résistance dans la Constitution, qu'on transforme en un complot ; c'est une série de violences et de provocations contre les victimes qu'on déguise sous une accusation d'attentat.

Au point de vue judiciaire, c'est une arbitraire déclaration de compétence rendue par un tribunal qui n'avait pas qualité pour en connaître, au profit d'un haut jury dont les membres, n'ayant point été élus à cet effet, n'en pouvaient légitimement user. Monstrueuse et double usurpation de pouvoirs que couronne plus tard l'interdiction de la défense.

La démonstration sur ces matières est acquise à la conscience publique, et je n'ai rien à dire après les défenseurs de Versailles. Comment qualifier également tous ces faits particuliers, tous ces détails groupés avec tant d'art dans l'instruction et dans le réquisitoire, et dont les débats ont fait justice. La France a pu voir de quelle poussière on avait bâti cet échafaudage !

Un mot seulement sur les faits généraux, sur les causes immédiates et sur les incidents de valeur qui peuvent jeter la lumière vraie, les dernières clartés dans cette discussion si misérablement étranglée, non par des scrupules d'audience, mais par *la nécessité politique* et la peur des juges.

A l'audience, comme dans l'acte d'accusation, le fait essentiel, primordial, souverain, la cause originelle et génératrice du procès a disparu.

L'expédition romaine n'a-t-elle pas détruit l'indépendance, la souveraineté, *la liberté* d'un peuple ? — Par ce crime la Constitution n'a-t-elle pas été violée ? — Telle était véritablement la question.

« Détournons nos regards et laissons de côté cette éternelle affaire de Rome, dit M. Baroche ; elle ne fut ici qu'un prétexte pour une révolution nouvelle. » — « On ne peut pas plaider devant un tribunal, et contre le gouvernement, que la Constitution a été violée, dit M. de Royer ; ces questions d'État appartiennent à l'Assemblée toute-puissante : elle seule en peut décider. »

Ainsi, d'une main, on écarte le cadavre et de l'autre l'arrêt accusateur ; voilà la morale, la grande morale du réquisitoire ! Avant de prendre la parole, il a besoin de voiler le meurtre et de voiler la loi. — Cette justice n'est-elle pas jugée ?

Voilà donc Rome et la Constitution mises hors de cause ; renvoyez ces *pleureuses* avec leurs longs voiles de deuil : elles n'ont que faire au procès.

Il s'agit d'un complot et d'un attentat contre la République française et son gouvernement, — d'un complot d'abord : en voici l'organisme :

1° *La Solidarité républicaine*, vaste association révolutionnaire qui reliait Paris aux départements et les départements à Paris ; la *Solidarité jacobine* avait, dès longtemps, organisé les cadres, et l'affaire de Rome, servant de *prétexte*, son armée se leva partout, au mot d'ordre, pour engager la bataille.

2° Le but, après cet assaut général, c'était de mettre la main sur la société française, et de la livrer à toutes les expériences sauvages du socialisme, en tenant tous les intérêts, tous les fronts affaissés sous une nouvelle *terreur* dont je devais être le Robespierre ; j'avais déjà distribué les fonctions à mes aides ; l'on nommait tous mes complices, grands juges, ministres et licteurs. N'avait-on pas trouvé, sous les tables du Conservatoire, le sinistre almanach de cette cour de sang ?

3° Comme autrefois, dans les guerres civiles du monde romain, j'avais ma légion prétorienne et mon quartier des *Esquilies.* Ce quartier était le sixième arrondissement, et mon capitaine aux gardes avait nom Forestier.

Voilà, citoyens, ce que vous avez lu pendant quatre mois dans toutes les feuilles qui s'inspirent de la police, des parquets, et du gouvernement.

Eh bien, quand M. l'avocat-général, ces débats étant clos, a pris la parole, il n'a pas dit un mot, un seul mot de la *Solidarité républicaine;* il n'avait pas été question une seule fois, à l'audience, de cette société-mère qui ralliait toute l'armée de Catilina.

Pourquoi ce silence et dans les débats et dans le réquisitoire ? Parce qu'on avait adossé le procès à un paravent de fantaisie, parce que la *Solidarité républicaine*, société de propagande électorale qui s'était fondée légalement, était morte depuis *cinq mois;* parce que ceux de ses membres incarcérés avaient été élargis après une longue détention, lorsque l'affaire du 13 juin éclata ; parce que de ses registres saisis, de ses papiers et correspondances mis sous les scellés, une instruction laborieuse n'avait pu tirer une seule preuve, un seul indice relatif au complot à juger. Ledit complot s'était donc écroulé par sa base, et l'on avait été forcé de l'étayer ailleurs. Voilà pourquoi la *Solidarité républicaine* a disparu de l'affiche, au lever du rideau.

Quant aux abominables expériences socialistes, dernier but de la conspiration, et auxquelles je devais présider en qualité de dictateur, *avec droit de vie et de mort,* puisqu'on n'a rien trouvé dans le sac de la solidarité, les lettres, la correspondance du chef trahiront sans doute le secret redoutable. Eh bien, on ne produit pas même une seule lettre contre moi! — Dans ma position officielle pourtant, j'en recevais jusqu'à cent par jour, dont je renvoyais la plus grande partie à la poste, ne pouvant y répondre, ni les payer. Le gouvernement en avait là sous la main plusieurs milliers, toutes ouvertes à l'œil de l'argus policier, ou du commis judiciaire, et dans ce riche trésor on n'a pu rien trouver non plus.

Singulier conspirateur que celui qui recevait la preuve de son crime, sa correspondance de chaque jour, à l'hôtel des Postes du gouvernement.

Mais le VIe arrondissement, et mon colonel prétorien M. Forestier? Hélas! dans ce malheureux procès, j'ai perdu mes Esquilies, mon lieutenant, *qu'on a été obligé de rendre à la liberté;* j'ai perdu mes ministres, mes francs-juges, mes licteurs, que l'on n'a pu retrouver, pas plus que les *listes rouges* du Conservatoire!

Où donc alors était le complot le 13 juin? Il était dans l'air, il était sur toutes les lèvres d'où s'échappait le cri de *Vive la Constitution!* Il était dans la protestation universelle des consciences; il était l'âme publique indignée.

Ainsi, quand le comité des journalistes, où se trouvaient représentés *la Presse,* le *Siècle,* le *Crédit* et le *National,* déclarait *à l'unanimité* que *la Constitution était violée;* quand M. de Girardin y proposait, aux applaudissements unanimes, de mettre au ban l'Assemblée nationale elle-même, c'était moi qui faisais mon complot contre la Constitution, contre la République et le gouvernement!

Quand le comité des *Amis de la Constitution* rédigeait son manifeste du 12 juin, et concluait, comme celui de la presse, par une déclaration de flagrant délit, et par un appel aux républicains, c'était moi qui faisais mon complot contre la société, contre la Constitution et contre le président ! — Ne sait-on pas, en effet, que le comité des *Amis de la Constitution* ne veut pas de la Constitution, ne veut pas de la présidence, ne veut pas de la société bourgeoise ?

Lorsqu'enfin le comité socialiste électoral adressait ses deux mâles proclamations au Peuple, au nom de la Constitution, violée, comme l'avaient fait la Montagne et les deux autres comités, celui de la Presse et celui des Amis de la Constitution, c'était moi, toujours moi qui conspirais, et, cette fois, avec les 155 000 voix qu'avait obtenu, aux élections de Paris, le premier candidat de ce comité électoral socialiste !

Quel pitié ! — Trouver un complot, et le complot de quelques hommes, dans une explosion universelle du sentiment public qui éclate par tous ses organes et par toutes ses voix, contre le meurtre d'un peuple et contre le parjure d'un gouvernement !

Ah ! certes, si c'est là pour M. Baroche un complot, il a bien mal fait sa besogne de justicier, car il aurait dû traîner la France entière à ses assises.

C'est cela pourtant, ou ce n'est rien, puisque *ma conspiration particulière* fait défaut, et qu'on a mis la *Solidarité républicaine* hors de cause.

Mais, qu'est-ce qu'un complot organisé, tramé par l'opinion publique, un complot de la conscience universelle ? C'est la vérité insaisissable, qui a pu être comprimée aujourd'hui, mais qui se fera jour demain, à travers mille et mille cratères, plus forte de sa compression même.

Un complot, au contraire, qui tombe sous le coup de la loi, ah ! nous en connaissons un qui s'est ourdi dans la nuit du 12, et déroulé sur les boulevards dans la journée du 13.

Le 12 au soir, *la date est significative*, avant la publi-

cation des manifestes, et le programme arrêté de la manifestation du lendemain, M. le général Changarnier éclatait
ainsi, en s'entretenant avec le capitaine Farina : « *Je me
moque bien de votre Constitution ! — Lesseps est un fou ! —
Vous êtes tous des brigands de Parisiens ! Il n'y a que
l'Empereur qui savait vous mâter. Eh bien, moi, je mettrai
le feu à votre ville !* »

Ces paroles touchantes qui révèlent si bien le républicain
et le civilisé d'Afrique, elles avaient été répétées dans la
salle des conférences, et de là s'étaient répandues au loin,
comme la flamme sous le vent.

Ajoutez la tentative d'arrestation à domicile exécutée *dans
la nuit* du 12 au 13 contre les vingt-cinq membres du comité socialiste; ajoutez encore les décrets de suspension
contre les journaux républicains, signés dans *la même nuit;*
apprenez, enfin, qu'on avait, *la même nuit,* signé la dissolution de l'artillerie parisienne (j'avais dans les mains,
le 13, *à huit heures du matin,* la *copie* de ses ordonnances sorties du ministère de l'intérieur), et qu'à ce dernier décret, on ne l'a point oublié, un commencement
d'exécution fut donné par l'expulsion du poste des Tuileries,
à onze heures du matin ! Citoyens, n'est-ce pas là qu'est
véritablement le complot?

Et ces bandes en blouse sorties de la Préfecture de police (plusieurs témoins en ont déposé sans être contredits),
ces faux ouvriers aux mains blanches, aux souliers vernis,
(voyez le *Moniteur*), marchant en légion d'émeute aux
Arts-et-Métiers, puis disparaissant tout à coup, non pourtant sans avoir laissé leur empreinte au Conservatoire, car je
me rappelle deux de ces héros de nuit, fusil à l'épaule,
pistolets aux reins, criant : Vive la Républicaine romaine !
et qui se sont rués sur moi, dès qu'ils m'ont vu sous les
baïonnettes.

Ne reconnaissez-vous pas là les expéditions de 1852,

1833, 1835, et ne devinez-vous pas d'où sont partis les coups de fusil tirés derrière ces barricades embryonnaires qui devaient, plus tard, offrir à M. le général Changarnier une si facile et si retentissante victoire? Ah! le Peuple sait défendre autrement les barricades qu'il a lui-même élevées.

Le voilà, le grand complot de la journée du 13 juin, le voilà dans son vrai jour, avec ses menaces de caserne, ses décrets de provocation et ses guenilles de police.

N'en serait-il pas de même de l'attentat, et n'est-ce pas à ceux qui nous accusent que doit revenir le compte de la journée? Voyez et jugez.

La colonne de la manifestation, partie du Château-d'Eau, s'est déroulée le long du boulevard, des officiers de garde nationale en tête : Étienne Arago, Schmith, Périer; elle est accueillie, sur son passage, par les plus vives acclamations; pas un cri séditieux n'est sorti de ses rangs, pas un homme n'est armé, pas une parole de guerre, pas une provocation n'a retenti : c'est la protestation du peuple qui se déploie pacifiquement en divisions profondes; c'est l'armée de la constitution qui passe et qui va demander justice pour son honneur qui saigne et pour un peuple égorgé. Mais tout à coup un fort détachement militaire débouche, au trot, par la rue de la Paix, se jette sur cette longue foule massée, la coupe en tous les sens, la pousse du pied de ses chevaux et de la pointe de ses baïonnettes. La colonne attaquée cède en son milieu, mais elle ne peut ni se disperser, car il n'y a d'issue qu'une terrasse élevée, ni reculer, ses deux extrémités faisant l'étau. La mêlée reste épaisse quelque temps : alors, des hommes tombent, on en frappe qui sont à genoux ou qui cherchent à fuir! Enfin!... les vides se font, et les cadres à demi refoulés, MM. les commissaires de police commencent à *faire les sommations*.

Les sommations, oui, après l'embuscade, après le guet-apens, après toutes les violences ; le roulement de tambour après l'exécution !

Si c'est là la méthode africaine, elle peut être d'une irrésistible vertu dans la guerre ; mais cette irruption d'ennemis dans une cité tranquille, contre les masses d'un peuple qui défile sans armes, se croyant à l'abri sous le bouclier de la loi, comment la nommer ? Chez des hommes libres, on l'appellerait assassinat ! Mais quand l'état de siége vient, après, tout couvrir de son formidable silence, que la parole reste aux vainqueurs seulement, cela se décore du nom de stratégie, *la grande stratégie* du général Changarnier.

Ah ! pour moi, je le déclare, cinq mois écoulés n'ont encore rien effacé de la vivacité de mes impressions. A la vue de ce peuple traîtreusement surpris, lâchement assassiné, courant de toutes parts en criant : Aux armes ! à la vue de ces citoyens sanglants apportés sous les fenêtres du lieu même de notre réunion ; au souvenir des paroles du général Changarnier, dites la veille : « Je mettrai le feu à votre ville ; » au souvenir, qui se pressait dans ma tête, de ces décrets déjà rendus contre les journaux, contre l'artillerie, je n'ai plus eu qu'un sentiment : défendre avec le Peuple la Constitution deux fois violée par l'attentat contre Rome et par l'attentat contre des citoyens désarmés ; — ou bien tomber, en victime, avec lui.

Aux Arts-et-Métiers ! dit quelqu'un. Aux Arts-et-Métiers ! répondis-je.... Eh bien ! oui, le destin a trahi la cause du droit ; le fait nous a condamnés !

Que m'importe ! je le confesse ici dans la sainteté de ma conscience, et dût l'amertume de l'exil empoisonner le reste de ma vie, le 13 juin serait à faire que, placé sous l'empire des mêmes ciconstances, je recommencerais ce que j'ai fait le 13 juin.

Ce n'est pas l'orgueil qui me fait parler ainsi, c'est la foi. — Il est des heures suprêmes où les petites combinaisons politiques ne sont rien. Oui, encore une fois, le fait nous a condamnés, mais un parti ne grandit point avec le droit qui succombe dans sa main, il grandit en succombant pour le droit ! le droit, seule puissance de la démocratie depuis tant de siècles et contre laquelle aucun arrêt n'a su prévaloir.

Celui de Versailles, croyez-moi, amis, est déjà apprécié, comme le fut par l'histoire l'arrêt des martyrs du 9 thermidor :

« *C'est un procès jugé, mais non plaidé.* »

IV

DE LA MAJORITÉ SOUVERAINE

Peut-on même appeler *jugé* un procès où l'on a refusé de laisser débattre les principes, les causes déterminantes ?

Mais à quoi servirait de se traîner plus longuement sur d'inutiles détails, quand la solution du procès de Rodez vient de nous prouver, une dernière fois, après vingt autres acquittements, ce que pense la France de la violation de la Constitution par le gouvernement et par l'Assemblée ? Effrayantes et formidables leçons, parties de tous les points du pays, comme une protestation unanime contre le verdict du jury de Versailles !

Avant de fermer cependant le dernier feuillet de ce procès, il nous faut examiner une double thèse, proclamée par le ministère public, consacrée par les juges, et qui semble suspendue sur la République comme une menace et comme un défi.

La majorité de l'Assemblée nationale, a-t-on dit, est souveraine. Elle a le droit omnipotent, le pouvoir absolu d'initiative et d'interprétation. Sa décision est, en toutes choses, la loi des lois.

Et, comme corollaire immédiat, comme légitime conséquence :

Le droit d'insurrection n'existe en aucun cas, toute résistance est un crime.

Ce code n'est pas nouveau dans le monde : il s'appelait, au moyen âge, le droit divin, et l'on en trouve encore les formules et la discipline dans le catéchisme de toutes les Russies.

Mais, chez Nicolas, dit-on, c'est la volonté d'un seul qui fait la loi, toute la loi ; c'est donc l'absolutisme. Tandis qu'en France, c'est la volonté collective qui fait les majorités, et le vote de la majorité n'est que l'expression, par l'organe de ses délégués, de cette volonté collective, l'expression du souverain. — Vous ne voulez donc pas de la souveraineté du Peuple ?

Non, certes, je ne veux pas de puissance *au-dessus* du droit éternel; je ne veux pas d'un souverain *absolu* au-dessus des droits *inhérents à la nature* même de l'homme, quel que soit ce pouvoir et comment qu'on le nomme : — dictateur, peuple ou roi !

Je suis homme et citoyen à la fois. Homme, j'ai des droits naturels qui sont au-dessus de toutes les souverainetés, et ces droits antérieurs, imprescriptibles, ces droits sacrés : liberté de conscience, liberté du culte, liberté de penser, liberté de vivre, je ne puis les abdiquer sans m'aliéner moi-même.

Que les grands docteurs qui prêchent, après celui des Césars, l'absolutisme du peuple, pour nous ramener par le peuple à l'absolutisme des rois, nous expliquent pourquoi les religions, pourquoi les philosophies ont eu tant de martyrs, et pourquoi l'humanité, cette volonté collective des siècles et des peuples, a marqué sa plus haute période de civilisation par l'affranchissement de la conscience individuelle, par la consécration de ces droits naturels : la pensée, la croyance et le culte libres !

Citoyen, c'est-à-dire membre de la grande famille souveraine, j'ai pareillement *des droits* contre lesquels rien ne
vaut, ni volonté collective, ni dictature d'un seul ou de
plusieurs, car ces droits sont ma part. elle-même de souveraineté ; je ne puis les abdiquer sans tomber esclave,
sans devenir *une chose* dans la famille politique, et voilà
pourquoi la *République* et le *suffrage universel*, instruments
et garanties absolues de la souveraineté *pour chacun et
pour tous*, — voilà pourquoi, dis-je, le suffrage universel
et la République sont aussi sacrés au *citoyen* que les droits
antérieurs et la constitution de *l'homme*.

Toute usurpation, de ce côté, serait un crime, et le
Peuple entier moins un serait-il complice, il y aurait
attentat à la loi sociale, au principe, au dogme de la souveraineté, car il y aurait un esclave ou bien un martyr !

Voilà le droit dans toute sa probité, dans toute sa rigueur.

Or, si le Peuple entier moins un ne peut, en l'aliénant,
porter atteinte à la souveraineté qui réside dans chacun et
dans tous, comment une majorité de *simples délégués*
pourrait-elle ce que ne peut pas le souverain lui-même ?

Et ce n'est pas tout. L'Assemblée législative a prêté
serment à la Constitution républicaine qui pose et garantit
les droits et les devoirs ; cette Constitution, qui n'est pas une
charte, un contrat, mais l'expression vivante et sacrée de
la volonté collective, c'est-à-dire une véritable déclaration
de la souveraineté, — cette Constitution, l'Assemblée législative ne l'a pas faite ; elle n'a reçu mandat ni pour l'interpréter contre son texte formel, ni pour la modifier selon
ses caprices ; elle ne peut, elle ne doit que l'incarner dans
les institutions, et la défendre contre l'empiétement des
partis ou les forfaitures du pouvoir exécutif.

Voilà son rôle ; or, si la Constitution est la lettre obli-
gatoire, le code absolu de la Législative, comment sa ma-

jorité pourrait-elle violer elle-même cette Constitution, comment pourrait-elle exercer la souveraineté dans toute sa plénitude? Comment la décision de cette majorité serait-elle la loi des lois?

Cette argumentation est l'évidence, et nous mettons au défi les sophistes les plus habiles de la rompre sans aller aux hérésies.

Mais si cette théorie de l'absolutisme au profit des majorités est condamnée par la science sociale, par la Constitution et par tous les principes du gouvernement républicain, elle est surtout odieuse et redoutable par ses conséquences.

Ainsi, la majorité pourrait, *en vertu de son droit souverain*, supprimer la liberté des cultes et nous rendre la Saint-Barthélemy, les dragonnades, l'assassinat des Albigeois et le carnage des Hussites!

La majorité pourrait, *en vertu de son droit souverain*, supprimer la liberté du citoyen et celle de la pensée, c'est-à-dire nous rendre la censure et les verroux de l'ancien régime, la Bastille et la Sorbonne.

La majorité pourrait, toujours *en vertu de son droit souverain*, supprimer la République et le suffrage universel, c'est-à-dire absorber tous les droits, effacer, d'un trait, la souveraineté du peuple.

Et c'est quand ce monstrueux anthropomorphisme est prêché comme le dogme de vérité, c'est quand toutes les servitudes se condensent sous une seule tyrannie, qu'on vient dire au Peuple, au souverain : La loi de cette tyrannie sera ta loi, l'insurrection est toujours un crime, tu n'as pas le droit de résistance!

S'il en est ainsi, Peuple, fais amende honorable, la corde au cou, le cilice aux reins, pour les trois grandes Révolutions que tu as accomplies depuis un demi-siècle; brûle les livres qui t'ont inspiré tes saintes révoltes, les monuments et les codes qui les ont consacrées; ouvre les tombeaux de tes philosophes et de tes martyrs, jette leurs cendres au vent, déchire leurs images, renverse leurs statues ; te voilà redevenu vassal d'esprit et de corps, te voilà devenu la *chose de tes délégués*, qui t'ont pris à bail pour trois ans !

Ah ! vous voulez tuer le droit d'insurrection, et vous formulez d'un seul mot, en un seul principe, le code de toutes les tyrannies, et vous fondez sur la République elle-même le despotisme des commis ! — Mais vous outragez le Peuple jusqu'au dernier scandale, en le dépouillant, et quand viendront les crises vous aurez légitimé les plus terribles résistances.

Ceci est une question de vie ou de mort ; aussi dirai-je au Peuple en finissant :

V

Citoyens, mes amis, mes frères, veillez, veillez nuit et jour ; évitez les discordes intestines, ralliez-vous, en légion, sous le drapeau de la République ; car le gouvernement est aux ambitions empiriques et folles qui tentent les 18 brumaire sans s'être trempées dans la gloire ; car votre Assemblée législative, en se déclarant souveraine et seule interprète de la Constitution, s'est réservé le droit de vie et de mort sur la République, sur toutes vos institutions, sur tous vos droits, sur le suffrage universel, qui est votre dernière force avant le désespoir ! Car toutes vos administrations, toutes vos hiérarchies, tous vos états-majors sont à la trahison flagrante ; car votre Révolution de février n'est que la curée des royalistes. Et ce n'est pas au milieu de vous, autour de vous seulement que s'agitent et se précipitent les factions ennemies qui vous guettent comme une proie perdue ; elle est dans toute l'Europe, à Saint-Pétersbourg, à Berlin, à Naples, à Vienne, à Londres, la grande conspiration qui veut abattre la République française, qui veut *en finir avec la Révolution.*

Jetez les yeux sur la carte des guerres et voyez ! Pour ne pas réveiller dans le monde les alarmes jalouses, on nous a fait rester couchés dans le lit de la défaite, comme au lendemain de Waterloo. Puis, nous avons laissé tomber, tour à tour, les révolutions écloses sur nos frontières au souffle puissant de nos idées. La Prusse, le grand-duché de Bade, la Bavière, les Villes libres, la Savoie, le Piémont, l'Italie entière, tous les peuples fils de notre génie révolutionnaire s'étaient levés. Nous les avons livrés l'un après l'autre au coup rapide des coalitions royales, et, de Berlin à Rome, où nous campons *pour la catholicité,* tout est fauché ; il n'y a plus que des gibets, des cachots et des tombes !

Une seconde ligne de bataille apparut tout à coup, et, cette fois, profonde, coupant en deux l'Europe des rois : car elle éclairait, de ses feux, depuis les sapins du nord jusqu'aux flots de l'Adriatique ; c'était Venise, c'était la Hongrie, c'était le vieux Danube en révolte comme le Rhin, c'était le tocsin de la Révolution appelant, du haut des Carpathes, vingt nations à la fête du dernier combat, et réveillant sur sa croix sanglante leur sœur aînée, la Pologne. — Eh bien ! la Pologne a donné sa dernière garde, celle de ses tombeaux ; la Hongrie a prodigué ses victoires et le sang de ses veines ; Venise a vécu sous une pluie de feu ; tous les miracles de nos grandes guerres ont été renouvelés par ces peuples de héros, et la France républicaine a gardé le silence des neutres ! Et deux grands empires de l'Europe ont pu se liguer pour abattre un homme, une patrie, la Hongrie, Kossuth. — Et maintenant, cette seconde ligne de bataille est fauchée comme la première, et de Venise à Varsovie, comme du Rhin au Tibre, il n'y a plus que des gibets, des cachots et des tombes !

Voilà l'histoire, amis ! Tous nos alliés sont à la chaîne ou morts. Acculés sur un dernier mamelon, nous sommes seuls en Europe, seuls, — entre l'Angleterre, qui, féodale ou marchande, nous hait, car notre Révolution la subalternise en affranchissant le monde, — et la vieille coalition du continent, qui masse ses armées comme en 1815, comme en 92 ! Souvenez-vous, d'autre part, que nous avons, cette fois, Coblentz et tous ses héritiers, tous ses cadets dans les administrations, dans les Assemblées, partout.

Ainsi, veillez, Républicains, et que tout homme qui aime la patrie veille avec vous ! car, peut-être, au printemps prochain, avant que la moisson n'ait fleuri pour les maîtres, vous entendrez, sur les champs de bataille engraissés par le sang des peuples, battre le rappel des grandes guerres, et l'enjeu, cette fois, sera la *patrie*, la République, l'avenir du monde.

Ne vous laissez donc pas entraîner aux querelles vaines, aux débats irritants, aux systèmes qui divisent, et ne songez qu'à défendre, à sauver la Révolution. Elle gardera fidèlement dans son sein tous vos principes, toutes vos idées, toutes vos espérances ; mais, pour Dieu ! réfléchissez qu'elle seule peut les garder, car elle est la mère, elle est la nourrice même de nos rêves, et, quand le combat aura fini, la liberté vous les rendra pour que vous les portiez devant le Peuple, votre juge et le nôtre.

Encore une fois, serrez vos rangs, il y a danger. — Les rois, au dehors, dans leurs conseils, ont *condamné* la patrie de la Révolution, et les royalistes, au dedans, creusent, en pleine Assemblée, la fosse de la République.

Pour que les bouchers de Berlin, de Prague et de Milan ne rallient pas à l'improviste leurs armées encore éparses, pour que le canon ne vous surprenne pas au milieu de vos dissertations, prenez vos mesures vous-mêmes ; défiez-

vous de ceux qui font diversion à ce grand devoir ; la
première Révolution en connut de pareils ; ne comptez pas
sur votre gouvernement, sur ses journaux, sur ses diplomates ; faites signaler, chaque jour, par vos orateurs à la
tribune, par vos sentinelles de la presse républicaine, les
évolutions de la politique ennemie, ses stratégies intérieures, ses mouvements de corps armés ; préparez le
Peuple à la guerre sainte ; si l'on vous demande vos fusils
de gardes nationaux, ne les rendez pas ; et qu'à la première alerte du côté du Rhin, à la première menace contre
la Suisse, par exemple, car ils veulent vous tourner, la
France se lève, dans une vaste ligue, toute hérissée d'armes, comme une forêt de baïonnettes.

A l'intérieur, vous conjurerez le péril en vous ralliant
sous la bannière de la Constitution, bannière déchirée par
le boulet qui tua Rome, mais encore debout aux mains de
la Montagne, et portant dans ses plis, avec les armes de la
Révolution, les deux grandes devises de Février : *Suffrage
universel, — République française.*

De cette Montagne on a dit, je le sais, qu'elle s'était
suicidée. — Suicidée ! — en protestant au nom de la République, au nom de la Révolution, contre l'assassinat de
Rome, contre la honte et contre le crime du fratricide ? —
En tombant, dans le drapeau de la Constitution, sous les
violences de la force et de la dictature ! — Ah ! ce n'est pas
le devoir accompli, quoique malheureux, qui tue ; c'est la
contradiction s'acharnant à tout, étouffant sous l'orgueil
toute foi, tout dévouement ; c'est la dispute byzantine enfin
quand a sonné l'heure des crises. Oui, dans cette journée,
la Montagne a perdu quelques hommes, et des meilleurs,
qui sont aujourd'hui sous les murs épais de Doullens ;
mais la hampe du drapeau est restée dans ses mains que le
sacrifice a retrempées ; mais la vie morale est sauve ; mais,
grâce à la prison, grâce à l'exil, peuplés par ses martyrs,

elle a le droit de dire : J'ai gardé la Constitution jusqu'au Calvaire ; je suis la légion sacrée de la République.

Citoyens, groupez-vous donc. Dans quelques jours, aux termes d'une loi de déchéance, vous serez appelés dans seize départements à remplacer vos élus de mai, les grands coupables du 13 juin. — Les royalistes se partagent déjà les trente écharpes des condamnés. — Cependant la victoire est dans vos mains ; c'est à vous de voir si vous voulez écrire vos noms au bas de l'arrêt de Versailles et sur la grande tombe romaine ; c'est à vous de voir si vous voulez sceller de votre sceau souverain les registres de la déportation.

Songez qu'il s'agit d'*affirmer* de nouveau la République démocratique et sociale par un grand acte de souveraineté, de venger la Constitution violée, de protester une dernière fois contre le guet-apens de Rome, et de relever, dans le monde, la foi française tachée par le sang d'un meurtre.

Ralliez-vous donc énergiquement en comités ; car la patrie est en danger ! Marchez avec ensemble, dans une seule volonté, comme une phalange à l'assaut ; et que celui de vous, électeur ou candidat, qui fera scission ou refusera son concours, que celui-là soit déclaré par tous *renégat de la Révolution et traître à la République.*

Ce jugement, soyez-en certains, ne fera que devancer celui de l'histoire.

LXXIX

ADRESSE AU PEUPLE

À L'OCCASION DE L'ANNIVERSAIRE DE FÉVRIER 1848

(Londres, février 1850)

CITOYENS,

Il y a deux ans, à pareil jour, le peuple entrait vainqueur dans les Tuileries désertes et veuves de leur dernier maître ; il entrait vainqueur au palais Bourbon, où siégeaient les marchands de son honneur, et balayait le temple ; il entrait vainqueur à l'Hôtel de Ville dont ses victoires ont tant de fois visité le balcon, et du haut de cette grande chaire des révolutions, il proclamait la RÉPUBLIQUE.

Au cri de son avant-garde, la France entière répondait, le lendemain, par un long applaudissement ; elle se sentait revivre ; pour la première fois, depuis Waterloo, elle venait d'agir et son cœur était en fête.

Vous vous souvenez, citoyens, de ces premières heures du réveil et de leur doux enivrement. Pas une voix ne s'élevait, sous le ciel, pour protester ; et les derniers serviteurs de la monarchie tombée s'empressaient eux-mêmes aux autels de la patrie, offrant, celui-ci son épée, celui-là sa toge, et poussant l'oubli de l'honneur jusqu'à trahir le deuil des maîtres.

L'Histoire, un jour, dira combien fut héroïque et grande cette lutte du peuple, terrible comme un débordement et

rapide comme la vengeance céleste. Elle dira surtout combien sa victoire fut magnanime et douce, même aux mains
sanglantes qui venaient de combattre. Ainsi, le dernier roi
put partir sous cette grande miséricorde de février. Derrière les barricades, où gisaient encore les cadavres des
faubourgs, pas une goutte de sang ne fut versée, pas un
domicile ne fut violé, pas une liberté n'eut à souffrir. La
ville ouverte se couvrit de sentinelles; les guenilles gar-
daient les trésors de l'État et les comptoirs des riches. La
probité de la faim couvrait jusqu'à l'usure, et cette grande
Révolution est entrée dans l'histoire sans une vengeance,
sans un écart, sans une tache de sang.

Sorti comme elle de la tempête, son gouvernement oublia
les longues proscriptions qu'avait subies le parti républicain,
et ses colères les plus légitimes; il abolit l'échafaud, il
effaça l'esclavage qui souillait nos colonies lointaines, il
décréta le droit au travail, il affranchit toutes les voix et
toutes les tribunes, il organisa le suffrage universel, et,
s'inclinant devant les urnes, il appela la grande souveraineté.

Révolution et gouvernement, telles furent nos œuvres,
et le vieux monde en demeura à ce point saisi, que la République française fut, partout, saluée comme ces îles sorties de la profondeur des eaux et qui viennent s'asseoir,
riches et resplendissantes, au milieu des mers.

Aujourd'hui, les opinions et les temps sont bien changés!
La Révolution de Février n'est plus qu'un misérable guet-
apens, une surprise de conspiration, une aventure de carre-
four. La République, acclamée par tous, et vingt fois consacrée par les pouvoirs sortis du suffrage universel, la
République n'est plus qu'un indigne escamotage de nuit,
un gouvernement de cabaret, une intrigue sans passé
comme sans avenir. Le peuple lui-même est déchu de
toutes les grandeurs que saluaient en lui les bassesses de

Février ; il n'est plus qu'un instrument de guerre civile, un voleur de couronne, un esclave révolté, qu'il faut réduire.

Chaque jour, dans la presse, organe des vieux partis royalistes, c'est un concert de malédictions et d'anathèmes contre la Révolution, ses principes, ses hommes, ses institutions et ses œuvres. La liberté confiante et désarmée de Février s'appelle ivresse aveugle et folle licence ; ses quelques refrains de *Marseillaise* s'appellent des bacchanales, et ses proclamations : terreur. Dans notre Assemblée législative, on voit toutes les passions liguées contre la République, et jusqu'à de petits grands seigneurs qui s'essayent à l'insulte contre la majesté de notre glorieuse histoire. Je ne veux pas défendre ici ce que nos pères ont fait : car les enfants ingrats qui profanent leur cercueil ne sauraient atteindre à leur mémoire, et ces noms illustres, trempés dans le sang et la gloire, ne sont pas à la merci des gentilshommes.

Mais la Révolution nouvelle, menacée, calomniée, frappée jusqu'au meurtre, crie vengeance, et du fond de l'exil, comme dans les ardeurs de la lutte, ma voix lui sera fidèle.

Ils appellent une *surprise*, un guet-apens, l'éclatante victoire de Février, et ils avaient en bataille, devant le peuple, toutes les forces d'une monarchie que le temps avait assise : — police, armée, justice, administration, chambre, états-majors, généraux, canons, trésors et forteresses.

Ils appellent *escamotage indigne, intrigue de taverne et de rue*, la République acclamée sur les barricades, ratifiée par le suffrage universel, consacrée par tous les pouvoirs sortis de la nation, et ils n'ont pas fait, au grand jour de l'épreuve, une seule réserve, une seule protestation, quand toutes les voix de la patrie s'élevaient en chœur et montaient libres ; — en sorte qu'invisibles à l'heure du combat et muets après la défaite, leur insolence d'aujourd'hui ne peut avoir qu'un nom : la vengeance des peurs passées.

Ils disent que le peuple est une meute sauvage, enfiévrée par le socialisme de passions bestiales, jalouses, toujours prêt à la curée; et pendant trois mois, ce peuple, pour faire aimer la République au monde entier, a souffert la faim, quand il avait l'empire !

Ah ! race éternelle et venimeuse des usuriers et des hobereaux, quand l'ouvrier gardait vos villes opulentes où vous n'aviez pas un soldat, vous ne portiez point si haut votre tête et votre parole en face de la blouse; vous vous contentiez de serrer vos écus et d'affamer le travail, en le caressant, jusqu'au jour où vos armées s'étant ralliées, et le pain manquant dans les faubourgs, le peuple désespéré viendrait dénoncer la trève et se heurter à vos canons.

Il est arrivé, ce jour d'exécration et d'épouvante qui a laissé dans notre histoire une mare de sang, et qui vous a livré la République, un moment étourdie par vos clameurs, vos calomnies et vos mensonges.

Voyons, qu'avez-vous fait de votre pouvoir? Comment avez-vous payé la miséricorde et les sauvegardes de février? Par le massacre des vaincus, par les bagnes, par les pontons, éternel pilori de vos simulacres de justice, et votre haine était si profonde qu'après quinze mois elle n'est pas tarie : ne venez-vous pas d'envoyer les dernières victimes au désert d'Afrique? Voilà comment vous avez payé les magnanimités du peuple.

Et la liberté qu'on vous avait faite si grande, comment l'avez-vous faite aux autres? L'association publique est un crime, la controverse sociale est un crime, la manifestation pacifique du souverain est un crime. La presse, entravée par les cautionnements, est muselée par les lois. Mesure de guerre, expédient d'un jour, l'état de siège est entré dans la législation normale, et vous avez, en face de la souveraineté du peuple, décrété, fondé l'institution organique de la dictature.

En février, — en mars, — en avril, — vos journaux,
vos coteries, vos conciliabules avaient de la liberté pour
tous les outrages, pour toutes les intrigues, pour toutes les
calomnies. Aujourd'hui, que vous êtes les maîtres, vous
faites la chasse aux idées, aux livres, comme les fanatiques
d'Omar. Vous parlez, non de régler mais de *supprimer* le
socialisme. Vous ne comprenez, vous ne pratiquez, vous
n'aimez que la force ; et la pensée, meurtrie par vos lois,
traquée, sur les chemins, par vos estafiers, la pensée
cherche, en vain, un coin du ciel libre, pour s'échapper
et se répandre dans cette étrange République, où les chaires
et les tribunes sont la monarchie.

Oh ! vous avez raison, honnêtes gens de tous les budgets
et de toutes les trahisons, vous avez raison de célébrer au
rabais, ou d'interdire l'anniversaire de Février : car vous
êtes la contradiction vivante de sa justice, de son courage,
de ses mansuétudes ; car il vous accuse, du haut du trône
et de l'échafaud renversés, — les deux seules ruines qu'il
ait faites, — il vous accuse du haut de ses tombes où pleu-
rent ses enfants et ses veuves que vous avez laissés sans pain,
tandis que vous offriez cent mille écus de pension à l'opulent exil des altesses, il vous accuse par toutes les voix de
ses proscrits, de ses martyrs et de ses prolétaires, âmes
généreuses dans lesquelles vous êtes parvenus à jeter le
poison de la haine et le cruel besoin des représailles.

Oui, citoyens, ceux qui vous gouvernent, qui vous admi-
nistrent, qui vous jugent, n'avaient point qualité pour honorer nos morts. Leur prière républicaine serait un mensonge, un blasphème, une profanation, et c'est à nous, qui
portons le deuil de Février, à nous qui gardons toutes ses
espérances, avortées pour un jour, c'est à nous, travailleurs
et soldats au grand chantier de la révolution qu'il appartient de célébrer ce mémorable anniversaire.

Et ce n'est pas aux banquets, aux commémorations

bruyantes, aux cérémonies publiques, que je vous convie :
hélas ! les jours sont trop mauvais pour que la patrie puisse
épancher ses joies et dérouler la pompe de ses fêtes, le long
de ses villes gardées par l'état de siège. La tombe romaine
est toujours là, béante avec son cadavre, dénonçant au
monde l'assassinat commis par nos armes. La Pologne, la
Hongrie, l'Allemagne, toutes les nations, nos sœurs, sont
crucifiées ou captives, et la démocratie française ne saurait
dresser ses tables à l'ombre des gibets.

La police, d'ailleurs, guette vos joies républicaines
comme des crimes. Elle épie le geste, la parole, le regard,
jusque dans vos foyers ; elle cherche une occasion, un prétexte, un accident pour attiser vos colères et provoquer la
dictature qui doit donner l'empire : Souvenez-vous des
arbres de la liberté !

Soyez donc vigilants, calmes, maîtres de vous, comme des
citoyens qui laissent aux affranchis d'un jour les ivresses
de la première heure ; sachez voiler vos tristesses et vos
souvenirs, assoupir vos espérances, taire vos ressentiments ;
un jour viendra bientôt, si vous savez pratiquer le plus
sacré des devoirs, où la France libre et régénérée relèvera
ses morts en Europe, et reprendra ses fêtes.

Jusque-là, gardez l'attitude austère et forte de recueille-
ment dans le droit, gardez la foi, retenez la fougue ; et si vous
voulez honorer vos morts de Février, si vous voulez réparer
vos défaites et relever la fortune du peuple, songez que,
dans quinze jours, le suffrage universel vous appelle au
grand acte de la souveraineté, songez que, dans quinze
jours, la réaction peut avoir *ses Ides de mars !* Ah ! citoyens,
il n'y a pas de plus auguste cérémonie, de plus noble fête
expiatoire que celle du scrutin. L'urne du suffrage universel,
c'est l'autel de la purification, c'est la fontaine de l'éternel
rajeunissement, c'est la couche féconde où la patrie engendre ses destinées.

Les rois, quand leurs fils meurent, les parfument d'encens, et les enterrent dans la pourpre : eh bien, vous pouvez, comme les rois, ensevelir vos morts dans la pourpre de votre souveraineté.

Tel est, d'ailleurs, le mouvement des choses, et si grave la situation, que la mission grandit pour tous et que la responsabilité de chacun s'élève jusqu'aux destinées générales de la patrie.

Nous n'en sommes plus, en effet, au développement pacifique et régulier de la Constitution. Les factions qui, depuis le 10 décembre, se sont emparées de la République, sont en conspiration ouverte et permanente contre les institutionsde Février et contre la souveraineté du Peuple elle-même. Les tentes et les drapeaux de la monarchie sont déployés jusque dans l'enceinte de l'Assemblée législative. « Il y a huit millions d'électeurs *royalistes*, » crie une voix, et on y parle, tout haut, d'organiser un scrutin *intelligent*, c'est-à-dire de supprimer ce qu'on appelle, ailleurs, l'*émeute du suffrage universel*. Un ministre même, dans une provocation insensée, s'écrie, comme pour légitimer à l'avance les coups d'État : « Vous pouvez commencer, si cela vous convient ; nous sommes prêts. » Et tandis que cette cohue, venue de tous les camps, sous la pression de la peur bourgeoise, jette l'insulte à nos souvenirs, mutile les libertés, filles de la Révolution, et menace la démocratie dans son droit suprême, un autre pouvoir délégué, la présidence, marche dans ses voies vers l'empire. Il a ses commis, ses familiers, suite équivoque et tarée, dans l'administration, la police, les ambassades ; son ambition haletante et sans génie, mais inquiète, besoigneuse, acharnée, tient tout en suspens, en souffrance, et trouble, au fond, le commerce, les industries, les arts, les affaires particulières comme la destinée sociale, les intérêts comme les idées.

Ainsi, point de halte, point de repos dans le présent,

nulle confiance dans l'avenir qui porte, dans ses mystères, des problèmes et des catastrophes.

La contre-révolution, que les ambitions divisent mais, que les haines rallient, ne veut pas que la France s'arrête, ayant jeté l'ancre du suffrage universel, et qu'elle puisse vivre dans les eaux profondes de la démocratie. Il faut, dans ses desseins, que le grand fleuve, débordé depuis cinquante ans, remonte vers sa source jusqu'au delà de 89, et que la France épuisée, fatiguée, déchue dans le monde, reniant ses gloires, *se repose dans la servitude !*

Est-ce là citoyens, ce qu'on vous avait promis, est-ce ainsi qu'on devait payer vos naïfs et confiants suffrages, après la fameuse candidature du 10 décembre ?

Eh bien ! vous allez voter de nouveau, c'est-à-dire lier ou délier, absoudre ou condamner, consacrer ou flétrir ; car vos bulletins d'élection ne donnent pas seulement le mandat et l'investiture, ils sont encore et surtout le verdict du pays, *vere dictum*, l'arrêt en dernier ressort, le jugement souverain.

Instruisez donc le procès dans vos consciences, en juges religieux et sévères, vous qui allez prononcer sur la Révolution, sur la patrie, sur l'émancipation du monde ! Étudiez de près les questions qui sont la matière du jugement, et, votre opinion formée, soyez inflexibles, comme nos pères quand ils partaient pour les assemblées ou la frontière.

Ils eurent, sans doute, dans les rudes journées de leur épopée révolutionnaire, des moments plus difficiles. des crises plus tragiques et plus redoutables ; mais, je ne sais trop, en vérité, si la sainte cause pour laquelle ils sont morts fut jamais plus exposée, plus humiliée, plus compromise qu'aux jours où nous sommes.

De quoi s'agit-il, en effet, et qu'avez-vous à décider ? — Sont-ce des questions d'intérêts personnels, d'ambitions locales, d'attributions administratives, de petits conflits, ou de menus contrôles sur les hommes et sur les choses?

Hélas ! non, citoyens, le temps n'est pas à ces misères de la paix. Vous avez à vous prononcer pour ou contre la patrie que le réseau des coalitions enveloppe de toutes parts et qui n'a d'autres alliés dans le monde que le souvenir de sa gloire et la prière de ses martyrs.

Vous avez à vous prononcer sur la vie ou sur la mort de la République, trahie par son gouvernement qui la livre en détail aux prétentions ennemies, outragée par ses mandataires eux-mêmes, et n'ayant, tant que n'éclatera pas le dernier coup, d'autre asile, d'autre abri, d'autre forteresse que vos consciences et vos urnes.

Vous avez à vous prononcer sur le sort de la Révolution dont les principes sont faussés, les garanties détruites, les institutions empoisonnées ou taries jusque dans leur source. Vous avez, enfin, à prononcer sur le suffrage universel, sur votre propre souveraineté, sur vous-mêmes.

Toutes ces graves questions, en effet, ne sont-elles pas aujourd'hui pendantes?

Pour la liberté, pour l'inviolabilité de la patrie, prenez la carte et suivez, dans ses étapes, dans ses évolutions, la grande armée de la sainte-alliance ; ce n'est pas en Pologne, en Allemagne, en Bohême, en Italie ; ce n'est pas sur la Vistule, sur le Danube, le Tibre ou le Pô, que vous aurez à soutenir désormais vos premières batailles ; c'est sur le Rhin découvert et rasé de ses forteresses : car, tandis que vous vous abandonniez au culte innocent de la légende et que vous rendiez un dernier hommage à votre grand empereur, en acclamant sa poussière vivante, vos ennemis s'avançaient, écrasant les peuples et massant leurs armées. Ils campent, aujourd'hui, sur les tombes où sont couchées les révolutions trahies par nos armes : ils ont des phalanges échelonnées sur toutes leurs frontières, et, le doigt vers les Apennins, ils demandent à châtier l'Helvétie, dernière patrie libre qui garde nos portes ; or, l'Helvétie c'est la France.

Et quels hommes avons-nous, en Europe, pour épier les mouvements de la coalition, pénétrer ses desseins, surveiller ses stratégies, combattre ses influences et ses lignes redoutables ? En Prusse, nous avons expédié M. de Persigny, diplomate d'antichambre, qui fait la chasse aux dots princières et négocie pour l'hyménée. — La première République avait envoyé Sieyès à Berlin. — Celui qui fait sentinelle à Saint-Pétersbourg, pour le compte de la révolution, s'appelle Caste'-Bajac ; c'est un de ces juges de 1815 que l'histoire a flétris du nom d'assassins, et que M. Bonaparte a choisi entre tous pour réjouir, sans doute, l'ombre de Sainte-Hélène et la grande âme des héros, ses compagnons. C'est encore un de ces hommes à la tache de sang que M. Bonaparte a placés dans ses conseils, à la tête de nos armées et pour le service des guerres ! En sorte que si la coalition déborde et nous entame, au lieu de Carnot, la France répondra : d'Hautpoul !

Mais ce n'est pas, je vous l'ai dit, au dehors seulement que la Révolution est menacée : c'est à l'intérieur, surtout, qu'il faut veiller et craindre, car il y a contre elle coalition au dedans, comme au delà des frontières et dans le camp des rois.

Ainsi donc, favorisés et couverts par l'amnistie de Février, tous les vieux partis se sont coalisés et marchent ensemble à l'assaut de la République. Maîtres du gouvernement, ils déracinent les institutions, ils arrachent les traditions les plus vivaces, et du champ fécond de 89, labouré depuis cinquante ans par les générations successives, ils extirpent les doctrines, les idées, tous les germes éclos sous le grand arbre de la souveraineté populaire.

C'est ainsi qu'après avoir abattu l'une après l'autre, et confisqué les libertés politiques, ils se sont jetés sur les institutions fondamentales qui donnaient la sève et la lumière, qui étaient la force et l'espérance de la démocratie.

L'instruction primaire, source de vérité toujours jaillissante, leur était odieuse et suspecte, comme la faculté génératrice de l'affranchissement. — Ils ont placé l'oreille de la police à la porte de ses écoles. Ils ont livré l'instituteur au bon plaisir des préfets. Ils ont dit de lui qu'il n'avait plus rien d'humain que les instincts communs à l'homme et à la bête. Ils l'ont dépouillé de tous ses droits, le marquant comme un empoisonneur public, et ne lui laissant pas même les tristes privilèges qui lui venaient de la monarchie.

L'enseignement secondaire, plongeant ses racines dans les couches de l'histoire, ouvrant les grandes perspectives de la science, éveillant le cœur, disciplinant l'esprit, formant le citoyen, l'enseignement secondaire, pour toutes ces raisons, leur portait ombrage et leur était fatal ; ils l'ont livré, comme l'instruction primaire, aux jésuites pour l'expurger et l'assainir : ils ont mis la vieille Université sous la surveillance de l'Église, voulant, disaient-ils, unir ces deux sœurs rivales pour le bien et la paix des générations futures; comme si l'on pouvait accoupler la pensée libre et la foi, comme si l'Eglise, dans son esprit d'autorité, ses dogmes et ses mystères, n'était pas la contradiction vivante de la science et de l'histoire.

Mais qu'importe? Il faut arrêter l'esprit humain, ce grand coupable : il faut à tout prix faire la nuit, et tuer la démocratie par l'ignorance, par l'abrutissement! — N'est-ce pas la démocratie qui nous perd?

Voilà, citoyens, ce qui s'est passé, ce qui s'est conclu sous vos yeux, et voilà ce que vous aurez encore à juger, le 10 mars, dans vos assises électorales! Non, non, ce n'est point un intérêt de frontière ou d'argent, une garantie politique, judiciaire ou bien administrative que vous aurez cette fois à protéger, à couvrir de votre jugement ; c'est l'esprit tout entier de la civilisation moderne, c'est la vérité, c'est la science qu'on a vendues à la politique des ténèbres.

Ceux qui vous avaient promis, pour vos enfants, l'instruction gratuite, variée, générale, et qui l'abandonnent, en monopole, au clergé, ceux-là se sont-ils, du moins, contentés d'écarter la science et de mettre la main du jésuite sur les lèvres et sur le cœur des générations nouvelles ? ont-ils respecté les garanties publiques, les prérogatives du citoyen, ses droits écrits ou naturels ; et *la liberté sous la loi* qu'ils vous avaient promise, l'ont-ils gardée fidèlement ?

Six départements, ceux qui touchent à la Suisse, au point menacé par l'ennemi, sont, depuis huit mois, en état de siège et souffrent toutes les avanies de la dictature : visites domiciliaires, inquisition, censure, emprisonnement, razzias de jour et razzias de nuit, selon le bon plaisir militaire ; on n'y laisse pas même circuler la pensée nationale, la parole officielle, la parole tombée de la tribune souveraine.

Hors de cette citadelle immense, comprimée sous les lois de la guerre, la police étend ses masses sur toutes la surface de la République : cités ou bourgs, villes ou campagnes ; le gouvernement, pour épier les citoyens, a tout mis en réquisition, en vedette, jusqu'aux gendarmes, et le voilà qui vient de concentrer entre les mains de quatre généraux toutes les divisions militaires de France, toutes les forces du pays, afin, sans doute, que la liberté, la République et la Constitution soient mieux gardées et vivent plus à l'aise sous ces grands commandements !

Sont-ce là, citoyens, les faisceaux de la liberté légale, et reconnaissez-vous à ces manœuvres de guerre, à ces violences injustifiables, à cet espionnage organisé, à cette menace d'un état de siège préventif, la civilisation progressive et

calme qui, sous la loi, devait s'épandre pour nous faire oublier, à tous, ces temps affreux du gouvernement provisoire,
où la licence effrénée respectait tous les droits et n'arrêtait
n'emprisonnait, ne dépouillait personne.

Citoyens, encore une fois, voyez et jugez entre le sabre
et la liberté, le droit et la force.

Enfin, vous souvient-il des magnifiques promesses dont
toutes les routes électorales étaient jonchées avant le 10 décembre ? C'était un monde inconnu d'économies et de
largesses. Le travail devait fleurir, fécondé par la paix et le
crédit ; les services étant réduits et surveillés par un contrôle sévère, l'impôt diminuerait sans cesse, et nous échap-
perions à la banqueroute pour entrer dans une ère de pros-
pérités merveilleuses.

Qu'est devenu tout cela ? Ces cités ouvrières, tant vantées,
n'ont même pas dépassé le niveau de leurs premières assises.
Non, jamais l'histoire n'aura enregistré un charlatanisme
plus effronté, suivi d'une plus immense déconvenue. — La
Constituante, au moins, avait affranchi le sel, réduit la taxe
postale et décrété l'abolition de l'impôt sur les vins. — En
attendant mieux, le gouvernement de M. Bonaparte a déjà
rétabli le dernier de ces impôts et le plus exécré.

Les prestations en nature, ce reste de l'esclavage, étaient
dénoncées à la justice de l'Assemblée, comme une charge
honteuse, lourde au travail et qui devait disparaître. — Le
gouvernement de M. Bonaparte l'a fait maintenir.

Le budget avec ses découverts, ses arriérés, ses déficits,
écrasait le pauvre. — M. Bonaparte a fait doubler la liste
civile de la présidence, et a dépensé 40 millions, sans compter
l'honneur, pour son immortelle expédition de Rome.

Et les campagnes, dévorées par le fisc, qu'ont-elles vu de
ce crédit foncier, dont l'organisation devait se faire d'une
façon magique pour rendre à la terre ses sucs nourriciers
épuisés par l'usure ?

Citoyens, vous pouvez faire justice de tant de mensonges, car l'urne va s'ouvrir et la victoire est à vous.

Elle est à vous, si, ne confondant ni les nuances, ni les drapeaux, vous marchez au scrutin, comme en un combat suprême, n'ayant qu'une devise et ne choisissant, pour défendre la République, que des républicains.

Elle est à vous ; croyez-m'en, aux terreurs qui les troublent, à la rage impuissante qui leur a fait trouver ce mot terrible :

L'ÉMEUTE DU SUFFRAGE UNIVERSEL !

Ah ! cette émeute pacifique du scrutin qu'ils viennent donc la châtier ! — s'ils sont prêts, nous le sommes aussi. — Oui, le suffrage universel, universel et direct, violé par la force ou par la fraude, tout deviendrait arme dans notre main. Comme au temps de nos pères, plus de quartier, plus de merci dans ce choc du vieux monde contre le monde nouveau.

LXXX

ARTICLE PARU DANS LE JOURNAL **LE PROSCRIT**

A LA SUITE DU MANIFESTE DU COMITÉ CENTRAL DÉMOCRATIQUE EUROPÉEN, SIGNÉ :

LEDRU-ROLLIN

JOSEPH MAZZINI

ALBERT DARASZ

ARNOLD RUGE

Membre délégué de la centralisation
démocratique polonaise

Membre de l'Assemblée nationale
de Francfort

(Londres, 22 juillet 1850)

Oui, malgré les efforts inouïs tentés contre elle, l'avenir
est bien à la Démocratie; car, sous l'empire de mystérieux
décrets, tout devient instrument dans sa main.

Vainement les oppresseurs des Peuples se prémunissent-ils
de tous côtés, par des précautions infinies; vainement ima-
ginent-ils, dans leurs cabinets, des desseins où le monde
entier est compris; vainement relèvent-ils les gibets, les
échafauds, les tables de proscription; ils pensent à tout,
excepté à la loi invisible qui entraîne dans son irrésistible
mouvement peuples et rois, et c'est justement par l'endroit
auquel ils songeaient le moins que tous leurs projets croulent en un moment.

La proscription, par exemple, avait pour but de disperser les défenseurs des Peuples, d'enlever à la Révolution sa
direction puissante, et c'est au contraire la proscription qui,
en donnant un point de ralliement forcé aux représentants
des diverses nationalités, va, par un effet inattendu, leur
permettre de se connaître, de s'éclairer mutuellement, de

se concerter, et de former entre les Peuples un lien indissoluble.

Grand et fécond résultat dans l'histoire de l'humanité ! Jusque-là les Peuples marchaient d'un pas inégal, les uns plus avancés, les autres plus attardés sur le chemin du progrès, ceux-ci luttant pour une question de race, ceux-là pour une question de nationalité, quelques-uns pour une prédominance de caste, quelques autres pour des questions sociales, tous enfin combattant isolés, sans ensemble, sans but comme sans drapeau commun. D'injustes préjugés, des préventions sans fondement avaient été semés entre les Peuples par les rois ; et voilà que, tout à coup, pour dissiper les nuages, pour prévenir les défaites partielles, pour atteindre au niveau d'idées, pour n'avoir plus qu'un unique symbole, la proscription fait plus en un an que n'auraient pu faire en un siècle les négociations à distance et les rapports lointains.

J'avais donc raison de dire que tout devient instrument dans la main de la Démocratie, et que le résultat obtenu est grand et fécond.

Quelles institutions politiques peuvent, en effet, se fonder sérieusement, si elles n'ont autour d'elles l'air et l'espace, et si elles ne sont environnées d'institutions homogènes ? Quelles réformes économiques peuvent être durables, s'il n'est fait un changement radical dans les rapports économiques de l'Europe ? C'est alors seulement que l'Europe sera constituée démocratiquement, qu'il sera possible de résoudre d'une manière définitive les grands problèmes de la production, de la répartition et des échanges, d'où dépend le bonheur des nations. Il faut que tout s'assimile dans l'ordre politique, comme tout se tient et s'assimile dans le monde physique. Plus de diversités possibles entre les gouvernements de l'Europe. Les mondes qui appartiennent aux mêmes groupes doivent se mouvoir et gravite d'après la même loi. Ce qui paraissait une chimère, il y a un siècle, dans les livres de l'abbé de Saint-Pierre, semble à peine audacieux aujourd'hui, et peut cesser, demain, d'être une fiction.

Ainsi, nous l'avouons hautement, publiquement, sans crainte comme sans réticence : universaliser l'idée démocratique, concentrer en un effort collectif des efforts jusque-là impuissants dans leur solitude, opposer à la sainte-alliance des rois la sainte-alliance des Peuples pour émanciper le monde, résumer en un seul programme les idées sociales acceptées dès aujourd'hui, pour ne pas perdre le fruit de nos conquêtes, telle est notre œuvre, tel est le but constant de notre activité. Et pour l'atteindre, pas de conciliabules ténébreux, pas de manœuvres souterraines, non ; la clarté du soleil, au contraire, pour faire mieux connaître la puissance de nos forces, l'immensité de nos masses profondes et le petit nombre de nos oppresseurs.

Placés à cette hauteur, n'agissant qu'au grand jour, avons-nous besoin de répondre à ces calomnies odieuses, récemment lancées contre nous ? « Nous tenions à Londres, disait un journal que j'aurais honte de nommer, nous tenions école de sociétés secrètes et d'assassinat. Nous avions désigné des agents de vengeance pour aller frapper les têtes couronnées de l'Europe. »

Les misérables qui mentent ainsi ne parviendront pas à faire oublier deux choses : la première que la peine de mort en matière politique a été abolie par le gouvernement qui a eu l'honneur d'établir la République en France; la seconde que, si pour les crimes ordinaires l'échafaud, cet opprobre de l'humanité, est toujours debout, si aujourd'hui encore il est payé plus de bourreaux qu'il n'y a de têtes à couper, on le doit aux sauvages clameurs des journaux royalistes.

Non, nous ne conspirons pas, parce que nous savons

que, si les révolutions de palais s'accomplissent par des conspirateurs, ce n'est point par des conspirations que se réalisent les transformations sociales, et nous sommes à la veille d'un de ces grands changements dans l'humanité. Ce n'est pas vainement que, depuis vingt siècles, elle se débat pour briser ses liens, ce n'est point par un coup de hasard, mais bien par l'effet d'une loi supérieure, inéluctable, que l'esclave s'est fait serf, que le serf s'est fait salarié, et que le salarié des champs, comme celui des villes, veut, à l'heure qu'il est, secouer la dernière exploitation de l'homme et se faire libre à son tour. Voilà, sous tous les débats de forme, le véritable fond des choses, voilà le legs du temps que la révolution de Février porte avec soi et qu'il faut bien, bon gré mal gré, se résigner à acquitter prochainement.

Aussi, est-ce pitié que d'entendre répéter sans cesse par les hobereaux du royalisme, par tous les gens à courte vue, qui prennent l'effet pour la cause, que Février fut une surprise.

Si Février n'avait été qu'une surprise, les royalistes auraient été bien lâches, car ils étaient, quoi qu'ils en disent, sur leurs gardes depuis longtemps! Mais qu'ils se consolent, Février avait quelque chose de souverain, de providentiel, devant quoi les plus vaillants devaient succomber. Cette Révolution, née de la tradition, était fatale, inévitable, prévue aussi sûrement par les penseurs que peuvent être calculés par un mathématicien la vitesse et l'espace. Février une surprise! C'est là l'éternelle excuse des vaincus, c'est le grossier artifice de l'orgueil humain qui ne veut s'incliner devant aucune puissance, pas même devant la mort, dont il dit tous les jours qu'elle est une surprise, bien qu'elle soit la seule chose certaine de la vie.

Juger ainsi les révolutions, c'est leur assigner une bien

petite cause. Pourquoi ne pas plutôt se résoudre à les comprendre dans le livre de l'humanité, dont elles ne sont que le développement ? Elles ont une génération de prophètes plus ancienne, plus nombreuse que celle qui prédit la venue du Messie. Que fut-il lui-même, sinon une de leurs personnifications ? Leur marche progressive, à travers les âges, révèle la main qui les mène, c'est là le signe de leur caractère religieux et le fondement de notre inébranlable foi.

Pour saisir le sens de la Révolution, ouvrez l'histoire et voyez, après tout, combien courts furent les instants comptés à cette monarchie dont vous essayez inutilement de ranimer la poussière. Ne parlons ni de ses assassinats de rois, ni de ses exterminations de Peuples, ni des bûchers qu'elle a allumés, ni des torrents de sang qu'elle a répandus; ne parlons que de sa durée. A la considérer dans chacune de ses modifications, est-il quelque chose de plus fugitif que cet éternel monument de la sagesse des hommes, et de combien de crimes et de désastres chacune de ces modifications n'a-t-elle pas été accompagnée ? A peine arrivée à sa maturité, la monarchie féodale tombe pour faire place à la monarchie des États, la monarchie des États à la monarchie parlementaire, la monarchie parlementaire à la monarchie absolue, la monarchie absolue à la monarchie constitutionnelle, et cette dernière elle-même est trois fois brisée, comme pour mieux constater qu'on ne saurait en rapprocher les éclats.

Ne dirait-on pas à voir toutes ces monarchies croulant l'une sur l'autre, qu'elles sont poussées par quelque chose de surhumain ?

C'est qu'en effet elles sont précipitées par deux immortels principes qui sont la condition même du développement de l'humanité :

La perfectibilité de l'homme :

La perfectibilité des Sociétés.

Oh ! sans doute, des générations d'individus disparaissent, des successions d'hommes passent ; mais l'homme, l'homme type reste debout, enrichi de tout ce que ses devanciers lui ont transmis, orné de tous les présents des âges. De par la loi même de sa nature, il faut donc que l'homme brise tout ce qui fait obstacle à sa perfection indéfinie, car l'homme veut être de plus en plus libre, de plus en plus éclairé, de plus en plus heureux.

Ainsi en est-il des Sociétés. Sur les Sociétés qui s'évanouissent sans cesse, une Société progresse sans cesse. D'abord on tue et on dévore le vaincu ; plus tard, on se contente de le réduire en servitude ; — plus tard encore, on l'échange ; que d'étapes parcourues déjà ! De la guerre de races, dans laquelle des nations tout entières sont anéanties, à la guerre d'idées ou d'influence gouvernementale, quel chemin ! et quel chemin aussi — les mêmes mots selon les âges n'exprimant pas les mêmes idées — de la République aristocratique d'Athènes ou de Rome, à la République française de 1792, et de celle-ci au suffrage absolument universel de 1848 !

Tout marche donc, hommes et Sociétés, et ce mot d'un grand écrivain : « La liberté est ancienne, le despotisme seul est nouveau, » n'est qu'une saillie de l'esprit ; c'est le contraire qui est vrai. Non, l'humanité ne tourne pas sur elle-même, l'image du serpent qui se mord la queue n'est que le symbole des Sociétés éteintes. Le monde suit bien une route ascensionnelle, et l'aristocratie, le despotisme sont des anciens jours, tandis que la liberté est fille du temps et de la raison.

Ainsi donc, perfectibilité de l'homme, perfectibilité des Sociétés, tels sont les deux grands courants de l'histoire, qu'aucune puissance au monde ne saurait entraver.

Si l'idée, parfois, semble reculer ou s'arrêter, ce n'est que pour mieux prendre son élan et franchir plus d'espace d'un seul bond. Après le gigantesque effort de notre première Révolution, par exemple, où en était l'Europe ? Réfractaire à la semence de l'esprit nouveau, son sol dut être labouré profondément ; ce fut le travail de l'épée ; Napoléon et ses innombrables légions suffirent à l'œuvre.

L'idée ainsi dispersée doit être ramenée à son foyer pour se concentrer de nouveau. Vint la Restauration ; aux luttes de la force succédèrent les luttes de la tribune, de la presse : pouvoir et liberté, philosophie et religion, tout se discuta, tout bouillonna, comme en une fournaise ardente, pour explosionner en 1830. Et cependant, durant cette période, que d'hommes croyaient sérieusement, comme il en est qui le croient aujourd'hui, que l'esprit humain retournait vers le passé !

Même répit après 1830 ; la France n'était pas mûre encore pour l'idée républicaine ; une expérience restait à faire. Ce fut le tour des idées constitutionnelles, des gouvernements d'équilibre et de pondération. Ils devaient être essayés dans toute l'Europe, pour mieux démontrer leur inanité. A la fin de 1847, combien d'esprits pensaient que c'en était fini avec les révolutions ? Jamais majorité fut-elle plus compacte et plus puissante, jamais cours de rente fut-il plus élevé ? Et cependant, sous ces semblants trompeurs, l'idée avait tellement grandi, s'était si démesurément dilatée, que le moule devint insuffisant à la contenir et qu'il dut éclater encore.

Elle avait même, pendant ces dix-huit ans, multiplié à ce point, que ce fut, en Février, par toute l'Europe, comme l'éruption d'un seul volcan. Mais, je l'ai dit, toutes les nations n'étaient pas prêtes au même degré, l'Europe n'était pas une dans sa pensée : il fallait que le niveau de la persécution et du malheur égalisât tous les Peuples. La tâche a été mesurée à la réaction ; elle l'accomplit sans relâche. De là ce temps d'arrêt apparent pendant lequel toutes les aristocraties de l'Europe crient victoire. Ne criaient-elles point victoire aussi sous Charles X, sous Louis-Philippe ? Laissez-les faire : la jonction de nos forces s'est opérée, et ce n'est plus déjà la Seine ou le Danube, le Rhin, le Tibre ou la Vistule, qui débordera isolément ; de tous ces fleuves un immense océan s'est formé, prêt à monter sous une seule pression, sous un même souffle, le souffle ardent de la Démocratie.

Voilà où nous en sommes arrivés. Quelle carrière parcourue en soixante ans! 1792 nous trouva seuls ; la France ayant devancé d'un siècle toutes les autres nations, toutes les nations se tournèrent contre elle. 1815 nous laissa seuls, et aujourd'hui cependant, plus encore qu'en Février, l'Europe continentale est prête à se lever pour défendre nos idées qui sont les siennes.

En 1792, Saint-Just, dans l'idéal de ses institutions, constatant les inimitiés qui séparent les Peuples, osait à peine entrevoir le jour où ils ne formeraient qu'une seule famille. « Ce rêve, disait-il, n'est réalisable que dans un avenir qui n'est pas fait pour nous. » Et en moins de soixante ans, les Peuples se proclament frères ! Il n'y a pas trente ans encore qu'ils se ruaient l'un sur l'autre à un signe de leurs chefs, et aujourd'hui pas une douleur, pas un martyre qui ne soient devenus communs. Si tel peuple lutte, combat, succombe, c'est pour conserver au trésor général de l'humanité tel droit, tel principe, telle liberté.

Et c'est ce mouvement universel, inconnu jusqu'ici dans l'histoire, c'est cette fin des Sociétés : la solidarité humaine, c'est cette conspiration du temps ayant pour complices toutes les nations, c'est cette force indomptable multipliée par le poids des siècles, que de petits orateurs et de petits journalistes ont la folie d'appeler la surprise de Février.

Puisqu'ils en sont revenus aux miracles, qu'ils essaient donc d'arrêter le soleil, de tuer la seule chose immortelle ici-bas : la pensée.

Après bien des luttes sanglantes, elle avait trouvé le moyen de se faire contre-poids à elle-même, et de progresser sans secousses ni violences. Désormais, par le libre exercice du suffrage universel, toute difficile question devait se résoudre pacifiquement ; eh bien ! au lieu de reconnaître que le genre humain pouvait avoir raison contre vous, hommes du passé, vous avez préféré ramener les classes, c'est-à-dire les haines, et déclarer que sur dix millions d'électeurs, sept millions au moins étaient des vagabonds et de la vile multitude.

La presse vous gênait, vous la brisez. Mais qu'importe, la pensée se fera jour, tant qu'il restera une imprimerie dans un coin du monde. Irez-vous jamais plus loin que Louis XIV, qui prohibait l'introduction des *mauvais livres,* sous peine de la corde. Cependant arrêta-t-il l'inondation des écrits, des brochures, des pamphlets pleuvant de l'étranger, empêcha-t-il le dix-huitième siècle de briller sur le monde ?

Paris est le grand creuset où s'élabore l'idée ; ne pouvant point éteindre le foyer, vous voulez entreprendre de l'isoler. Vous voulez rayer Paris de la carte de la France ; car c'est le déshonorer, l'anéantir, que de lui enlever le siège de l'Assemblée et du Gouvernement. — Essayez-le également, en serez-vous mieux sauvegardés ? N'y eut-il point une Assemblée envahie par le peuple à Versailles ? n'y en eut-il point une autre envahie par les baïonnettes du pouvoir à Saint-Cloud ? Pour échapper au premier danger, faut-il courir au-devant du second ?

Hélas ! tous ces moyens sont bien usés ; ils ont été tentés et bien d'autres encore, puisque, pendant des siècles, la pensée humaine n'a cheminé qu'entre la torture et les bûchers.

Qu'y faire ? Elle renaît de ses cendres, elle est comme le grain qui germe d'autant mieux qu'il est foulé aux pieds.

Acharnez-vous à le fouler pour que la moisson monte plus vite.

Mais, croyez-moi, vous n'êtes, en fait de persécutions sociales, en fait de tentatives rétrogrades, vous n'êtes, malgré vos fureurs, que de pâles imitateurs et de timides écoliers.

L'histoire offre l'exemple d'une révolte gigantesque contre la marche de l'esprit humain, et celle-là peut frapper par ses proportions colossales. L'interdit n'embrassait pas moins que l'univers connu.

C'était, comme aujourd'hui, sur le penchant d'un vieux monde et d'un monde nouveau : le rebelle s'appelait Julien.

Il n'apostasiait pas, lui, pour arriver à l'empire, il le possédait dans toute sa plénitude. C'était, de plus, une vaste intelligence, un homme continent, sobre, infatigable, un redoutable guerrier, un grand administrateur. Souvent il avait vaincu. Il était secondé par tout ce qu'il y avait de riche et de puissant, par tout ce qui vivait d'abus et de privilèges. Il entendait accuser les chrétiens des mêmes énormités dont on accuse, à l'heure qu'il est, le socialisme. Eh bien ! en essayant de rebrousser le cours du temps, il se fit écraser par les générations qu'il voulait retenir. Elles le renversèrent malgré sa force. L'idée passa par-dessus son tombeau pour faire le tour du monde, de même que l'accomplira, de notre temps, l'idée nouvelle ; et les soins inutiles qu'il se donna prouvent qu'il n'est pas plus possible de ressusciter les siècles que les morts.

Frères, la monarchie est aussi bien morte aujourd'hui qu'étaient morts, sous Julien, les dieux du paganisme ;

Sous quelque forme qu'on veuille la rétablir : Empire ou royauté ;

Par quelques moyens qu'on le tente : coups de majorité, ou coups d'État.

Frères, debout et confiance, car nous avons avec nous les Peuples, l'histoire, la tradition, le génie même de l'humanité.

Ledru-Rollin.

———

LXXXI

PLUS DE PRÉSIDENT, PLUS DE REPRÉSENTANTS

ARTICLE PARU DANS LE JOURNAL « **la Voix du Proscrit** »

(Londres, 1854)

> Le mandataire ne peut être représentant ; c'est un abus de mots, et déjà, en France, on commence à revenir de cette erreur.
>
> ROBESPIERRE.

Qu'on ne se récrie pas avant de nous entendre jusqu'au bout ; ce que nous proposons est à la fois l'œuvre du temps et la seule solution qui ressorte des faits actuels. Ce n'est pas la révolution sanglante mais bien le moyen de la conjurer, en faisant comparaître toutes les écoles, tous les systèmes, tous les grands et difficiles problèmes sociaux qui agitent notre âge, devant l'unique juge compétent, devant le pays tout entier.

On se rappelle qu'il y a trois ans à peine nous disions : » Pas de président ; un président élu par la nation, c'est l'antagonisme et la guerre. » Les faits ne sont-ils pas venus bientôt ratifier nos prévisions ?

Aujourd'hui, poussé par la même logique, nous disons : Plus de représentants, mais de simples délégués, des commissaires, pour ne pas dire des commis, nommés seulement pour préparer la loi, laissant au Peuple le soin de la voter, en d'autres termes : *Gouvernement direct du Peuple par le Peuple.*

Cette thèse, malgré les contradictions violentes qu'elle rencontre, n'en est pas moins destinée à faire son chemin plus promptement encore que la première.

Pourquoi?

Nous l'allons dire en examinant si, philosophiquement, cette idée est vraie,

Si elle est praticable,

Dans quelles mesures elle est praticable,

Si, enfin, elle est profitable ou nuisible à la nation.

Et, d'abord, que l'idée du gouvernement direct du Peuple par le Peuple soit philosophiquement vraie, pas de doute à cet égard, pour peu qu'on remonte aux principes constitutifs des sociétés.

« La souveraineté, dit Rousseau, dans le *Contrat Social*, n'étant que l'exercice, de la volonté générale, ne peut jamais s'aliéner, et le souverain qui n'est qu'un être collectif, ne peut être *représenté que par lui-même.* »

« L'idée des représentants est moderne, elle nous vient du gouvernement féodal ; les anciennes republiques ne l'ont jamais connue. L'attiédissement de l'amour de la patrie, l'activité de l'intérêt privé, l'immensité des États, les conquêtes, l'abus du gouvernement l'ont fait imaginer. »

« Cependant, les députés du Peuple ne sont et ne peuvent être ses *représentants*, ils ne sont que ses commissaires, *ils ne peuvent rien conclure définitivement.* Toute loi que le Peuple, *en personne, n'a pas ratifiée, est nulle. Ce n'est point une loi.* »

Il ajoute, avec cette puissance de déduction qui le caractérise : « A l'instant qu'un Peuple se donne *des représentants, il n'est plus libre, il n'est plus.* »

La théorie que Rousseau avait trouvée dans les profondeurs de son génie, et qui étonna, dans un siècle d'esclavage, par son radicalisme et sa nouveauté, comment la nier, aujourd'hui que tant de faits nombreux se sont accumulés pour lui donner raison ?

Oui, un peuple qui se fait représenter cesse bien d'être libre, car la France, libre en Février, en se donnant des représentants s'est, par là même, donné des maîtres.

Qui pourrait soutenir, en effet, que lors de l'invasion de Rome, la France eût voté comme ont voté ses représentants ? Et dans la question des boissons, et dans la question de l'enseignement, et dans celle de la liberté de la presse, croit-on, aussi, qu'elle eût voté comme ont voté ses représentants ? Lors de la mutilation du suffrage universel, surtout, imagine-t-on que le Peuple se fût immolé de ses propres mains ?

Ah! sans doute que, dans d'impénétrables desseins, cette dernière et mémorable épreuve était nécessaire, pour que l'institution de la représentation fût à jamais jugée, à jamais condamnée, comme l'est dorénavant, celle de la présidence.

Arrêtez, dira-t-on, vous confondez deux choses : le droit et le fait, le principe et le vice des choix. Si le Peuple s'est trompé sur les hommes, cela ne prouve rien contre l'institution; de meilleures élections n'eussent point engendré d'aussi funestes résultats.

Le Peuple, répondrons-nous, à notre tour, qui jamais ne se méprendra sur ses véritables intérêts, sur ce qui est bon pour lui, mauvais pour lui, sera longtemps encore susceptible de s'égarer sur les hommes et sur les noms. Le monde n'est-il point au prestige, à l'intrigue, à la renommée bien plus qu'au dévouement et à la vertu ? Les plus célèbres ne sont-ils pas souvent ceux qui, au lieu de suivre modestement, en conscience de cœur et d'esprit, le droit sillon, ont, par d'éclatantes contradictions, attaché le plus de bruit à leurs pas ? La félicité d'une nation ne peut donc dépendre des personnes, elle ne doit reposer que sur des principes.

Non, nous ne confondons pas, c'est bien l'institution de la représentation elle-même qui est périlleuse, et, à peine d'être sans cesse trompé, sans cesse esclave, sans cesse misérable, le Peuple doit faire par lui-même tout ce qu'il peut raisonnablement faire ; il faut que sa grande, son unique affaire soit sa liberté et son honneur ; donc, la thèse du gouvernement direct du Peuple par le Peuple est, philosophiquement et politiquement vraie.

Peut-être en théorie, s'écriera-t-on, mais en pratique jamais. Voyez d'ici une grande nation comme la France, toujours assemblée ; quel rêve, quelle chimère ! Et le travail, la production que deviendront-ils ? De telles institutions étaient bonnes chez les Grecs, chez les Romains ; ils habitaient un climat doux, ils n'étaient point avides, des esclaves faisaient leurs travaux. N'ayant pas les mêmes avantages, comment conserver les mêmes droits ? Ressusciterez-vous les ilotes ?

Non, nous ne voulons pas d'ilote, nous qui ne voulons plus de prolétaires ni de salariat. Mais, n'anticipons pas.

Faisons toutefois remarquer que, si les républiques antiques étaient constamment sur l'agora ou le forum, c'est que les citoyens y exerçaient non seulement les droits de souveraineté, mais une partie de ceux du gouvernement. Ils traitaient certaines affaires, ils jugaient certaines autres ; ce n'est pas cela que nous demandons.

Ajoutons qu'il faut peu s'effrayer des impossibilités ; les bornes du possible dans les choses morales sont moins étroites que nous ne pensons ; ce sont nos préjugés, notre amour incurable de la routine qui les circonscrivent et nous font trop facilement prendre ombrage. Ce siècle, plus que tout autre, en a fourni des preuves ; mais, entres toutes, il en est une qui demeure sans réplique.

Que penser encore des sottes déclamations contre l'impossible, quand on a vu chez nous le suffrage universel fonctionner si admirablement? Huit jours avant sa mise à exécution, combien d'esprits sensés ne disaient pas : Jamais dix millions d'hommes ne voteront sans troubles, sans collisions. Et cependant, nous avons pu comtempler ce merveilleux spectacle de dix millions d'hommes votant le même jour, à la même heure, dans l'ordre le plus parfait.

De l'existant au possible, la conséquence est forcée.

Le mécanisme de la souveraineté, devenu, aux mains du Peuple, souple et docile, qu'importe le nombre de fois qu'il devra le faire mouvoir?

Le gouvernement du Peuple par le Peuple étant pratiquement possible, examinons, maintenant, dans quelle mesure il peut raisonnablement s'appliquer.

Quelle est la limite à poser entre ce que le Peuple doit fairé directement, et ce qu'il doit nécessairement déléguer?

Eh bien? cette ligne de démarcation a été tracée par un des esprits les plus positifs de nos assemblées délibérantes, par Hérault de Séchelles, qui, après avoir été une des lumières de l'ancien parlement, fut le premier magistrat de la Cour de cassation, à son berceau. Cette distinction, la Convention l'a posée, et le Peuple lui-même l'a sanctionnée par plusieurs millions de suffrages.

Mais, pour plus de brièveté, laissons parler les maîtres :

« 1° La souveraineté, dit Hérault, n'étant que l'exercice de la volonté générale ne peut jamais s'aliéner. — De là, l'institution de la République. — Car, toute autre forme de gouvernement serait une aliénation du droit. »

« 2° Le souverain, qui n'est qu'un être collectif, ne peut être représenté que par lui-même. — De là, le gouvernement direct du Peuple. »

« Ces deux règles, ajoute le rapporteur de la Convention, nous les avons eues sans cesse devant les yeux, et c'est toujours à la dernière limite que nous nous sommes attachés à saisir les droits de l'humanité. Si quelquefois nous nous sommes vus contraints de renoncer à cette sévérité de théorie, c'est qu'alors *la possibilité n'y était plus*. La nature des choses, les obstacles insurmontables dans l'exécution, les vrais intérêts du Peuple, nous commandaient ce sacrifice ; car, ce n'est pas assez de servir le Peuple, il ne faut jamais le tromper. »

Et la Constitution de 1793, partant de la souveraineté du Peuple, pour s'arrêter seulement devant ce qu'elle considérait alors comme l'impossible, posait ce principe plein de sagesse :

« Le Peuple souverain est l'universalité des citoyens français.

« Il délibère sur les lois.

« Le corps législatif *propose* des lois et rend des décrets.

« Les lois doivent être *acceptées* par le peuple. »

Maintenant, un mot d'éclaircissement, nous ne saurions mieux faire que de l'emprunter à Hérault lui-même :

« Pourquoi consulter le Peuple sur toutes les lois ? Ne suffit-il pas de lui déférer les lois constitutionnelles et d'attendre ses réclamations sur les autres ? Nous répondrions : c'est une offense au Peuple que de détailler les divers actes de sa souveraineté. Nous répondrions encore : avec les formes et les conditions dont ce qui s'appelle proprement loi sera entouré, ne croyez pas que les mandataires fassent un si grand nombre de lois dans une année. On se guérira peu à peu de cette manie de législation, qui écrase la législation, au lieu de la relever, et, dans tous les cas, il vaut mieux attendre et se passer même d'une bonne loi, que de se voir encore exposé à la multiplicité des mauvaises. »

Qu'on nous permette une dernière citation ; elle est de Robespierre :

« Le mot de REPRÉSENTANT ne peut être appliqué à aucun mandataire du Peuple, parce que la volonté ne peut se représenter. Les membres de la législature sont des mandataires à qui le Peuple a donné la première puissance ; mais, dans le vrai sens, on ne peut pas dire qu'ils le représentent. La législature prépare des lois et fait des décrets ; les lois n'ont le caractère de lois que lorsque le Peuple les a formellement acceptées. Jusqu'à ce moment, elles n'étaient que des projets ; alors elles sont l'expression de la volonté du Peuple. Les décrets ne sont exécutés avant d'être soumis à la sanction du Peuple, que parce qu'il est censé les approuver. Il ne réclame pas, son silence est pris pour une approbation. Il est impossible qu'un gouvernement ait d'autres principes. Ce consentement est exprimé ou tacite ; mais, dans aucun cas, la volonté souveraine ne se représente, elle est présumée. Le mandataire ne peut être représentant ; c'est un abus de mots, et déjà, en France, on commence à revenir de cette erreur. »

Les esprits sérieux, les hommes de foi, ne sauraient se lasser de lire la discussion, si lumineuse et si patriotique, qui a préparé cette Constitution de 93.

Toutes les grandes questions politiques qui nous préoccupent aujourd'hui, y sont soulevées et résolues ; avec quelle profondeur ! Les droits sacrés du Peuple, son initiative, ses assemblées primaires, la distinction fondamentale entre les lois et les décrets, la confection et le vote des lois, tout y est ordonnancé avec une prudence incomparable. Sans doute, il est quelques modifications de détail que l'expérience a rendues nécessaires, notamment en ce qui concerne l'élection du pouvoir exécutif ; mais jamais la majesté du Peuple ne fut plus solennellement reconnue, le principe de sa souveraineté plus respecté.

Quels acteurs, quels drames, quel but ! L'ennemi aux portes, à l'intérieur la famine organisée par les rois ; pour scène le monde, pour fin le bonheur du genre humain. La truelle d'une main, comme disait l'un d'eux, l'épée de l'autre, construisant et combattant, déclarant que la République ne pouvait négocier tant qu'il resterait un ennemi sur son territoire. A quoi un des membres s'écriait : « Vous avez donc fait pacte avec la victoire ? — Non, répondaient-ils tous, nous l'avons fait avec la mort. »

Mânes sanglants et toujours calomniés de Thermidor, pardonnez encore à vos insulteurs ; votre génie avait devancé l'époque. Il faut, pour vous comprendre, une génération affranchie par votre martyre ; mais, bientôt, les temps de votre évangile seront accomplis !

Poursuivons : Si nous avons démontré, avec Rousseau, que le Gouvernement direct du Peuple découle de la nature même des choses ; qu'avec la Constitution de 93, il est facile à organiser, que reste-t-il maintenant ? cette seule objection, — qu'on répétera éternellement, tant que le fait n'en aura pas eu raison, comme de tant d'autres banalités : — Si le Peuple légifère lui-même, c'en est fini du travail national, la fortune publique a reçu la plus mortelle atteinte.

Pas d'exagération : la question étant réduite aux termes dans lesquels elle a été posée par la Convention, — le Peuple votant les lois, et l'assemblée des délégués pourvoyant, par des décrets, aux nécessités secondaires, — combien de fois suppose-t-on que le Peuple aurait, dans l'année, à exercer son droit ? Bien rarement, sans aucun doute, lorsque les principes primordiaux fixant ses destinées auront été posés par lui.

Ceux qui tiennent ce langage ont-ils réfléchi au nombre de jours que le Peuple a perdu et perd encore, en fêtes, en dimanches, en chômage ? Le temps qu'il dépense ainsi ne serait-il pas plus utilement employé à cimenter son indépendance, sa grandeur, sa prospérité ?

Quoi ! le Peuple, la France entière, n'aurait pas bien gagné sa journée, quand la nation aurait statué, en con-

naissance de cause, sur ses intérêts les plus précieux ;
quand elle aurait réglé son impôt, son crédit, les bases de
la propriété, les lois de son travail intérieur, de ses expor-
tations ; quand elle aurait fondé l'association et la solidarité ; quand elle aurait cicatrisé ces deux chancres du
cœur et du corps, l'ignorance et la misère ! Ah ! certes, il
lui faudrait moins de temps pour réaliser son bonheur en
ce monde, qu'elle n'en a consumé, depuis des siècles, à
chercher, dans l'autre, un problématique salut. L'assemblée primaire serait la cathédrale moderne, l'autel vivant
élevé véritablement au culte de la fraternité. Non, ce temps
ne serait pas inutilement dévoré ; ce qui est nécessaire, en
effet, c'est moins la souveraineté constamment en action,
que la souveraineté toujours constituée, toujours présente,
n'abdiquant jamais. Où le droit et la liberté sont toutes
choses, les inconvénients ne sont rien. D'ailleurs, il faut
savoir accepter les conséquences de son principe ; pas de
Démocratie, sans d'incessants efforts. Un peu d'agitation
donne du ressort aux âmes ; ce qui fait prospérer l'espèce,
ce n'est pas le repos, c'est le mouvement. Du mouvement
les vieux politiques avaient fait un crime, sachons en faire
une vertu, un moyen ; si formidable qu'il soit, il n'est jamais qu'une force, quand il n'est pas contrarié dans ses
lois éternelles de développement.

Un dernier mot : *le Gouvernement direct du Peuple* est
la seule formule de la Révolution prochaine ; la seule, encore une fois, qui nous sort des systèmes, des écoles, des
personnalités ; la seule qui nous sauve des tyrannies, des
dictatures, des aristocraties, quelles qu'elles soient ; la
seule qui n'emprisonne pas la puissance de l'idée, et pré-
vienne les explosions, en ménageant de larges échappe-
ments.

« Ayez confiance dans la raison du Peuple, disait un
homme qui le connaissait bien, Danton ; malgré ses calom-

niateurs, et il a plus de génie que beaucoup qui se croient de grands hommes. Dans un grand peuple, on ne compte pas plus les grands hommes que les grands arbres dans une vaste forêt ; ils disparaissent dans les profondeurs des masses. »

Si Danton pouvait parler ainsi, de quoi n'est pas capable, aujourd'hui, ce Peuple éclairé par deux révolutions nouvelles, et par soixante ans de succès et de revers !

A l'œuvre donc, frères ! Depuis six mois, la *Voix du Proscrit* s'est efforcée, dans une série d'articles, de préparer ce gouvernement du Peuple, et l'idée, partie d'un coin de l'exil, a poursuivi sa carrière.

Aujourd'hui, que chacun lui vienne en aide ; que tout cœur vraiment peuple, que tout républicain sans arrière-pensée, sans réserve, se joigne à nous. La tradition a été rompue en 93, bien qu'elle eût sa raison d'être ; aucune idée légitime ne saurait être étouffée ; renouons la chaîne des temps, tous n'ayant qu'un cri de ralliement, une devise : GOUVERNEMENT DIRECT DU PEUPLE ; et bientôt le Peuple fera mieux que de triompher : pour la première fois enfin, il n'aura plus de maître, *il régnera*.

LXXXII

MANIFESTE ADRESSÉ A LA DÉMOCRATIE FRANÇAISE

DANS LE JOURNAL BELGE « LA NATION »

(29 mars 1852)

UNION — SOLIDARITÉ

« *Unissez-vous tous, c'est le seul moyen de sauver la République!* » Telle fut la dernière parole de la Démocratie expirante, après ces journées de prairial où maîtresse de Paris, de la France, elle ne dut sa défaite qu'à son excès de confiance et d'humanité; tel fut l'adieu suprême de ces cinq représentants du peuple qui se frappèrent d'un même couteau, aux pieds d'une commission militaire, pour ne pas survivre à la Révolution vaincue.

Et où en était la France quand ces paroles de paix et de fraternité furent prononcées? La contre-révolution partout triomphante décimait les républicains. Les compagnies du *Soleil* et de *Jésus* poursuivaient par le fer et par le feu leurs épouvantables exploits, les prisons regorgeaient de patriotes désignés alors sous le nom général de terroristes comme on les désigne aujourd'hui sous celui de socialistes ou de jacques; les royalistes massacraient les femmes, les jeunes filles, les enfants; ils mitraillaient dans les geôles; à Lyon seulement, en Provence, dans les pays voisins, plus de 12 000 citoyens étaient égorgés sous les yeux et avec le consentement tacite des commissaires girondins; comme aujourd'hui, il suffisait d'une dénonciation anonyme, d'un soupçon, pour être frappé ; et ce qui avait échappé aux fusillades était proscrit en masse.

Pourquoi cette hécatombe de la Démocratie après tant de glorieux triomphes au dehors, après que, par une indomptable énergie elle avait eu raison de l'Europe armée et de la coalition des rois ? Parce que, dans la victoire, la Démocratie avait cessé d'être unie, parce que les ressentiments, les rivalités jalouses, les implacables orgueils avaient fait oublier l'ennemi commun, parce qu'elle avait miné, dévoré, anéanti ses propes forces, parce qu'elle avait perdu de vue, dans ses colères intestines, cette idée simple et vraie qu'en temps de révolution il n'y a véritablement que deux camps, celui où l'on combat pour les idées nouvelles et celui où l'on défend la cause du passé, le parti de l'égalité et le parti de l'aristocratie.

Il avait fallu la rude épreuve d'un terrible désastre pour faire taire les haines, pour effacer les divisions, pour fondre les nuances, pour arracher aux lèvres mourantes des derniers martyrs cette salutaire et fraternelle leçon : « *Unissez-vous les uns les autres, c'est le seul moyen de sauver la République.* »

Ils avaient compris, mais trop tard, ces valeureux soldats de la République, ces géants de l'idée nouvelle, que l'ensemble et la discipline sont le premier devoir de la bataille, et le seul moyen assuré de succès.

Eh bien ! cet enseignement, inscrit en lettres de sang dans l'histoire, sera-t-il perdu pour nous ?

Lorsque la France trompée, surprise un instant, frémit aujourd'hui sous sa honte, prête à secouer le joug, lorsque le suffrage universel n'est plus qu'un mot, un simulacre de droit exercé sous la pression de l'espionnage, de la prison, des baïonnettes, lorsque les coffres de l'État s'épuisent entre les bals et les proscriptions, lorsque les défenseurs du droit sont jetés à tous les vents nus et sans pain, et que la République n'est plus dans la République, mais à Belle-Isle, à Lambessa, à Cayenne, à Nouka-Hiva ; lorsque ce n'est plus déportation qu'il faut dire pour caractériser tant de proscriptions odieuses, mais dépopulation, resterons-nous isolés, divisés, accablés, impuissants en présence de l'opprobre de la patrie; n'interrogerons-nous le passé que pour nous reprocher des fautes, au lieu d'y chercher un remède et une règle de conduite pour l'avenir; ne comprendrons-nous pas enfin qu'à chaque victime qui succombe, qu'à chaque convoi qui part, qu'à chaque larme qui coule, nous ne pouvons plus avoir qu'un sentiment, qu'une idée : la conciliation de tous les soldats de la République sur le terrain pratique de la Révolution ; un mot d'ordre, celui que la défaite sut dicter à nos pères : « *Unissez-vous les uns les autres, c'est le seul moyen de sauver la République !* »

Que ces mots, qui renferment à la fois une expiation et une espérance, demeurent sans cesse présents à notre esprit, qu'ils soient l'invocation du matin, l'inspiration de la journée, la méditation du soir, que chaque bouche les répète, que tout démocrate y conforme ses actes, et bientôt la France, ignominieusement asservie, redeviendra grande et libre, car nous avons pour nous la raison, le nombre, le droit immortel, le courant des siècles qu'on ne remonte pas en vain.

Et la France libre, frères, c'est le triomphe de l'idée, c'est l'humanité libre.

Ah ! certes, il n'y a pas de peuple-roi, — qui donc a prononcé ce mot impie ? — Non, pour les républicains, il n'y a pas de peuple-roi s'imposant aux autres peuples, pas plus qu'il ne peut y avoir de roi dans chaque peuple; mais il y a des peuples initiateurs, des peuples apôtres qui rayonnent par la pensée, par l'action, des peuples martyrs auxquels a été dévolu l'insigne et douloureux honneur de souffrir non pour eux seuls, mais pour l'humanité tout entière.

On peut le dire sans orgueil : ceux qui, parmi ces peuples prédestinés, ne placent pas la France au premier rang, ignorent ou défigurent son histoire.

Comment s'ouvre-t-elle, en effet, lorsqu'en 1792 sa démocratie paraît pour la première fois sur la scène et pose les bases de la politique nouvelle? Par un décret de la Convention qui inaugure la fraternité des nations, les appelle toutes à la liberté et leur promet aide et assistance.

La Convention fait plus, lorsque pour les besoins de sa défense, pour repousser le flot envahisseur qui s'est précipité sur elle, elle ordonne à ses généraux de poursuivre l'ennemi sur un sol étranger : « Ne souscrivez, leur dit-elle, aucun traité qu'après l'affermissement de la souveraineté et de l'indépendance du peuple sur le territoire duquel les troupes de la République seront entrées, qu'après qu'il aura adopté les principes d'égalité et établi un gouvernement *libre et populaire.* »

En 1848, à plus de cinquante ans de distance, mêmes sentiments, mêmes principes de solidarité. Le gouvernement provisoire déclare qu'en droit les traités de 1815 n'existent plus, et qu'il est prêt à porter appui à toute nation qui voudra s'affranchir. Il le fait discrètement, timidement, il est vrai, mais pourquoi? On ne le sait point assez.

Parce que de l'Allemagne, de l'Italie, de tous les pays enfin s'élevait un concert de supplications: Soyez prudents, lui criait-on, les peuples ne sont point encore prêts à comprendre vos sentiments fraternels, c'est dans leur sein qu'ils veulent trouver l'initiative ; la mémoire de vos victoires pèse sur vous, ne la réveillez pas; si vous passez la frontière, vous allez rallumer contre vous des hostilités mal éteintes.

Cependant notre armée, concentrée au pied des Alpes, allait les franchir pour voler au secours de la démocratie italienne : « *L'Italia farà da se,* » nous fut-il superbement répondu.

Voilà comment nous étions compris; et pourtant, sans se décourager, parce qu'elle était dans la logique du droit et s'inspirait alors du génie de la France, la Constituante, cette assemblée sortie du suffrage le plus libre et le plus universel qui fut jamais, proclamait dans un ordre du jour solennel : l'émancipation de la Pologne, l'indépendance de l'Italie, l'alliance fraternelle avec l'Allemagne.

Si l'on passe des théories aux faits, on voit au 13 juin 1849 la représentation française, la presse, les écoles, le prolétariat, se faisant décapiter pour une cause qui n'était point la leur, mais bien celle d'un peuple frère indignement trahi.

Telles sont les grandes lignes de notre histoire, tels sont les véritables courants de la politique démocratique. Avec un tel passé la France est-elle, oui ou non, le peuple de l'initiative, le champion du droit universel, le soldat de la fraternité ?.

Ah ! c'est vainement que, profitant du moment où la démocratie française est foulée aux pieds, quelques esprits l'accusent d'avoir manqué à ses promesses.

Ceux qui parlent ainsi, la passion les aveugle ; ils confondent deux choses.

Ils confondent ce qu'a voulu et ce qu'a pu la Démocratie ; ils ne tiennent pas compte des obstacles sans nombre qu'elle a rencontrés sur sa route ; qu'ils disent si jamais elle a régné sans partage, si depuis plus de soixante ans elle n'a pas eu sans cesse à rouler à l'intérieur cet éternel rocher de Sysiphe qu'on appelle l'aristocratie et qui retombait éternellement sur elle ; si victorieuse un jour, vaincue le lendemain, elle a jamais pu réaliser son programme ; qu'ils disent enfin si parmi les nations de la terre il en est une autre qui ait arboré avec autant de persévérance le drapeau de la solidarité humaine, et qu'ils nomment le peuple reconnaissant qui a jamais secouru la démocratie française vaincue, agonisante.

Loin de là, lorsqu'en 92 la France appela à la liberté tous les peuples, eh bien, tous les peuples ne se levèrent-ils pas à la voix de leurs tyrans pour venir donner des fers à la nation émancipatrice? Et pour être juste, ces conquêtes que vous reprochez tant à la France, que furent-elles autre chose que les conséquences fatales d'une agression injuste et les nécessités d'un duel à mort entre la liberté et la servitude?

Depuis, je le reconnais, les peuples se sont éclairés. repentis, ils ont enfin compris ce que la Démocratie française a souffert et souffre encore pour la cause commune. Aussi, loin de la calomnier dans sa défaite, est-ce toujours vers elle qu'ils tournent les yeux, comme vers le seul point d'espérance qui brille à l'horizon.

Et ils ont raison, car la Démocratie a des retours soudains et un peuple, pris d'assaut, n'est point un peuple vaincu quand il s'appelle la France. La terreur peut bien, comme sous Tibère, se faire, pour un instant, raison du mépris, mais elle ne saurait étouffer la conscience.

Le droit parle tout bas, on se rassure, on se relie, le peuple, revenu d'un premier guet-apens, s'abstient et attend ; la bourgeoisie fait le vide, elle désavoue, elle condamne ; Paris, Lille, Lyon, ces trois grandes cités protestent. Ah ! la vie se sent encore sous le suaire, il faut le déchirer. Le rideau est tombé violemment sur la Révolution ; à nous de le relever, à nous de rétablir en France la République, en Europe notre initiative.

Soyez convaincus que nous le pouvons, frères, pour peu que nous soyons unis.

LEDRU-ROLLIN.

LXXXIII

LA NOUVELLE SAINTE-ALLIANCE

(Londres, février 1856)

I

La paix est conclue, car les dissidences que pourraient offrir les affaires d'Orient disparaissent devant l'intérêt prédominant des despotes à enchaîner les peuples et à rétablir contre eux une formidable mutualité. Reconstituer les traités de 1815, voilà bien le fond de la question ; tout le reste n'est que fantasmagorie et mise en scène pour l'illusion du spectateur. Aussi, en entendant les journaux répéter sur tous les tons que la France est à l'apogée de sa gloire, qu'elle préside aux destinées du monde, que la honte des traités de 1815 est effacée, se sentirait-t-on, pour le moins, saisi d'étonnement, si l'on ne savait que, dans ce monde de fictions et d'impostures, presse, discours, prose et vers n'ont qu'un rôle, dénaturer la vérité.

Cependant, comme ces mensonges officiels tendent à égarer l'opinion, exhumons, puisqu'on nous y oblige, des souvenirs douloureux, et examinons en quoi consistent ces traités de 1815 si justement abhorrés de la nation.

Deux choses les constituent : un fait et un droit, si l'on peut ainsi parler.

Le fait, aucune mémoire française ne l'a oublié : c'est la patrie vaincue et humiliée, l'étranger régnant pendant trois ans sur notre territoire, et y dictant des arrêts de

mort, la réduction de nos frontières en deçà de celles de la
République, de celles même de la monarchie, l'abandon de
douze mille bouches à feu, d'un matériel immense, de trente
et un vaisseaux de haut rang et de douze frégates, le paye-
ment de trois millards de rançon en argent ou en nature;
c'est l'Angleterre enfin s'emparant de toutes nos colonies,
prenant position sur toutes les mers, et réalisant, dans son
avidité, ce mot de Chatam : « Que deviendrait la Grande-
Bretagne, si elle était jamais juste envers la France? »

A ce fait, je le demande, qu'y a-t-il ou que va-t-il y avoir
de changé? Rien absolument.

Le droit — ma plume de juriste se refuse à écrire ce
mot — l'esprit infernal, dirai-je mieux, des traités de 1815,
on le connaît aussi : c'est simplement, au nom de la très
sainte et indivisible Trinité, une association de brigands qui
parquent, distribuent les peuples, s'engageant l'un envers
l'autre à les abrutir sous le joug du prêtre et du soldat.
Esprit qui se développe, se fortifie successivement dans les
congrès de Troppau et de Laybach, pour trouver enfin son
expression la plus insolente et la plus barbare dans le traité
secret du congrès de Vérone qu'il est nécessaire de trans-
crire ici :

« Les soussignés spécialement autorisés à faire quelques
additions au traité de la Sainte-Alliance , ayant échangé
leurs pouvoirs, adhèrent à ce qui suit :

« Art. 1er. Les hautes parties contractantes, convaincues
que le système du gouvernement représentatif est incompatible avec les principes monarchistes, de même que la
doctrine de la souveraineté du peuple est incompatible avec
le Droit divin, s'engagent mutuellement les unes envers les
autres, de la manière la plus solennelle, à employer tous
leurs efforts pour anéantir le gouvernement représentatif
dans tous les États de l'Europe où il existe, et à empêcher
son introduction dans les États où il n'est pas encore connu.

« Art. 2. Comme on ne peut douter que la liberté de la presse ne constitue le moyen le plus puissant, entre les mains des prétendus défenseurs des droits des nations, contre les droits des princes, les hautes parties contractantes engagent réciproquement leur foi à adopter toutes les mesures propres à sa suppression, non-seulement dans leurs États respectifs, mais dans tout le reste de l'Europe.

« Art. 3. Convaincues que les principes de la religion contribuent puissamment à maintenir les nations dans cet état d'*obéissance passive* qu'elles doivent à leurs princes, les hautes parties contractantes déclarent que leur intention est désormais de soutenir dans leurs États respectifs *telles mesures que le clergé croira devoir adopter pour l'affermissement de ses intérêts si intimement associés à ceux de l'autorité des princes.* Les hautes parties contractantes offrent en outre d'un commun accord leurs remercîments au Pape pour tout ce qu'il a déjà fait pour eux, et elles sollicitent sa coopération continue en vue de soumettre les nations.

« Art. 4. Les hautes parties contractantes, en confiant à la France le soin de ramener les nations à l'ordre, s'engagent à l'aider dans son entreprise, de façon à se compromettre le moins possible les uns et les autres vis-à-vis de leurs peuples. En conséquence elles s'obligent à fournir un subside de 20 000 000 de francs, ledit subside devant courir à partir de la signature de ce traité jusqu'à la fin de la guerre.

« Art. 5. En vue de rétablir dans la péninsule (l'Espagne et le Portugal) l'ordre de choses qui existait antérieurement à la Révolution de Cadix, et aussi pour assurer la pleine exécution des articles de ce traité, les hautes parties contractantes s'engagent, jusqu'à l'accomplissement du but ci-dessus indiqué, à supercéder à tout autre projet, et pour en hâter l'accomplissement, elles adresseront immédiatement des instructions à tous leurs agents à l'intérieur ou à l'étranger. »

« Le présent traité sera ratifié, et les ratifications échangées à Paris, dans le délai de six mois. »

Cet acte insensé fut signé le 12 novembre 1822 pour l'Autriche, la France, la Prusse et la Russie, par Metternich, Chateaubriand, Bernstorff, Nesselrode. Le nom de l'Angleterre y fait défaut, car la politique à outrance qu'il consacrait était tellement monstrueuse, tellement hostile en particulier aux institutions publiques de la Grande-Bretagne, que Canning, le ministre libéral qui dirigeait alors les affaires de ce pays, se crut obligé de rappeler le duc de Wellington, son négociateur.

Et qu'on ne prenne pas fantaisie, parce que ce traité a été clandestin, nié même quelquefois, d'en révoquer en doute l'existence ou les dispositions fondamentales. L'histoire serait là pour répondre qu'à une époque correspondante au congrès de Vérone les constitutions furent en effet déchirées, que les échafauds se dressèrent, que l'Autriche marcha sur le Piémont, Naples et la Sicile, flanquée dans le lointain d'une armée de 80 000 Russes prêts à lui prêter main-forte, que la France enfin envahit l'Espagne pour y restaurer le trône absolu du stupide et sanguinaire Ferdinand VII.

Les choses allaient donc, pour la servitude, au gré des tyrans, quand les révolutions de 1830 et de 1848 vinrent, par leurs contre-coups, jeter quelque trouble dans leur odieux et persévérant complot. Mais ce fut de courte durée; la Hongrie qui, la dernière, avait tenu l'épée pour l'indépendance, était à peine trahie et livrée par Gorgey, que les maîtres de la Russie, de la Prusse et de l'Autriche, revenus de leur terreur, se réunissaient de nouveau à Olmutz, à Erfurt, à Dresde, à Varsovie. Ce qui se passa dans ces conférences mystérieuses, nul ne le sait, si ce n'est qu'une circulaire du comte de Nesselrode informait les agents russes en

Europe que la Sainte-Alliance était reformée sur les mêmes
bases qu'en 1822, et que la Russie, la Prusse, l'Autriche,
étaient une fois de plus d'accord, comme au bon vieux temps
de la croisade universelle contre les peuples. D'ailleurs les
faits contemporains portent encore ici témoignage, puisque
ce fut alors que les traces de la liberté expirante furent
entièrement effacées, les duchés de Schleswig-Holstein donnés au roi de Danemark, le Danemark lui-même offert en
perspective à la Russie, le mouvement unitaire de l'Allemagne écrasé à Francfort, Hambourg, Brème, ces villes
libres occupées par les mercenaires autrichiens.

Reste enfin un document qui complètera cette analyse:
je veux parler du traité intervenu entre la Russie, la
Prusse et l'Autriche, au mois de mai 1852, dont on ne saurait se passer non plus de connaître la substance.

Toujours au nom de la très sainte et indivisible Trinité :

« LL. MM. l'empereur d'Autriche, le roi de Prusse et
l'empereur de Russie,

« Considérant que la souveraineté héréditaire forme la
base de l'ordre européen et qu'il existe, sous ce rapport,
une solidarité de responsabilité et d'intérêts entre tous les
États européens ;

« Considérant de plus, quant à la France, que la maison
de Bourbon est l'incarnation du principe de souveraineté
héréditaire et le comte de Chambord le chef présent de cette
famille ;

« Que le pouvoir exercé par *Monsieur Napoléon Bonaparte* est un pouvoir *de facto* qui ne saurait pas même s'appuyer sur le prétendu droit de l'empereur Napoléon, attendu que celui-ci, par l'article premier du traité de Fontai-
nebleau, a, de son propre gré, pour lui, ses successeurs et
descendants, aussi bien qu'au nom de tous les membres de
sa famille, renoncé à tous les droits et à toutes les prétentions à la souveraineté et au gouvernement de la France ou

du royaume d'Italie ou de tout autre pays quelconque;

« Qu'au surplus, l'origine du pouvoir actuel du président de la République française est la négation du principe monarchique héréditaire;

« Par tous ces motifs, et beaucoup d'autres qu'il est superflu d'énumérer, les signataires de cette convention considèrent de leur devoir d'arrêter d'avance et par un entendement commun leur ligne de conduite, pour le cas où l'une ou l'autre des éventualités ci-après tracées viendrait à se réaliser :

« Dans le cas où le prince Louis Bonaparte, président temporaire de la République française, se fera élire, par le suffrage universel, empereur à vie, les puissances ne reconnaîtront la nouvelle forme de gouvernement éligible qu'après avoir demandé au prince Louis Bonaparte des explications sur la signification de ce nouveau titre, et qu'après avoir obtenu, de sa part, l'engagement, premièrement, *de respecter les traités existants;* deuxièmement, de ne rechercher aucun agrandissement territorial, et troisièmement, *de renoncer à toute prétention à la fondation d'une dynastie.*

« Dans le cas où le prince Louis Bonaparte se déclarerait empereur héréditaire, les puissances ne reconnaîtront pas le nouvel empereur, mais elles adresseront au gouvernement français, d'une part, et de l'autre à tous les autres gouvernements européens, une protestation basée sur les principes de droit public et la *lettre des traités.* Elles délibéreront dès lors, selon les circonstances, sur des mesures ultérieures à prendre.

« Dans l'hypothèse où un mouvement populaire ou militaire renverserait le gouvernement du prince Louis Bonaparte, ou bien pour le cas de sa mort, les puissances s'engagent et s'obligent, par tous les moyens en leur pouvoir, à favoriser et appuyer la restauration de l'héritier du trône légitime et à ne reconnaître, pour l'avenir, nulle autre dynastie que celle des Bourbons, etc. »

Si longue qu'elles soient, peut-être ne regrettera-t-on pas ces citations qui dessinent, d'elles-mêmes, si bien la situation, et placent la question sous son véritable aspect.

On voit que, d'un côté, il s'agit, pour les vieux despotismes, d'arrêter une guerre qui aurait pu finir par le soulèvement de quelque nationalité, et de serrer provisoirement le frein des peuples, même à l'aide d'un occupant temporaire dont ils envisagent la chute.

De l'autre, pour l'homme du 2 décembre, de se glisser dans le cénacle des rois, de passer, autant que possible, empereur de *droit*, d'empereur de *fait*, comme ils l'appellent, d'essayer de devenir chef de race, en faisant baptiser le berceau de son héritier problématique par les grands prêtres du passé.

Voilà tout l'intérêt.

Et c'est pour satisfaire, non l'ambition, le mot serait trop relevé, mais la puérile et sotte vanité d'un homme, que nous venons de subir une des guerres les plus lourdes et les plus terribles.

L'Empire viager nous avait coûté le vol de la Banque de France, le massacre des boulevards, les fusillades nocturnes du Champ-de-Mars, la mort ou la proscription de vingt mille citoyens.

L'Empire héréditaire — ou pour parler plus exactement, car on sait ce que valent ces hérédités, — la prétention à l'Empire héréditaire, nous coûtera 3 millards et la vie de 70 mille de nos plus braves soldats, dont les os blanchissent les plaines de la Crimée.

Tant de sang, tant d'argent pour courir après la chimère que poursuivit vainement le premier Bonaparte, qui s'écriait aussi, dans sa démence : « Que ne suis-je mon petit-fils ! » Ah ! que Tacite avait raison de dire : « Le pouvoir acquis par le crime ne peut se perpétuer que par le crime. »

II

Quel crime, en effet, des plus grands, des plus irrémissibles, que cette guerre d'Orient, entreprise pour une fin aussi misérable ! et, cependant, elle n'en eut jamais d'autre.

Il est même une foule de ses épisodes qui resteraient inexplicables, si cette guerre n'était considérée comme une voie prise par l'homme du 2 décembre pour entrer, de haute lutte, dans les rangs de la Sainte-Alliance qui lui restaient fermés.

Par ce qui suit, on va voir qu'il ne voulut jamais du czar que son alliance, et non sa ruine.

Et tout d'abord qu'on se souvienne qu'immédiatement après son crime il s'adressa au meurtrier de la Pologne pour se faire admettre parmi les oppresseurs des peuples. Couvert de sang, il semblait que les chances lui fussent ouvertes ; certes, tous deux étaient dignes de s'entendre. Cependant, Nicolas repoussa ses avances, trouvant sans doute qu'il n'offrait pas encore contre la Révolution, trop récemment terrassée, de suffisantes garanties. « Qu'il soit sage, disait-il, et nous verrons. » C'en fut assez pour que l'homme du 2 décembre, changeant, non de but, mais de route, se retournât vers l'Angleterre, comme l'avait fait Louis-Philippe dans les mêmes circonstances ; avec cette différence, toutefois, que Louis-Philippe, qui avait vu l'Angleterre indomptable de Pitt et ses six coalitions, eut peur d'elle et se perdit, tandis que l'autre, qui connaissait, de fraîche date, le secret de sa faiblesse, lui fit peur et s'en servit.

User de l'Angleterre comme d'un moyen, d'un pont vers la Russie, tel fut son plan. Mais, ce plan, comment le réaliser sans la guerre, et comment faire tomber dans la guerre une nation aussi commerçante, aussi amie de son repos, aussi peu préparée, que la nation anglaise? C'était aisé, pourvu qu'on agitât à ses yeux une de ces questions qui, comme celle d'Orient, intéressent, à un haut degré sa marine et ses possessions des Indes. L'Angleterre donna dans le piège, la guerre fut déclarée sans que, pour cela, l'allié fidèle, combattant d'une main, cessât de l'autre de négocier sourdement et séparément avec la Russie.

Aussi l'épée, toujours pointée au corps, ne fut-elle jamais enfoncée jusqu'à la garde. De là tant de tergiversations apparentes, tant de résolutions incertaines ou lentement exécutées qui n'avaient qu'un objet : amener insensiblement la Russie à l'alliance, sans la pousser à l'exaspération du désespoir qui creuse les abîmes infranchissables. De là les provinces danubiennes remises aux mains de l'Autriche pour s'attacher à la fois un des principaux auteurs de la Sainte-Alliance et assurer la retraite de la Russie compromise; de là la Silistrie non secourue, et Omer-Pacha arrêté dans sa marche offensive, de là les ports commerciaux de la Crimée épargnés, puis, en compensation de Sébastopol, pris enfin pour apaiser les mécontentements de l'opinion, Nicolaïeff respecté, qui redeviendra demain Sébastopol. De là l'armée française rendue immobile, aussitôt après sa victoire, et de toutes les lâchetés la plus ignominieuse et la plus ineffaçable, Kars condamné à l'avance, malgré la valeur surhumaine de ses défenseurs, afin de permettre à la Russie de racheter, par cette gloire facile et avec cette faible rançon, les échecs qu'elle avait subis, les possessions qu'elle avait perdues.

Envisagées de ce point de vue, tant de choses obscures, contradictoires jusqu'ici, éclatent sous leur véritable jour. La Turquie ne fut qu'un prétexte, l'Orient, comme autrefois, un théâtre où se débattit la querelle personnelle des

Césars. On ne lutta contre la Russie qu'en lui faisant répéter sans cesse par les émissaires publics ou secrets, par les notes diplomatiques et par les autographes : « Pourquoi nous entre-détruire, nous qui reposons sur le même principe : le despotisme ? Nous n'avons qu'un ennemi : les peuples. Faisons la paix et associons-nous contre eux. »

Bref, les propositions que la raideur hautaine du père avait dédaigneusement ajournées furent à la longue entendues du fils, et maintenant on sait le reste.

Ainsi, trahir la Turquie, trahir l'Angleterre, trahir l'armée française que des ménagements si criminels envers la Russie firent décimer par le fléau des maladies et les horreurs d'un siège sans fin, tout cela pour s'ouvrir les portes de la Sainte-Alliance et river de plus fort la chaîne des peuples, voilà bien le point de départ et le but de la guerre d'Orient, qui a condamné la France à tant de sacrifices.

Aujourd'hui, sans doute, l'Angleterre est éclairée ; elle comprend que l'invasion qu'elle avait cru détourner par une guerre lointaine va se rapprocher, avec la paix, de ses rivages ; que son loyal allié, qui ne règne que par l'armée, ne saurait laisser longtemps, sans danger pour lui-même, cette armée inactive ; que ce n'est pas en vain qu'il improvise, chaque jour, quelque vaisseau dans ses ports. Aussi aurait-elle voulu continuer la guerre pour couvrir ses échecs, et fournir à l'homme du 2 décembre l'occasion de se jeter sur le Rhin, ce qui aurait pu éveiller contre lui la coalition de l'Europe. Combinaisons superflues ! il est trop tard. La paix se fera, si déjà elle n'est faite, avec ou sans l'Angleterre, au besoin contre elle. Trop heureuse, si la première mission que recevra, de la Sainte-Alliance, l'homme du 2 décembre, n'est pas celle de renouveler contre la tribune, la presse, les libertés anglaises, la campagne que la France absolutiste de 1823 se vit imposer contre les libertés de l'Espagne ! Alors, l'Angleterre porterait le poids de son crime, car c'en fut un de placer sa main dans la main parjure et sanglante de l'homme du 2 décembre, et la tache qui y reste, semblable à celle qui souillait la main de lady Macbeth, demeure indélébile. Pourquoi l'Angleterre, au lieu de déserter la cause de l'Italie, de la Pologne, de la Hongrie, ne l'a-t-elle pas soutenue? Autre serait sa fortune. Mais à elle d'aviser : c'est son affaire et non la nôtre.

Ce qui nous regarde, nous enfants de la France, c'est que le crime qui est à la veille de se consommer contre la civilisation, le progrès, la marche ascendante de l'humanité, ne nous ait pas pour complices. Mieux vaudrait encore, pour l'avenir de la liberté, les traités de 1815 contre nous qu'avec nous. Épuisés d'hommes et d'argent par le premier Bonaparte, sous les flots pressés de l'Europe, nous avons pu être vaincus sans être déshonorés. Le corps avait été touché, non pas l'âme ; 1830 et 1848 l'ont bien prouvé. Mais, passer du rôle de victime à celui du bourreau; de peuple émancipateur nous faire, sous la verge des tyrans, persécuteurs des autres peuples, ce serait tomber devant l'histoire au dernier degré de l'avilissement et de l'opprobre ; ce serait permettre de douter si les hommes ne sont pas encore plus serviles que les tyrans ne sont scélérats !

III

Repoussons de notre esprit cette funeste pensée, cet anathème sacrilége contre l'humanité ; si le pays abusé sur les faits pouvait se laisser surprendre, le pays averti ne se laissera jamais dégrader.

Sauf un homme né de l'étranger, nourri à l'étranger, espèce de monomane ayant sacrifié à l'idée fixe de se faire empereur les nobles tendances, la Constitution jurée de sa patrie, prêt à sacrifier demain l'univers au plaisir frivole de se faire empereur héréditaire, qui donc, en France, penserait à restaurer ces traités de 1815 dont le juste ressentiment a servi de ferment, de levain à nos deux dernières révolutions?

Ce n'est pas l'armée assurément, dont on entend déjà les murmures. On a pu la lancer sur Rome républicaine en lui persuadant qu'elle allait combattre l'Autrichien ; on a pu lui faire supporter avec héroïsme les terribles épreuves de la guerre de Crimée, au bout de laquelle on lui montrait la Russie frappée au cœur et la France vengée de 1815. Mais comment tromper plus longtemps des soldats qui emportaient Malakoff au chant de *la Marseillaise*, quand ils verront cette Russie, demeurée intacte, devenir le Pontife et le consécrateur du parvenu resté prudemment loin du danger? L'ombre elle-même qui repose sous les voûtes des Invalides, si elle pouvait se lever, leur dirait : « Soldats français, c'est aux cris mille fois répétés de : *A bas les traités de* 1815 ! que mes cendres ont été rapportées dans la patrie. Maudit soit celui qui, en entrant dans ces traités, vous fait soldats de l'étranger, gendarmes de l'étranger ! Rappelez-vous les dernières paroles que m'inspirèrent les revers et l'exil : « Il n'y a pour la France de gouvernement glorieux que celui qui prendra son point d'appui, au dedans sur les masses, au dehors *sur les peuples.* »

Ce n'est apparemment pas la jeunesse ardente et libre de nos écoles, fille de la philosophie, qui s'associerait à ce pacte de ténèbres entre le glaive et l'encensoir. Elle n'a pas oublié que cette année 1822 qui vit éclore le congrès de Vérone, dont celui-ci va être le pendant, fut pleine d'émotions patriotiques et de conspirations redoutables ; que l'école de droit se fit dissoudre, que l'école de médecine se fit dissoudre, que l'école polytechnique fut, comme aujourd'hui, sur le point d'être licenciée. De récentes condamnations ne viennent-elles pas de prouver, d'ailleurs, que ces braves jeunes gens, sur lesquels a passé le souffle de la Révolution, sauraient faire mieux et plus que leurs devanciers?

Quant au peuple, dont le bon sens pénètre au fond des choses, tout congrès, n'importe où il se tienne, couve, à ses yeux, la trahison, et sent à l'étranger. Une assemblée de diplomates est pour lui, dans l'ordre de ses affaires politiques, ce qu'est une réunion d'hommes de loi dans ses affaires privées : quelque chose de malfaisant et de néfaste, une nuée de corbeaux tourbillonnant au-dessus de sa proie. L'oncle, dira le peuple, nous a répudiés trois fois pour aller aux rois, et se faire, à grand'peine, de leur famille. Qu'est-il résulté de toutes ses habiletés? Deux invasions! Nous pouvons, avec les finesses du neveu, nous préparer à une troisième.

Sans doute les grands intérêts du pays : la propriété foncière, l'agriculture, le commerce, l'industrie, veulent la paix, mais quelles garanties peut leur offrir une paix qui, reconstituant les traités de 1815, laisse au cœur du pays la plaie qui y saigne depuis près d'un demi-siècle? Si, d'ailleurs, avec l'Empire viager, l'argent, leur grand levier, a fui loin d'eux, pour se précipiter, comme au temps fiévreux de Law, dans l'agiotage qui n'enrichit que quelques voleurs officiels, n'ont-ils pas tout à redouter des saturnales de l'Empire héréditaire, devenu fou d'orgueil? Ne va-t-il pas lui falloir bientôt, pour obéir à la tradition, des possessions nouvelles? La légende, qui a tout mené jusqu'ici, n'exige-t-elle pas plus d'un royaume? Donc, pas de paix durable, lorsqu'elle a été troublée, une première fois, pour les seules convoitises d'une ambition, dont le destin est de tout absorber ou de disparaître. L'histoire des empereurs, écrite il y a 2 mille ans, sera éternellement vraie : *Imperium cupientibus nihil medium inter summa et præcipitia.*

Encore est-ce trop même de l'alternative laissée par Tacite entre le sommet et l'abîme; il n'y a bien que l'abîme, car voici le sort des neuf premiers tyrans de Rome : César poignardé, Auguste assassiné, au dire des uns, Tibère étouffé, Caligula percé de l'épée, Claude empoisonné, Néron réduit à s'éventrer, Galba massacré par les soldats, Othon, Vitellius, mis en pièces. Cette trace de convulsions et de sang serait trop longue à suivre : qu'il suffise pour compléter le tableau de rappeler la fin tragique du premier Bonaparte. Ainsi, pas d'illusions de la part des intérêts sérieux; avec l'Empire, par cela seul qu'il est l'empire, la paix n'est jamais qu'un accident, la sécurité qu'une halte entre deux catastrophes.

Compterait-on enfin sur Paris pour consommer, au profit des despotes, cet holocauste des peuples? Ce serait le mal connaître. Paris, dont les titres révolutionnaires datent de si loin, qui, dès 1356, proclamait par la bouche d'Étienne Marcel l'égalité des droits politiques, la transformation des trois ordres en une convention unitaire, l'exercice du pouvoir démocratique au nom du bien commun; ce Paris qui depuis 500 ans n'a cessé, par des révolutions de plus en plus rapprochées, de combattre pour le progrès, a bien pu, dans ses intermittences d'alanguissement, transiger sur la question de liberté, mais sur la question d'indépendance, jamais. La blessure faite à son orgueil national ne se referme plus, et qu'on cite, de toutes les dominations qu'il a subies, celle qu'il n'ait pas brisée, du moment qu'elle avait pactisé avec l'étranger!

IV

Eh bien, avec tant d'éléments de résistance, de quoi s'agit-il pour empêcher le forfait de s'accomplir, pour empêcher la France, incarnation suprême de la pensée, de s'asseoir parmi les tourmenteurs de la pensée? Simplement de jeter entre ces éléments quelque suture et d'y établir un lien.

Bourgeois et peuple que des préjugés éloignent, que des colomnies habilement entretenues séparent, unissez-vous au nom sacré de la patrie, car le même danger plane sur tous et nous n'avons bien qu'un ennemi.

Pour vous diviser, cet ennemi, agitant aux yeux des uns le spectre rouge, s'est écrié : « Les socialistes sont des pillards qui veulent vos biens, soumettez-vous à moi qui vous défendrai contre eux, en vous laissant les libertés de 89. »

Aux autres, il a dit : « Les bourgeois ne transigeront jamais sur les intérêts de la Révolution ; avec eux pas de réformes au profit du peuple. Ce qu'il faut, pour les introduire de force, c'est le pouvoir d'un seul, absolu, tout-puissant. Donnez-vous à moi, je serai l'Empereur du socialisme. »

Maintenant que le voile est tombé, que la servitude est pour tous, l'infamie imminente pour tous, unissez-vous pour être libres. Si la liberté a ses agitations, elle a ses grandeurs incomparables et sa stabilité. Il n'y a d'instable que le despotisme qui, en tuant les âmes, amène, avec la démoralisation, la conquête tôt ou tard. Pas d'exemple d'une nation libre qui ait péri par une guerre entre les citoyens. Au contraire, un État, courbé sous ses propres orages, s'est toujours relevé plus florissant. Rome fut-elle jamais plus puissante et plus invincible que pendant ses 500 ans de République? et l'Amérique; où tant de choses sont à changer, n'est-elle pas, cependant, la preuve vivante que la forme républicaine n'est pas incompatible avec l'ordre et la civilisation?

Grâce à Dieu! la bourgeoisie française est trop intelligente pour en être encore à apprendre que tout replâtrage du passé ne peut enfanter que luttes et révolutions, qu'avec

le progrès des lumières et de l'égalité, il n'y a de conditions
de repos que dans une démocratie organisée, qu'à des institutions nouvelles, enfin, il faut, pour racines, des intérêts
nouveaux ; et le peuple, de son côté, a trop de sens pratique, de droite raison, pour ne pas savoir qu'il ne peut, dans
sa souveraineté, assurer son bonheur que par des réformes
qui concourront au bonheur universel et à la grandeur de
la patrie.

Tel est le terrain de la conciliation sur lequel la voix de
cette patrie aimée vous appelle.

Entrez-y avec confiance ; si déjà, en moins d'un an, au
mépris de la prison ou de l'exil, au mépris de Lambessa et
de Cayenne, une immense majorité du peuple est parvenue
à s'associer en vue de la Révolution, croyez moi : votre
union bien cimentée fera le reste. Point d'armée qui résiste
à un pays organisé.

Seulement, trêve de bons mots, d'épigrammes, de sen-
tences inoffensives ; « Ce n'est pas par des paroles, disait le
grand orateur d'Athènes à ses concitoyens trop frivoles,
c'est par des actes qu'on abat les tyrans. »

Trop longtemps vous avez répété : *Ça ne peut pas durer.*

Ce qu'il faut, à peine de déshonneur, c'est que cela ne
dure pas davantage.

Vous le devez à votre histoire, vous le devez aux autres peuples dont vous avez été les précurseurs dans la
carrière de la liberté, et qui attendent de vous leur indépendance. Faites qu'ils n'apprennent pas à vous mé-
priser.

Bourgeois et peuple, enfants d'une même patrie, que
l'éducation, le progrès tendent de plus en plus à mêler, à
confondre, comme deux rivières qui, en se faisant fleuve,
perdent graduellement la couleur tranchée de leurs eaux,
bourgeois et peuple, entendez ma voix : Il dépend de votre

union que les dates ineffaçables de 89, de 92, de 1830, de 1848, ne restent pas contre la France d'aujourd'hui comme une accusation de déchéance.

LXXXIV

DISCOURS PRONONCÉ A LONDRES

AU NOM DES PROSCRITS DE TOUTES LES NATIONS SUR LA TOMBE
DE STANISLAS WORCELL

(9 février 1857)

CITOYENS,

Encore un des nôtres qui n'entendra plus le signal du réveil ni le cri de la victoire. Toujours de sombres spectacles, toujours des deuils, toujours des morts ; rien qui interrompe le silence de l'exil que des accents de douleur. Déjà nos cendres reposent aux quatre coins de la terre, et nous-mêmes, ici rassemblés, sans patrie, sans foyer ; sans famille, avons-nous d'autres liens avec le sol où nous errons que celui des tombeaux ?

Et, en regard de ce tableau lugubre, le crime triomphe, encensé, fou d'ivresse et d'orgueil, écrasant.

A voir dans sa persévérance ce monstrueux et inexplicable contraste, on se prendrait parfois à douter s'il existe une loi de progrès, un principe éternel de justice et de vérité, n'étaient nos morts qui, portant un sceau d'inaltérable sérénité, d'invincible espérance, deviennent autant de prophètes par qui nos âmes se fortifient et sont retrempées.

Au milieu de notre douleur, sachons donc tirer de la mort même une consolation, puisqu'elle se fait une de nos forces : ne nous irritons pas contre elle qui combat avec nous et nous multiplie sous chacun de ses coups. Comprenons bien que, si nos rangs s'éclaircissent ici, ils se grossissent là-bas par la vertu de l'enseignement et la grandeur féconde de l'exemple.

Qu'elle vienne, en effet, cette mort, lente et goutte à goutte sur un grabat de misère, dans les cachots, sous les climats inhospitaliers de l'Afrique et de Cayenne, ou qu'elle vienne soudaine et violente par la main du bourreau, partout et quelle que soit sa forme, elle reçoit même accueil : fortitude et intrépidité. Pas un murmure, pas un regret, si ce n'est celui de ne pouvoir plus combattre; et toujours le regard inspiré du soldat qui succombe, plongeant dans les profondeurs de l'avenir, en prédit, en proclame le triomphe prochain.

Ah! sans doute, nos épreuves sont lentes et cruelles, mais c'est qu'aussi grande est notre tâche, et qu'il nous fallait, pour apprendre à les mieux cicatriser, à les mieux tarir, avoir d'abord porté dans notre cœur toutes les plaies et toutes les sources de douleur.

Car, aujourd'hui, il ne s'agit plus seulement d'une patrie à reconquérir et d'une forme de gouvernement à changer, mais bien d'une rénovation sociale tout entière. C'est le joug des siècles à briser, les préjugés et les ténèbres à inonder de science et de lumières. Plus d'esclavage sur la terre, patent ou déguisé, qu'il ait nom servitude ou prolétariat. Le travail libre, affranchi, associé, posé graduellement comme base des sociétés futures. Plus de nations tributaires ou dominées par l'étranger ; égalité et solidarité entre les hommes, égalité et solidarité entre les peuples.

Solidarité entre les peuples ! mot qui réveille en mon âme un souvenir glorieux et profondément triste à la fois, car cette date du 9 février où nous portons aujourd'hui un deuil fut, il y a huit ans, pour l'Italie, un jour de joie et de résurrection. La Rome courbée des Papes se relevait

Républicaine. O Italie! mère de notre civilisation passée,
grande éducatrice de l'Occident, toi que la France prétorienne a étouffée, reçois par ma bouche, par la bouche
d'un vaincu de ta cause, reçois au nom de la France républicaine les paroles d'expiation. Le jour s'approche où sera
relevé le drapeau qui portait pour devise : « Un pour tous,
tous pour un; » bien que brisé au 13 juin, il n'en fera pas
moins le tour du monde, et de la journée néfaste datera
l'aurore de la République universelle.

Sœur aînée du Forum libre, patrie des Brutus et des
Gracques, compte donc sur nous comme nous comptons sur
toi. (*Bravos prolongés. Vive la République universelle !*)

Oui, la République universelle, la solidarité humaine,
voilà bien, en effet, ce que nous ici, débris de tant de
peuples, nous portons en nous.

Frères, c'est plus qu'une idée politique, c'est une
croyance, un dogme, je pourrais dire une religion : or la
propagande des religions est sortie des tombeaux. Le prosélytisme de la force irrite et passe, tandis que celui des martyrs touche, persuade, pénètre et reste.

Aussi n'est-ce qu'après avoir vu tomber autour de soi
tant de confesseurs de sa cause qu'on comprend la prolon-
deur de cette parole du Psalmiste : « Leurs os féconderont
le champ de leur croyance, et leur mort servira encore plus
que leur vie. »

Tel en sera-t-il de la mort du grand patriote dont nous
déposons ici les restes; il nous fallait le perdre pour qu'il
nous fût révélé tout entier.

La vie de Stanislas Worcell fut, en effet, si simple, si
discrète, si modeste, si dégagée de toute ostentation, si vraiment républicaine enfin, que moi qui l'ai connu vingt ans
je n'ai su que d'hier toute la mesure de son dévouement,
toute l'étendue de son sacrifice.

Quand tant d'autres, aujourd'hui, se déshonorent pour

s'enrichir et pour s'élever, quand l'or est dieu et la cupidité vertu, lorsque la Société, dans son vertige, fait penser à ce chapitre que Machiavel intitulait : *De ceux qui se font Princes par leurs scélératesses*, eh bien, il avait suffi à Worcell de naître pour être un des Grands de la terre.

De souche antique et patricienne, possesseur de biens immenses, plusieurs fois millionnaire, allié à des familles princières, honneurs, rang, fortune, il a tout précipité dans le gouffre où s'abîmait sa Pologne chérie. Puissance du vieux monde, il s'est fait sans effort, sans faste, simple citoyen du monde nouveau.

Il y a plus : lui, si tendre, si bon, si aimant, il a rompu, dans l'intérêt sacré de sa cause, avec les nœuds les plus doux. Compagne, enfants ayant été, en raison de leur rang même, couverts de la protection du bourreau de sa Patrie et comblés de ses faveurs, il les a répudiés comme pollués par un contact impur. Il a brisé jusqu'aux liens de la famille pour mieux entrer sans réserve dans la grande famille de l'humanité.

Honneur à cette vertu antique ! (*Oui, oui, honneur à lui !*)

Cette agonie de l'âme et du corps, il l'a soufferte vingt-sept ans sans fléchir, sans se démentir jamais.

Un signe, un mot aurait suffi pour tout reconquérir, il a tout méprisé.

Vingt-sept ans, combat glorieux ! il s'est littéralement mesuré jour par jour, heure par heure, avec la misère, toujours calme, toujours serein, toujours lui-même, et n'a cessé de sourire à l'adversité comme d'autres sourient à la fortune.

Pologne, Humanité, vous avez perdu en Worcell un de vos plus nobles enfants; trois fois honneur à lui ! (*Oui, oui, bravos.*)

Et cette vie de martyr a été couronnée par une mort non moins simple, non moins grande.

Ne pouvant plus parler déjà, il demande une plume et trace ces mots : « Soldat fidèle, j'ai achevé ma faction ici-« bas, qu'un autre me relève ; je vais la poursuivre « ailleurs. »

Frères, en présence d'une telle fin, avais-je raison de dire que la Mort elle-même, cette mystérieuse puissance qui rehausse et grandit, militait, combattait pour nous?

Ici, ce n'est pas la mort pompeuse et vaine du stoïcien qui a traversé la foule humaine, en la méprisant, occupé seulement de discourir sur les qualités de son âme immortelle.

Ce n'est pas non plus la mort égoïste du chrétien, faisant le bien sur la terre comme un placement, en vue de retrouver au Ciel une ineffable quiétude, et, malgré tout, troublé jusqu'en ses derniers moments par les terreurs d'un salut incertain.

Non ; mais c'est ainsi que meurt l'apôtre de l'Humanité, qui en échange des trésors qu'il a reçus d'elle, trésors amoncelés par les âges, l'a enrichie elle-même à son tour, bienfaiteur des générations futures, par son dévouement, sans bornes comme sans intérêt, dans le présent ; c'est ainsi que meurt le véritable révolutionnaire qui, croyant à un progrès indéfini, espère y coopérer sans cesse, et s'élever de sphère en sphère pour en contempler à toujours l'éternel développement.

Ah! combien je voudrais convier nos ennemis à ces solennités funèbres qui offrent de si salutaires spectacles!

Ils nous y verraient mêlés, confondus, émus des mêmes émotions, pensant de la même pensée.

C'est qu'ici, en effet, sous le niveau de la Mort, quand les passions se taisent et que l'âme s'épure en nous impersonnalisant, nous sommes véritablement nous-mêmes, c'est-à-dire : ce qu'il y a de plus noble, de plus élevé, de plus idéal en nous.

C'est qu'ici, au récit de telles vies, nous sentons bien que, si nous différons sur les moyens, nous n'avons au fond qu'un même but : le culte du grand, du beau, du vrai, le bonheur du genre humain.

Frères, que l'empire de la nécessité, que le besoin de la victoire, fassent donc ce que fait l'empire de la mort, qu'ils nous rallient, nous unissent pour la lutte, sur le champ de bataille, comme nous sommes ralliés et unis dans ce champ du repos ; n'ayant qu'une émulation : celle du sacrifice et du dévouement ; qu'un cœur : tout entier à la Patrie, à la République, à l'Humanité. (*Oui, oui, bravos, vive la République universelle !*)

LXXXV

LETTRE SUR L'AMNISTIE

(Londres, 14 septembre 1859)

A la nouvelle de l'amnistie, ma pensée s'est reportée d'abord vers les climats meurtriers de la Guyane et de l'Afrique, qui ne garderont que trop de tombeaux, et je me suis écrié : Enfin !

Ensuite, je me suis dit qu'il y a, pour un grand parti, quelque chose de moins stérile que l'indignation ou le dédain : c'est l'action.

Or, pourquoi nous interdire à nous-mêmes cette action où elle deviendrait possible ? Bannis *sans droit*, rappelés *sans droit*, par le seul jeu de la force, chacun de nous avait, selon moi, à se poser cette question : Agirai-je plus utilement, servirai-je mieux la cause, si, au lieu de protester, je profite *du fait*, si je me réserve d'en user à mon jour, à mon heure, selon les nécessités de la fortune.

C'était, à nos yeux, la conduite la plus pratique, partant, la plus politique ; voilà pourquoi je n'ai pas protesté, pourquoi j'ai conseillé de ne le pas faire à ceux de mes amis qui, des différents centres de proscription, m'ont fait l'honneur de me consulter.

Aussi bien, en ce qui me concerne, ai-je été, paraît-il, heureusement inspiré. Il se rencontre que toute protestation de ma part eût été non seulement inopportune, mais ridicule, puisque les portes de la France, rouvertes pour tous, demeuraient fermées pour moi, le gouvernement déclarant que l'amnistie *ne m'est pas applicable*.

Non que j'en sois excepté nommément ; c'eût été provoquer la sympathie. J'en suis écarté sans bruit, jésuitiquement, par une de ces distinctions inattendues qu'eût enviée Tartuffe. On refuse simplement de me considérer comme condamné *politique;* je ne serais qu'un meurtrier vulgaire. O hypocrisie !

Si le suberfuge est trop grossier pour faire illusion, du moins il révèle encore une des faces odieuses de ce procès par contumace suivi contre moi il y a deux ans, et dont tant de gens n'avaient pas compris l'intérêt. Pourquoi, se disait-on, le condamner deux fois à la même peine? Ce que l'on voulait, ce n'était pas me condamner davantage, mais à un autre titre, afin de m'arracher d'abord, et s'il était possible, le droit de refuge, afin de m'exclure, en tout cas, et sans me mentionner, de toute amnistie générale.

Je ne reviendrai pas sur cette énormité judiciaire, jugée elle-même par l'opinion. Que servirait de rappeler, à la honte de la magistrature française, qu'un homme que je n'ai jamais vu, dont j'ignorais le nom, qui, lui-même, n'a jamais pu nettement articuler le mien, ayant dit qu'il croyait m'avoir aperçu dans un certain lieu, d'où je serais sorti sans avoir proféré une parole, c'en fut assez cependant, pour qu'on me frappât comme son complice ? Il est vrai que, pour un tel service, bientôt après il fut gracié.

Je le répète : inutile d'insister sur cette grotesque et méprisable comédie à laquelle personne n'a jamais cru, pas même le cabinet anglais de l'époque, qui était, certes, disposé à me livrer. — Nous étions encore au beau temps des concessions et de l'alliance — et pourtant il a, depuis, déclaré par la bouche de lord Clarendon : que l'allégation portée contre moi était si futile que l'extradition avait dû être refusée.

Voilà le fond.

En la forme, j'ai été poursuivi pour complot ayant pour but un attentat contre le chef de l'État.

Eh bien, en droit français, qui dit complot dit nécessairement crime politique. Qui dit attentat, dit encore crime politique ; deux mots spécialement créés dans le langage légal pour mieux exprimer un crime exceptionnel et d'ordre public.

Ce n'est même que par la plus forcée, la plus impudente, la plus éhontée de toutes les fictions politiques qu'un tel attentat peut être élevé, dans l'échelle des peines, à la hauteur du parricide.

L'homme du 2 Décembre, le père de ses sujets. Ah! ce n'est pas la nature, mais la politique seule qui peut se prêter à de si monstrueuses assimilations. Ajoutez, enfin, que la déportation qui m'a été appliquée, est une peine *uniquement* politique.

Donc, accusation et châtiment caractérisant le crime, ce crime, en supposant qu'il ait jamais existé, n'a été et n'a pu être qu'un crime politique.

Je défie tout juriste française de nier la rigueur de cette conclusion, fût-ce un de ceux qui, par leur bassesse, ont le plus déshonoré ce beau titre : les Dupin, les Baroche, les Troplong !

Maintenant que la fourberie est démasquée, en réalité, que reste-t-il? Deux ennemis politiques, dont l'un croit utile de frapper l'autre d'ostracisme.

C'est bien ; mais, cette haine qui s'acharne si visiblement à un homme n'est-elle pas quelque peu emportée et malhabile?

Quand on se dit inébranlablement affermi, quand on a l'audace de creuser dans le granit et le porphyre la longue file des mausolées de sa race, quand on prétend surtout à faire trembler l'Europe, est-il adroit de paraître trembler soi-même au bruit d'un nom ? C'est ce que l'opinion décidera

Pour moi, sauf l'impuissance où il me place de servir plus activement la cause de la liberté, je n'ai point à me plaindre de ce nouveau coup ; on m'applique la politique que j'avais appliquée, à cette différence près que je l'ai fait ouvertement, franchement, sans organiser le mensonge, sans recourir à la plus perfide des machinations.

Ministre de l'intérieur, j'ai ordonné qu'on se saisît de la personne de M. Bonaparte, encore placé hors la loi.

Membre du gouvernement provisoire, j'ai voté contre le rappel des lois de banissement de cette famille.

Membre de la commission exécutive, j'ai été chargé de soutenir à la tribune le maintien de ces mêmes lois.

Et je l'ai fait avec ardeur, parce que je sentais qu'il fallait prémunir les masses contre leur propre entraînement ; parce que je prévoyais que le peuple à peine émancipé serait bientôt, sous le charme de la légende, replongé dans les servitudes du premier Empire. L'histoire dira si je m'étais trompé.

Ce que je puis affirmer dès aujourd'hui, pour en avoir les preuves éclatantes, c'est que M. Bonaparte éloigné de la France, mort à l'espoir d'y rentrer jamais, n'eût eu ni la tentation ni le loisir de préparer, d'accord avec la réaction, ces sanglantes et funestes journées de juin 1848 où s'est engloutie la République.

Si pour le mal, si pour la tyrannie, sa force a été d'agir lentement, patiemment, mais d'agir sans cesse, pourquoi nous ravir à nous-mêmes les moyens d'agir, nous qui avons en vue le bien et le triomphe de la liberté ? N'oublions pas que chaque républicain qui rentre, sans s'être abaissé, est, en dépit de tout, un foyer qui rayonne, un soldat prêt pour l'événement.

LXXXVI

LETTRE AUX MEMBRES DU CONSEIL DE SURVEILLANCE

DE LA REVUE « L'ASSOCIATION »

(1866)

Permettez-moi, Messieurs, de vous féliciter de la mesure que vous venez de prendre pour accélérer ce grand mouvement coopératif qui, bien que parti de chez nous, s'y est moins rapidement propagé que chez quelques nations voisines.

Je m'empresse de souscrire pour dix actions, avec le regret sincère de ne pouvoir faire mieux, toujours enlacé que je suis par des liens judiciaires.

Quant je dis *mieux*, ce mot même rend mal ma pensée. C'est *tout* qu'il faudrait que fît chacun de nous pour concourir dignement à une des transformations économiques les plus prodigieuses de l'histoire. Je ne vois rien, en effet, depuis l'émancipation des communes, dont l'origine a été bien humble aussi, de plus touchant et de plus imposant à la fois que cet effort surhumain du Prolétariat pour s'émanciper lui-même.

Certes, la révolution économique opérée par nos pères en 89 a été féconde et glorieuse. Cependant, que leur tâche était aisée en comparaison de celle entreprise aujourd'hui ! Maîtres du pouvoir, réalisateurs d'idées mûres depuis longtemps, ils n'ont eu qu'à décréter la liberté, pour que l'agriculture, le commerce, l'industrie, affranchis de leur vieilles servitudes, enfantassent des prodiges. Avec une population manufacturière moins nombreuse, la compétition étrangère nulle, le capital non encore associé, pas de crises commerciales ni de chômages, le patron, faisant de grands profits, pouvait donner de gros salaires, et la machine n'en était pas arrivée à dévorer la femme et l'enfant jusqu'à dégénérescence de la race. Ce fut l'âge d'or du *laissez faire* et du *laissez passer.*

Depuis, les choses ont bien changé! Le capital, qui se groupe plus facilement que le travail et multiplie plus vite, a fini par dominer celui-ci à tel point qu'il peut le développer, le suspendre, le ranimer à son gré, selon ses vues et ses intérêts. Déjà même, après avoir envahi les grands travaux, la grande industrie, le haut commerce, il menace d'envahir la petite industrie, le petit commerce des villes et des campagnes, et jusqu'à l'industrie agricole, que le morcellement indéfini de la propriété lui livrerait un jour.

Vainement les chiffreurs — statisticiens et économistes purs — ceux qui, abstraction faite des êtres sensibles qui produisent et consomment, n'envisagent que l'amoncellement illimité de la richesse, continuent-ils à admirer la grandeur farouche du *laissez faire*, et à le poser comme l'éternel idéal.

L'enfer de la réalité répond à leur paradis imaginaire.

Il n'est pas d'âme ouverte à l'idée de bonheur, de moralité, de liberté pour les classes laborieuses, qui ne se soulève contre les excès d'un système qui, s'il demeurait sans contrepoids, précipiterait fatalement les sociétés modernes dans ces deux extrêmes déjà si menaçants pour l'oligarchie anglaise : une richesse incomparable en regard d'une non moins incomparable misère.

Rappeler ce tableau, que j'ai tracé ailleurs, est-ce conclure contre le capital? Loin de là ; ainsi qu'en politique la propriété est, à mes yeux, une base fondamentale ; ainsi le capital, autrement dit travail accumulé, lui-même une des milles formes de la propriété, est une des bases non moins fondamentales de l'ordre économique. Ses abus seuls veulent être réformés, et, s'il était permis de comparer de telles choses, je dirais qu'il en est de sa loi comme de cette force centripète qui finirait par tout absorber, tout confondre, par détruire jusqu'au mouvement initial, sans la force contraire, appelée à établir l'équilibre et à maintenir l'univers dans sa majestueuse unité.

Trouver pour le capital cette loi de compensation, balancer la liberté par la liberté seule, tel était le véritable problème, à la solution duquel se sont voués, depuis 50 ans, les natures les plus généreuses, les plus infatigables esprits, les uns restant en deçà du but, les autres le dépassant, faisant fausse route en demandant du coup, à la politique, ce qui est surtout du domaine de l'économie politique, qui vit bien plus de science que de décrets.

Cependant, aux contradictions violentes des écoles, à ce conflit tumultueux qui a soulevé tant d'orages et tant de frayeurs, un mot a survécu, tombé en commun de leurs livres : *Association.*

C'est ce mot que le prolétariat a fini par faire sien, lentement sans doute, car il est épars, isolé, sans lien, sans organe jusqu'à vous, placé dans des conditions bien différentes de celles où étaient nos pères, réduit à venir homme à homme apporter sa poignée de terre à la digue qui doit le sauver de la submersion. Spectacle non moins nouveau que grand.

Donc, comme contrepoids à l'association écrasante du capital, le peuple, lui aussi, a adopté le principe de l'association.

Il a fait plus : par une intuition supérieure aux combinaisons qui avaient laissé jusqu'ici, à l'état d'antagonisme, le capital et le travail, ou les avaient sacrifiés l'un à l'autre, il s'est résolu à jeter un pont sur les deux affluents, toujours divisés, de la richesse, et a complété ainsi la formule tant cherchée : *Association du capital et du travail.*

Ce sera le symbole économique de notre siècle.

Maintenant, nul doute que sa réalisation plus ou moins rapide ne dépende de plusieurs institutions d'un autre ordre, que je n'ai pas à énumérer ici, ne voulant pas sortir de la sphère économique.

Nul doute que, laissée uniquement à ses forces, pour s'élever de l'atelier à l'usine, de l'usine à la terre, à toutes les formes de l'industrie humaine, — ce qui est l'idéal et la pacification de l'avenir, — l'association n'ait à traverser de rudes et longues épreuves.

Nul doute encore que cette forme, la plus rationnelle aujourd'hui, ne soit elle-même qu'une étape dans la marche indéfiniment progressive des sociétés.

L'important, c'est que, sous ce ciel obscur où l'on naviguait au hasard, on ait retrouvé l'astre dirigeant, et que des yeux de l'esprit on entrevoie le port ; c'est que la pensée publique, si violemment battue, si étourdie de tant de souffles contraires, qu'elle en était tombée dans une funeste léthargie, ait repris possession d'elle-même, et soit revenue de la terreur de la grande inconnue, sûre qu'elle est, désormais, de la solution économique de demain.

Voilà le bienfait immédiat que rien ne saurait plus nous ravir.

La lumière, toutefois, a été si tardive à se faire, et la mêlée si confuse, qu'il n'est peut-être pas inutile, comme après un combat où l'on a été longtemps aveuglé par la fumée de la poudre, de procéder au dénombrement funèbre, et de bien constater ce qui est mort, ce qui survit.

Franchement, sans prévention comme sans faiblesse, ce qui survit, sont-ce les formules transcendantes et l'attraction passionnelle de Fourier, théories savantes qui n'ont pu résister à l'expérimentation même d'un terrain vierge? Sont-ce les castes, les hiérarchies, le pontificat de Saint-Simon, couronnés du veau d'or dont ses disciples ont depuis si avidement pratiqué le culte? Est-ce le communisme, vanté, illustré de toute éternité par des plumes brillantes sans qu'il en soit moins resté, au fond, l'absorption du travailleur par l'État, érigé en producteur et en munitionnaire général; ou bien l'individualisme avec son dernier mot économique — anarchie — c'est-à-dire loi sauvage du plus fort, et de toutes les concurrences la plus effrénée et la plus meurtrière?

Est-ce l'abolition de la propriété, défi insensé que son auteur, dont les contradictions furent l'unique constance, a retiré plus tard, trop tard pour n'avoir point aliéné à la révolution tout ce qui possède, ainsi que l'égalité des salaires lui avait aliéné, dans les masses, tout ce qui voulait posséder de par l'initiative, l'habileté, le travail ou plus alerte ou plus robuste?

Tout cela est du passé, sans en excepter cette *Banque d'Échange*, produite emphatiquement sur les tréteaux comme la panacée universelle, tandis qu'elle ne touche qu'aux abus d'un des trois termes de la richesse : la circulation, qui en est le moyen, sans effleurer les deux plus importants : la production, sa source ; la consommation, sa fin.

Sans en excepter davantage, si jeune qu'il se prétende, ce pseudo-socialisme tapageur, vieux rajeuni, rêvant de traiter empiriquement une société de 36 millions d'hommes à l'instar de la petite cité antique, de substituer violemment le pauvre au riche, ce qui serait déplacer la misère sans la guérir, et rouvrir, avec plus d'acharnement, aujourd'hui que la propriété est plus disséminée, ces guerres sociales dont la grande Rome était morte en réalité, lorsqu'elle est devenue la proie des Césars, ses insatiables vampires.

Encore une fois, tout cela est du passé, et ce sont bien ces pastiches extravagants de l'histoire, ou ces systèmes, droit alignés, qui ont disparu de la lutte, repoussés comme des générateurs trop étroits pour la spontanéité humaine, les vastes proportions et les rapports si compliqués des sociétés modernes. Ce sont, enfin, le bizarre, l'excentrique, l'école, la secte, qui sont entrés dans le royaume des ombres.

Salut aux morts, salut aux blessés, soit ; salut et paix aux éclaireurs, aux téméraires, à tous ceux dont l'audace, même mal engagée, a voulu et cru servir la sainte cause du peuple.

Mais le devoir rempli, voyons ce qui reste, c'est le gros de l'armée, le peuple aux phalanges profondes, surmonté de son drapeau : *Libre association du capital et du travail.*

Comme en toute science expérimentale, cette formule, étant la plus simple et la plus générale, devait arriver la dernière.

L'avenir lui appartient. Pourquoi? Parce que ce socialisme, sorti moins du cerveau des penseurs que des entrailles de la faim, est essentiellement pratique. Il voit le monde tel qu'il est, avec son égoïsme, ses résistances aveugles ; il unit fraternellement les deux grands moteurs de la richesse, pour l'accroître sans cesse en la voulant mieux répartie ; il tend à égaliser le bien-être, à faire disparaître les classes, première condition de toute démocratie.

Oui, la vie est là : car je n'ai plus à la chercher, au milieu des ténèbres, à l'état d'entité, d'être de raison ; je la sens organisée, agissante, grandissant à vue d'œil en Belgique, en Allemagne, en Angleterre, comptant déjà par millions le capital qu'elle a tiré de ses veines, de sa propre substance.

Né d'hier, ce socialisme est, aujourd'hui, puissance.

Il ne s'agit plus que de l'universaliser. Vous vous y consacrez avec une abnégation et une foi que j'admire. Je suis, d'âme, avec vous.

Si petite que soit l'action d'un homme dans un tel mouvement, je maudis mon immobilité forcée. Je voudrais marcher avec vous dans ce grand chemin, si rare, du vrai, du juste, du bien. Je voudrais avoir mille voix. De ces voix émues, pleines des souffrances du prolétariat, auxquelles une première condamnation m'a indissolublement associé il y a 25 ans, je ferais à mes amis un suprême appel. Ne cédez pas, leur dirais-je, aux appréhensions de quelques esprits sombres qui redoutent que le matérialisme de l'intérêt ne dessèche, chez le peuple, la source des nobles pensées et des mâles vertus. L'histoire, hélas ! nous a trop appris la valeur des droits abstraits sans les garanties de l'indépendance. La moralisation, l'épargne, le gouvernement de ses propres affaires, la liberté, ne peuvent engendrer que la liberté. Prêtez donc à cette œuvre gigantesque non point un concours fugitif et mesuré, mais un concours persévérant, sans limites; vous aurez bien mérité de l'humanité et inscrit votre nom sur une page ineffaçable, celle d'où datera l'abolition du salariat, dernier vestige de la servitude économique.

Ledru-Rollin.

LXXXVII

LETTRE A UN AMI

APPRÉCIATIVE DE L'AMNISTIE DE 1869

(Londres, septembre 1869)

MON CHER AMI,

Vous avez si invinciblement prouvé, avec toute la presse indépendante, l'applicabilité de l'amnistie à mon prétendu forfait, qu'à force d'avoir raison vous me placeriez presque dans mon tort, si je tardais plus longtemps à m'expliquer.

Sous tant de plumes éloquentes, l'idée que j'ai le droit de rentrer s'est emparée des esprits à ce point qu'on m'écrit de toutes parts — c'est un vrai déluge de lettres : — Pourquoi, pouvant rentrer, ne le faites-vous pas?

Evidemment, on ne se rend pas compte de l'abîme entr'ouvert entre le droit théorique et la violence brutale ; et on oublie aussi que, sous ce gouvernement tortueux, il suffit justement que le droit existe pour que le fait y soit contraire.

Le fait, c'est que ma position de 1869 est la même que celle de 1859, sauf la mise en scène.

En 1859, on m'expédiait directement à Cayenne pour *éviter le scandale d'un procès.*

Ce procès en 1869, il faudrait bien qu'on se résignât à le faire, mais avec l'intention arrêtée *d'en éterniser, moi dé-*

tenu, l'instruction, sous le prétexte de ramener de Cayenne, pour une confrontation, mes complices présumés.

Ce que je dis n'est pas de la fantaisie.

L'ordre de m'arrêter a été expédié aux différents lieux de passage le soir même de la signature de l'amnistie.

Si, d'ailleurs, ce que je tiens de *source certaine* était erroné, que le gouvernement le démente et déclare en conséquence que je suis libre. Autrement ceux-là mêmes qui me conseillent de purger ma coutumace, comme la chose la plus simple et la plus naturelle, y regarderaient sans doute à deux fois pour eux-mêmes, si la durée de leur captivité ne devait voir pour mesure que le bon vouloir du gouvernement peu pressé d'en finir.

Que mon triomphe devant une cour d'assises soit éclatant, pas de doute, il le serait même au delà de ce qu'on peut prévoir lorsque, d'accusé me faisant accusateur, je prouverais, *pièces en mains*, et de manière à soulever d'indignation l'opinion publique, que pendant dix ans ce ramassis de conspirateurs, qui m'accuse de conspirations, n'a cessé de conspirer contre moi, et que par je ne sais quel instinct de haine particulière il a deux fois sollicité du gouvernement Anglais mon extradition, refusée la première fois à la simple majorité *d'une* voix, et la seconde fois repoussée avec dédain.

S'exagérant mon importance et mon action, ce qu'ils n'ont cessé de vouloir, c'est me tenir sous leurs verrous.

Oui, je sens que mon âme si longtemps indignée trouverait des accents vengeurs devant un jury, sous les yeux duquel je ferais défiler ces agents provocateurs de 1853 à 1855, ceux de 1856, ceux de 1857, tous ces misérables enfin chassés de chez moi, où ils s'introduisaient avec les recommandations les plus dignes de foi, et dénoncés à la police anglaise, afin qu'elle me débarrassât de leurs obsessions et de leurs embûches.

Le spectacle de cette procession de coquins, à la réputation patriote, ne serait point le chapitre le moins dramatique ni le moins émouvant de cette époque sinistre qu'il nous a fallu traverser.

Et, par parenthèse, je pourrais porter à leur protecteur le défi de lever l'interdiction dont me frappe la loi de 1868 contre la presse, et de me laisser publier dans un journal la relation de cette lamentable histoire.

Je le répète. Le triomphe devant une cour d'assises m'a fortement tenté, mais ce triomphe, avec les lenteurs calculées de la confrontation, quand viendrait-il, s'il venait jamais? et qui peut me garantir, en présence de telle éventualité prochaine, qu'il y aurait intérêt pour moi à être entre les quatre murs et sous la griffe de pareils gens? Evidemment, partout ailleurs, je pourrais être plus utile.

Ce que je voudrais donc, étant condamné à ne pouvoir parler ni écrire publiquement, c'est que vous fissiez, de proche en proche, connaître à mes vieux compagnons, surtout à cette jeunesse ardente qui, dans ces derniers temps, m'a donné tant de témoignages de sympathie, quel est l'obstacle matériel qui s'oppose à mon retour. Ce que je voudrais, c'est que tous fussent bien convaincus que, si je puis mourir en proscrit, je ne me résignerai jamais à mourir en exilé volontaire, autrement parlé, en émigré. Ceci dit sans la moindre idée de blesser les scrupules de conscience, ou de douter d'aucun courage. Seulement, aujourd'hui plus encore qu'en 1859 je persiste à penser que le devoir consiste à se trouver où est, avec le péril, la chance du succès; car, il ne faut pas s'y tromper, il n'y a de drapeau véritablement honoré que celui qui a supporté les efforts de la lutte.

A vous fraternellement.

LEDRU-ROLLIN.

LXXXVIII

DISCOURS PRONONCÉ A L'ASSEMBLÉE NATIONALE

DANS LA DISCUSSION D'UN PROJET DE LOI ÉLECTORALE

(3 juin 1874)

Messieurs,

Je crois que dans une question de cette importance, qui touche d'un côté au grand dogme de la solidarité humaine, de l'autre au salut même de la France, il faut se livrer à une discussion sérieuse.... (*Légères rumeurs à droite*), sobre, serrée et claire; c'est ce que je vais tâcher de faire en très peu de mots.

Je ne discuterai pas les détails de la loi; je la rejette en bloc, parce que, malgré la faculté constitutive que vous vous êtes donnée, et sur laquelle je ne veux pas m'expliquer, je crois à votre incompétence.

Vous pouvez être compétents pour tout, excepté pour la loi électorale sous laquelle vous avez été nommés. (*Chuchotements et rumeurs à droite.*) Qu'êtes-vous, au fond, quel que soit votre titre? vous êtes des mandataires. Or, le mandat a ses règles, ses limites, sa mesure. Ses règles ont été posées de temps immémorial; elles ont passé par la sagesse du droit romain pour arriver à être inscrites dans nos codes.

Ou votre mandat est spécial, et vous n'avez pas mission pour faire une loi électorale nouvelle; ou votre mandat est général, pris dans ce que vous appelez le salut public, et, si ce mandat est général, vous ne pouvez faire qu'une chose : administrer ; vous ne pouvez pas aliéner. (*Vives réclamations à droite et au centre.*)

Messieurs, vous pouvez vous récrier ; je parle ici un langage juridique ; et il n'y a pas un homme connaissant les lois, en ayant la moindre notion, qui puisse contester la vérité de mes assertions. (*Très bien ! très bien ! à gauche. — Dénégations à droite.*)

Vous ne pouvez pas aliéner.... (*Une voix : aliéner quoi ?*)

Aliéner quoi ? nous allons le voir ; c'est ce qui est en discussion. (*Bruit.*)

Je répète, puisque l'on paraît ne pas bien comprendre... (*Si ! si ! — Rires à droite.*)

Si vous n'êtes pas des mandataires, qu'êtes-vous donc ? dites-le !

Vous ne pouvez point aliéner le droit qui vous a été conféré ; votre loi, si par malheur elle passait, est entachée à l'avance d'un vice originel. Vous avez beau le nier, je vous le répète, la raison est éternelle, la logique est éternelle, il y a des lois qui n'ont pas été faites au milieu des passions incandescentes de la politique, mais qui ont été faites par la raison des siècles.

Donc, vous ne pouvez pas changer cela, et, je le répète, il n'y a point un jurisconsulte ici, ayant une idée quelconque de la loi, pas un..... (*Interruptions diverses à droite.*)

Je le répète, votre loi est entachée à l'avance d'un vice originel.

Qu'invoquez-vous ? vous invoquez le salut public, l'ordre social qu'il faut sauver à tout prix. Je ne me trompe pas, c'est bien là la raison que vous donnez ? eh bien, cet ordre, à l'heure qu'il est, en quoi est-il troublé ? ce suffrage universel, quels crimes lui reprochez-vous ? que pouvez-vous dire qu'il ait fait ? certainement, quand, sous forme de plé-

biscite, il a été consulté, à ce moment, oui, il est tombé
dans l'erreur..... (*Rires et applaudissements ironiques à
droite et au centre.*)

Je prierai ceux qui rient de repondre à ceci :

Au dernier plébiscite, le peuple a-t-il voulu la guerre ?
(*Non !*) Le peuple a-t-il cru qu'il votait la guerre ? (*Non !
non !*)

Donc, j'ai raison de dire que, sous forme de plébiscite,
c'est-à-dire de ce qui est la parodie du suffrage universel...
(*A gauche : Très bien ! très bien !*) Le peuple s'est trompé ;
il a cru voter la paix, il voulait la paix, et il a eu la guerre
la plus désastreuse que nous ayons jamais faite. Voilà la
vérité.

Maintenant, en dehors de cela, qu'avez-vous à reprocher
au suffrage universel ? on ne fait pas de loi sans raison. —
Vous lui reprochez des élections républicaines, il faut le
dire franchement, si le suffrage universel n'avait donné
qu'une majorité royaliste, voudriez-vous aujourd'hui toucher au suffrage universel ? (*Rires approbatifs à gauche.*)
Evidemment non.

Ah ! je sais la raison qu'on donne ; elle est vieille comme
le monde. On appelle cela « *épurer le suffrage universel* » ;
l'aristocratie romaine a dit la même chose pendant deux
cents ans, et elle a si bien épuré le droit du suffrage par la
translation de tribus, de centuries, de décuries, qu'il est
arrivé un moment où le dictateur a été le peuple à lui tout
seul ; mais alors a eu lieu l'invasion des barbares. (*Bruit.*)

Messieurs, ce que vous voulez faire est très grave. En
1848, nous avons, par le suffrage universel, essayé de faire
disparaître les classes, les castes ; nous avons essayé de
rendre tous les citoyens égaux devant la loi politique,
comme ils l'étaient déjà devant la loi civile. Et vous allez
défaire tout cela ! et vous allez avoir des citoyens actifs et des
citoyens passifs ! et vous allez avoir, comme autrefois dans

les républiques italiennes, les *gras* et les *maigres !* (*Rires.*)

Eh bien, ce sont des divisions que vous semez dans le pays, et là où nous voulions des frères (ce mot doit convenir à beaucoup d'entre vous qui appartiennent au dogme chrétien), là, dis-je, où nous voulions des frères, vous allez faire des ennemis, des gens qui, perpétuellement jaloux, seront à couteau tiré. Cela est immoral, mais cela surtout est dangereux.

Dans cette Rome qu'on citait hier, on a fait cela aussi : on a recréé des classes, on a enlevé au peuple souverain, au peuple-roi, tous ses droits ; et puis, quand les barbares sont arrivés, qui a ouvert les portes de Rome ? Ces hommes qu'on avait désintéressés de l'idée de patrie, qui n'étaient plus des citoyens romains ; ces Italiens à qui on n'accordait plus le droit de cité ; ces premiers chrétiens à qui l'on le déniait. Oui, le jour où s'est présenté l'étranger, les portes inviolées de Rome ont été ouvertes par eux..... L'histoire est là qui nous l'apprend. (*Réclamations. — Mais non ! mais non ! c'est une erreur.*)

Vous me dites : Mais non ! vous n'avez donc jamais lu Gibbon et toutes les preuves irréfutables qu'il en donne ? (*Nouvelles réclamations.*) Les preuves sont irrécusables. Depuis Gibbon, les Allemands ont écrit sur cette question et ont démontré qu'il était parfaitement vrai que les hommes qui avaient été repoussés, avec les esclaves à qui l'on n'avait point accordé l'émancipation, que ces hommes qui n'étaient plus Romains, s'étant désintéressés de la patrie, ont ouvert les portes de Rome aux barbares. Voilà la vérité.

Donc, vous rétablissez des rangs différents, vous rétablissez des situations différentes ; dans cette France, dont la grandeur consistait surtout dans son unité, vous allez faire des hommes qui n'auront pas les mêmes droits ! je dis que c'est dangereux : pourquoi le voulez-vous ?

Il faut aller au but, et le dire clairement. Vous le voulez pour rétablir une des formes de gouvernement qui sont tombées : autrement, le suffrage universel concluant à autre chose qu'à la République, nommant autre chose que des républicains, vous ne voudriez pas changer, modifier, épurer, comme vous le dites, le suffrage universel. Vous ne le faites donc, vous qui êtes unis par une coalition passagère, que pour rétablir une royauté, une monarchie : Laquelle ?

Permettez-moi de dire un mot de chacune de celles qui ont gouverné la France :

Est-ce la monarchie de droit divin que vous voulez ramener ? Si c'est la monarchie de droit divin, vous ne l'aurez jamais en France. (*Très bien ! à gauche. — Interruptions diverses.*) Vous ne la reverrez jamais en France... les élections vous le prouvent. (*Nouvelles interruptions.*)

Aimez-vous mieux que nous parlions de la monarchie modérée ? (*Oui ! oui ! à droite*). Eh bien ! nous allons la traiter.

La monarchie modérée, il y a longtemps que son histoire est faite. Ah ! oui, il y a longtemps !

Les hommes qui ont traité ces trois grandes questions : la tyrannie, la monarchie modérée, la démocratie dans l'histoire, ils sont trois. (*Interruptions à droite.*)

Je ne vous citerai que Montesquieu ; Montesquieu rappelant ce qu'avait dit Aristote. (*Rumeurs à droite.*) Vous devriez bien lire ces trois chapitres d'Aristote sur ces trois formes de gouvernement ; ils seraient parfaitement à l'ordre du jour.

Montesquieu, qui était pour les gouvernements tempérés, — remarquez-le bien, — n'en déclarait pas moins que cette forme de gouvernement ne pouvait vivre que par la fraude et mourir par la corruption, Eh bien ! mais, nous l'avons vu !

Sous quels sentiments et dans quelles circonstances est tombé le gouvernement de Louis-Philippe ? (*Un membre à droite :* C'est vous qui l'avez fait tomber ! — *L'orateur :* Je m'en honore.)

Dans quelles circonstances, disais-je, est tombé le gouvernement de Louis-Philippe ? vous vous le rappelez. La France tout entière a prétendu que c'était la révolution du mépris. C'est la France qui a dit cela. (*Vives exclamations au centre droit.*) Le gouvernement de Louis-Philippe est tombé, encore un coup, sous la révolution du mépris. (*Nouvelles exclamations au centre. — Interruptions diverses.*)

Je vois avec peine, Messieurs, que dans les circonstances graves où nous sommes vous cherchiez les plaisanteries et les rires.

Parlerons-nous de l'Empire ? l'Empire ! son cycle se renferme entre deux dates : Waterloo et Sedan ; trois invasions ; le démembrement de la France et son appauvrissement de toutes les richesses qu'elle a perdues. Voilà l'Empire !

Reste donc un autre gouvernement ; cet autre gouvernement, c'est la République. La République paraît vous effrayer beaucoup. (*Une voix à droite :* Oh ! oui.)

Pourquoi ? la République n'a jamais existé comme gouvernement en France. La première République, la Convention, qu'a-t-elle été ? un camp, ayant à se défendre à l'intérieur contre la guerre de la Vendée qui fut atroce... et, à l'extérieur, il lui fallut quatorze armées pour repousser l'ennemi.

La Convention n'a donc été qu'un camp, et pendant la veillée des armes, cette Convention n'en a pas moins créé les grandes institutions qui font encore la gloire de la France. (*Plusieurs voix :* Et la guillotine ! et la banqueroute !)

Vous me répondez : La guillotine ! la banqueroute ! je vous réponds : c'était une armée et un camp, ce n'était pas un gouvernement.

La seconde République, celle de 1848, elle n'a point été un gouvernement, elle n'a jamais été constituée. (*A droite : Elle a eu une Constitution !*)

Je voudrais bien que vous n'allassiez pas au-devant de ma pensée.

Elle n'a jamais été constituée. Vous dites : Elle a eu une Constitution ! et vous avez raison ; j'en parlerai tout à l'heure. Mais dès le lendemain de cette République si clémente..... (*Dénégations à droite.— Marques d'assentiment à gauche.*)

La République de 1848, qui a été si clémente, qui n'a pas fait arrêter un citoyen, qui n'a pas touché à une propriété, qui a rendu à la presse la liberté la plus complète, qui, dans les finances, a payé les dettes de la monarchie... (*Interruptions à droite*), la République qui, enfin, n'a touché ni à une propriété, ni à un homme ; qui a eu une Constitution, comme vous dites, mais une Constitution que vous avez attaquée dès le lendemain, vous monarchistes.... (*Interruptions diverses à droite.*)

J'entends dire : Et le 15 mai ! j'entends rappeler les journées de Juin ! procédons par ordre de date, si vous voulez, je ne puis pas répondre à tout à la fois. Parlons du 15 mai d'abord. Qu'est-ce que c'est que le 15 mai ? une conspiration bonapartiste contre la République. (*Exclamations à droite.*)

Messieurs, vous avez oublié le procès du 15 mai ; vos mémoires me paraissent bien infidèles. Qui a été l'agent principal du 15 mai ? Hubert.

Hubert a été condamné ; mais Hubert a été gracié par l'empereur ; et ce cordonnier a obtenu non-seulement la concession d'un chemin de fer, mais a été nommé membre administrateur d'un autre chemin de fer. N'était-ce donc pas un agent bonapartiste?...

Voulez-vous parler du 13 juin? Si vous le voulez, j'en parlerai.

Au 13 juin, sous l'impulsion du clergé, on fit la fameuse campagne de Rome. Nombre de députés, grand nombre de journalistes, se fondant sur l'article 5 de la Constitution portant que nous n'interviendrions de près ni de loin dans les affaires des puissances étrangères ou amies, beaucoup de personnes, dis-je, en présence des termes si nets de cet article, qui ne pouvait pas prêter matière à discussion, déclarèrent que la Constitution étant violée — et elle l'était — déclarèrent que cette guerre devant nous entraîner dans d'autres guerres, il fallait, à cette première violation de la Constitution, manifester pacifiquement. (*Exclamations.* — *Un membre : Pacifiquement par l'appel aux armes !*)

Il n'y a pas eu d'appel aux armes ; il y a eu un appel à une manifestation pacifique qui devait simplement se traduire par une déclaration devant l'Assemblée ; mais il n'y a pas eu appel aux armes, et, en effet, il n'y a pas eu un coup de fusil de tiré.

Donc, il n'y a pas à rougir du 13 juin.

Ce fut la première violation de la Constitution de la part de Bonaparte, et ce ne fut pas Cavaignac qui l'a commise comme on le disait tout à l'heure. Or, si cette première violation eût été arrêtée, vous n'auriez pas eu le 2 décembre, et beaucoup d'entre vous n'auraient pas été jetés à Mazas. (*Mouvement.*) Voilà ce qu'a été la journée du 13 juin.

Reste, maintenant, le grand reproche, le crime de la journée du 24 juin. (*Une voix interrompant : Dites les journées de juin.*)

Ces journées, qui les a amenées? les preuves sont là aujourd'hui, et ne peuvent être discutées ; elles appartiennent à l'histoire.

M. Rouher, la veille, demanda la dissolution immédiate des ateliers nationaux. M. de Falloux, le lendemain matin, après s'être engagé, comme président de la commission, à ne pas dissoudre les ateliers nationaux, quand l'insurrection était commencée, monta à la tribune, et demanda que l'on renvoyât les ouvriers dans leurs provinces, sans leur donner une obole, bien que le contraire eût été convenu la veille au soir avec la Commission exécutive. C'est alors que les ouvriers se virent jetés sans ressources dans la rue.

Par qui ces ouvriers étaient-ils entraînés? par un homme qu'on a fait disparaître, et qui promenait dans les rues trois cents individus avinés criant depuis le matin : « Poléon ! nous l'aurons ! » (*Mouvements divers.*)

Cet homme a été condamné; puis il a été relâché et récompensé.

A cette époque, les bonapartistes futurs et les royalistes se donnaient la main. Les quinze premiers drapeaux qui m'ont été apportés, à moi, membre de la Commission exécutive, étaient quinze drapeaux blancs... (*Interruptions*), et les barricades qui s'étendaient dans le faubourg Saint-Germain étaient commandées par un ancien chouan de 1832. (*Interruptions à droite. — Une voix : Nommez-le, ce chouan !*)

Son nom était Charbonnier de la Guesnerie.

Pendant cette journée terrible, où le sang coulait à flots, je recevais d'un homme fort honorable et fort modéré, M. Dussart, préfet du département de la Seine-Inférieure, une lettre contenant deux traites considérables sur un banquier de Rouen, et faisant connaître que le comte de Chambord était à la frontière attendant le résultat de l'insurrection, lettre dont M. Dussart, qui vit encore, a conservé la copie, ainsi que celles des traites tirées sur le banquier de Rouen. (*Une voix à droite : Qu'est-ce que cela prouve?*)

Vous demandez ce que cela prouve? eh bien ! franchement, c'est de la naïveté : cela prouve que les monarchistes

blancs et les bonapartistes n'ont pas laissé à cette malheureuse République de 1848 un instant de répit.

Ainsi, j'avais raison de dire : La République, soit
en 1792, soit en 1848, n'a jamais été essayée sérieusement,
j'avais raison de dire que la République n'a jamais cessé
d'être attaquée par les partis monarchiques.

Or, cette Répnblique, puisque vous voulez toucher au
suffrage universel, pour chercher à la faire diparaître encore, cette République vous effraye donc bien ! je vous
demanderai pourquoi elle vous effraye ?

Comment ! dans un pays qui a autant de parcelles fon-
cières de terre qu'il y a d'électeurs, vous pouvez craindre
que la République ne soit pas conservatrice ! (*Très bien ! —
Bravos à gauche.*)

Cette République qui, quoi que vous en disiez, a contribué
par son nom, puisqu'il n'y a que le nom seul, à payer si
rapidement les cinq milliards (*Réclamations à droite. —
Applaudissements à gauche !*), cette République n'a donc
aucune espèce de raison d'être repoussée par vous, si ce
n'est, permettez-moi de le dire, les vieux préjugés, les
vieilles passions dont vous ne voulez pas faire le sacrifice à
la France. (*Très bien ! à gauche.*)

Maintenant, votre loi électorale, qui ne sera pas votée,
votre loi électorale étant repoussée, il vous faut choisir
entre les gouvernements. Vous êtes constituants, vous l'avez
voulu, et vous ne pouvez pas constituer ! allez-vous laisser
le pays suspendu dans cette terrible position ? il ne faut pas
vous faire d'illusion. Je n'y apporte, quant à moi, aucune
espèce de passion, je crois parler le langage de la vérité. A
l'heure qu'il est, où en sont les affaires ? Vos impôts ren-
trent-ils ? Vous les votez, vous les doublez ; s'ils ne rentrent
pas, à quoi cela sert-il ? (*A droite : Ils rentrent.*)

Je dis que le peuple surchargé, et qui voudrait les payer,
les paye à peine, et je pourrais faire appel au ministre des

finances pour lui demander où en est le rendement des douanes, où en est le rendement de l'impôt qui a été augmenté sur plusieurs objets ; il me répondrait avec bonne foi que le déficit existe.

J'ajoute qu'en 1875 le déficit sera plus grand encore, car le malaise sans travail devient plus général. (*Un membre : C'est une erreur !*)

C'est une erreur ? voulez-vous une preuve irrécusable de la rareté de l'argent ou de son placement à l'étranger ? je vais vous la donner. Il y a un corps très modéré, c'est le corps des notaires, qui est à peu près de l'opinion de tous les gouvernements. Demandez-leur où en sont les transactions d'argent ; demandez-leur s'il est possible de faire un placement hypothécaire ; demandez-leur comment il est possible de faire un transport sur les propriétés les plus belles ; ils vous répondront qu'ils ne connaissent plus cela ; pourquoi ? parce que l'argent est rare, qu'il se retire et va autre part.

Je dis, sans passion politique, que la confiance ne peut revenir sans un gouvernement définitif ; je dis qu'entre les trois gouvernements que vous voulez ramener vous ne pouvez rien faire ; je dis que vous ne pouvez pas laisser le pays avec une déperdition de forces aussi considérable.

Et, sans faire appel à aucune passion, n'en appelant qu'à votre cœur de Français, qu'à votre sentiment de la patrie, pour laquelle, qui que vous soyez, j'en suis convaincu, vous seriez tous prêts à mourir... (*Interruption.*)

Je dis que nous n'avons qu'un moyen, et ce moyen, ce n'est certainement pas de refaire la loi électorale. En quatre-vingts ans, nous avons eu seize lois électorales : qu'ont-elles sauvé ? rien ! nous avons eu dix Constitutions : qu'ont-elles sauvé ? rien ! un seul gouvernement n'a point été appliqué : appliquons-le sérieusement.

Je vous ai montré que les crimes que vous lui reprochez ne sont point son fait.

En conséquence ayez confiance dans ce pays qui ne demanderait pas mieux que d'avoir confiance en vous.

Faites un grand acte de patriotisme, et au lieu de mutiler le suffrage universel, concluez à la dissolution, et vous verrez demain le pays tout entier se relever et reprendre confiance. (*Exclamations à droite. — Applaudissements à gauche.*)

LXXXIX

CONSULTATION SUR LES CONSÉQUENCES

DE LA MISE EN ÉTAT DE SIÈGE

(9 juin 1852)

Le Conseil soussigné, consulté sur les questions relatives à la mise en état de siège de la ville de Paris, est d'avis :

1° Que d'après la constitution actuelle la mise en état de siège ne peut avoir lieu sur la seule déclaration du pouvoir exécutif ;

2° Qu'en supposant que cette mesure fût légale, l'ordonnance de mise en état de siège de Paris, datée du 6 juin et insérée dans le *Moniteur* du 7, ne peut rétroagir et soumettre les faits accomplis avant sa promulgation à l'appréciation des commissions militaires.

Ces deux questions sont de la dernière gravité, quant à leurs conséquences politiques ; envisagées sous le seul point de vue de la légalité, elles divisent les interprètes des lois. Le jurisconsulte, en effet, dont le propre est de s'abstraire au milieu des passions de tout genre, ne peut comme les autres hommes se laisser aller à ses élans d'émotion et de désir ; son opinion, c'est la loi, sa mission, c'est de la comprendre ; c'est alors qu'il exerce une espèce de sacerdoce ; car au milieu de toutes ces croyances qui croulent, il ne semble plus en exister que pour elle.

On le conçoit, hors de la loi tout ne peut être qu'enthousiasme, aberration pour le moment, remords pour l'avenir. Dans son cercle, au contraire, peut seulement se trouver la vérité ; car, faite le plus souvent au milieu de circonstances déjà mortes, elle ne porte pas l'empreinte passionnée du présent, influence toujours redoutable pour le juste et l'injuste.

La légalité, tel sera le point de vue sous lequel nous envisagerons les principes de la matière.

La loi du 8 juillet 1791 porte, article 10 :

« Dans les places de guerre et les postes militaires, *lorsque les lieux seront en état de siège, toute l'autorité dont les officiers civils sont revêtus* par la Constitution, pour le maintien de l'ordre, de la police intérieure, *passera au commandant militaire*, qui l'exercera exclusivement sous sa responsabilité personnelle.

« Article 12 : L'état de siège ne cessera que lorsque l'investissement sera rompu. »

Par l'article 8 de cette loi, l'état de guerre et l'état de siège ne pouvaient être déterminés que sur un décret du Corps législatif, sanctionné et proclamé par le roi.

La loi du 10 fructidor an V dispose, article 2 :

« Les communes de l'intérieur seront en état de siège *aussitôt que, par l'effet de leur investissement* par des troupes ennemies ou par des rebelles, les communications du dedans au dehors ou du dehors au dedans seront interceptées à la distance de 200 toises. »

L'article 1er voulait, il est vrai, que le Directoire exécutif ne pût déclarer en état de guerre ou de siège les communes de l'intérieur qu'après y avoir été autorisé par une loi du Corps législatif ; mais bientôt, par l'article 9 de la loi du 19 fructidor, le pouvoir de mettre une commune en état de siège fut attribué au Directoire.

La Constitution de l'an VIII ne s'expliquait pas plus que ne le faisait celle de l'an III sur le pouvoir de déclarer les places en état de guerre ou de siège. Mais ce pouvoir devait appartenir au chef du gouvernement sans le concours d'aucune autre autorité, puisque ce chef pouvait déclarer la paix et la guerre : aussi le décret du 24 décembre 1811 porte-t-il, article 53, que « *l'état de siège est déterminé par un décret de l'empereur*, ou par l'investissement ou par une attaque de vive force, ou par une surprise, ou par une sédition intérieure ou enfin par des rassemblements formés dans le rayon d'investissement sous l'autorisation des magistrats. »

Peut-être aurait-on pu soutenir que le droit de mettre en état de siège appartenait également au pouvoir exécutif sous la charte de 1814; il pouvait le puiser dans l'article 14, et même l'ordonnance de mise en état de siège de 1830 est fondée sur cet article. Il était ainsi conçu :

« Le roi est le chef suprême de l'État; il commande les forces de terre et de mer, déclare la guerre, fait les traités de paix, d'alliance et de commerce, nomme à tous les emplois d'administration publique, et *fait les règlements et ordonnances nécessaires pour l'exécution des lois et la sûreté de l'État.* »

Cette disposition a passé dans la charte réformée de 1830, sauf la modification suivante : « Le roi fait les règlements et ordonnances nécessaires pour l'exécution des lois, *sans pouvoir jamais ni suspendre les lois elles-mêmes ni dispenser de leur exécution.* »

On sait quelle importance immense on a attaché à l'introduction de cette modification; elle renferme toute la victoire de la révolution de Juillet.

De là il suit : 1° que le gouvernement ne puise plus dans une disposition générale et vague le droit qu'y a puisé la royauté de Charles X ;

2° Que toutes les ordonnances ne peuvent avoir pour objet que l'exécution des lois, sans aucune espèce d'exception.

Ce droit général n'existant plus, toute la question est maintenant de savoir si l'ordonnance se renferme dans les termes de la Charte.

Or, la déclaration de mise en état de siège, qui a pour résultat immédiat de paralyser toute autorité civile, de la transférer à l'autorité militaire, de supprimer momentanément le jugement des pairs, pour en investir des commissions spéciales, qui va même (le décret du 1er mai 1812 l'autorise) jusqu'à permettre de créer une pénalité, est-elle autre chose que la suspension la mieux caractérisée, la plus palpable des lois que cependant le roi seul ne peut jamais suspendre? Évidemment non : donc l'ordonnance est inconstitutionnelle.

Mais, dit-on, par la déclaration d'état de siège, le roi ne suspend la loi qu'en vertu de la loi même, c'est-à-dire du décret du 23 décembre 1811. A cette objection, deux réponses : 1° le décret de 1811, on l'interprète mal. En effet, même sous la Constitution de l'an VIII, ce décret ne s'appliquait qu'aux places de guerre (preuve, article 51, 52, 53, développements évidents de l'article 50) ; 2° au reste, quand il aurait été applicable, la charte de 1830 l'aurait abrogé explicitement, comme le système constitutionnel actuel abroge moralement et implicitement la constitution de l'an VIII, dont le décret de 1811 n'est que l'accessoire, et la charte de 1814, qui autorisait purement et simplement le chef du gouvernement à faire des règlements et des ordonnances nécessaires pour l'exécution des lois. Mais la charte de 1830 n'autorise le roi à faire des règlements et des ordonnances nécessaires qu'à la charge de ne pouvoir *jamais* ni suspendre les lois elles-mêmes, ni dispenser de leur exécution; et son article 53 défend par-dessus tout, à quelque titre et sous quelque dénomination que ce puisse être, d'enlever les citoyens à leurs juges naturels.

En résumé, sous la charte de 1830 plus encore que sous

la Constitution de 1791 et sous la loi du 10 fructidor an V, la déclaration de mise en état de siège n'appartient au pouvoir exécutif qu'avec l'assentiment des Chambres; car elle est la suspension de toutes les lois, quand la suspension d'une seule est à jamais proscrite.

On nous fait alors l'objection suivante : Remarquez, dit-on, que la détermination de l'état de siège par un décret de l'empereur n'était qu'un des modes indiqués, mais que l'état de siège pouvait résulter encore ou de l'investissement ou d'une attaque de vive force, ou d'une surprise, ou d'une sédition intérieure, ou enfin des rassemblements formés dans le lieu de l'investissement.

Ceci est vrai, mais il faut expliquer d'abord ce que la loi entend par état de siège résultant de l'investissement d'une commune; il n'y a dans ce cas état de siège qu'autant que les communications du dehors ou du dedans au dehors sont interceptées dans une distance de 1800 toises.

Or, en fait, jamais les communications dans le sens légal n'ont été interceptées : donc l'état de siège, résultat d'investissement, n'existait pas ; donc il n'a pu être rendu d'ordonnance pour constater un fait non existant.

D'un autre côté, dès que nous sommes sous l'empire du fait, tout disparaît avec lui ; ainsi l'investissement, l'attaque de vive force, etc., ce sont là des actes qui se manifestent d'une manière matérielle, non équivoque, avec eux commence aussitôt l'empire de l'autorité militaire, dont l'action, presque insensible lorsqu'elle ne dure qu'un jour ou deux, se comprend et peut devenir salutaire lorsque, par malheur, la rébellion se perpétue huit ou quinze jours, ou plus. En un mot, comme la seule démonstration extérieure du trouble aura interverti l'ordre ordinaire, la certitude palpable du contraire, c'est-à-dire de la pacification, fera disparaître le système exceptionnel.

Ces principes de raison sont ceux mêmes que consacrent

la loi de 1791 et le décret de 1811 ; la première dispose :
Article 12. « L'état de siège ne cessera que par l'investissement rompu. »

Le second : Article 53. « Dans le cas d'une attaque régulière, l'état de siège ne cesse qu'après que les travaux des ennemis ont été détruits, et les brèches mises en état de défense. »

En conséquence la déclaration de mise en état de siège, surabondante pendant la durée malheureusement trop bien caractérisée des troubles, serait depuis une inconstitutionnalité.

Voici pour la première question ; examinons la seconde :

L'ordonnance de mise en état de siège de Paris, datée du 6 juin, peut-elle rétroagir, et soumettre les faits accomplis avant sa promulgation à l'appréciation des commissions militaires, sans violer le principe de la non-rétroactivité en matière pénale ?

Oui, nous dit-on ; d'abord parce que la mise en état de siège n'est que la constatation d'un fait extérieur, préexistant. Le signe originel de l'état de siège, ce n'est pas l'ordonnance du roi, ce sont les premiers coups de fusil tirés.

Ceci n'est pas exact, si l'on s'attache aux circonstances spéciales dans lesquelles l'ordonnance a été rendue; nous l'avons démontré, mais supposons le fait exact, nous reviendrons, pour répondre à l'objection, à la distinction même faite sur l'état de siège par les lois actuellement en vigueur.

Si l'état de siège résulte du seul fait matériel, il cesse, aux termes des lois de 1791 et de 1811, avec toute manifestation extérieure et flagrante.

S'il n'est toutefois que la déclaration d'un fait préexistant, quand ce même fait a disparu, il ne peut alors être déterminé par le roi qu'avec le concours des Chambres; autrement il y aurait suspension, par lui seul, de tout le faisceau des lois.

Mais on fait en faveur de la rétroactivité un autre raisonnement qui mérite la plus sérieuse attention, car c'est
le principal considérant de la cour de Paris dans son arrêt
de non-lieu à évocation.

Il est vrai, dit-on, qu'en principe général les lois positives qui restreignent la liberté de l'homme ne frappent
que pour l'avenir et n'existent que quand on les a promul-
guées.

Ainsi la liberté civile consiste dans le droit de faire tout
ce que la loi n'a pas prohibé, et les citoyens ne peuvent être
punis que par les lois qu'on leur fera connaître par un mode
uniforme ; hors de cet axiome, pas de société possible,
parce que personne ne voudrait s'y soumettre.

Il est toutefois un autre principe, c'est que les lois de
compétence et de simple instruction ont toujours régi les
faits antérieurs, et non jugés, comme les faits à venir.

Dès lors, dit-on, si la règle de non-rétroactivité des lois
pénales ne permet pas de recourir, pour l'application des
peines, à celles qui sont postérieures au crime et au délit
qu'il s'agit de juger, ce principe n'empêche pas que ces
modes faits par les lois nouvelles pour la manière d'instruire, de procéder et de juger ne soient suivis à l'égard
des prévenus de faits antérieurs à la publication, et ne
soient consultés pour l'instruction, la compétence, la pro-
nonciation et l'exécution des arrêts.

Ce système est développé en effet par un jurisconsulte
profond en cette matière : M. Legraverend, dans son *Traité
de législation ministérielle*, tome II, pages 51 et 52.

Mais, comme il le dit, la rétroactivité, règle exceptionnelle, ne peut s'appliquer qu'aux lois sur la compétence,
la procédure, l'instruction des affaires ; elle s'arrête
toutefois devant le fond, devant la peine ; autrement ce
serait violer le principe tutélaire, irréfragable, de la non-
rétroactivité en matière de lois pénales proprement dites,

de celles qui, comme l'écrit Bentham, *contraignent*, *gênent* ou *tuent*.

Ceci posé, on se demande si la transmission du pouvoir civil à l'autorité militaire dont la justice est si rigoureuse, si instantanée, n'est que l'exécution d'une simple loi de compétence ; et si, à part la violation des articles 52 et 53 de la Charte constitutionnelle, qui interdisent le rétablissement de tous les tribunaux exceptionnels sous quelque dénomination que ce soit, et la distraction de ses juges naturels, elle ne touche pas encore le fond de la manière la plus intime.

Quelle sera, en effet, la pénalité que les commissions militaires devront appliquer ? d'abord les peines portées par le code pénal militaire de l'an V pour les crimes qu'il prévoit.

A son défaut, et aux termes de l'article 18 du titre XIII de la loi du 3 pluviôse an 11, elles doivent suivre le code pénal ordinaire pour les actions qui se trouvaient punies par lui et qui ne l'auraient pas été par le code pénal de l'an V.

Enfin, dans les cas non prévus *par les lois pénales existantes*, soit militaires, soit civiles, elles pourront, aux termes de l'article 10 du décret du 1er mai 1812, rappelé par le ministre de la guerre dans la circulaire qu'il vient d'adresser au commandant de la division militaire de Paris, *appliquer, d'après toutes les circonstances de fait, une des peines du code pénal civil ou militaire qui leur paraîtra se rapprocher du délit.*

Et c'est ce pouvoir exorbitant, immense, qu'on se complaît à n'appeler qu'une loi de compétence ! Eh quoi ! donner à l'accusé non pas tels ou tels juges, en robes ou en épée, ou bien tels ou tels degrés d'instruction, mais le soumettre à une loi même incréée pour le fait qu'on lui reproche, c'est là toucher le fond et non la forme ; mais c'est entamer le fond jusque dans ses entrailles ; ce sont là de ces choses qui se sentent et pour la démonstration desquelles la plume tombe des mains.

Si donc la transmission des pouvoirs civils à l'autorité militaire touche de la manière la plus intime, la plus profonde, à la pénalité, il faut se hâter de déclarer que la dinstinction entre les lois de compétence et les lois de pénalité proprement dite est ici inadmissible, et qu'elle violerait le principe de la non-rétroactivité en matière pénale sur lequel repose la société.

Délibéré à Paris, le 9 juin 1832, par l'avocat à la cour royale soussigné :

LEDRU-ROLLIN.

Cette consultation, reproduite par la *Gazette des Tribunaux* du 10 juin 1832, est suivie des adhésions des notabilités du barreau de Paris : Mauguin, bâtonnier de l'ordre, Paillet, Marie, Paillart de Villeneuve, Coffinière, Benoit, Stourm, etc.

XC

ÉTUDE SUR L'INFLUENCE DE L'ÉCOLE FRANÇAISE

SUR LE DROIT AU DIX-NEUVIÈME SIÈCLE

SERVANT DE PRÉFACE AU RÉPERTOIRE GÉNÉRAL DU « JOURNAL DU PALAIS »
CONTENANT LA JURISPRUDENCE DE 1791 A 1845, PUBLICATION DE L'AUTEUR

(5 décembre 1844)

Saint-Simon, méditant une nouvelle philosophie générale, était surtout préoccupé du désir de *rendre l'initiative à l'École française*. Peut-être, s'il eût accompli son œuvre, se serait-il aperçu que cette initiative, l'Ecole française ne l'a jamais perdue. C'est là une assertion qu'il ne serait pas très difficile de justifier ; nous laissons cette œuvre à d'autres plus compétents que nous.

Si toutefois le plan de ce recueil et la spécialité de nos études ne nous permettent pas de soutenir cette thèse en ce qui concerne la philosophie générale, on ne s'étonnera pas sans doute que, dans le domaine du droit, nous osions revendiquer la place qui appartient à l'École française, et protester contre la modestie de nos compatriotes, qui ont pris trop au sérieux les prétentions scientifiques de l'Allemagne.

La supériorité pratique, voilà ce que les docteurs d'outre-Rhin veulent bien concéder au jurisconsulte français ; mais pour ce qui est de la conception théorique, de la science des principes, ils se posent en maîtres, et ne parlent qu'avec un superbe dédain des noms les plus illustres de l'École française. A leurs yeux, Montesquieu est un esprit étroit et incomplet, et les rédacteurs du Code ne sont que d'infimes greffiers[1].

L'habileté dans la pratique ne serait pas, après tout, un mérite à dédaigner; car la science pratique est le signe d'une saine logique, la pratique exacte n'étant qu'une déduction rigoureuse de la théorie. Nous irions même jusqu'à penser qu'une bonne application du droit vaudrait mieux, pour le bien-être des peuples, qu'un ambitieux enseignement.

Mais, s'il nous est permis de revendiquer davantage encore, si la vérité historique, bien plus que la vanité nationale, nous oblige à combattre de fausses prétentions et à réparer d'injustes oublis, nous n'avons pas le droit de renoncer à la réhabilitation de notre pays, dans la crainte mal fondée de paraître trop bien penser de nous-mêmes.

Pour accomplir sûrement notre tâche, il nous faut remonter aux sources mêmes du droit, l'interroger dans son essence; nous pourrons apprécier ainsi les services réels ou fictifs rendus à la science, et la valeur des titres de chaque École.

« La science du droit, dit Ulpien, est la connaissance des choses divines et humaines. » Cette définition est heureuse en ce qu'elle résume complètement tout ce qu'il y a dans le droit : le nécessaire et le contingent, l'absolu et le relatif, l'immuable et le transitoire, ce qui est indépendant de l'homme et ce qui dépend de lui, enfin, pour tout dire en deux mots, le divin et l'humain.

Montesquieu a dit : « Les lois sont les rapports nécessaires qui dérivent de la nature des choses. « C'est profondé-

---

1. Voyez la critique du Code français, par Savigny : — *Vocation de notre siècle pour la législation et la jurisprudence.*

ment juste, mais ce n'est définir que la loi naturelle ou divine. Aussi ajoute-t-il plus loin : « Les êtres particuliers intelligents peuvent avoir des lois qu'ils ont faites, mais ils en ont aussi qu'ils n'ont pas faites. » Nous retrouvons ici la pensée complète d'Ulpien. Mais l'homme ne fait des lois que parce qu'il est dans sa nature de pouvoir en faire, ou, en d'autres termes, parce que Dieu lui a donné la liberté d'en faire. Le droit est donc, dans son sens le plus général, ce qu'il y a de divin dans la législation ; la loi, dans le sens de formule écrite, est ce qu'il y a d'humain. C'est pour cela que la formule change et doit changer, tandis que le principe est toujours le même. Le juste est en soi inaltérable, parce que l'idée du juste et de l'injuste est naturellement, divinement née avec l'homme ; mais les applications de l'idée sont essentiellement variables, parce qu'alors intervient la liberté humaine.

L'histoire du droit n'est donc, à proprement parler, que l'histoire des modifications du principe contingent dans ses rapports avec le principe nécessaire, ou, pour nous en tenir aux termes d'Ulpien, l'histoire du développement des choses humaines dans leurs rapports avec les choses divines.

Ainsi sommes-nous ramenés à la distinction si claire de Montesquieu entre les lois que l'homme a faites et les lois qu'il n'a pas faites ; ainsi pouvons-nous voir ce qu'il y a d'immuable dans le droit, ce qu'il y a de temporaire.

Nous aurons non moins facilement la solution des subtiles querelles qui divisent les Écoles allemandes.

L'École qu'on appelle philosophique, représentée par Hegel et ses disciples, proclame la souveraineté de l'idée dans le domaine des lois, comme dans les autres sphères de l'intelligence. D'où il suit que le droit serait une création tout humaine, que l'homme seul déterminerait le juste et l'injuste, que tout serait conventionnel, relatif, transitoire.

L'École dite École historique, ayant Savigny pour chef, prétend, au contraire, que l'homme n'a que faire d'intervenir dans le droit, qui se développe en vertu de sa propre spontanéité[1].

Voici le résumé de la théorie de Savigny :

Les législations ne sont pas et ne doivent pas être le produit des spéculations humaines. Le droit ne s'invente pas, il existe de lui-même, il a ses racines dans le corps même de la nation, il grandit et se développe avec elle, en vertu de ses énergies internes; c'est un élément nécessaire, fatal, de ce vaste organisme, et il doit le suivre dans toutes les phases de sa vie. L'homme ne saurait y toucher légitimement : ce serait contrarier la nature et vouloir la soumettre à la tyrannie de la pensée. Il en est du droit comme de la langue : on peut dire qu'il existe en germe dans les mœurs, dans les croyances, et en quelque sorte dans les entrailles de chaque peuple; il vient du dedans et non pas du dehors, et il obéit, dans ses évolutions, à une loi secrète, à un principe invisible et mystérieux, qui échappe au caprice ou à la volonté du législateur. En présence de cette végétation du droit, l'homme n'a rien à faire ; il ne lui reste qu'à s'associer à son développement. Toutes les manifestations du droit sont légitimes et par là même sacrées. Comment accuser la vie dans les formes qu'elle revêt? Il faut donc accepter le droit sans lui demander compte de son existence. L'esprit humain s'égare irrémédiablement chaque fois qu'il veut substituer ses théories à ce travail intérieur qui fait éclore mystérieusement la législation dans le sein même des sociétés.

Il est évident que chacune des deux Écoles n'a entrevu

---

1. Nous avons emprunté cet exposé des doctrines de Savigny à un remarquable travail de M. Pascal Duprat inséré dans la *Revue indépendante*, n° 15, 4° livraison.

qu'une partie de la vérité : l'une ne tient compte dans le droit que de l'élément humain ; l'autre, que de l'élément divin ; l'une ne voit que le contingent et le variable ; l'autre, que le nécessaire et l'absolu. Elles se partagent entre elles la définition d'Ulpien, en n'en prenant chacune que la moitié.

A l'École philosophique il est facile de répondre par les paroles de Montesquieu : « Avant qu'il y eût des lois faites, il y avait des rapports de justice possibles. Dire qu'il n'y a rien de juste ni d'injuste que ce qu'ordonnent ou défendent les lois primitives, c'est dire qu'avant qu'on eût tracé de cercle tous les rayons n'étaient pas égaux. »

Avec l'École philosophique du moins on argumente à son aise. On sait ce qu'elle veut, elle s'exprime clairement ; ses propositions s'enchaînent avec méthode, et ses erreurs sont pleines de logique.

Il s'en faut que Savigny ait le même mérite. Il y a dans ce qu'il dit une confusion de termes, un luxe de contradictions, un conflit de propositions malsonnantes, qui, si l'on n'y prend garde, déroutent l'argument, éblouissent la critique.

Ainsi, quand Savigny affirme que le droit ne s'invente pas, mais existe de lui-même, il a raison sans doute, mais, quand il dit en même temps que les législations ne sont pas et ne doivent pas être le produit des spéculations humaines, il tombe dans une erreur grossière, en mettant sur la même ligne le droit et la législation, l'absolu et le relatif, l'immuable et le transitoire, le nécessaire et le contingent.

Quand il dit que le droit est un élément nécessaire, fatal, de l'organisme social, il est dans le vrai, mais, quand il ajoute que l'homme ne saurait y toucher légitimement, il est dans le faux : car l'élément nécessaire ne se manifeste que lorsque l'homme lui a donné, par son intervention, par

son consentement libre, une forme sensible, une vie extérieure.

Quand il dit que le droit vient du dedans et non pas du
dehors, il se trompe de moitié, car le droit vient et du dedans et du dehors.

Le droit, dans ses évolutions, obéit à une loi secrète, à
un principe invisible et mystérieux, nous l'accordons ;
mais nous n'accordons pas que ce principe échappe à la
volonté du législateur ; car c'est en vertu de ce principe
que le législateur a une volonté, et c'est par l'application
de ce principe qu'il parvient à se faire obéir.

On pourrait appliquer au corps humain, aussi bien qu'au
corps social, la doctrine de Savigny, avec tous les termes
qu'il emploie ; les conséquences en seront encore plus facilement appréciées. En effet, le corps humain existe de lui-
même : il grandit et se développe en vertu de ses énergies
internes ; il obéit, dans ses évolutions, à une loi secrète, à
un principe invisible et mystérieux. Mais s'ensuit-il que
l'homme ne doive rien faire pour aider à ce développement, pour féconder ces énergies internes, pour faciliter ces
évolutions ? Parce que le corps vit de lui-même, faudra-t-il
que l'homme s'abstienne de l'alimenter ? Et parce qu'il y a
dans le corps une flamme divine, y aura-t-il donc un sacri-
lège dans l'intervention humaine ? Si le jurisconsulte de
Berlin veut faire preuve de quelque logique, il devra dire
de la vie comme du droit : «Elle vient du dedans et non pas
du dehors ; en présence de cette végétation de la vie, l'homme
n'a rien à faire. » S'il n'ose soutenir cette proposition, il
recule devant sa propre doctrine ; s'il l'ose, il ôte à l'enfant
le sein de sa mère. Et il ne fait pas autre chose pour le
droit ; car, si le droit contient en lui-même sa puissance de
développement, c'est l'homme qui lui apporte les moyens
de se développer ; de même que l'enfant reçoit de Dieu ses

énergies vitales, et de l'homme les aliments nécessaires pour les exercer.

L'École historique peut à son aise affirmer que l'homme n'a pas le droit d'intervenir dans le droit. En dépit de ces affirmations, l'homme intervient. Quelle autre réponse faut-il à de vagues théories? Savigny n'a plus d'autre ressource que de nier les faits; et alors nous pourrons voir l'École historique protester contre l'histoire.

S'il s'agissait de l'École hégélienne, elle ne s'effraierait pas de cette conséquence. Nous l'avons dit : elle a le tempérament audacieux. Aussi est-ce sans un grand étonnement que l'on peut rencontrer dans une histoire du droit l'affirmation suivante : « Le droit n'a pas d'histoire dans l'Inde et dans l'Orient[1] ». Et pourquoi? Parce que, selon l'auteur, qui répète cette formule d'après ses maîtres allemands, l'Orient avait absorbé la personnalité humaine dans l'empire de l'absolu. C'est donc, ajoute-t-il, dans la Grèce et dans Rome que commence l'histoire du droit; car l'homme devient là une puissance libre et personnelle, une individualité qui *s'appartient*, qui dès lors *a des droits*[2]. Eh quoi! une vaste société, puissamment organisée, donnant à la pensée humaine une impulsion gigantesque, d'où tout est sorti, même le christianisme, n'aurait rien produit pour l'histoire du droit! Autant vaudrait dire qu'elle n'a rien produit pour l'histoire des faits; car l'histoire des faits, qu'est-elle autre chose que la manifestation sensible de l'histoire du droit, sa réflexion extérieure, son corollaire obligé, son complément nécessaire? Disons mieux : là où il n'y a pas d'histoire du droit, là il n'y a pas de droit. M. Laferrière semble même accepter la conséquence de sa proposition; en effet, comme c'est en vertu de sa personnalité que l'homme a des droits, la personnalité humaine

---

1. *Histoire du droit français*, par M. Laferrière, Introduction, p. 9.
2. Id.

étant absorbée en Orient, il s'ensuit qu'en Orient il n'y a pas de droit. Ainsi ces pays immenses où l'homme élevait des monuments impérissables et des empires sans fin, pendant que l'Occident, couvert de marais et dormant sous l'ombre des forêts druidiques, attendait encore les hôtes qui devaient les féconder, ces heureuses contrées où s'est levé l'astre de la civilisation, pour y briller d'un si vif éclat, et nous communiquer ensuite la lumière qui nous éclaire aujourd'hui, ont poursuivi leur longue et majestueuse carrière sans avoir la conscience du droit, sans que le droit ait été pour rien, ni dans l'ordre qui a maintenu de vastes États, ni dans la morale qui a établi de puissants systèmes, ni dans les rapports incessants des individus avec le pouvoir social, et des individus entre eux ! Et cependant ceux qui nient l'histoire du droit en Orient, et par conséquent le droit lui-même, reconnaissent qu'on y trouve la propriété, les contrats, les délits et les peines, la famille et l'État. « Mais, ajoutent-ils, quand on interroge sévèrement chacun des éléments de cette législation, on ne leur trouve aucune précision, et pour ainsi dire aucune substance : ils disparaissent et s'évanouissent les uns dans les autres, jusqu'à ce qu'enfin ils tombent dans une unité qui les absorbe. Ainsi, le droit de l'individu disparaît dans la famille, la famille dans l'État, l'État dans le prince [1] ».

Nous pourrions peut-être accuser M. Lerminier d'avoir inspiré les erreurs de M. Laferrière ; mais nous reprocherons plus justement encore à l'École allemande d'avoir inspiré les erreurs de M. Lerminier. Aussi ne nous arrêterions-nous pas à l'étrange hérésie que nous signalons, si elle n'avait pris quelque consistance chez nous à la suite des importations scientifiques d'outre-Rhin. Comment peut-on avancer que la personnalité est absorbée en Orient,

---

1. Lerminier, *Introduction générale à l'histoire du droit*, p. 323.

lorsqu'on y trouve quelque chose d'aussi personnel que la propriété? Cela seul suffirait à clore la discussion. « Le droit, dit M. Laferrière, c'est l'association laborieuse de la liberté humaine et de la vie civile avec la justice et la raison. » On pourrait peut-être bien le quereller sur cette définition; mais nous consentons, quant à présent, à l'accepter. Or, un contrat par lequel un homme s'oblige et oblige un autre homme n'est-il pas une manifestation de la personnalité, un acte de liberté humaine? N'y a-t-il donc pas de quoi exercer la sagacité de l'historien dans l'étude de la propriété en Orient, des contrats, des obligations, du mariage, de la paternité et de tous les rapports de famille? Nous soupçonnons fort M. Laferrière d'avoir, après tous ses devanciers germaniques ou germanisés, confondu la personnalité et la liberté humaines avec la personnalité et la liberté politiques. La liberté politique n'existait pas, il est vrai, en Orient, et, par conséquent, la personnalité politique non plus. Mais la liberté politique n'est qu'un développement, un progrès de la liberté humaine; et il n'est pas étonnant que le développement, le progrès n'existât pas dans les sociétés premières, ce qui n'empêchait pas la liberté humaine d'être hautement reconnue, d'être sanctionnée par la loi; car elle admettait la responsabilité, soit civile dans les contrats, soit pénale dans les délits, et la responsabilité est la consécration de la liberté.

En vain l'on dit que le droit de l'individu disparaît dans la famille, la famille dans l'État, etc. Le terme n'est pas exact. Le droit de l'individu ne disparaît pas. Il est seulement subordonné au droit de la famille, comme le droit de la famille est subordonné au droit de l'État. Et cela doit être, en Orient comme en Occident. Mais en Orient comme en Occident, l'individu comme la famille avait son droit propre, et on le reconnaît même dans ces termes inexacts où l'on soutient que le droit de l'individu disparaît dans la famille ; car pour disparaître, il faut avoir paru. Tant il est difficile d'énoncer longtemps une erreur capitale sans se perdre dans de manifestes contradictions.

Ce qui est vrai, c'est que l'histoire du droit en Orient n'est pas encore faite ; et il n'est pas hors de notre sujet de signaler cette lacune. Mais dire qu'elle n'est pas à faire, c'est une excuse trop commode pour que nous puissions l'admettre, une erreur trop saillante pour que nous puissions la passer sous silence.

Ces observations s'appliquent surtout à l'École allemande, qui a la prétention de ne rien négliger des origines et de remonter toujours aux sources de la science. Néanmoins, ces érudits n'ont pas osé sonder les profondeurs des sociétés orientales ; il leur a paru plus facile d'affirmer d'un ton dogmatique que l'Orient n'a pas vécu d'une vie humaine. « Toujours immobile, dit Gans, l'Asie n'est pas dans le temps et ne vit que dans l'espace[1]. » Ce n'est là, il faut en convenir, qu'une malheureuse antithèse. Jusqu'ici, il avait été dit que Dieu seul, en vertu de son éternité, ne vivait pas dans les temps, mais dans l'espace. M. Gans, croyant faire un mauvais compliment à l'Asie, lui assigne les attributs de la Divinité. M. Cousin avait aussi dit que l'Asie est le pays de l'infini, que l'époque orientale est l'époque de l'infini, mais il se hâtait d'ajouter[2] : « Entendons-nous bien : il n'y a pas d'époque où une idée règne seule, au point qu'il n'en paraisse aucune autre. Dans toutes les époques est le fini et l'infini, et le rapport de l'un à l'autre ; car il n'y a de vie que dans la complexité ; mais de ce fonds commun se détache l'élément dont l'heure est venue, et qui, dans son contraste avec tous les autres éléments et dans sa supériorité sur eux tous, donne son

1. *Du droit de succession et de ses développements dans l'histoire du monde.*

2. *Introduction à l'histoire de la philosophie*, 7ᵉ leçons, page 24.

nom à cette époque de l'histoire et en fait par là une époque
spéciale. »

Ainsi, M. Cousin, tout en faisant dominer dans l'Asie le
principe immobile de l'infini, prend soin de faire ses réserves en faveur de la personnalité humaine, de la liberté,
du droit. Il n'imagine pas un peuple vivant dans l'espace
et ne vivant pas dans le temps; et s'il a cru devoir, suivant la méthode allemande, faire des classifications histo-
riques très contestables, diviser le monde en trois époques,
voir dans la société orientale l'époque de l'infini, dans la
société gréco-romaine l'époque du fini, et dans la société
moderne l'époque des rapports du fini à l'infini, il n'a pas
du moins refusé à une époque les éléments des deux autres,
il n'est pas arrivé à la négation de la vie humaine en Asie,
par la négation du temps et du mouvement.

Il est devenu aujourd'hui de tradition dans les Écoles de
représenter toujours l'Asie comme le pays de l'immobilité.
L'immobile Orient est une phrase consacrée, un lien commun à l'usage des philosophes, des littérateurs et des poètes, et l'on ne saurait parcourir un écrit sur l'Inde, sur la
Chine, sur la Perse et sur l'Égypte, sans y rencontrer à
tout propos la terrible formule de l'immobile Orient. Sans
doute, l'Orient d'aujourd'hui ne saurait protester contre
cette plaisante phraséologie; mais l'Orient des temps passés, l'Orient de ces époques qu'on appelle époques de l'infini, époques sans droit, où les hommes ne vivaient pas dans
le temps, mais dans l'espace; l'Orient initiateur et civilisateur du genre humain, peut à bon droit protester. Il n'y a
pas eu de mouvement, dites-vous, dans ces pays qui ont
vu les grandes révolutions des monarchies assyriennes, les
invasions tumultueuses des peuples pasteurs, les entre-
prises successives des Mèdes et des Perses, les conquêtes
industrielles et maritimes des races phéniciennes transpor-
tant de rivage en rivage les idées et les arts de l'Orient, les

agitations continuelles du peuple hébreu, dont l'anxieuse activité et la remuante ardeur causaient à Voltaire des impatiences nerveuses! Quoi! la pensée humaine est demeurée silencieuse et inerte dans ces contrées qui ont produit et les Vedas et les Pouranas, et les lois de Manou et la Bible, et des réformateurs tels que Confucius, Bouddha, Zoroastre, Moïse, Jésus-Christ et Mahomet! D'où venait donc le civilisateur d'Athènes Cécrops, avec ses Égyptiens, si ce n'est de l'immobile Orient? D'où venait Cadmus, avec ses Phéniciens, qui allaient initier les Grecs aux mystères de l'écriture? Ces migrations continuelles d'hommes forts et intelligents ne prouvent-elles pas une surabondance de vie, une surexcitation de pensée, un besoin immense de mouvement, à faire envie aux Occidentaux les plus actifs, même aux cerveaux les plus mobiles de l'École germanique?

S'il y a quelque chose à reprocher à l'Orient, soit dans ses poésies, soit dans ses théogonies, soit dans ses révolutions matérielles, c'est cette fertilité luxuriante de l'esprit qui ne sait pas s'arrêter, de l'imagination qui ne sait pas se modérer, de la passion qui ne veut pas rencontrer d'obstacles. On sent qu'on assiste à la jeunesse des nations, jeunesse inquiète, agitée, ennemie du repos, emportée par les illusions, les espérances et les aspirations extraordinaires. Étrange pays à prendre pour symbole de l'immobilité, que celui ou Dieu lui-même ne se repose pas dans l'unité de sa substance, où il faut à Vishnou neuf incarnations successives pour se révéler complétement aux hommes! Ainsi, même dans les manifestations divines, l'immobile Orient introduit les idées de succession, de variété, de mouvement. D'où vient cependant cette hérésie singulière prêchée surtout par l'École hégélienne et répétée trop étourdiment par nos docteurs? Simplement de ce qu'on a pris l'Orient d'aujourd'hui pour type de l'Orient des temps passés. Depuis mille ans, l'Orient est enchaîné dans de vieilles insti-

tutions. Tout y dort, et l'esprit et la matière, et les peuples
et les rois. Et l'on en a conclu que tout y avait toujours
dormi ; et l'on s'est écrié : Là il n'y a pas d'histoire, parce
que là il n'y a pas de mouvement. O savants dédaigneux ! sévères logiciens ! vous vous arrêtez devant une momie, et
parce qu'elle gît immobile, enveloppée dans ses bandelet-
tes, vous assurez que la vie n'a jamais été en elle ; parce
que le sang ne circule plus dans ces membres desséchés,
vous affirmez que le cœur n'a jamais rempli ses fonctions,
et, jugeant l'homme passé par le cadavre présent, vous
proclamez que cette matière inerte n'a jamais eu d'histoire!
Cette méthode est expéditive sans doute, et l'accommode-
ment est facile : nier une histoire de deux mille ans coûte
moins que de la connaître. Mais il serait de meilleur aloi
de confesser son ignorance et de convier les tempéraments
laborieux à combler cette lacune. En vain vous voulez placer au Capitole le berceau de l'histoire du droit. Le droit
a le même berceau que l'homme, et si l'homme a pris
naissance sur les plateaux de l'Asie, c'est là qu'il faut aller
chercher les origines de votre histoire : car avant de vous
asseoir sur les bords du Tibre, vous trouverez quelque profit à parcourir les rives de l'Euphrate, du Gange, du Nil et
même du Jourdain.

En somme, que nous ont valu les importations allemandes? Avant l'École hégélienne, Rousseau avait proclamé la
souveraineté de la volonté humaine, et l'École historique,
avec son droit divin, a été bien au-dessous de Bossuet retra-
çant la marche des sociétés humaines, mystérieusement
guidées par la main de Dieu. Montesquieu a dit : « Il y a
des lois que l'homme n'a pas faites ; » et l'École historique
allemande s'est écriée : « Il n'y a pas d'autres lois que
celles-là. » Mais Montesquieu ajoute : « Il y a aussi des
lois que l'homme a faites ; » et l'École philosophique allemande s'écrie à son tour : « Il n'y a pas d'autres lois que

celles-là. » Les deux partis ont scindé la pensée de Montesquieu pour établir un système qu'ils ont pris pour une création. Chacun a dérobé une pierre au monument français et a cherché à bâtir un édifice; chacun a déchiré un lambeau du drapeau français et s'est imaginé avoir levé l'étendard national. Eh ! messieurs, vous croyez faire du nouveau, et tout cela est vieux comme le monde de la philosophie, vieux comme Pythagore, vieux comme l'École ionienne ou comme l'École d'Élée. Vous avez beau vous appeler Savigny ou Gans, Fichte ou Hegel, nous vous avons déjà rencontrés avec d'autres noms, soit sous les berceaux de l'Académie, soit sous les voûtes du Portique, soit dans les monastères du moyen âge lorsque le nominalisme faisait la guerre au réalisme. Le libre arbitre et la grâce ont été assez bien représentés par Pélage et saint Augustin, sans que ces antiques querelles aient besoin d'être renouvelées par des formules germaniques. Prenez la philosophie ionienne, qui ne s'occupe que de ce monde et ne croit qu'à lui, vous aurez la doctrine des hégéliens, qui ne reconnaissent de lois que celles que l'homme a faites. Prenez la philosophie pythagoricienne ou dorienne, qui prétend tout idéaliser, tout ramener à des principes invisibles, vous aurez la doctrine de Savigny, qui ne reconnaît de lois que celles que l'homme n'a pas faites. Les Écoles de l'unité et de la pluralité, de la fatalité et de la liberté, des spiritualistes et des sensualistes, ont répété cent fois ces axiomes, et ces choses ont été dites en meilleur style par Bossuet et Luther.

Et cependant ces hardis contrefacteurs parlent fort légèrement de Montesquieu, tout en vivant sur la moitié de sa pensée. D'où vient donc que nous lui donnions complètement raison contre eux? De ce qu'il a vu l'homme tel qu'il est, de ce qu'il a reconnu dans la société tout ce qui s'y trouve, l'universel et le particulier, l'absolu et le relatif, le divin et l'humain. Sans doute, pas plus que les Allemands, il n'a rien inventé; car la définition d'Ulpien renferme toute sa formule; mais il s'est fait le conservateur des saines traditions; il a continué logiquement l'École française des seizième et dix-septième siècles; il a signalé les véritables principes du droit, les seuls qui puissent se démontrer en théorie, les seuls qui puissent s'appliquer en pratique.

Maintenant, abandonnons un instant Savigny et Gans, les jurisconsultes proprement dits, pour interroger les philosophes [1] et tenter avec eux la réalisation de leurs théories ; car une philosophie qui ne pourrait point se réaliser dans les faits sociaux est par cela même fausse ; une doctrine qui ne peut pas prendre un corps dans la législation est radicalement mauvaise.

Kant, après avoir placé l'homme en face du monde extérieur, argumente ainsi : Il n'y a de vrai et de certain pour l'homme que ce qui est en lui. Les phénomènes extérieurs ne sont que des conceptions de son esprit : ils n'existent pas par eux-mêmes, ou du moins leur existence ne peut se démontrer ; car l'homme ne les connaît que par l'idée qu'il s'en fait. Donc, l'objet n'a d'existence que dans l'esprit du sujet ; pour nous servir des termes de l'École allemande, l'objectif n'existe pas indépendamment du subjectif. L'homme ne peut arriver à la connaissance d'un objet en soi; il ne connaît ce qui est hors de lui que subjectivement. Le temps et l'espace même ne sont que des modes de notre sensibilité.

D'où il suit naturellement que le juste et l'injuste n'existent pas indépendamment de l'homme, mais sont des créations de son esprit.

1. Dans cet examen des doctrines philosophiques allemandes, nous avons pris pour guide les excellentes analyses de M. Lerminier. Voyez *Philosophie du droit*, tome II, et *Introduction à l'histoire du droit*.

D'où il suit encore que, si le subjectif législateur formule une loi d'après le juste et l'injuste que son esprit a créés, l'objectif, appelé à obéir à la loi, se faisant subjectif pour l'examiner, peut très légitimement refuser d'y obéir, parce que son esprit aura créé un juste et un injuste tout autres que ceux du subjectif législateur.

La liberté humaine, la morale, les peuples, les empires et Dieu lui-même ne sont que des fictions de l'esprit, de vaines imaginations, en sorte que le jour où le subjectif se persuadera que les objectifs appelés peuple ou nation peuvent se passer des objectifs appelés loi ou morale, il faudra bien qu'ils s'en passent ; car le subjectif, ne trouvant plus ces choses en lui, ne pourra plus les donner ; et où pourraient-elles se rencontrer ailleurs ?

Assurément, avec un pareil système, le droit n'est qu'un mot, la loi un objectif fort peu respectable ; et ces tristes conclusions auraient dû démontrer au philosophe de Kœnigsberg le néant de ses doctrines. Un philosophe allemand ne se décourage pas pour si peu. Kant avait fait ses merveilleuses découvertes dans *la critique de la raison pure*. Mais la raison pure avait l'inconvénient de rendre toute société humaine impossible. Kant imagina donc comme correctif à la *raison pure* une autre raison qu'il appela *raison pratique*. Il ne renonça pas pour cela à la première raison ; non, il croit que pour l'homme ce n'est pas trop de deux, et il demande à la *raison pratique* tout ce que lui avait refusé la *raison pure*.

Pénétrant tout d'abord dans la raison pratique, Kant y trouve une loi réelle *objective* qu'il formule ainsi : « Agis de telle sorte que les maximes de la volonté puissent aussi avoir la force d'un principe de législation générale. » Qu'est-ce à dire, un principe de législation générale ? Mais ce n'est là autre chose qu'une loi générale, indépendante du fait humain, une loi que n'a pas créée l'esprit de l'homme, un objectif enfin existant sans le subjectif. C'est l'absolu, le nécessaire, l'universel, monstres que Kant avait si hardiment combattus, et qu'il croyait avoir réduits au néant. Il disait cependant qu'il ne rétractait rien de ses observations sur la raison pure. Permis à lui sans doute de consoler sa logique par cette douce illusion. Mais pour nous, le premier pas de sa raison pratique est une immense contradiction, une négation complète de sa raison pure. Négation, du reste, obligée, du moment où il veut intervenir dans la société et faire des applications possibles ; hommage forcé rendu par le plus fier génie de l'analyse au principe universel, qui seul explique et consacre l'intervention humaine, qui seul donne de l'autorité à la loi, de la sainteté à ses commandements.

Toutefois, la loi générale une fois posée, cette immense concession une fois arrachée à sa conscience, Kant revient bien vite aux sécheresses de l'analyse, et s'efforce de restituer à l'homme l'initiative dont il l'avait un instant dépouillé.

Voici comment il arrive à ce tour de force.

La loi générale étant donnée, pour qu'on puisse lui obéir, il faut qu'on puisse lui désobéir. Il faut donc être libre. La liberté humaine est une conséquence de la loi.

Il en est de même du bien et du mal. L'obéissance à la loi constitue le bien, la désobéissance constitue le mal. Le bien et le mal ne sont donc pas préexistants à la loi : ils n'ont pas même d'existence sans elle, car ils sont déterminés par elle.

Par conséquent l'homme ne se conforme à la loi que pour la loi.

Nous trouvons bien ici le devoir. Mais la morale, où est-elle ? L'amour envers les autres hommes, que devient-il ? Les affections, les sympathies, tous les sentiments qui donnent de la puissance au lien social, où les rencontrer ?

Kant nous répond : Dans la personnalité humaine :
l'homme étant libre, l'humanité est sainte et sacrée dans
sa personne : il est son but à lui-même.

Assurément, en s'arrêtant à cette conclusion, Kant avait
un système complet. Mais on pouvait toujours lui demander
compte de sa loi générale, de son immense objectif, existant sans un subjectif quelconque ; et si le subjectif humain
s'avisait de désobéir à cet objectif, de quel tribunal relève-
rait sa responsabilité ? Kant eut donc besoin d'un juge, il
eut besoin de Dieu, et Dieu prit place dans son système.

Nous venons de voir que l'homme est son but à lui-
même. Mais ce n'est pas tout. La raison pratique, qui est
apparemment autre chose que l'homme, cherche encore un
autre but sous le nom de souverain bien. Le souverain bien
se compose de deux éléments, vertu et bonheur. Or, l'association de la vertu et du bonheur ne se rencontre pas ici-
bas. Donc, pour la réaliser, il faut pour l'homme un
monde futur et la continuité de l'existence ; donc, immortalité de l'âme.

Mais pour apprécier la vertu et lui donner le bonheur,
pour dispenser le souverain bien, il faut un souverain juge.
Donc, Dieu est.

Résumons en quelques mots toute cette théorie. Kant,
qui prétend tout réduire à l'analyse, est obligé de commencer par une abstraction qu'il appelle raison pratique. Cette
raison pratique découvre une autre abstraction qui s'appelle loi générale. La liberté humaine est une conséquence
de la loi ; l'immortalité de l'âme est une conséquence de
la liberté humaine ; Dieu est une conséquence de l'immortalité de l'âme. En d'autres termes, Dieu est une conséquence de l'homme ; car, si l'homme n'avait pas besoin de
lui pour être jugé, à quoi serait-il bon ? il n'a pas d'autre
rôle que d'être le grand chancelier des sociétés humaines.

Ce qu'il y a de plus étrange, c'est que Kant s'imagine que

son système se trouve d'accord avec le christianisme, et qu'il proclame avec joie cette harmonie de sa philosophie avec la morale de l'Évangile. Mais pour éprouver cette joie, il fallait donc qu'il jugeât d'avance la morale de l'Évangile passablement satisfaisante, puisqu'il en fait, pour ainsi dire, le critérium de la vérité de son système. S'il en est ainsi, à quoi bon ce système?

Il s'en faut, toutefois, que cet accord existe. Le christianisme n'a jamais dit, ce nous semble, que l'homme fût son but à lui-même, et encore moins que Dieu fût la conséquence de l'homme. Le christianisme, il est vrai, admet Dieu comme le souverain juge, mais il l'admet aussi comme la souveraine loi. Or, la loi générale de Kant est indépendante de Dieu, et Dieu n'est appelé qu'à juger selon la loi. Mais le juge qui applique la loi n'est-il pas au-dessous de la loi qu'il applique? Par conséquent le Dieu de Kant est au-dessous de la loi. Or, mettre Dieu au-dessous de quelque chose, n'est-ce pas dire : Dieu n'est pas?

Maintenant, quel parti le droit, quel parti la législation, peuvent-ils tirer d'une pareille théorie? Évidemment, avec le système de la raison pure, le subjectif auquel on imposera, sous le nom de loi, un objectif qu'il ne rencontrera pas en lui, sera en révolte perpétuelle. La morale, qui n'est qu'un mode de sa sensibilité, que lui fera-t-elle, si les modes de sa sensibilité changent? Et Dieu, que deviendra-t-il quand la sensibilité dira que Dieu n'existe pas?

Avec la raison pratique, la législation sera-t-elle plus en sûreté? D'abord, la loi générale base du système peut être facilement contestée. Car, si la raison pratique d'un homme quelconque se refuse à reconnaître cette loi, comment l'y contraindre! L'homme étant son but à lui-même, il serait souverainement injuste de lui imposer le respect pour la loi, si ce respect n'est pas en lui.

De ces deux raisons, d'ailleurs, qui se contredisent, la-

quelle est supérieure à l'autre? Si elles sont égales,
l'homme restera continuellement en suspens pour savoir
quelle raison a essentiellement raison ; ou bien, pour prononcer, il lui faudra une troisième raison qui s'établisse
juge des deux autres.

Certes, ce n'est pas dans un pareil système que le droit
cherchera ses maximes, que le législateur puisera ses inspirations.

Après Kant vient Fichte, et la puissance du subjectif,
déjà trop bien partagé, est exaltée outre mesure ; l'individualité humaine est proclamée souveraine de la terre et du
ciel, l'orgueil du moi humain s'énonce en termes aussi
ambitieux que le Satan de Milton : comme lui, il veut détrôner Dieu.

Kant avait fait sortir la liberté de la loi : pour lui, elle
n'était qu'une conséquence. Pour Fichte, la liberté est un
principe, et le premier de tous les principes.

D'où sort, selon Fichte, toute vérité, toute science, toute
morale ? Du moi se contemplant lui-même. Sortant de la
contemplation, il s'écrie : Je suis libre ! La liberté, voilà
le premier cri de la conscience, la vérité première, devant
laquelle tombent tous les arguments ; car il n'y a pas d'arguments contre les inspirations du moi.

Le moi se pose avant tout et par-dessus tout. Il domine
l'univers, franchit les espaces, et, dans sa liberté illimitée,
il explore les régions de l'infini. Mais voilà que sur sa route
il rencontre un obstacle. Cet obstacle, quel est-il ? Le moi
n'en sait rien ; tout ce qu'il sait, c'est que l'obstacle n'est
pas lui : il se trouve donc en face du non-moi. Il le signale
et par cela même le crée. Car, s'il n'y avait pas de moi, il
n'y aurait pas de non-moi. Le non-moi ressort donc du
moi, il est sa créature. Or, le non-moi, qu'est-ce autre
chose que le monde extérieur ? Donc, le monde c'est moi.

Ce n'est pas tout encore. Dieu, comment existe-t-il ?

Parce que je pense à Dieu. Dieu est donc en moi : il est le résultat de ma conscience. Donc, Dieu c'est moi.

Assurément, il est impossible de poursuivre avec plus de logique la doctrine de Kant, et de détruire avec plus d'audace la réalité objective. Tout ici est dans le subjectif, dans le moi : moi partout, moi toujours, moi l'homme, moi le monde, moi Dieu, moi principe, source et centre de toutes choses, d'où tout sort, où tout aboutit. Le système a sans doute une vaste et formidable unité, et dans tout système l'unité séduit. Mais sortez de cette immense abstraction de l'égoïsme, pour tenter une application sociale, vous aurez pour résultat l'individualisme le plus effronté, la plus audacieuse anarchie qui se puisse imaginer. Et cependant, Fichte ne s'est pas épouvanté des conséquences de sa logique. Il a osé formuler une morale à l'usage de sa doctrine ; sa formule, la voici : « Aime-toi par-dessus toutes choses, et tes concitoyens pour toi-même. » En vérité, ce n'était pas la peine, pour un pareil résultat, de vouloir réformer l'Évangile. Qu'est-ce donc, je vous le demande, grand apôtre de l'égoïsme, qu'est-ce donc que mes concitoyens ? C'est moi, puisque c'est le non-moi, et que vous m'avez appris que le non-moi c'est moi. Pourquoi donc moi qui suis libre, moi qui suis l'univers, moi qui suis Dieu, ne serais-je pas le maître de maltraiter ce non-moi qui est moi ? Vous répondez que je ne le ferai pas parce que ce serait me maltraiter moi-même. Mais ne voyez-vous pas que vous tournez dans un cercle vicieux ? Car, si je maltraite le non-moi pour la satisfaction du moi, il est évident que je ne me maltraite pas en me satisfaisant. Philosophe, descendez des nuages et venez vous mêler aux choses de la terre, vous verrez combien de moi se satisfont aux dépens des non-moi sans en éprouver la moindre souffrance, et combien de non-moi se réjouissent dans l'abondance de toutes choses sans que les moi qui ont faim se sentent l'estomac soulagé. Le

christianisme aussi avait dit par la bouche de saint Paul :
« Nous sommes tous un en Dieu. » Mais le christianisme
reconnaissait les distinctions dans l'identité, le particulier
dans le général. Et, d'ailleurs, cette identité avait Dieu
pour point de départ, et non pas le moi humain, qui n'a
aucune sanction pour se faire respecter par le non-moi. Et
comment le pourrait-il, puisque le non-moi, c'est le moi?
Ne semble-t-il pas entendre le pauvre Sosie s'écrier :

> Ce moi, plutôt que moi, s'est au logis trouvé ;
> Et j'étais venu, je vous jure,
> Avant que je fusse arrivé.

Supposez l'état social organisé d'après la doctrine de
Fichte : comme les hommes se ressembleront toujours, il
y aura toujours quelque moi qui abusera d'un autre moi.
Ouvrez alors l'enceinte de la police correctionnelle : vous
assisterez à la scène suivante :

AMPHITRYON.

On t'a battu?

SOSIE.

Vraiment !

AMPHITRYON.

Et qui ?

SOSIE.

Moi.

AMPHITRYON.

Toi, te battre !

SOSIE.

> Oui, moi, non pas le moi d'ici,
> Mais le moi du logis, qui frappe comme quatre,

AMPHITRYON.

Te confonde le ciel de me parler ainsi !

SOSIE.

> Ce ne sont point des badinages.
> Le moi que j'ai trouvé tantôt
> Sur le moi qui vous parle a de grands avantages ;
> Il a le bras fort, le cœur haut ;
> J'en ai reçu des témoignages,
> Et ce diable de moi m'a rossé comme il faut.

Que deviendra, pour lors, le juge? Son moi, qui se confond avec le moi du plaignant, avec le moi du prévenu, ne sera-t-il pas bien embarrassé? Il se sentira battu avec le demandeur, battant avec le défendeur, lésé avec le premier, s'il acquitte, lésé avec le second, s'il condamne, et sans opinion, mais non sans s'offenser encore, en offensant la justice, qui est aussi une forme de son moi.

Ainsi Fichte arrive nécessairement à l'anéantissement de l'individualité humaine, à force de vouloir l'exalter. En effet, si moi c'est vous, si vous c'est moi, si moi c'est tout le monde, et tout le monde moi, il en résulte que ma personnalité est absorbée dans celles de tous les autres, en même temps que celle de tous les autres s'absorbe dans la mienne; autant valait pour l'homme de Fichte ne pas sortir de la contemplation de son moi; car, après avoir fait tant de chemin pour tout ramener à son moi, il n'aboutit à d'autre résultat qu'à n'avoir plus de moi.

Aussi Fichte ne peut-il aborder la question du droit que par des inconséquences.

Nous l'avons vu : le premier cri de la conscience humaine se révélant à elle-même est un cri de liberté. Je suis libre! voilà l'unique pensée de l'homme à son entrée dans le monde. Mais, ajoute Fichte, l'homme rencontre des semblables, des êtres vivant aux mêmes conditions que lui, le limitant comme il les limite. De ce choc jaillit le droit; le droit n'a donc rien d'absolu, il n'existe que comme une relation, comme une borne.

Arrêtons-nous, pour signaler les contradictions qui fourmillent dans ce peu de mots. Que veulent dire ces semblables rencontrés par l'homme? Jusqu'ici tous les êtres étaient identiques en lui et se confondaient dans l'identité du moi. Mais le terme semblable suppose la distinction, la non-identité. Le moi est donc obligé de reconnaître des êtres qui sont indépendants de lui; bien mieux, des êtres lui font obstacle, qui le limitent. Déjà la souveraineté du moi est détrônée par les êtres semblables, et voilà que sa liberté est anéantie par des êtres qui le limitent : car dès qu'il y a limite, il n'y a plus liberté ; ce sont deux termes qui se contredisent.

Continuons. Le droit ne naissant que du choc des êtres semblables qui se limitent, le droit se posant comme borne, n'est par conséquent rien de plus que la négation de la liberté. Or, n'oublions pas que la première conception de l'homme, selon Fichte, le principe divin qui l'éveille à la vie, est un hommage rendu à la liberté. Comment donc l'homme, sorti de la contemplation de son moi pour s'écrier : Je suis libre ! pourra-t-il éprouver quelque respect pour le droit, qui vient enchaîner sa liberté ?

La doctrine du droit, selon Fichte, a pour premier principe que chaque être libre doit se faire une loi de limiter sa propre liberté, par la reconnaissance de la liberté des autres personnes.

Cette doctrine n'est évidemment imaginée que pour tirer le philosophe d'embarras ; car elle n'est nullement d'accord avec l'homme créé d'abord par lui. En effet, la première pensée de cet homme, c'est qu'il est un être libre.

Le premier principe de l'être qui met sa liberté avant tout, c'est, avant tout, de vouloir conserver cette liberté : il sera donc en lutte perpétuelle avec ce qui la limite, par conséquent avec le droit. Sa liberté s'est manifestée par une audacieuse affirmation ; il n'ira pas la faire plier devant une négation. Le droit sera donc la guerre : chaque individu, armé de sa liberté, sera repoussé, querellé, frappé, parce qu'il voudra en user ; à son tour il frappera les autres lorsqu'ils voudront obéir au cri de leur conscience, et chacun des hommes voulant faire reculer la limite qui le gêne, voulant faire transposer la borne qui l'arrête, on ne saura plus ni où se trouve le droit, ni où se trouve la liberté.

En outre, le droit ainsi défini est un énorme contre-sens. En effet, la liberté, c'est la loi première, le nécessaire, l'absolu ; le droit, c'est la loi dérivée, le contingent, le relatif. Or, si le droit doit limiter la liberté, il s'ensuivra que la conséquence est plus puissante que le principe, que la loi dérivée domine la loi première, que l'absolu est au-dessous du relatif. Le droit ne sera donc plus l'heureux accord des choses divines et humaines, mais la subordination des choses divines aux choses humaines, la souveraineté des choses humaines sur les choses divines. N'avions-nous pas raison de dire que Satan voulait détrôner Dieu? Fichte lui assigne l'empire de la terre et des cieux. Aussi ne faut-il pas s'étonner qu'en entrant dans le domaine de la politique, le philosophe allemand soit obligé de conclure au despotisme le plus absolu. Sa doctrine ne peut être que celle des tyrans ; car, en politique comme en philosophie, à force de vouloir donner à l'individualité des proportions gigantesques, il finit par l'anéantir ; il l'absorbe dans l'omnipotence du pouvoir exécutif, investi de toute l'activité sociale.

Le moi humain avait été trop glorifié par Fichte, pour qu'il n'y eût pas ensuite réaction ; l'idéalisme avait dominé trop absolument dans l'École allemande, pour qu'il ne s'élevât pas quelque voix en faveur du réalisme. Schelling avait été tout d'abord séduit par la vigoureuse unité de la doctrine de Fichte; mais il comprit ensuite qu'avec l'homme seul on ne pouvait rendre compte de rien. L'homme créateur de toutes choses, l'homme monde, l'homme Dieu, ne le satisfaisait pas. Il voyait la nature et croyait en elle comme il croyait en l'homme. Il voyait en l'homme autre chose que l'absolu, et dans le droit autre chose que le relatif, et cependant il reconnaissait partout et l'absolu et le relatif : il se préoccupa donc surtout de concilier le réalisme et l'idéalisme, sans les sacrifier l'un à l'autre. « L'idéalisme, dit-il, est l'âme de la philosophie; le réalisme en est le corps; et c'est seulement en les réunissant tous les deux qu'on peut former un tout qui ait de la vie. »

Certes, c'est se placer bien loin de Kant et de Fichte, et c'est presque donner la main à l'École française. Mais Schelling s'était aussi mis à la recherche de l'unité, d'un rapport commun qui pût lier ensemble l'idéalisme et le réalisme, en les dominant tous les deux. Cette unité, où la trouve-t-il? Dans une abstraction, dans une conception de l'esprit qui proclame l'absolu, le un. L'unité est donc une idée.

Mais comment l'esprit arrive-t-il à la conception de cette idée? Par son intuition pure, par une spontanéité, par un acte d'intelligence supérieur au mécanisme de la volonté propre. L'homme voit l'absolu par une contemplation involontaire.

Nous voici presque tombés dans le kantisme. Cet absolu, cette abstraction qui est une création de l'esprit, comment lui concevoir une réalité objective? Schelling prétend bien que l'absolu existe, indépendamment de l'idée humaine, et cependant l'absolu, selon lui, n'est qu'une idée. Nous voudrions bien que Schelling nous aidât à concilier ce paralogisme.

Mais il est fort empêché lui-même, car il ne sait encore sur quelle base appuyer son abstraction; et il s'est retiré du combat avant d'avoir résolu la difficulté. Il y a deux ans, après un long intervalle de silence, Schelling est remonté en chaire, et toute l'Allemagne a tressailli d'espérance. On croyait que le philosophe, dans ses muettes méditations, avait découvert la région où repose l'unité. Chacun se flattait de se trouver face à face avec le *deus ex machinâ*; mais, hélas! le philosophe n'a rien dit de plus que ce qu'on savait ou ce qu'on ne savait pas, et, après une courte et stérile apparition, il est majestueusement rentré dans son repos.

Au surplus, en ce qui concerne le droit, la doctrine de Schelling est restée impuissante, malgré les efforts du maître pour tenter quelques applications positives. Aussi est-il obligé d'arriver à convenir que le droit civil n'est qu'une collection de cas particuliers, d'espèces judiciaires, où la philosophie ne saurait pénétrer. Si cela était vrai, ne serait-ce pas la condamnation la plus formelle de la philosophie? A quoi servirait donc cette science, si elle n'expliquait et ne justifiait les lois qui règlent les rapports des hommes entre eux? Que nous feraient les spéculations métaphysiques sur l'absolu, le moi, le subjectif et l'objectif, si elles demeuraient à l'état vague d'abstractions non réalisables? Ce ne seraient que de brillantes fantaisies, bonnes pour occuper nos heures perdues, de poétiques récréations propres à exercer quelque peu notre dialectique. Non, la philosophie se promet quelque chose de plus sérieux et de plus utile que ces rêves : elle prétend initier l'homme à la logique de ses devoirs, sans qu'elle puisse négliger le plus petit fait humain, sans qu'elle puisse se taire sur la plus infime circonstance de l'histoire sociale. Mais Schelling se contente de faire un petit essai de droit politique qui n'offre rien de bien neuf, et puis il avoue que la philosophie n'a rien à voir dans le droit civil. C'est vrai peut-être pour sa philosophie, et cela prouve combien elle est incomplète; car le droit civil repose sur les mêmes principes que le droit politique. La légitimité de l'un ne peut se séparer de la légitimité de l'autre. Tous deux tiennent essentiellement à l'histoire de l'homme, à sa nature, à sa conscience, à son essence intime. Le droit politique et le droit civil sont deux principes qui se complètent l'un l'autre, ou plutôt c'est le même principe considéré sous deux aspects; et le philosophe qui déclare ne rien voir dans l'un confesse par là qu'il

voit mal dans l'autre. Il prononce lui même sa propre condamnation.

Hegel a bien compris l'insuffisance de cette doctrine, et
il a cherché à combler la lacune en traçant un système
complet de philosophie sociale. Mais le chaos traversé par
le Satan de Milton au sortir de l'enfer n'était pas plus difficile à pénétrer, ne contenait pas plus d'ombres fantastiques
que le royaume philosophique de Hegel. On s'y heurte
contre des formules sans nombre, on s'y égare dans de
profondes obscurités, on s'y perd dans le dédale inextricable
d'une logique tourmentée.

Hegel affectionne la trinité. Son système n'est qu'une
suite de trilogies enchevêtrées l'une dans l'autre et se
dégageant par des manifestations successives.

Fichte avait pris pour point de départ le moi se contemplant lui-même. Hegel part de la pensée se pensant elle-
même. Cette pensée première est sans relation, sans rapport;
elle est une, abstraite, indéterminée. La pensée commence
donc par l'absolu. Mais cela ne dure pas longtemps. En
effet, la pensée, après s'être pensée elle-même, se pose vis-
à-vis du monde, et se détruit en ce qu'elle a d'absolu en
pensant quelque chose qui n'est pas elle-même. Puis elle
revient à elle et se constitue dans sa propre conscience.
Voilà la trinité créée.

De cette trinité première sort une trinité philosophique :
la philosophie de l'idée dans ce qu'elle a d'absolu, la philosophie de la nature et la philosophie de l'esprit.

Chacune de ces philosophies engendre une foule d'autres
trinités. Ainsi, la philosophie de l'idée se partage en trois
doctrines : doctrine de l'être, doctrine de l'existence, doctrine
de la conception. L'être a trois faces : la qualité, la quantité,
la mesure; l'existence a trois termes : l'être, comme fondement de l'existence, le phénomène, la réalité. La conception a trois termes : conception subjective, objet et idée.

Et chacune de ces divisions se subdivise encore de trois en trois, sans qu'on puisse apercevoir un terme à ces fractions.

La philosophie de la nature se divise en mécanique, physique et organique. La mécanique a trois termes, la physique a trois termes, l'organique a trois termes; et chacun de ces termes enfante de nouvelles trinités, qui ensuite en enfantent d'autres.

La philosophie de l'esprit se partage en esprit subjectif, esprit objectif, esprit absolu. L'esprit subjectif comprend l'anthropologie, la phénomologie, la psychologie. L'esprit objectif renferme le droit, la moralité personnelle, la moralité sociale. L'esprit absolu contient l'art, la religion et la philosophie.

Nous voici enfin dans le domaine moral, et nous allons entrer dans les applications du droit. Ici, comme partout ailleurs, Hegel procède par divisions ternaires. Nous nous abstiendrons de reproduire en détail ces jeux d'esprit, qui finiraient par dégoûter à jamais de la trinité.

Le droit, dit Hegel, est l'empire de la liberté qui se développe. Comment se développe la liberté? Par la volonté. La volonté contient : 1° le moi en soi, 2° le passage du moi au déterminé, 3° le retour du moi sur lui-même, avec la double conscience du monde et de lui-même. Mais, si la volonté est d'abord immédiate, il faut d'abord poser la personnalité de l'homme comme sujet. Donc la personnalité de l'homme est le fondement du droit; d'où résulte ce précepte : « Sois une personne et respecte les autres comme des personnes! »

Maintenant, nous le demandons : Hegel a-t-il fait faire un seul pas à la science du droit? A-t-il rencontré pour la morale une formule plus satisfaisante que Kant ou Fichte? N'est-ce pas le même précepte que ceux de ses devanciers, et presque dans les mêmes termes? Selont Kant, l'homme étant libre, l'humanité est sainte et sacrée dans sa personne.

Voilà le lien social. Selon Fichte, on doit aimer ses concitoyens pour soi-même. Voilà la morale. Selon Hegel, on
doit respecter les autres personnes, parce qu'on est soi-même
une personne. N'est-ce pas absolument la même doctrine,
doctrine de l'égoïsme, de la lutte, de la confusion ; doctrine
qui n'a d'autre sanction que la volonté individuelle, c'est-à-
dire nulle sanction ; doctrine qui, partant de l'anarchie en
droit, est obligée d'aboutir à la tyrannie en politique ? En
effet, quand on reconnaît la légitimité de toutes les tyrannies
individuelles, il n'y a pas d'autre moyen de les dompter que
de les livrer sans défense à la tyrannie du chef de l'État. L'application pratique conduit absolument au même résultat que
la spéculation philosophique. Quand on veut tout accorder
au moi, il faut arriver forcément à l'anéantissement du moi.

Étrange aberration de la logique humaine ! Hegel partant de l'absolu arrive aux mêmes conséquences que Kant
et Fichte partant de l'individu. C'est que son absolu n'est
qu'une fiction. Il a beau vouloir prendre pour base de son
système la pensée abstraite, une, sans relation, sans rapport. Cette pensée ne saurait exister indépendamment de
l'homme qui pense ; elle ne sera même autre chose que
l'homme, autre chose que le moi de Fichte, autre chose que
le subjectif de Kant ; la formule seule est changée, le principe reste le même, et les conséquences seront les mêmes,
non moins que les erreurs.

De toutes les gloires de l'École allemande, que reste-t-il ?
Un travail immense pour créer des mots nouveaux, qui
recouvrent de vieux sophismes ; un enfantement laborieux
de formules embarrassées, qui déguisent d'antiques classifications et prétendent les rajeunir en les obscurcissant ; des
lambeaux de doctrines offerts aux regards des peuples comme
des créations de systèmes; des théories sociales reposant sur
des nuages, et des projets de législation tentés avec des rêves;
un aveugle fatalisme proclamé par la domination exclusive

de l'absolu ; une liberté effrénée justifiée par la déification de l'individu, et, en dernier résultat, l'immobilité comme conséquence nécessaire des deux théories, soit qu'on accorde le règne sans partage à l'absolu, soit qu'on l'accorde à l'individu. L'immobilité, l'impuissance de toute application sociale, voilà où aboutissent également et l'École philosophique et l'École historique, parties, cependant, de points si opposés.

Nous croyons, certes, sans peine, que les jurisconsultes d'outre-Rhin ne prétendent pas disputer à l'École française les mérites de la pratique. Car nous les défions de faire de la pratique avec leurs ambitieuses théories. Or, nous l'avons dit, c'est à l'application que se jugent les qualités d'un système. La logique abstraite peut bien se contenter de formules et de syllogismes ; mais si ces formules, si ces syllogismes ne peuvent prendre place dans la logique des faits, on ne doit plus les considérer que comme des amusements d'école, que comme les exercices gymnastiques d'esprits aventureux.

Il n'est pas dans le génie français, et nous l'en félicitons, de s'endormir au milieu des abstractions. Il se contenterait difficilement de la pensée pure, sans relation ni rapport. Car la relation, c'est la vie sociale ; ce qu'il conçoit, il veut le réaliser : aussi ne conçoit-il guère ce qui n'est pas réalisable. Sa logique est impatiente d'application ; sa force, tout expansive, demande à se communiquer et invite toujours les autres au partage de ses conquêtes. C'est ce besoin de réaliser les idées, d'en faire sortir tout ce qu'elles contiennent de richesses matérielles, qui donne au Français cette activité, ce mouvement, cet élan passionné que les autres peuples prennent pour de l'inconduite, et qui n'est que l'expression d'une logique toujours cherchant à se satisfaire.

Mais, s'il ne se contente pas de l'abstraction isolée, il sait aussi en tenir compte; il sait aussi gravir les hauteurs de la science et franchir hardiment l'abîme qui en défend les abords. Le contemplateur allemand voit bien, sans doute, l'astre de la science qui brille au haut de la montagne, mais il ne voit pas l'abîme qui est à ses pieds, et il y tombe pour y demeurer enseveli. Aussi l'abstraction germanique n'a-t-elle pas d'autre manifestation sensible que l'obscurité réalisée.

Le grand mérite de l'École française, avons-nous dit, est de reconnaître tous les éléments de la vie sociale, de tenir compte de l'absolu et du relatif, du général et du particulier, du divin et de l'humain. Aussi sa mission a-t-elle été toujours de combattre en faveur du principe méconnu, jusqu'à ce qu'on lui rende la place qui lui est due. Sans nous occuper des temps passés, ne nous arrêtons qu'au droit qui nous régit aujourd'hui. N'est-il pas évident que ce droit est le produit des luttes de l'École française au dix-huitième siècle? Or, que se proposait le dix-huitième siècle? De détruire l'empire de l'absolu, de réhabiliter l'individu, de donner quelque force au principe particulier, absorbé dans le principe général. En effet, le dix-huitième siècle n'a été qu'une longue lutte contre l'absolu en politique, contre l'absolu en religion, contre l'absolu en droit, et les dernières années de ce siècle ont vu l'éclatante victoire de la liberté individuelle.

Mais, ainsi qu'il arrive toujours aux époques de réaction, les philosophes du dix-huitième siècle dépassèrent le but, et pour faire rendre justice à l'individu ils compromirent le pouvoir. L'individu n'était rien; il devait être quelque chose; ils voulurent qu'il fût tout. La liberté n'était pas respectée; pour lui rendre son éclat, ils méprisèrent l'autorité. L'innovation était repoussée; pour lui faire tenir sa place, ils nièrent la tradition.

Montesquieu seul, gardien fidèle des trésors du passé, et

clairvoyant investigateur des richesses de l'avenir, se plaçait
sur la limite des deux mondes qui se combattaient, rendait
un hommage sincère à la tradidion, et préparait hardiment
l'innovation, amant éclairé de la liberté, et zélé défenseur
de l'autorité, représentant véritable de l'École française dans
sa logique complète, qui reconnaît dans le droit la pensée
divine, et accepte avec empressement l'intervention humaine.

Mais, pour les esprits hardis qui pressaient le mouvement du dix-huitième siècle, Montesquieu était un juge
trop indulgent, trop impartial d'un passé qui leur faisait
obstacle. Ils le comprirent mal, parce qu'il n'était pas,
comme eux, absolu dans la réaction. Son ami Helvétius,
auquel fut communiqué le manuscrit de *l'Esprit des Lois*,
trembla sincèrement de voir compromettre la réputation de
l'illustre jurisconsulte; et Voltaire accueillit avec des sar-
casmes un ouvrage qui mettait quelques restrictions à la
liberté humaine.

C'est que Montesquieu, précisément parce qu'il acceptait
la tradition, parce qu'il conciliait savamment l'autorité avec
la liberté[1], venait trop tôt pour ces audacieux lutteurs. Il
préparait le droit du dix-neuvième siècle; eux, au contraire
détruisaient les constitutions des siècles écoulés. Voltaire,
Helvétius, Diderot, tenaient le glaive des batailles, frappant
etre nversant tous les édifices du passé. Montesquieu, tout
en les aidant dans leur œuvre, sauvait respectueusement

---

1. Dans Montesquieu nous ne considérons ici que le légiste immortel, et non
le publiciste politique. En signalant la conciliation de l'autorité et de la liberté,
nous ne pouvons donc avoir la pensée de faire allusion à cette stérile impor-
tation anglaise connue sous le nom de pondération des pouvoirs. Ce n'est
que par le côté où il est ordinairement le moins apprécié que nous estimons
surtout Montesquieu; comme juriste, il a été un fidèle interprète et un merveilleux continuateur de l'École française; comme écrivain politique, il n'est,
à nos yeux, qu'un traducteur des théories anglaises.

quelques débris, et élevait un monument pour le jour de la victoire.

Mais non seulement ceux-là n'eurent pas l'intelligence de ce que faisait Montesquieu ; il fut encore méconnu par un autre génie, qui tenta, avec moins de bonheur, mais non avec moins d'éclat, une œuvre semblable. Jean-Jacques Rousseau, ennemi du passé comme les philosophes de l'*Encyclopédie*, fut effrayé de voir de si rudes labeurs n'aboutir qu'à la destruction. Il se demandait comment, au milieu des ruines de toutes les croyances sociales, l'ordre pourrait se maintenir et l'autorité se faire entendre. Car lui, du moins, se préoccupait des idées d'ordre et d'autorité. Malgré ses protestations antérieures contre l'état social, malgré ses nombreuses erreurs philosophiques, quelque chose d'instinctif l'avertissait que les doctrines de l'*Encyclopédie*, en détruisant le passé, n'offraient aucune sécurité pour l'avenir. Il tenta de construire un nouvel édifice social, et déclara la guerre aux philosophes. Mais, dominé comme eux par la tendance du siècle, il prit pour base de son système les idées fondamentales de ceux qu'il combattait, et fit de la société un fait purement humain, ramené aux proportions d'un contrat synallagmatique. L'État n'était plus qu'une émanation de l'individu ; l'autorité, que le résultat de la liberté.

Rousseau suppose la volonté de chaque homme libre, indépendante, souveraine. Puis vient l'abdication de cette volonté par un contrat où chacun s'engage avec tous ; d'où suit l'engagement réciproque de tous envers chacun. D'où il résulte que la volonté générale est l'ordre, la règle suprême ; cette règle générale et personnifiée est ce qu'il appelle le souverain.

Ces principes posés, il est facile de deviner quelle sera la définition de la loi. « La loi, dit-il, est l'expression de la volonté générale. » Par conséquent, c'est l'homme qui crée le juste et l'injuste : le droit et la morale émanent de lui seul. Nous avons déjà fait justice de cette erreur, trop fidèlement reproduite par l'École philosophique allemande. Nous n'y reviendrons pas. Toutefois, constatons chez Rousseau une contradiction manifeste, qui aurait dû l'éclairer. « Ce qui est bien, dit-il, et conforme à l'ordre, est tel par la nature des choses, et indépendamment des conventions humaines [1]. » Que Rousseau poursuive les conséquences de cette proposition, et son contrat social est déchiré. Mais ce n'était que le fugitif avertissement d'un génie qui ne savait pas se tromper complètement; et Rousseau négligea une vérité à peine entrevue, pour développer une erreur à laquelle il s'était consacré, et qui répondait, du reste, aux besoin de son siècle.

Il serait inutile d'insister ici sur l'immense influence qu'exerça dans toute l'Europe la philosophie française du dix-huitième siècle. On sait par quel désaccord singulier de l'esprit avec les mœurs la barbare Catherine se faisait gloire de correspondre avec les encyclopédistes, et l'on connaît les cajoleries du grand Frédéric envers des hommes dont les principes étaient si contraires à ses actions. Toutefois, cet hommage au génie français fut chez ces deux souverains plutôt une fantaisie qu'une pensée sérieuse. Catherine, guidée par les instincts d'une vieille coquette, était bien aise de compter des philosophes parmi ses adorateurs, et Frédéric était surtout flatté de voir au nombre de ses chambellans le prince des critiques. Mais les Français, par qui et pour qui cette philosophie était faite, qui ne laissent jamais longtemps les idées à l'état de spéculation, comptaient bien mettre à profit les leçons qu'on leur avait données, et leur esprit réalisateur voulut aussitôt introduire dans les faits les conséquences du droit nouveau qu'on leur avait enseigné. Ils se mirent donc à l'œuvre avec une im-

---

1. *Contrat social*, liv. II, chap. 6.

pitoyable logique. Bientôt tous les monuments de l'antique hiérarchie tremblèrent sur leur base. L'Eglise, déchue, chercha vainement dans son sein un seul homme de talent pour la défendre contre les talens réunis qui conspiraient sa ruine. La magistrature se heurta follement contre la royauté, et périt avant elle. La noblesse, qui avait applaudi la première aux spirituelles moqueries dirigées contre elle, ne conserva pas même assez de force pour mourir dignement dans ses foyers. L'esprit novateur proclama sa souveraineté dans l'Assemblée nationale; et la tradition, depuis longtemps dépouillée de ses prestiges, se vit enlever ses avantages matériels par le décret du 4 août 1789. Cependant, il faut le reconnaître, l'Assemblée constituante, tout en attaquant la tradition dans ses abus le plus saillants, ne se détachait pas entièrement du passé. Ainsi, dans ce même décret, qui abolit tout ce qui restait du régime féodal, l'Assemblée nationale fait remonter au roi tout le mérite de cette grande mesure, proclame Louis XVI le restaurateur de la liberté française, et appelle sur lui la reconnaissance publique. L'article 18 est comme un pacte d'alliance proposé par l'esprit nouveau à l'esprit de la tradition. Rappelons-en les termes : « L'Assemblée nationale se rendra en corps auprès du roi, pour présenter à S. M. l'arrêté qu'elle vient de prendre, lui porter l'hommage de sa plus respectueuse reconnaissance, et la supplier de permettre que le *Te Deum* soit chanté dans sa chapelle, et d'y assister elle même. » L'Eglise et la royauté sont invitées à présider aux fêtes de la liberté naissante. Mais elles n'acceptèrent pas avec franchise ce fraternel rapprochement et portèrent la juste peine de leur opiniâtre aveuglement.

Au surplus, l'esprit humain ne marche que par réactions; et sa logique ne veut pas être satisfaite à demi. La réaction au dix-huitième siècle se faisait en faveur de l'individu, de la liberté. Au commencement de ces triomphes, ce principe nouveau était disposé à transiger ; mais les maladroites réserves de la royauté, et la mauvaise grâce de ses concessions, éveillèrent les méfiances, enflammèrent les colères et les haines ; et l'esprit de liberté voulut pousser jusqu'au bout les conséquences de son principe. La tradition ne fut plus comptée pour rien ; le passé fut livré au mépris ; l'Église et la royauté tombèrent sous le même niveau.

La tradition, vaincue en France, trouva des défenseurs au dehors. La liberté triomphante vit s'élever contre elle les représentants séculaires de l'autorité : les rois coalisés s'avancèrent pour anéantir l'esprit novateur. Alors celui-ci ne garda plus de ménagements ; la réaction se fit terrible : un débris impuissant de la tradition vivait encore dans les prisons du Temple ; on l'offrit en holocauste à la liberté menacée. Le droit ancien fut aboli, pour faire place au droit de l'homme. Le moi humain proclama sa souveraineté. La loi devint l'expression des volontés individuelles concentrées dans la volonté générale, et cette volonté collective se manifesta par une dictature irrésistible. Le *Contrat social* était mis en action.

Qu'on ne l'oublie pas, la Convention ne présente qu'une époque de lutte et par conséquent un principe exclusif ; car un principe auquel on refuse la part qui lui revient demande toujours au delà de ce qui lui est dû. Or l'individualité humaine réclamait sa part d'action dans le droit : on voulait l'en exclure tout à fait ; alors elle s'y plaça seule, et prétendit régner exclusivement dans un domaine où on ne consentait pas à l'admettre de moitié. Les actes de la Convention furent motivés par les agressions de ses ennemis. C'est la déclaration de Pilnitz qui a fait la Convention. C'est la coalition des rois qui a fait le Comité de salut public.

La Convention l'a dit elle-même, elle ne fut pas un gouvernement normal. Ce fut un gouvernement discipliné pour la bataille, et si admirablement discipliné que toutes les forces du passé vinrent se briser contre lui.

Mais la Convention ne pouvait et ne devait pas survivre à sa victoire. Elle avait transporté l'absolu dans le moi humain, et le droit social demeurait incomplet. Elle avait rompu avec la tradition, et la tradition est la base scientifique du droit.

Les services de la Convention furent immenses ; car elle avait garanti le principe de liberté, elle avait maintenu les droits sacrés de l'individu ; mais lorsqu'elle eut sauvé la liberté, sa mission était accomplie, comme en politique elle était accomplie lorsqu'elle eut assuré l'intégrité du territoire. Ce double rôle est certainement assez beau pour rendre immortels les mérites et la gloire de cette assemblée fameuse[1].

Mais un principe exclusif qui avait été une excellente arme de guerre ne pouvait être suffisant pour reconstruire l'édifice social. Pourquoi le Directoire fut-il si promptement compromis dans sa courte et imposante domination ? Parce qu'il voulait faire l'application des principes de la Convention, sans comprendre que ce n'étaient que des principes de circonstance, ainsi que la Convention l'avait déclaré courageusement. La Convention avait eu au plus haut degré l'intelligence de son époque ; voilà pourquoi elle fit des choses si grandes et si opportunes. Le Directoire ne comprit rien de la sienne ; voilà pourquoi il ne fit que des choses petites et mal à propos.

Sous la Convention, la liberté menacée devait être sauvée à tout prix, même aux dépens d'elle-même ; sous le Directoire, la liberté était assurée, l'autorité seule était en dan-

---

1. Nous devons encore dire ici que c'est au point de vue du jurisconsulte, au point de vue du droit pur, que nous apprécions la Convention. Qui donc pourrait oublier que dans le domaine moral et politique elle a introduit l'admirable principe de la fraternité humaine ?

ger, et c'est elle qu'il fallait fortifier. Mais les imprudents gardiens du pouvoir ne songèrent pas à lui faire sa part dans la loi. Qu'en advint-il ? Que, comme l'autorité est un besoin social qu'il faut satisfaire, elle se manifestait par des coups d'État, et se trouvait par là doublement compromise, et parce qu'on ne lui avait pas donné place dans la loi, et parce qu'elle agissait en dehors de la loi.

Bientôt les esprits se fatiguèrent d'une liberté sans contre-poids régulier; on demandait quelque chose à la tradition.

Bonaparte se présenta, et une immense acclamation salua sa venue. Qu'on ne s'y trompe pas, ce ne sont ni les prestiges de la victoire ni les ressources du talent qui font accepter un homme lorsqu'il met la main sur le pouvoir : c'est le besoin de réaliser un principe social méconnu. Le Directoire avait rendu Bonaparte nécessaire, comme les rois avaient rendu nécessaire la Convention.

Le jeune consul comprit les chances que lui offrait la lassitude des esprits. Son génie l'avertissait qu'il y avait quelques débris à sauver dans l'héritage de la France monarchique; mais, au lieu de réaliser le vœu du pays dans les limites du vrai, il en exagéra les manifestations pour l'exploiter à son profit.

La logique de la nation et l'intérêt du chef étaient d'accord pour rattacher, avec des pensées différentes, le présent au passé. La tradition retrouva sa place dans la loi, le droit reprit son double caractère par l'association des choses divines et humaines ; et les codes apparurent comme un majestueux monument élevé au génie français, sous les auspices réunis de Louis XIV, du dix-huitième siècle et de la Révolution.

L'idée d'une codification générale n'était cependant pas née avec le consulat; l'Assemblée constituante l'avait décrétée, mais sa mission avait été toute politique, et elle légua ce travail à ses successeurs. La Législative, qui vécut à peine le temps nécessaire pour enregistrer le décès de la monarchie, n'était pas assez forte pour faire sortir la loi du sein des orages. Mais la Convention, qui croyait commander à l'avenir parce qu'elle se sentait une vigueur surhumaine, voulut introduire ses doctrines dans la vie civile. Le comité de législation présenta un projet de code, et Cambacérès, dans son rapport, montrait bien quelle était la pensée qui avait présidé à la rédaction. « L'édifice de la législation civile, disait-il, sera d'autant plus solide que, n'étant pas bâti sur le sable mouvant des systèmes, il s'élèvera sur la terre ferme des lois de la nature, et sur le sol vierge de la République. » Cambacérès faisait, sans le savoir, la critique la plus juste du code projeté. Sans doute la République, c'est-à-dire la vie politique, se trouvait sur un sol vierge, mais la vie civile reposait sur un sol depuis longtemps cultivé, et la culture y avait produit des fruits de toute espèce, coutumes, ordonnances, traditions et sciences. Parmi ces fruits, quelques-uns devaient être arrachés pour faire place à de nouveaux ; mais les déraciner tous en un jour, c'eût été tenter l'impossible.

Aussi ne fut-il pas donné à la Convention de réaliser son œuvre.

Il est évident que ni la Constituante, ni la Législative, ni la Convention, ne pouvaient élever pour le droit civil un monument durable. L'élément politique dominait trop exclusivement dans ces assemblées, et les circonstances où chacune d'elles se trouvait empêchaient le sang-froid nécessaire pour un pareil travail. La Constituante, à peine dégagée de la tradition, eût trop facilement accepté des réformes superficielles. La Législative, placée sur un volcan toujours en éruption, était presque embarrassée des conquêtes qui se faisaient sans elle, et le jour où elle prononce la déchéance de l'autorité, elle se reconnaît impuissante à constituer la liberté. Quant à la Convention, les nécessités au milieu desquelles elle luttait ne lui permettaient point assez de tenir compte de la tradition.

Il fallait la révolution dépouillée de ses justes colères, la révolution calme, triomphante, pour pouvoir concilier sans danger et sans efforts l'autorité et la liberté, la tradition et l'innovation.

Sans doute, le premier consul, réactionnaire dans un intérêt personnel, accorde à la tradition beaucoup plus que ne le voulaient la justice et la logique. Mais il faut avouer aussi qu'il y fut singulièrement aidé par les tendances de son époque. En effet, la sanction populaire est nécessaire au génie même le plus puissant ; elle seule assure le succès des audacieuses tentatives. Lorsque, plus tard, Napoléon, dans toute la majesté de sa gloire, au plus haut développement d'un pouvoir colossal, tenta de revenir à des traditions surannées, voulut follement ressusciter la noblesse héréditaire, et appuyer l'autorité sur des intérêts dynastiques, quel fruit recueillit-il de cette inféconde pensée? Les cadavres qu'il avait mis en mouvement retombèrent en poussière ; car le souffle populaire ne les animait pas. Napoléon n'avait consulté que son génie personnel ; il n'avait pas consulté la raison générale.

Mais c'était la raison générale qui le secondait dans la rédaction du Code. Aussi le Code a-t-il survécu à sa dynastie dispersée, a-t-il plus dignement perpétué son nom que ne l'eût fait l'héritier de la fille des Césars.

C'est ici le lieu de dire quelques mots de la querelle des juriconsultes allemands pour ou contre la codification, c'est-à-dire, en d'autres termes, pour ou contre l'École française.

Nous avons rappelé la doctrine de Savigny sur *la végétation du droit*, sur ses énergies vitales qui, se développant spontanément, ne veulent pas admettre l'intervention humaine. C'est assez dire que l'École historique repousse les codes et proteste contre les constitutions écrites. On sait à quelle occasion Savigny publia son manifeste. Les idées françaises avaient pénétré profondément en Allemagne à la suite des victoires impériales. Cette grande et savante unité qui préside à notre législation avait frappé les meilleurs esprits. Si un généreux sentiment d'indépendance nationale soulevait contre nos armées l'Allemagne tout entière, la domination de nos idées ne rencontrait pas une opposition aussi générale. Beaucoup d'hommes éclairés consentaient volontiers à accueillir les enseignements d'un ennemi qui n'était plus à craindre. Car ils savaient que, dans le domaine des idées, la conquête profite plus aux envahis qu'aux envahisseurs. Ce n'était donc pas le cas de faire montre d'amour-propre. Bientôt du haut des chaires furent proclamés les mérites de l'Ecole française, fidèle gardienne de la liberté et de la dignité humaines, qui, sans s'écarter des principes éternels, sait toujours les combiner avec le progrès du temps et le besoin des siècles. A la tête des novateurs se présentait l'illustre Thibaut, professeur de Heidelberg, qui, dans la courte existence du royaume de Westphalie, avait pu juger, à l'application, les salutaires maximes de notre Code. A la chute de l'empire Français il vit l'Allemagne replacée sous le joug des routines locales, livrée à l'aveugle tradition, morcelée par la coutume, étouffée sous l'immobilité d'un droit privé de liberté; Thibaut demanda qu'on rendît le mouvement à ce corps inerte; il demanda surtout qu'on introduisît l'unité dans la nation allemande, en lui donnant un corps de lois uniformes. Le livre qu'il publia à ce sujet eut un immense retentissement; on voyait l'esprit d'innovation et de liberté se proclamer hardiment; on voyait l'idée française menacer l'Allemagne d'une invasion nouvelle. Les amis de la liberté applaudirent; les partisans de l'absolu s'émurent et firent partager leurs émotions à toutes les âmes petites qu'animaient des rancunes nationales. Savigny se chargea de combattre l'esprit novateur. Ce fut l'occasion de sa brochure sur *la vocation de notre époque pour la législation et la jurisprudence*.

Cet écrit, où se trouve formulée la théorie que nous avons signalée, est un manifeste plein de colère contre l'Ecole française. Savigny appartient essentiellement à cette classe de politiques rancuniers que Bœrne appelle *gallophobes*, et qui contestent à la France tous ses titres de gloire. Aussi se moque-t-il lourdement des progrès du dix-huitième siècle, et poursuit-il de plaisanteries tudesques le Code des Français ; c'est, suivant lui, *une espèce d'écrevisse qui s'est glissée en Allemagne*.

Heureusement pour Savigny, on fit peu attention à ses bons mots. Mais ses arguments affectaient un certain air de profondeur qui fit sensation. Les gallophobes poussèrent des cris de triomphe ; et cependant, aveuglement étrange de l'esprit de parti ! c'était à un écrivain français que Savigny empruntait tous les matériaux de sa doctrine. L'éloquent et paradoxal de Maistre avait prêché en bien plus beau langage cette théorie que les Allemands prenaient pour une création indigène. La contre-façon est cependant si évidente que, même le mot fondamental de la théorie savinienne, la *végétation* du droit, est ouvertement pris de de Maistre, qui a dit : « Les constitutions ont pour ainsi dire *germé* d'une manière insensible, etc. [1]. »

Nous avons déjà combattu la formule de Savigny, nous compléterons notre discussion en examinant les propositions de de Maistre. Elles ont au moins le mérite d'être énoncées en termes intelligibles.

« Voici, dit de Maistre, par quels caractères Dieu nous

1. *Considérations sur la France*, chap, 6, p. 80.

avertit de notre faiblesse et du droit qu'il s'est réservé dans la formation des gouvernements.

« 1° Aucune constitution ne résulte d'une délibération ; les droits des peuples ne sont jamais écrits, ou du moins les actes constitutifs ou les lois fondamentales écrites ne sont jamais que des titres déclaratoires de droits antérieurs, dont on ne peut dire autre chose, sinon qu'ils existent parce qu'ils existent.

« 2° Dieu, n'ayant pas jugé à propos d'employer dans ce genre des moyens surnaturels, circonscrit au moins l'action humaine, au point que dans la formation des constitutions les circonstances font tout, et que les hommes ne sont que des circonstances. Assez communément même, c'est en courant à un certain but qu'ils en obtiennent un autre, comme nous l'avons vu dans la constitution anglaise.

« 3° Les droits du peuple proprement dit partent assez souvent de la concession des souverains, et dans ce cas il peut en conster historiquement ; mais les droits du souverain et de l'aristocratie, du moins les droits essentiels, constitutifs et radicaux, s'il est permis de s'exprimer ainsi, n'ont ni date ni auteurs.

« 4° Les concessions mêmes du souverain ont toujours été précédées par un état de choses qui les nécessitait, et qui ne dépendait pas de lui.

« 5° Quoique les lois écrites ne soient jamais que des déclarations de droits antérieurs, cependant il s'en faut de beaucoup que tout ce qui peut être écrit le soit ; il y a même toujours dans chaque constitution quelque chose qui ne peut être écrit, et qu'il faut laisser dans un nuage sombre et vénérable, sous peine de renverser l'Etat.

« 6° Plus on écrit et plus l'institution est faible, la raison en est claire : les lois ne sont que des déclarations de droits, et les droits ne sont déclarés que lorsqu'il sont attaqués ; en sorte que la multiplicité des lois constitutionnelles écrites ne prouve que la multiplicité des chocs et le danger d'une destruction. »

Examinons successivement tous ces axiomes. Il y a en eux du vrai : voilà pourquoi ils ont un certain air de logique : mais le vrai n'y est pas complet : voilà pourquoi le philosophe de la tradition arrive à de fausses conséquences.

De Maistre veut prouver que les constitutions ne s'écrivent pas et ne doivent pas s'écrire. C'est la même thèse que Savigny ; seulement c'est un peu moins déraisonnable ; car il ne s'agit pas du Code civil. Or, quel est son argument ? le voici : les actes constitutifs ou les lois fondamentales écrites ne sont jamais que des titres déclaratoires de droits antérieurs, dont on ne peut dire autre chose, sinon qu'ils existent parce qu'ils existent. Voilà qui est parfaitement bien dit. Les lois ne sont que les titres déclaratoires de droits antérieurs ; c'est vrai. Ces droits existent parce qu'ils existent ; c'est encore vrai. Mais ces droits ne constituent-ils pas ce que Montesquieu appelle les rapports nécessaires des choses, ce qu'Ulpien proclame les choses divines ? N'est-ce pas l'élément divin que nous avons signalé dans la loi ? Or, pour que l'élément divin puisse se manifester aux hommes, ne faut-il pas qu'il prenne des formes humaines ? Ne faut-il pas y introduire l'élément humain ? Que de Maistre ou Savigny nous mettent sous les yeux une âme sans corps, et qu'ils nous fassent entrer en rapport avec elle, alors nous confesserons qu'il peut y avoir une constitution sans écriture. Jusque-là nous soutiendrons que, malgré l'origine divine de la loi, il lui faut une formule humaine ; et quel est le législateur qui a prétendu faire autre chose ?

De Maistre, dans son horreur pour les assemblées délibérantes, s'écrie : « Aucune constitution ne résulte d'une délibération. » Sans doute, s'il entend par constitution les droits antérieurs dont il parle ; mais aucune assemblée n'a

eu la folle prétention de créer les droits fondamentaux en
vertu desquels elle écrit la loi. Elle sait fort bien qu'il
existe des droits antérieurs à la loi qu'elle va écrire, antérieurs à elle-même. Car en vertu de quoi se met-elle à délibérer? Évidemment en vertu de droits qu'elle n'a pu
créer. Du moment qu'elle délibère, et par le fait même de
sa délibération, elle reconnaît qu'il y a des droits antérieurs; car sans ces droits elle n'aurait pas la raison de
son existence. La Convention elle-même, qui certes se montrait bien indépendante à l'égard de la tradition, place en
tête de sa constitution des droits antérieurs à elle : les droits
de l'homme; c'est-à-dire une abstraction, c'est-à-dire l'élément divin. Elle accordait sans doute à celui-ci une part
trop étroite; mais elle ne prétendait pas faire autre chose
que de formuler, selon l'expression de de Maistre, des
titres déclaratoires de droits antérieurs, dont on ne peut
dire autre chose, qu'ils existent parce qu'ils existent. Lors
donc qu'une assemblée délibère, elle ne délibère que sur
la formule; et cette formule ne peut être que la manifestation sensible d'une loi qui est déjà dans tous les cœurs,
et qui sans cela ne serait pas acceptée. L'assemblée ne crée
pas l'esprit de la loi, car l'esprit de la loi est dans la nation
elle-même; mais l'assemblée donne à la loi un corps en
écrivant la formule.

Les mêmes raisonnements répondent à toutes les autres
propositions. Celle-ci, par exemple, est non moins vraie
que la première, et non moins incomplète par de fausses
conclusions : « Dans la formation des constitutions, les
circonstances font tout, et les hommes ne sont que des circonstances. » Ici, de Maistre accorde tout aux hommes
après leur avoir tout refusé. En effet, si les circonstances
font tout, et si les hommes sont des circonstances, il en résulte que les hommes font tout. Nous n'en demandons pas
tant. Acceptons les hommes comme des circonstances;

mais admettons en même temps que ces circonstances doivent avoir leur action, leur manifestation extérieure, en un mot, leur formule.

Au surplus, de Maistre lui-même renverse sa propre argumentation dans les premiers mots du chapitre que nous citons : « L'homme, dit-il, peut tout modifier dans la sphère de son activité, mais il ne crée rien. » Puis il ajoute : « L'homme peut sans doute planter un pepin, élever un arbre, le perfectionner par la greffe et le tailler de cent manières; mais jamais il ne s'est figuré qu'il avait le pouvoir de faire un arbre. » Voilà d'excellentes paroles que nous pouvons accepter sans restriction, et nous répondrons à l'illustre écrivain : L'assemblée qui délibère sur la formule d'une constitution ne fait que modifier les choses dans la sphère de son activité ; elle ne crée rien et ne prétend rien créer : elle perfectionne par la greffe l'arbre des constitutions; mais jamais elle ne s'est figuré qu'elle avait le pouvoir de faire l'arbre.

Où est donc le législateur assez inepte pour nier la loi antérieure ? Le plus grand des réformateurs, Jésus-Christ, disait : Je viens accomplir la loi. Et tous les législateurs disent la même chose ; sans cela ils ne seraient pas écoutés. Car, en vertu de quoi parleraient-ils, si ce n'est en vertu du droit divin qui a cessé d'être représenté dans la formule humaine?

Quelques mots encore sur la proposition dernière.

« Plus on écrit, dit de Maistre, et plus l'institution est faible. La raison en est claire. Les lois ne sont que des déclarations de droits, et les droits ne sont déclarés que lorsqu'ils sont attaqués. »

Cette assertion, comme toutes les autres, n'est qu'à moitié vraie. Souvent, nous en convenons, les droits sont déclarés lorsqu'ils sont attaqués. Mais plus souvent encore ils sont déclarés lorsque, après avoir été longtemps contestés, ils sont enfin sanctionnés par le triomphe. La déclaration des droits est alors, comme la déclaration de la conquête, le bulletin de la victoire. Bien loin donc que la manifestation écrite soit une preuve de faiblesse, elle est une preuve de force ; elle n'est, il est vrai, qu'une déclaration de droits antérieurs, de droits contestés ; mais elle témoigne que ces droits ne sont plus contestables. Quand l'Assemblée nationale inscrivait les droits de l'homme en tête de sa constitution, c'était comme une prise de possession du droit souverain ; et quand Louis XVIII reconnaissait par le premier article de la Charte l'égalité devant la loi, il avait beau dire qu'il octroyait volontairement la constitution, il savait bien qu'elle lui était imposée par la force des choses, il savait bien qu'il enregistrait et consacrait les défaites passées de la royauté. Assurément alors l'écriture ne prouvait pas la faiblesse de l'esprit de liberté ; elle prouvait au contraire que, même après avoir traversé le despotisme de l'Empire, il était encore assez fort pour contraindre à une transaction le représentant de l'antique monarchie.

De Maistre, cependant, malgré ses principes absolus, n'allait pas jusqu'à proscrire la codification dans la loi civile. Savigny montre plus de courage et, il faut le dire, plus de logique. Mais la logique, quand elle part d'une fausse donnée, rend plus saillantes les erreurs à mesure qu'elle avance ; et la meilleure réfutation d'un principe vicieux se rencontre toujours dans les doctrines qu'il enfante. Savigny, en poursuivant les conséquences de la théorie de de Maistre, ne fait qu'apporter à la critique des arguments plus solides.

Nous devons ajouter au surplus que l'École française rencontra parmi les compatriotes de Savigny de nombreux défenseurs. Thibaut continua glorieusement la lutte, et il a été depuis dignement secondé par Mittermaier, qui a jugé avec sagesse qu'une question scientifique n'était pas une question nationale. Aussi fit-il bonne justice de cette mesquine politique qui ne connaît pas d'autre axiome que le *timeo Danaos*.

Mais, pendant que les savants de l'Allemagne disputaient sur les avantages et les inconvénients de la codification, les différents peuples de l'Europe décidaient la question en faveur de l'École française, en rédigeant des codes qui empruntaient aux nôtres leurs principales dispositions, leur coordination logique et jusqu'à leur texte précis et philosophique.

Déjà, au dix-huitième siècle, Frédéric, inspiré par les encyclopédistes, avait entrepris la publication d'un code civil uniforme pour tous les États prussiens. Son œuvre, souvent interrompue, ne fut achevée qu'en 1794. Une nouvelle édition du Code prussien parut en 1803 avec quelques modifications. On y prépare aujourd'hui de nouveaux changements[1].

Cependant la domination française s'etait établie par le traité de Tilsitt dans plusieurs provinces prussiennes, et avec elle s'était introduit le Code Napoléon. Les événements de 1814 empêchèrent la législation nouvelle de prendre racine. Les provinces Rhénanes seules persistèrent à maintenir les codes français, malgré les efforts du gouvernement prussien, malgré les opiniâtres tentatives de Savigny, devenu ministre, et voulant transporter dans la pratique la guerre qu'il avait, dans ses théories, déclarée à l'Ecole française.

D'autres pays réunis à la France sous l'Empire n'ont pas cru devoir, après la séparation, renoncer à des bienfaits qu'ils avaient pu apprécier. Le royaume de Naples a con-

1. *Coïncidence entre les codes civils étrangers et le Code Napoléon*, par M. Anthoine de Saint-Joseph.

servé les cinq Codes avec quelques modifications peu importantes, et la juridiction nouvelle s'est même trouvée développée par la Restauration, puisqu'on l'a étendue sur la Sicile, qui jusque-là était régie principalement par le droit commun.

Le code sarde publié en 1838 est la reproduction fidèle des codes français, mais avec des additions souvent utiles et avec des améliorations indiquées par l'expérience. On peut signaler, entre autres innovations heureuses, l'abolition en principe de la mort civile, l'obligation de fournir des aliments aux frères et sœurs ; et des changements dans le système hypothécaire, ayant surtout pour but d'atténuer l'effet des hypothèques légales.

En Suisse, le Code civil Vaudois et le Code d'Argovie sont remplis des souvenirs de la législation française.

Dans la Louisiane fut promulgué en 1808 le projet du Code Napoléon, tel qu'il avait été soumis au tribunat. Depuis, on y a introduit à plusieurs reprises des modifications notables, mais qui sont loin d'être un progrès.

Enfin le Code néerlandais, publié en 1838, puise la plupart de ses inspirations dans les formules du législateur français.

Il n'est pas jusqu'au Code autrichien, achevé définitivement en 1810, qui ne subisse l'influence du génie français, malgré les antipathies de l'esprit national, soulevées alors contre l'oppression du conquérant impérial.

Mais le code qui devait avoir le plus d'influence sur le monde, parce que par sa nature spéciale il pouvait plus facilement servir de code international, fut le Code de Commerce. Déjà les deux célèbres ordonnances de Louis XIV, en 1673 et 1681, avaient servi de modèle à toutes les nations commerçantes. Elles furent encore la base du Code en 1807; mais on y ajouta les dispositions nouvelles que nécessitaient et les progrès de l'industrie, et la diversité des produits de toute espèce, et la multiplicité toujours croissante des rapports internationaux.

Les rédacteurs du Code comprenaient combien il serait facile de donner à leur œuvre un caractère d'universalité qui pût triompher des préjugés internationaux et la faire apparaître comme la pensée commune de tous les peuples. « Il est, disaient-ils dans l'exposé des motifs, d'une haute « importance que le Code de commerce de l'empire fran- « çais soit rédigé dans des principes qui soient adoptés par « toutes les nations commerçantes, dans des principes qui « soient en harmonie avec les grandes habitudes commer- « ciales qui embrassent et soumettent les deux mondes. »

Un patient et laborieux magistrat[1] a, dans un ouvrage spécial, signalé tous les rapports qui existent entre les codes étrangers et les nôtres. Grâce à cet intéressant tra- vail, nous pouvons raconter en quelques lignes les heureux résultats des efforts de nos devanciers, et démontrer sans peine l'immense influence de l'École française dans les progrès et le développement du droit commercial, sans compter les pays annexés à l'Empire, et pour lesquels les bienfaits de notre législation étaient une conséquence forcée de la conquête ; plusieurs États souverains, tels que la Pologne, la Hollande, et différents duchés de l'Alle- magne, demandèrent spontanément la promulgation des Codes français.

Même après la réaction qui se manifesta en 1814 contre les idées françaises, même après le démembrement de l'Empire, plusieurs États qui changeaient de maîtres ne voulurent pas changer de lois. Le Code de commerce fut conservé à Gênes, dans la Bavière et la Prusse rhénane, dans les duchés de Luxembourg, de Parme, de Modène, de

---

1. M. Anthoine de Saint-Joseph. — *Concordance entre les Codes de com- merce étrangers et le Code de commerce français.*

Massa-Carrara et de Toscane, dans la ville de Cracovie et le royaume de Pologne, dans les États de l'Église et le royaume des Deux-Siciles. Si l'on y introduisit quelques modifications, ce fut pour lui donner une force nouvelle en l'accordant avec les circonstances locales.

La Hollande et la Sardaigne, voulant aussi avoir leur Code de commerce, prirent pour base le Code français, et les plus sages de leurs innovations furent empruntées aux nouvelles lois votées par nos Chambres.

Le Code de commerce espagnol publié en 1829, entièrement imité du nôtre, comblait aussi plusieurs lacunes importantes.

En 1833, le Portugal rendait le même hommage au génie français; et tout récemment encore le Wurtemberg a fixé sa législation commerciale dans un projet complètement emprunté au monument impérial.

Enfin, pour satisfaire à ce besoin général de codification, l'empereur Nicolas a fait achever un immense ouvrage commencé en 1700 par Pierre le Grand, et qui offre l'ensemble complet de toute la législation russe, le résumé de tous les ukases publiés depuis 1649, classés par ordre de matières.

Ainsi partout est suivie l'impulsion donnée par l'École française; partout la codification triomphe de la coutume; partout l'esprit nouveau proteste contre les vaines théories des docteurs cramponnés au passé. La codification est commandée par les souverains, car elle est une mesure d'ordre; elle est accueillie par les peuples, car elle est un acte de liberté et de progrès. Dans le domaine du droit, la victoire de la révolution française n'est plus contestée; et même dans les pays où l'on repousse avec méfiance ses idées, on est obligé de rendre hommage à ses principes et à la supériorité de sa méthode.

Et cependant, par une étrange anomalie, par un de ces

revirements d'idées qui ne s'expliquent que par les réactions politiques, au moment où la pensée française triomphe au dehors de toutes les antipathies, elle rencontre en France même une opposition altière qui prétend lui imposer silence et la livrer en holocauste aux apôtres de l'étranger. De l'École doctrinaire est sortie une nouvelle secte *gallophobe*, qui veut naturaliser dans nos écoles et dans nos Académies les doctrines de l'École historique allemande. Ardents et souples à la fois, les néophytes se prosternent avec ferveur devant les ombres du passé, mais ils savent où rencontrer les récompenses du présent. Le croirait-on? c'est l'Université de France qui encourage la révolte contre l'École française. Elle appelle dans ses chaires les adorateurs superstitieux de la coutume ! Elle leur ouvre ses académies, et les convie au partage de toutes ses gloires[1] ! Nous sommes menacés d'une nouvelle invasion étrangère, ou plutôt l'invasion est déjà triomphante. C'était bien la peine, vraiment, de voir nos Codes partout accueillis ou partout imités, pour entendre les ennemis de nos Codes parler en maîtres dans le sanctuaire d'où ils sont émanés. La révolution française et Napoléon triomphent au dehors ; à Paris on réserve les triomphes pour les disciples de de Maistre et de Savigny.

Il faut en convenir, le gouvernement est bien d'accord avec lui-même. A côté de la réaction politique marche la réaction scientifique. Sa logique est complète. Mais on devra reconnaître aussi que notre logique ne l'est pas moins, lorsque nous nous insurgeons contre ces professeurs qui

---

1. On sait avec quel zèle MM. Guizot et Villemain ont appuyé une récente candidature à l'Académie des inscriptions et belles-lettres. Ces deux ministres ont dérobé une journée presque entière aux affaires de la France pour pousser au fauteuil un adepte de l'École allemande, lequel soutient, entre autres doctrines, que *l'histoire mêlée à l'exégèse est un moyen sûr de brouiller toutes les idées.* Jamais bataille académique ne fut plus animée.

marchent à rebours, aussi infidèles à la science française
qu'à la politique nationale. Qu'on le sache bien, ce n'est
pas au hasard que s'exprime l'opinion démocratique ; ce
n'est pas par une vaine fantaisie d'opposition qu'elle élève
la voix. Non : elle a la prétention de raisonner ses doctrines,
et de leur trouver une base solide dans les maximes de la
science abstraite comme dans l'enseignement des faits,
dans les magnifiques leçons de nos aïeux comme dans les
actes éclatants de nos contemporains. Une idée politique
n'est rien, si elle n'a pour base une idée scientifique ; mais
une idée scientifique est jugée lorsqu'elle produit une politique funeste. Que l'on frappe l'École française, nous nous
associons volontiers à une noble disgrâce. Que peut-on
attendre de mieux ? Les élèves de de Maistre sont au pouvoir. Mais nous plaçons nos espérances dans l'avenir, nous
avons confiance dans la vitalité puissante de l'École française ; et ce n'est pas au moment où elle poursuit ses conquêtes sur tout le reste du globe qu'on parviendrait sournoi-
sement à la chasser de chez elle.

Nous savons en outre que l'alliance de la politique et de
la science est considérée comme une fiction par la jeune
École germanique qui rôde aux portes de l'Institut. Ou plutôt, pour être mieux à l'aise, elle nie la politique. Il n'y a
de vrai que la science, dit-elle, le reste n'est que vanité ;
et telle ou telle forme de gouvernement est tout à fait
indifférente en soi. Nous comprenons facilement combien
cette argumentation est accommodante, combien surtout
elle abaisse d'obstacles malencontreux. Mais ni la logique
ni la morale ne sauraient l'accueillir. Nous ne nions pas,
certes, les vérités de la science, quoiqu'elles puissent souvent être obscurcies par de fausses doctrines. Mais ces vérités,
faut-il les laisser à l'état d'abstraction ? Ne doivent-elles pas
trouver leur application dans les réalités de la vie, et la
science ne doit-elle pas être utile en même temps qu'être

vraie? La vérité même ne se juge-t-elle pas sur son utilité? Nous ne disons pas que l'utile seul soit le vrai, mais nous disons que le vrai est toujours l'utile. Or, la politique n'est que l'application utile d'une vérité scientifique ; et toute science qui prétend être vraie doit démontrer que sa logique conduit à cette application. Car, si la science n'est vraie que pour la satisfaction d'elle-même, à quoi le vrai serait-il bon ? Tout au plus à pourvoir de chaires les professeurs en disponibilité ; et l'utilité d'une pareille conséquence serait fort contestable.

Avouons-le donc, la politique est vraie non moins que la science, et non moins respectable ; ou plutôt, la science et la politique ne font qu'un. Si la science est vraie, la politique qui en sortira ne le sera pas moins ; si la politique est vraie, elle atteste la vérité de la science qui l'aura produite.

Tout se tient, tout s'enchaîne ; on ne saurait séparer un fait humain de la pensée humaine. On ne saurait isoler la pensée sans la rattacher à un fait. Rien n'est indifférent en soi, dans la sphère de l'activité ; et rien n'est moins indifférent pour l'amélioration des peuples et le repos des nations que la forme du gouvernement.

Les observations qui précèdent peuvent encore s'adresser à une autre école qui professe également l'indifférence en matière politique. Nous voulons parler de l'École dite Socialiste. Les réformes politiques, selon elle, ne sont que de vaines abstractions qui ne valent pas la peine qu'on les discute ; une seule chose doit occuper le législateur et les publicistes, c'est la satisfaction des besoins matériels, le soulagement des souffrances physiques, l'amélioration du sort des travailleurs. Voilà ce qu'il faut mettre avant tout et par-dessus tout, sans s'occuper ni de l'extension du suffrage électoral, ni des vices du régime parlementaire, ni des conflits du pouvoir mal défini.

Assurément, on ne nous accusera pas de nous montrer

indifférent au sort des travailleurs, et nous avons assez souvent témoigné de notre sollicitude à cet égard pour qu'il nous soit permis de faire justice d'une logique fourvoyée, et de protester contre une doctrine étroite et exclusive.

D'abord, sans la réforme politique, obtiendrait-on la réforme sociale [1]? Il est permis d'en douter, à voir l'apathie et la mauvaise volonté des gouvernements, la résistance et les tyrannies des intérêts en litige. D'ailleurs, l'histoire des faits passés peut confirmer nos doutes et justifier nos méfiances. Y a-t-il une seule amélioration matérielle un peu importante qui se soit produite sans le secours d'une réforme politique, et la réforme politique n'a-t-elle pas toujours précédé la réforme sociale? Pour ne parler que des faits les plus récents de notre histoire, ne sait-on pas que ce sont les réformes politiques de notre révolution qui ont amené les réformes sociales introduites dans nos lois? Les modifications de la propriété, l'abolition des substitutions, la suppression des biens de mainmorte, l'égalité de partage entre les enfants, enfin les nombreuses modifications introduites dans la vie civile, dans le seul but du bien-être personnel, eussent-elles été accomplies, si les tempêtes politiques n'avaient soufflé dans les hautes régions du pouvoir? La suppression des redevances féodales était sans contredit une réforme toute matérielle qui délivrait l'agriculture d'un impôt onéreux. Mais la noblesse, à qui profitait l'abus, aurait-elle consenti à l'affranchissement de la propriété, si auparavant la réforme n'eût menacé la noblesse dans son existence politique? Enfin, n'est-ce pas aujourd'hui, par

---

1. Nous employons ce mot dans un sens opposé à la réforme politique, parce que c'est un terme presque consacré par l'usage; mais, à vrai dire, l'épithète ainsi restreinte n'a plus son véritable sens. Car toute modification à la société humaine est une réforme sociale, depuis l'abaissement du cens électoral jusqu'à l'exhaussement du salaire, depuis le renversement d'un trône jusqu'à l'établissement du conseil des prud'hommes.

une réaction dans les idées politiques, que l'on tolère la coalition des maîtres pour appliquer toutes les sévérités de la loi à la coalition des ouvriers? Nous voudrions bien voir les socialistes tenter, par exemple, la réorganisation de la société en Irlande, sans ébranler le gouvernement établi. En effet, n'y-a-t-il pas là une foule de droits acquis qu'un gouvernement est obligé de respecter? D'un autre côté, n'y-a-t-il pas d'immenses souffrances qui demandent à être soulagées? Et cependant, de part et d'autre, il n'y a pas de transaction possible; et le jour où le gouvernement voudra être juste, il succombera à la tâche; car, à force d'avoir accumulé les injustices sur l'Irlande, le gouvernement anglais ne peut plus les réparer. L'oppresseur séculaire porte lui-même le poids de ses propres iniquités : ce long amas de crimes devenus inexprimables défie toutes les ressources de la justice humaine; et la justice divine ne peut plus être satisfaite que par une révolution.

Pour nous, nous avons accompli ce terrible sacrifice. La réforme peut désormais poursuivre des conquêtes pacifiques. Mais qu'on le sache bien, la réforme sociale ne peut sortir que de la réforme politique. C'est une filiation obligée. Car c'est la réforme politique qui seule aura le pouvoir et la volonté d'accomplir la réforme sociale. Si la réforme sociale est le but, la réforme politique est le moyen.

Et cependant n'est-elle qu'un moyen? Ce serait lui reconnaître un caractère secondaire; ce serait, nous devons le dire, en faire trop bon marché. Aussi, pour nous, est-elle bien autre chose, et ce n'est pas là que se borne sa mission. En effet, si la réforme sociale doit être un moyen de satisfaction pour les besoins matériels, la réforme politique est destinée à satisfaire des besoins intellectuels et moraux. « L'homme ne vit pas seulement de pain, a dit Jésus-Christ, mais de la parole de Dieu. » En d'autres termes, l'esprit a ses appétits comme le corps, et ces appétits sont non moins impérieux. L'homme, en sa qualité d'être moral, a la conscience de ses droits sociaux, et le cri de la conscience est aussi puissant que le cri de l'estomac. En sa qualité d'être libre et intelligent, il a le sentiment de sa dignité, et les conditions de sa vie spirituelle veulent être accomplies non moins que les conditions de sa vie organique. Quand les Socialistes demandent avec ironie quelle serait pour les travailleurs l'utilité de l'extension du suffrage universel ou la satisfaction de tout autre droit politique, ils montrent qu'ils ne connaissent l'homme que dans sa structure anatomique ; il ne tiennent pas compte des aspirations de la pensée, des nobles jouissances de l'orgueil, des obligations morales qu'impose l'estime de soi-même, et de ce profond sentiment du devoir qui naît avec l'accomplissement d'un droit. Ils amoindrissent les gouvernements non moins que l'homme, en ne leur imposant d'autres fonctions que celles d'un père nourricier. Qu'importe, en effet, d'offrir au citoyen une carte d'électeur ? qu'importe de l'appeler à la vie intellectuelle, d'agrandir la sphère de sa pensée, de chercher à le rendre meilleur en lui donnant une idée meilleure de lui-même ? Tout cela, c'est de la politique vague, illusoire, nébuleuse. Il y en a une autre qui s'appelle avec satisfaction politique positive. Sa formule est bien simple : Engraissez le citoyen, et vous gouvernerez tranquilles.

Il faut pourtant que les Socialistes se trompent étrangement, ou bien que les peuples n'aient guère de logique. Car toujours ils ont versé leur sang pour des abstractions, pour das droits immatériels, pour des idées plus ou moins bien définies. Sans compter les nombreux martyrs qui sacrifiaient leur vie pour les abstractions du christianisme, renfermons-nous dans le cercle de notre histoire contemporaine. Par quelle puissance s'est accomplie la Révolution française ? Par la puissance de l'idée. Ce ne sont point les exigences d'un besoin matériel qui ont renversé le plus

puissant trône de l'univers, mais les susceptibilités de la
dignité humaine méconnue. Les droits de l'homme, voilà
le mot magique qui a fait lever une nation en armes ; voilà
le talisman qui a fait sortir de terre quatorze armées de
héros. Et cependant, même alors que l'enthousiasme était
à son comble, les besoins matériels étaient en souffrance.
Le pain était mesuré avec parcimonie, et nul n'était assuré
de la subsistance du lendemain. Croit-on que la Convention
eût obtenu les mêmes résultats avec des questions de salaire ?
Assurément non ! Les besoins matériels ne sont ni si dévoués
ni si courageux. Ils ne sauraient commander le sacrifice de
la vie ; car de tous les biens matériels la vie est sans contredit le plus précieux.

Nous avons déjà cité l'Irlande ; mais c'est ici surtout que
son exemple peut nous instruire. Dans ce pays des misères
fabuleuses, trois millions d'hommes sont, tous les ans, décimés par la famine. Et voilà six siècles que cela dure, sans
que la famine ait eu le pouvoir de faire réussir une insurrection ! En Angleterre, où des multitudes d'ouvriers affa-
més demandent vainement du pain à leurs maîtres million-
naires, le gouvernement peut en sécurité rester sourd à
leurs cris et insensible à leurs souffrances. Le jour, dit-on,
viendra peut-être où ils sauront se faire justice. Nous répondons hardiment que non. Mais le jour viendra où une idée
nouvelle voudra se réaliser, et l'idée trouvera pour instruments les bras de ceux qui souffrent. Jamais la souffrance
toute seule ne donnerait à ces bras l'impulsion victorieuse
qui renverse tous les obstacles ; jamais les aspirations vers
un bien-être matériel ne communiqueraient à ces cœurs
endoloris l'enthousiasme qui fait mourir avec joie. La faim
produit l'émeute ; l'idée seule enfante une révolution. Car
l'émeute, c'est la convulsion d'un malade qui ne veut pas
mourir, la clameur du désespoir qui demande pitié, le douloureux retentissement de toutes les agonies passées. La

révolution, c'est la voix d'une pensée qui déborde, le cri de
l'espérance qui salue l'avenir, l'aurore d'une ère nouvelle
pour l'intelligence humaine.

Pourquoi les Français se montrent-ils si facilement dispo-
sés à verser leur sang, à se jeter tête baissée dans les périls ?
Ils ne sont pas cependant plus que d'autres insouciants de la
vie ou indifférents au bien-être matériel. Mais ils sont plus
que d'autres enclins à se passionner pour une idée, à combattre pour une abstraction , et voilà pourquoi ils accomplissent si résolûment de périlleuses tentatives. De profonds politiques ont fait entendre d'agréables plaisanteries
sur les combattants de 1830, qui tombaient au cri de Vive
la Charte ! sans comprendre la formule qui les conduisait
à la mort. Ces savants aristarques ne comprenaient pas eux-
mêmes ce qu'il y a de puissance dans un idéal politique
même enveloppé d'obscurité.

On s'est étonné encore de voir à la suite de chaque révolution augmenter le fardeau des impôts, sans que le peuple vainqueur songeât à protester. C'est que le fardeau des
impôts n'était qu'un grief secondaire, qui figurait auprès
des autres. Mais lorsque les autres sont satisfaits par la
victoire, celui-là est trop infime pour motiver un soulèvement. Car chacun sent bien qu'il y aurait duperie à se faire
tuer pour le dégrèvement de quelques centimes. Il en est
ainsi de tous les besoins matériels, ils ne sauraient passionner l'homme jusqu'au sacrifice de lui-même.

Et c'est précisément parce qu'ils ne sont pas aptes à se
satisfaire que le gouvernement leur doit toute sa sollicitude, que les hommes politiques leur doivent un infatigable appui. Réchauffons donc les cœurs tièdes ; appelons sans
cesse l'intérêt sur la classe des travailleurs ; cherchons avec
une laborieuse persévérance un remède à tant de maux.
Mais ne nous arrêtons pas seulement aux souffrances de la
matière ; ne nous renfermons pas dans la politique de l'es-

tomac, et, tout en travaillant à soulager le corps, attachons-nous surtout à développer l'esprit, à poursuivre sans relâche les conquêtes de l'intelligence. Or, c'est la réforme politique qui conduit à ces nobles résultats; car elle est non-seulement le moyen le plus puissant pour la réforme sociale, elle est aussi un but digne de tous nos efforts, un hommage solennel à la conscience humaine.

L'École socialiste n'est donc pas plus en droit que l'École historique de prêcher l'indifférence en matière de gouvernement. L'un et l'autre ne voient qu'une face de la nature humaine. L'une fait de l'homme un pur esprit, nuageux, séparé du monde extérieur et sans rapport avec les autres hommes, proscrivant par là toutes les idées de morale, qui ne sont que des idées de rapports. L'autre fait de l'homme un composé matériel qui place en première ligne ses appétits gastriques. L'homme social proteste contre ces théories extrêmes et prouve, par tous ses actes, qu'il n'est ni un esprit sans relations extérieures, ni un corps sans besoins intellectuels.

Si nous faisions ici l'histoire complète de l'École française, nous aurions à commenter d'autres théories, et à signaler, même au milieu d'erreurs capitales, une ardeur de connaître et un besoin d'améliorer qui témoignent toujours que l'activité des esprits ne s'est pas ralentie, quoique souvent elle se consume en tentatives plus audacieuses que véritablement utiles. Toutefois, au milieu des mouvements désordonnés de la pensée, l'École française reste toujours fidèle à ses principes, et du sein même des réactions qui l'entraînent dans des systèmes exclusifs, tantôt vers l'absolu seul, tantôt vers la liberté seule, elle sait revenir à propos au vrai dans son ensemble, et en ressaisir tous les éléments par l'heureuse conciliation du nécessaire et du contingent, des lois humaines et des lois divines; tandis que les Allemands restent ensevelis dans la pensée abstraite, sans tou-

cher par aucun point aux choses de la terre ; tandis que les
Anglais, enchaînés aux intérêts matériels, demeurent étrangers au monde de la pensée, les Français, combinant les
doubles forces de la pensée et de l'action, interrogent avec
ardeur la science, et appliquent avec enthousiasme les préceptes qu'elle leur donne. Qu'importe si, parfois, égarés
dans leur route, ils tombent dans de graves périls et s'ex-
posent à de rudes sacrifices ? Quand il s'agit pour eux de
l'application d'une idée, de la réalisation d'une théorie,
ils sont habitués à faire bon marché de leurs personnes.
C'est cette constante disposition au sacrifice, cette facile
abnégation de soi-même, qui assigne au peuple français les
véritables caractères de l'initiateur. C'est cette ardeur em-
pressée dans les recherches scientifiques, et cette vigoureuse logique dans l'application, qui, dans le domaine du
droit, attestent la suprématie de l'École française et main-
tiennent son initiative. En vain l'esprit de secte voudrait
lui contester cette gloire : les faits parlent plus haut que la
voix de quelques docteurs égarés ; et l'accueil empressé fait
partout à ses Codes vaut mieux que le suffrage d'un grand
maître de l'Université infidèle à sa mission. Même les idées
qui n'appartiennent pas à l'École française ne sont admises
en Europe qu'après avoir été sanctionnées par elle. Le jury
est une institution bien ancienne en Angleterre, et cepen-
dans nul peuple ne songeait à en réclamer le bénéfice. Il a
fallu que la France l'introduisît dans ses lois pour que d'autres nations consentissent à l'adopter. Le génie français
donne seul aux choses le caractère d'universalité qui est un
des signes du vrai. Et c'est en présence de ces hommages de
tous, de cette soumission volontaire de chaque nation à l'initiative française, qu'un pouvoir réactionnaire jette un défi au
sentiment commun des peuples comme au sentiment national, en réservant toutes ses faveurs aux doctrines étrangères ! Qu'on leur fasse bon accueil, nous le voulons bien :

la France est hospitalière. Qu'on leur donne droit de bourgeoisie dans nos écoles, nous y consentons. Mais que pour
elles on dépouille les représentants de l'École française ;
qu'on accumule sur elles seules les dignités et les honneurs,
c'est une offense à l'équité scientifique, non moins qu'à la
justice nationale.

Nous avons fait connaître les titres de l'École allemande,
et l'on a pu juger le mérite de ces préférences. L'on ne s'étonnera pas de nous entendre réclamer. Quelle idée nouvelle
a-t-elle donc rencontrée? Quel monde inconnu a-t-elle ouvert aux explorations de la science? Elle a sans doute inventé des formules qui n'appartiennent pas à l'École française,
et que celle-ci n'a guère souci de lui contester. Mais dans
les grandes questions qui depuis si longtemps divisent les
Écoles, dans les régions de la philosophie, dans le domaine
du droit, quelles solutions a-t-elle apportées, quelles difficultés a-t-elle vaincues? Quelles sublimes découvertes peuvent justifier les dédains que professent pour l'École française les docteurs d'outre-Rhin? Il leur appartient bien, en
vérité, de se donner ces airs superbes, quand toutes leurs
inventions consistent à copier nos maîtres, à piller jusqu'à
nos erreurs !

Les encyclopédistes avaient placé l'homme en tête de
l'univers, rapportant tout à lui et faisant tout dériver de
lui. Kant découvre après eux que l'homme est son but à lui-
même, en donnant toutefois à sa philosophie une couleur
locale par la savante opposition de la raison pure et de la
raison pratique, du subjectif et de l'objectif. Rousseau avait
proclamé la souveraineté du moi, en annulant cette souveraineté par un contrat général. Fichte annonce la déification
du moi, en limitant son Dieu par le Dieu du non-moi. Avec
Rousseau, du moins, le droit social repose sur un contrat;
avec Fichte, il a pour fondement une borne.

Montesquieu avait signalé dans le droit l'accord des lois

divines et humaines. Schelling, après lui, tente de concilier
l'idéalisme et le réalisme ; mais il s'égare à la recherche de
l'unité, et ne sait comment introduire sa philosophie dans
le domaine du droit civil. Quant à Hegel, on n'imagine pas
sans doute qu'il ait inventé la Trinité ; cependant, si on le
dépouille de ses formules trinaires, que lui reste-t-il ? La
pensée qui se pense elle-même, c'est-à-dire le moi de Fichte
et le subjectif de Kant. Enfin Savigny retranche le droit
dans l'absolu. Mais de Maistre avait fait cette découverte
avant lui. Il fait une théorie avec la végétation du droit ;
mais de Maistre avait signalé la végétation des constitutions.
Il proteste avec force contre l'intervention humaine ; mais
de Maistre avait déjà tonné contre cet audacieux sacrilége.
Ainsi sur tous les points se rencontre l'imitation ; partout se
retrouve l'emprunt. Apôtres de la tradition, apôtres de l'innovation, défenseurs de l'autorité, partisans de la liberté,
tous ont leurs précédents dans l'Ecole française. Même les
idées qui n'ont plus cours chez nous sont reprises à nouveau,
et ces philosophes dédaigneux font argent de nos rebuts ;
le seul travail qu'ils aient à faire est de leur donner un
goût de terroir germanique. Qu'après ces métamorphoses il
se croient créateurs, cela s'explique du moins par les égare-
remens de la vanité humaine et par les illusions de l'orgueil
national. Mais que nous, méconnaissant le génie de nos
pères, nous allions faire hommage à l'étranger des gloires
de notre pays, que nous élevions un piédestal aux écrivains
qui copient ceux qui nous ont copiés, c'est une abnégation
par trop dérisoire, une modestie par trop ignorante.

Pour compléter cette introduction déjà bien longue, nous
aurions besoin de signaler les améliorations qui ont été introduites dans nos codes depuis leur première publication,
et celles qu'il est temps d'y ajouter encore. Peut-être plus
tard essayerons-nous de remplir cette tâche. Qu'il nous
suffise aujourd'hui d'ajouter quelques mots pour démontrer

qu'avec notre théorie du droit l'application est facile, et que nous ne voulons pas nous borner au rôle de critique.

Nous avons combattu de Maistre et Savigny, qui ne voient dans le droit que l'absolu et la tradition.

Nous avons repoussé la proposition contraire de Rousseau et de Fichte, qui font dériver le juste et l'injuste de l'initiative humaine.

Et cependant, nous ne voulons ni dépouiller le droit de son caractère immuable ou divin, ni repousser du droit l'intervention humaine. Nous ne voulons ni affranchir l'individu de l'obéissance à la volonté générale, ni affranchir la volonté générale du respect pour la liberté de l'individu. En un mot, nous voulons concilier l'autorité et la liberté, la tradition et l'innovation, l'absolu et le relatif.

Cette conciliation ressort des principes que nous avons posés.

En effet, en considérant le droit comme l'accord des choses divines et humaines, il s'ensuit que ce qui est absolu dans le droit, ce qui est divin, existe indépendamment de l'homme, et ne peut par conséquent être modifié par lui. Il s'ensuit encore que le juste existe en soi et que la volonté générale elle-même ne saurait le modifier. Ce qu'elle modifie, c'est la formule par laquelle se manifestent les notions du juste et de l'injuste. La volonté générale rencontre une loi qui lui est supérieure : c'est la loi naturelle ou divine. Et cette même loi lui commande de respecter la liberté de l'individu. Car le respect de la liberté de l'individu est parmi les notions premières de justice que l'homme ne saurait enfreindre, par conséquent le divin dans le droit ; l'absolu limite l'action de l'autorité et protège l'individu.

L'autorité n'a donc véritablement d'autre mission que de diriger l'intervention humaine, de diriger la formule.

Or la formule est essentiellement variable, et doit être

en rapport avec le temps et les mœurs. Qui jugera donc le mérite de la formule? La volonté générale.

Ne l'oublions pas, la volonté générale n'exprime que ce qu'il y a d'humain dans la loi, ce qu'il y a de transitoire et de variable. Prise dans ce sens étroit, la définition de Rousseau deviendrait vraie, et l'on pourrait dire : La loi est l'expression de la volonté générale. Mais, encore une fois, ce n'est pas là toute la loi, tout le droit; car la volonté générale ne pourrait faire que ce qui est injuste soit juste ; elle peut seulement réglementer les applications du juste et punir les écarts de l'injuste. C'est donc la formule seule qui est l'expression de la volonté générale. Quant à la loi elle-même, à cette loi que Montesquieu appelle le rapport nécessaire des choses, elle demeure indépendante de la volonté générale, ou plutôt la volonté générale est tenue de lui obéir. Car l'autorité, non moins que l'individu, est tenue d'observer le juste.

Mais la formule étant l'expression de la volonté générale, l'individu est obligé de se soumettre à la formule.

Par conséquent, il y a obéissance de l'autorité à la loi, et par conséquent nécessité de respecter l'individu ; obéissance de l'individu à la formule, et par conséquent nécessité de respecter l'autorité.

Ainsi, l'individu est protégé par ce qu'il y a de divin dans la loi, en même temps qu'il se soumet à ce qu'il y a d'humain. L'autorité dicte ce qu'il y a d'humain dans la loi, en même temps qu'elle se soumet à ce qu'il y a de divin.

Quand Bossuet s'écriait : Il n'y a point de droit contre le droit, il voulait dire : Le fait humain ne peut prévaloir contre le fait divin, la formule ne saurait contredire la loi.

Le droit ramène sans cesse l'homme à Dieu, et le rappelle sans cesse lui-même à la conscience de sa dignité, en le faisant participer à l'accomplissement de l'œuvre divine.

C'est ce double caractère de la loi qui rend la définition d'Ulpien éternellement vraie. Nous la répétons deux mille ans après lui, sans y rien ajouter, sans en rien retrancher, et tous les siècles rediront après l'Ecole française : La science du droit est la connaissance des choses divines et humaines.

XCI

ÉTUDE SUR LA SITUATION POLITIQUE ET SOCIALE

DE L'ANGLETERRE

SERVANT DE PRÉFACE AU LIVRE INTITULÉ « DE LA DÉCADENCE DE L'ANGLETERRE »
PUBLIÉ EN 1850 [1]

Ce livre est-il un paradoxe, ainsi qu'on l'a dit, avant même de le connaître ?

Est-ce un pamphlet, est-ce de l'histoire ?

Aveuglé par un esprit étroit de nationalité, ai-je fermé les yeux au spectacle imposant des grandeurs de l'Angleterre ? — Non, sans doute.

Et qui pourrait nier, en effet, qu'elle n'ait acquis, depuis l'*acte de navigation*, la suprématie sur les mers, et que sa puissance navale, militaire ou marchande ne soit aujourd'hui la première du monde ?

Qui pourrait nier que l'Angleterre, industrielle et manufacturière, ne soit devenue, sous ses lois, le plus grand pays de production du globe, et le premier intendant, l'agent universel, le peuple-roi du crédit, de la circulation et de la vente.

Qui pourrait nier que l'Angleterre agricole, à valeur égale de travail et de sol, ne donne un rendement plus élevé que

---

1. Escudier frères, éditeurs, 102, rue Richelieu, Paris.

les terres les plus tourmentées par la charrue et les plus favorisées du soleil ?

Qui pourrait nier, enfin, que ces îles Britanniques, point chétif et perdu sur la carte de l'univers, ne soient, depuis des siècles, montées dans la famille des grands empires, et ne tiennent une place illustre parmi les puissances de l'histoire et de la terre ?

Autant vaudrait nier la lumière, que d'oser la contradiction sur toutes ces choses ; car, pour écraser les rivalités impuissantes, l'Angleterre n'aurait qu'à montrer ses flottes, ses ports, ses domaines, ses banques, ses fabriques et ses usines cyclopéennes, ses marchés, ses arsenaux, son riche écrin de comptoirs ou de forteresses, et ces colonies vassales ou tributaires qui lui font un monde plus grand que l'univers romain.

Pour ne parler que de sa capitale, que de merveilles, en effet, que de richesses accumulées entre ces deux rives de la Tamise, que peuplent des forêts de mâts, et qu'agitent, que pressent avec fureur toutes les activités humaines !

Ici, des docks profonds et tranquilles comme des baies abritent, dans leurs eaux fermées, des milliers de navires, et, depuis la jonque chinoise, jusqu'au vaisseau de haut bord, la goëlette ou brick, trois-mâts ou frégate, chaque bâtiment a sa place dans ce bazar flottant, où se marient en faisceaux tous les pavillons de la terre. Les tributs infinis des peuples divers s'amoncellent avec ordre, avec symétrie dans des magasins gigantesques qui sont, à eux seuls, une ville entière.

Là, ce sont les chantiers de réparation, les ateliers de gréement, les forges où, sous la flamme et le marteau, le fer et l'acier se tordent. C'est le travail s'acharnant à tout, donnant toutes ses sueurs ; et ce n'est rien encore près de Sheffield, de Birmingham, de Manchester, de Leeds, et des forges de Merthyr et du pays de Galles.

Oh! alors, au milieu de cette création incessante et tumultueuse, l'esprit troublé, confondu, frappé comme d'hallucination, croit voir ressusciter devant lui la grande fable des Titans.

Plus loin, c'est le vertige de la circulation qui vous saisit : d'un de ces ponts hardis jetés sur la Tamise, l'œil se fatigue, la tête tourne à suivre, au milieu d'une atmosphère fantastique de vapeur et de fumée, ces centaines de bâtiments qui passent sous vos pieds, intelligents, dociles, comme un être humain, luttant de vitesse, s'arrêtant tout court à la voix d'un enfant, se touchant, se carressant presque sans jamais se heurter ; battant sans cesse de leurs ailes les eaux troublées et fangeuses du fleuve qui, comme son peuple, ne se repose que le dimanche. Dans la cité, des milliers de chariots, d'omnibus attelés de chevaux puissants, des phaétons rapides comme la flèche ; tout se croise, se précipite, s'entremêle, se sépare sans un mot, portant dans la ville, aux deux millions d'habitants, l'homme ou la denrée ; tandis que sur les trottoirs, vastes allées latérales, un peuple affairé marche à flots pressés, en tous sens, impassible comme les chiffres, silencieux comme les ombres ; et c'est ainsi depuis les docks jusqu'aux grands parcs, jusqu'aux squares splendides de la ville nouvelle qui font ceinture à cet enfer de l'ardeur et du travail, comme les champs élyséens au ténare.

Non, jamais peuple dans le domaine du monde matériel, n'a développé son activité sur une plus incommensurable échelle. La plume serait impuissante à décrire les mouvements de ses ports, de ses manufactures, de ses travaux rustiques ; les chiffres seuls peuvent en donner la mesure.

Ainsi, la Grande-Bretagne qui n'a que deux cents lieues de long, et dont le sol est loin de valoir la terre Aragonaise ou Lombarde, tire chaque année, de sa production agricole, par une culture habile et l'élève des bestiaux, un revenu qui se monte à plus de trois milliards six cent millions ; et ce revenu de la métropole est presque doublé par la valeur de la production similaire dans ses annexes et colonies.

Son industrie, son commerce et ses manufactures lui font une liste civile supérieure à cette première dotation terrienne, et cela, grâce à ses mines inépuisables, à ses richesses naturelles, à son admirable système de circulation que facilitent quatre-vingt-six canaux et soixante-dix lignes de chemins de fer.

Le revenu total de l'Angleterre s'élève donc à plus de douze milliards !

Sa puissance, parmi les nations, se manifeste par le nombre et la grandeur de ses flottes et de ses domaines. — En Europe, elle possède, outre les îlots qui l'avoisinent, Heligoland, Gibraltar, Malte et les îles Ioniennes ; — en Asie, l'Hindoustan anglais avec ses tributaires, Ceylan et ses alliés forcés du Pendjab et du Scinde, c'est-à-dire, presque un monde. En Afrique : Sierra-Leone avec ses dépendances, l'Ile-de-France, Seychelles, Fernando-Po, le Cap de Bonne-Espérance et Sainte-Hélène ; — En Amérique : le haut et le bas Canada, le Cap-Breton, les Petites-Antilles, les Bermudes, Terre-Neuve, Lucayes, La Jamaïque, La Dominique, La Guyane, la Baye de Honduras et l'Ile du Prince-Édouard ; — enfin, dans l'Océanie, elle a la terre de Diémen, l'Ile de Norfolk, la Nouvelle-Écosse, l'Australie du Sud ; — et ces cent peuples lui font plus de cent cinquante millions de sujets, en y comprenant les 27 à 28 millions de ses trois royaumes métropolitains.

Quant à sa marine marchande, deux détails suffiront pour la faire connaître : elle a près de trente mille navires, soit à voiles, soit à vapeur, sans compter les huit mille vaisseaux des colonies ; et dans un an elle exporte pour six ou sept cents millions de cotonnade, ce qui fait pour un seul détail un compte de vente plus élevé que tous les comptes réunis de l'exportation manufacturière de la France !

Telle est l'Angleterre à première vue : — que seraient Carthage et Tyr, et l'ancienne Venise elle-même, à côté de ce géant des mers dont les grands bras pressent les deux pôles ?

La puissance de Carthage, cependant, la puissance maritine de Venise, de l'Espagne, de la Hollande ont passé vite. Pourquoi ? Montesquieu l'a dit :

« La fortune des empires maritimes ne saurait être lon-
« gue, car ils ne règnent que par l'oppression des peuples,
« et tandis qu'ils s'étendent au dehors, ils se minent à
« l'intérieur. »

D'un autre côté, il a été écrit par Adam Smith : « Sous
« l'influence des principes du laisser-faire et de la concur-
« rence, sous la domination du capital, qui ont donné
« sous nos yeux une si vigoureuse impulsion à la création
« de la richesse, un jour viendra où le progrès devra fata-
« lement s'arrêter et décroître; ensuite, à partir de cette
« époque, nous verrons une diminution progressive dans la
« rénumération du travail, une gêne croissante, puis le
« déclin ! »

Le problème n'est donc pas de savoir si l'Angleterre est grande, mais si sa grandeur peut durer.

Sans doute, cette grandeur est sans bornes, mais songeons que c'est à l'apogée de sa puissance extérieure et de sa richesse, que Rome fut saisie par la mort.

Tertullien ne faisait-il pas de Rome cette magnifique peinture qui offre une frappante ressemblance avec l'état de l'Angleterre :

« Certes, disait-il, le monde devient, de plus en plus,
« notre tributaire; aucun de ses recoins n'est resté inac-
« cessible; tous sont connus, fréquentés, tous sont le

« théâtre ou l'objet d'affaires. Qui redoute encore une île?
« qui frémit devant une écueil? On est sûr de trouver par-
« tout un navire, partout un peuple, un État, partout la
« vie, nous écrasons le monde de notre poids ! *Onerosi su-*
« *mus mundo.* »

Et Tertullien avait à peine achevé sa phrase, que cette
grandeur matérielle, minée au cœur, s'affaissait sur elle-
même ; on entendait, dans le lointain, les pas des barbares.

Ce n'est pas de la même façon que finissent tous les empires. Les barbares, pour l'Angleterre, ce sont ces tribus
d'hommes qui élèvent vers le ciel des bras décharnés en
demandant du pain ; c'est tout un peuple dont la vie dépend
des chances d'un marché universel qui se fermera demain ;
soit par la paix, soit par la guerre ; — car la guerre tue le
commerce, et la paix élève des fabriques rivales ; — c'est le
salaire qui, comme le dit Adam Smith, baisse et bais-
sera sans cesse jusqu'à ce qu'il ne reste plus, d'un côté, que
des monceaux d'argent, et de l'autre des monceaux de
morts. Voilà les plaies béantes, invétérées, inguérissables de
l'Angleterre, plaies dont aucune nation n'offre, à l'heure
qu'il est, un plus lamentable tableau.

Mais n'anticipons pas sur les preuves ; on verra se dérouler plus tard des scènes terribles de désespoir et d'a-
gonie, dont le sombre génie de Dante n'a pas su trouver
les traits dans le récit des tortures d'Ugolin. L'Angleterre,
en ce moment, se peint elle-même dans une enquête fidèle
où l'on entend retentir d'un bout à l'autre le cri lugubre
de la faim ; je traduirai simplement : il est des accents de
la nature qui vont au cœur, sans que rien au monde puisse
les imiter ni même les reproduire. Seulement, je demande
en passant aux véritables penseurs de ce pays, à ceux dont
l'intellignce est assez haute pour ne pas croire au dogme
stupide et fatal de la perpétuité du mal en ce monde, je leur
demande s'ils auraient jamais cru que les deux féodalités,

terrienne et financière, eussent épuisé à ce point les forces sociales, et creusé sous un luxe incomparable d'aussi effroyables abîmes.

Cette consciente et redoutable enquête se résume dès à présent en un mot : l'impôt ne peut monter davantage ni le salaire descendre plus bas, à peine de trouver aux deux extrémités : la mort ; non plus comme aujourd'hui la mort lente, partielle, inaperçue, mais la mort fauchant à pleine moisson dans tout un peuple.

Qu'importe alors la culture savante qui fait rendre à la terre tout ce qu'elle peut donner ? Qu'importent les moissons fécondes, les gras pâturages, les bestiaux modèles, aux laines longues et fines, si le peuple des campagnes, le salarié de la glèbe meurt de faim ? Je ne parle pas seulement de l'Irlande retournant à l'état sauvage, de l'Irlande où l'animal — ô dégradation ! — est préféré à la nature humaine, où le troupeau du seigneur chasse l'homme impuissant et nu ; non, je parle des contrées les plus riches de l'Angleterre.

Et pourquoi cette misère du peuple des campagnes toujours croissante ? Parce que la terre, régie par le droit féodal, appartient en fiefs héréditaires à quelques centaines de familles privilégiées ; parce que le loyer des immeubles et des instruments de culture absorbe, à peu près, les produits de la terre et du travail, parce que la rente à payer au land-lord, sans compter les charges de la paroisse, la dîme des prêtres et l'aubaine du fisc, dépouille le fermier et le force à baisser le salaire jusqu'à la faim.

Qu'importe encore que l'Angleterre ait des mines à fouiller jusqu'aux entrailles de la terre, des usines nuit et jour haletantes, des produits manufacturés à inonder le monde, si le peuple des villes n'est pas moins misérable que celui des champs, si la ferme est aussi avare que la fabrique ou l'atelier, et s'il est fait aux serfs de la machine, aux esclaves de l'industrie, une vie non moins affamée et plus courte qu'à ceux de la glèbe?

Or, comment se produit cet étrange et cruel phénomène? Où vont s'engloutir toutes ces richesses, fruit d'un labeur sans relâche? Dans les coffres sans fond du capital exploitant la science et les bras, dans la caisse des banques et des commandites organisées en famille de féodalité commerciale, et par la puissance du crédit, par l'accumulation des forces se rendant maîtresses des salaires, de la circulation et de la vente.

Ainsi, le monopole des capitaux fait ici le jeu du privilège féodal dans la production agricole; il aspire toute la richesse de l'industrie, du commerce et des manufactures, comme le droit du fief aspire tous les sucs du domaine terrien et toutes les sueurs de ses prolétaires : des deux côtés, partout et toujours, c'est Shylock, grand seigneur ou bourgeois, qui suce le sang des travailleurs.

Qu'on ne se révolte point à cette comparaison qu'on retrouvera mille fois plus énergique dans l'enquête, quand je ferai la preuve de cette terrible institution de la faim organisée dans les industries comme dans les terres; car ici je ne pose encore que les faits et les problèmes.

Voilà donc le résultat suprême de ce grand système de l'aristocratie britannique, de ce puissant mécanisme social fondé sur le droit exorbitant de la terre, sur le droit absolu de l'argent, deux privilèges inexorables, voyant s'agiter au-dessous d'eux des myriades de générations qui disparaissent dans le combat à mort d'une concurrence sans frein.

Et ce n'est pas seulement le prolétariat de l'Angleterre qui souffre de ce régime mis en œuvre par ses deux aristocraties ; non, la cupidité britannique a ses terres de plaisance, ses peuples vassaux, ses comptoirs dépendants, ses innombrables colonies au delà des mers ; et là ses lèvres avides épuisent avec fureur les trésors de la terre, les forces de l'homme, toutes les richesses de la nature et du travail, toutes les énergies du sang et du sol.

Depuis que la Grande-Bretagne a perdu l'Amérique, elle s'est jetée sur les Indes qu'elle a saccagées en un siècle, et la voilà qui cherche maintenant à s'ouvrir les ressources d'un monde nouveau, la Chine ; car elle a stérilisé ses anciens domaines par la prodigalité de ses administrations et par la voracité de ses monopoles. Les colonies nous ruinent, s'écrie-t-on de toutes parts, il nous faut des marchés, il nous faut des débouchés, et non des royaumes mendiants à gouverner, à nourrir !

En effet, vos compagnies souveraines ont fait l'œuvre de la pompe à haute pression ; le travail de vos millions d'esclaves ne paye plus le budget de vos armées et de vos flottes; tout est dévoré par vos états-majors de guerre et de comptoir, par les chenilles maigres de votre arbre féodal, comme a dit un poète, par les cadets de vos deux noblesses. Mais qu'y faire? C'est la loi fatale de l'aristocratie et du privilège, c'est le droit anglais qui le veut ainsi.

Et que deviendraient les déshérités de vos familles patriciennes, que deviendraient les fils de vos riches juiveries bourgeoises, s'il n'y avait plus là-bas de forteresses à garder, d'administrations à conduire, de tributs à lever, de populations à tenir asservies, s'il n'y avait plus de fonctionnaires civils ou politiques, de capitaines de place ou de haut-bord, de nababs et de gouverneurs?

Ce mot de l'Angleterre : « Les colonies nous tuent », n'est que trop vrai, pourtant; et contre le régime écrasant et fastueux de l'occupation politique et militaire, une révolution se prépare dans les intérêts comme dans les intelligences.

Ainsi, ces possessions qu'elle n'avait, pour la plupart, acquises que par une série de crimes sans nom, et qu'elle n'a conservées par la violence et la perfidie que pour les tarir, ces possessions qui faisaient sa puissance parmi les peuples et son orgueil dans l'histoire, les voilà devenues à charge aux maîtres et le tombeau des populations aborigènes.

Or, si les colonies ne peuvent plus nourrir la métropole et ne lui payent pas le revenu qu'elles lui coûtent, à quoi se résoudre, à quoi conclure?

Les abandonner, c'est démembrer la puissance anglaise, c'est l'avilir dans la majesté de ses forces extérieures, c'est la faire tomber au second et peut-être au dernier rang. Essayer d'y introduire des réformes sérieuses, est-ce possible sans déposséder l'aristocratie? Et c'est l'aristocratie qui gouverne. D'une autre part, conserver les colonies, c'est aller aux deux cataclysmes de la banqueroute et des jacqueries, car la dette inscrite est de vingt-deux milliards; jusqu'en 1849 le budget n'a cessé d'augmenter, et l'enquête dit à chaque page : « L'impôt ne peut plus monter, ni le salaire descendre, sans que les bras de l'agriculture et de l'industrie ne succombent épuisés. »

Ne sait-on pas, de plus, pour l'avoir entendu de la bouche de tous les hommes d'État, que le pain du peuple, c'est-à-dire la vie de l'Angleterre, est à la merci d'une journée de chômage?

La politique la plus implacable s'arrête et prend peur quand elle se voit ainsi face à face avec une famine régulière. — Une dernière larme du peuple, en effet, et le vase des révolutions déborde. — Aussi, la vieille Angleterre, qui ne veut abdiquer ni la richesse ni l'empire, cherche-t-elle depuis quelques années à sauver l'un et l'autre par des modifications partielles, par des lois de détail qui font brèche à quelques monopoles, mais qui laissent entier l'édifice féodal, ses institutions, ses privilèges.

Ainsi, sir Robert Peel a fait accepter la libre entrée dans son pays des céréales étrangères, pour aider et favoriser l'atelier industriel qu'affamait le monopole intérieur. Ce fut une victoire des seigneurs de la manufacture sur les seigneurs de la terre ; mais cette mesure ne fit que déplacer et même généraliser le malaise et la souffrance : car la propriété féodale n'ayant pas dégrevé la ferme, l'entrepreneur de culture n'a pu payer la rente qu'en abaissant le prix des journées ; et le peuple des villes, d'un autre côté, n'a tiré qu'un mince profit de ce bill d'allégeance. C'est un fait constant, que vient de confirmer l'application de la nouvelle loi : le prix de la main-d'œuvre baisse toujours avec le prix du pain, et la concurrence des capitaux tenant à merci la concurrence de la faim, on ne règle jamais au-dessus de la mercuriale du boulanger.

Faire baisser le salaire des campagnes, c'est-à-dire affamer leurs travailleurs, et cela sans profit pour leurs frères des villes ; avilir la production nationale par la concurrence étrangère, c'est-à-dire ruiner le fermier, et frapper le land-lord lui-même en livrant sa rente aux aventures : telles devaient être les conséquences d'une mesure partielle, et tels ont été les résultats de la loi des céréales, cette *grande révolution* à laquelle s'est usé sir Robert Peel.

Mais voici de nouveaux pionniers qui viennent défricher le vieux domaine du monopole, et qui, sans entamer l'antique droit féodal, ni toucher à aucun privilège de l'aristocratie ou de l'Église, prétendent tout aplanir, tout sauver par une simple évolution de système. Ce n'est plus la politique de la guerre ou des perfidies, c'est la politique de la paix universelle et de la fraternité. Ils disent :

« Vos colonies fastueusement gouvernées vous ruinent : coupez le câble d'or de ces administrations dispendieuses ; laissez vos vassales se gouverner elles-mêmes, sous la haute bienveillance de la métropole, et la liberté suffira pour vous assurer les riches marchés de ces terres affranchies.

« Le système des armées et des flottes permanentes vous écrase. N'occupez point militairement des rochers stériles, des royaumes épuisés, des îles infécondes, et vous pourrez réduire vos états-majors et vos cadres. Qu'avez-vous besoin de tenir forteresse au milieu des tombeaux? Mieux ne vaut-il pas chercher au ballot anglais de nouveaux débouchés et de libres issues ? »

« De libres issues et de nouveaux débouchés : voilà toute la science de l'avenir, toute la politique anglaise, s'écrient les Pierre l'Ermite de la croisade marchande. Ne sommes-nous pas les premiers fabricants du globe, et les fabricants à meilleur marché, grâce à l'habileté de nos méthodes, à l'accumulation de nos capitaux, à nos voies de communication, et surtout à nos prix de main-d'œuvre, qui se mesurent au cri de la faim?

« N'avons-nous pas les plus incomparables moyens de transport, grâce à nos flottes que la voile et la vapeur emportent sur toutes les mers, à notre crédit qui relie les îles et les continents, aux baies qui nous sont ouvertes dans les deux mondes? »

« Demandez donc que tous les ports soient libres ; laissez vous-mêmes tomber vos douanes qui vous affameraient comme en un terrier sans issue. Prêchez, en un mot, et faites pratiquer la sainte loi du libre échange entre toutes les nations de la terre ; et vous serez bientôt non seulement le premier producteur, le premier industriel du globe, mais l'intermédiaire obligé, le colporteur opulent de l'univers : là sont les profits, la richesse et la puissance. Par là, vous sauverez vos lords, votre Église, vos bourgeois et votre monarchie ; car vous leur donnerez pour liste civile l'exploitation du monde, et de cette riche aubaine il vous restera bien quelques deniers pour nourrir vos millions de pauvres. »

Telle est la pensée réfléchie de M. Cobden, le chef de

l'école *du libre échange*, et si les vieux lords, si les représentants de l'ancienne politique hésitent au seuil de la voie nouvelle, craignant que l'Angleterre ne tombe avec ses colonies, ses monopoles et ses forteresses, ses flottes et ses armées, l'opinion bourgeoise est, d'instinct, favorable aux missionnaires aventuriers du commerce libre. Son ambition s'allume au rêve de ces spéculations hardies, aux lueurs lointaines de ces vastes horizons, et déjà — deuxième phase de l'expérience nouvelle — ses ports s'ouvrent à toutes les marines du monde.

L'expérience est commencée; mais à quoi pourra-t-elle aboutir et quels seront ses fruits?

L'Angleterre, maîtresse des mers avec ses royaumes tributaires, ses traités de faveur, ses marchés réservés, ses ports fermés à la concurrence, l'Angleterre de la rente et du monopole était portée pour les deux tiers au grand-livre du commerce ouvert entre les nations; eh bien, cette haute fortune, on a vu comment elle se liquidait : vingt-deux milliards de dettes, un budget des pauvres, officiel ou privé, de près de 400 millions, l'effrayante augmentation des crimes, l'exportation forcée de la population valide, mais défaillante; l'incertitude du travail, et souvent l'inanition pour ceux qui restent. Oui, voilà le bilan de l'Angleterre ayant aux deux tiers l'exploitation du monde!

Maintenant, donnez-lui la curée tout entière, réalisez la chimère de ses bourgeois : qu'arrivera-t-il? il y aura quelques nababs de plus dans l'oligarchie britannique, et pas un malheureux de moins dans la classe prolétaire. N'est-il pas, en effet, dans la loi du capital, dans la logique du privilège, d'absorber tous les profits et de ne laisser au travail que le salaire de la faim? Ce résultat, surtout, n'est-il pas, plus que jamais, fatal dans la condition du libre échange et dans l'économie des concurrences effrénées, où il faut produire à meilleur compte que le reste de l'univers?

Oui, le monopole universel lui fût-il acquis par ses pacifiques victoires sur tous les marchés, l'Angleterre ne saurait nourrir son peuple, et son utopie réalisée serait impuisante à la sauver des révolutions dont le germe est dans ses lois, dans ses institutions, dans ses privilèges.

On a parlé de fraternité! mais quel est le peuple qui voudrait et qui pourrait s'immoler dans le repos éternel, afin de permettre au commerce anglais de s'enrichir, en entretenant son obèse et lente agonie? quel est le gouvernement monarchique ou républicain qui consentirait jamais à détruire au profit de l'étranger non seulement ses forces maritimes et ses ressources financières, mais ses industries, son commerce, ses cultures et toutes ses richesses intérieures de production ou d'échange? Aujourd'hui, la pratique de la liberté commerciale universelle serait à la fois l'arrêt de mort du peuple anglais condamné à travailler à plus bas prix que le reste de la terre, et l'arrêt de mort de tous les pays inférieurs par la science, l'habileté du travail et l'organisation du crédit. Singulière fraternité, vraiment!

Or, puisque le travail est la condition absolue de la prospérité comme de la puissance des peuples, n'est-il pas évident qu'à moins de suicide ou de folie chacun gardera ses frontières fermées ou protégées par les hauts tarifs, tant que les forces ne seront pas égales, des deux côtés, pour le jeu des libres concurrences?

Voilà donc la pensée de M. Cobden en cours d'exécution, et quand elle se réalisera complétement, si ce grand jour arrive jamais, l'éducation des peuples étant achevée, les conditions étant égales pour tous dans l'atelier, devant le crédit, et par les voies de communication, — au libre concours des forces équilibrées, — chacun aura sa part de vente et gardera ses avantages.

L'Angleterre seule y perdra, car elle ne fera plus comme

aujourd'hui les affaires de l'univers ; et, dans cette crise extrême, voulût-elle, même, se rajeunir en se retrempant dans les eaux vives du droit, elle n'en perdrait pas moins toutes les suprématies qu'elle s'est acquises en pillant le monde. Car son activité trouvant, comme son génie, sa limite et sa concurrence dans le génie et l'activité des autres peuples, comment pourrait-elle conserver la part du lion ?

J'ai analysé les systèmes ; j'ai suivi toutes les perspectives, toutes les évolutions possibles ; j'ai sondé toutes les issues ; et partout j'ai trouvé écrits ces mots fatidiques : *Décadence de l'Angleterre !*

Il me reste maintenant à porter ma thèse devant l'opinion publique, à l'exposer dans ses détails, à faire la preuve, en un mot : et cette preuve, je la trouve dans l'histoire des institutions de ce pays, de ses lois, de son gouvernement, dans ses annales mortes et ses statistiques les plus vivantes. Je ne dirai rien de l'Angleterre qu'elle ne l'ait dit elle-même : car c'est au tribunal de sa presse, de ses assemblées, de son peuple que je l'appelle, et c'est elle-même qui fera l'autopsie de sa grandeur.

APPENDICE

DISCOURS D'INAUGURATION

DU MONUMENT FUNÈBRE

ÉLEVÉ SUR LA TOMBE DE LEDRU-ROLLIN

AU CIMETIÈRE DU PÈRE LACHAISE

(24 février 1878)

ORDRE DES DISCOURS

I

DISCOURS DU CITOYEN CRÉMIEUX

Ledru-Rollin ! Le trentième anniversaire de la grande révolution de Février s'ouvre par un hommage à ta mémoire. Ton ombre plane sur cette patriotique réunion, sur cette foule immense assistant à la consécration de ton monument funéraire : elle se retrouve aux jours merveilleux où, après tant d'années d'un profond oubli, éclatait avec une immense joie le cri de : Vive la République ! où la République prenait la place de l'empire qui l'avait si criminellement anéantie, de la royauté qui l'avait si misérablement foulée aux pieds.

Elle avait traversé les trois derniers jours d'une lutte décisive, et, calme au sein des orages, elle établissait, sans aucun souvenir des persécutions, le gouvernement provisoire, qui devait remettre au peuple la grande mission de constituer enfin, au sein de l'Europe agitée, le gouvernement de la nation par la nation elle-même. (*Vive adhésion*).

Amis qui m'écoutez, ce gouvernement que l'acclamation publique avait créé, ce gouvernement présentait à votre sanction les résolutions les plus dignes de la grandeur du peuple français : l'abolition de la peine de mort en matière politique, l'abolition de cette honte qui s'appelait l'exposition publique, du carcan, l'abolition de cet infâme droit de vie et de mort qui s'appelle encore l'esclavage, l'émancipation des noirs, dans nos lois civiles l'abolition du serment politique, et cette belle pensée de mon ami Carnot fondant une école spéciale d'administration et proclamant l'instruction gratuite et universelle.

Tout cela était merveilleusement approprié à cette nouvelle génération qui, dans l'égalité la plus complète, arrivait à l'urne électorale ouverte à tous les Français.

Et comme le peuple se montrait généreux, élevé ! Pas une altercation politique, pas un acte de représailles, pas un cri contre ceux qui s'appelaient nobles, pas un cri contre le roi, contre la famille royale. Ce peuple avait trouvé de l'or, des bijoux, des sommes considérables aux Tuileries, il les portait à l'Hôtel-de-Ville ; — c'était le bien de l'État. Sans police, sans armée pour le contenir, ce peuple n'a commis aucun délit, il a respecté tous les droits. (*Applaudissements*).

A la solennité d'aujourd'hui, vous comprenez que mes souvenirs se pressent en foule. A cette fête de la mort d'un des membres du gouvernement provisoire, se dressent devant nous d'autres images : Marie, Lamartine, Flocon, Marrast, vous entourez ici de vos ombres vénérées l'ombre de Ledru-Rollin. Le gouvernement provisoire, c'était vous que la terre a déjà reçus dans ses profondeurs et dont la mémoire domine cette journée de deuil et de triomphe. Nous ne restons plus que quatre ; puissent nos noms, quand nous aurons quitté la terre, prendre place à côté des vôtres et dire à la France : « Chère patrie, « toi qui possèdes tout ce qui rend un pays grand et illustre, toi qui « reprends déjà le rang qui t'appartient, donne un souvenir à ceux « qui t'ont vue si belle, si courageuse et si grande dans les jours d'é- « preuve. » (*Vive sensation.*)

Pour toi, Ledru-Rollin, tu n'as vu que la lueur de notre résurrection républicaine de 1870, tu as salué son avènement, mais il ne t'a pas été donné de la voir s'établir. Tu as vécu dans la période des luttes, *tu as été à la peine, non à l'honneur*. Mais repose en paix ; nous redirons sur ta tombe, qui la rappelle si justement, la part immense que tu as prise à la proclamation du suffrage universel, c'est-à-dire au triomphe définitif de la République, au triomphe de la liberté. (*Applaudissements unanimes*, — *Vive la République !*)

II

DISCOURS DU CITOYEN VICTOR HUGO

Les grandes dates évoquent les grandes mémoires. A de certaines heures, les glorieux souvenirs sont de droit. Le 24 février se reflète sur la tombe de Ledru-Rollin. Cette date et cette mémoire se complètent l'une par l'autre; le 24 Février est le fait, Ledru-Rollin est l'homme. Est-il le seul? Non. Ils sont trois. Trois illustres esprits résument et représentent cette époque mémorable; Louis Blanc en est l'apôtre, Lamartine en est l'orateur, Ledru-Rollin en est le tribun.

Personne plus que Ledru-Rollin n'a eu les dons souverains de la parole humaine. Il avait l'accent, le geste, la hauteur, la probité ferme et fière, l'impétuosité convaincue, l'affirmation tonnante et superbe. Quand l'honnête homme parle, une certaine violence oratoire lui sied et semble la force auguste de la raison. Devant les hypocrisies, les tyrannies et les abjections, il est nécessaire parfois de faire éclater l'indignation de l'idéal et d'illuminer la justice par la colère. (*Applaudissements.*)

Il y a deux sortes d'orateur, l'orateur philosophe et l'orateur tribun; l'antiquité nous a laissé ces deux types; Cicéron est l'un, Démosthènes est l'autre. Ces deux types de l'orateur, le philosophe et le tribun, l'un majestueux et paisible, l'autre fougueux, s'entr'aident plus qu'ils ne croient; tous deux servent le progrès, qui a besoin du rayonnement continu et tranquille de la sagesse, mais qui a besoin aussi, dans les occasions suprêmes, des coups de foudre de la vérité. (*Bravos répétés.*)

De même qu'il a eu toutes les formes de l'éloquence, Ledru-Rollin a eu toutes les formes du courage, depuis la bravoure qui soutient la lutte jusqu'à la patience qui subit l'exil. Ne nous plaignons pas, ce sont là les lois de la vie sévère; l'amour de la patrie s'affirme par l'acceptation du bannissement, la conviction se manifeste par la persévérance;

il est bon que la preuve du combattant soit faite par le proscrit. (*Profonde sensation.*)

Citoyens, c'est une grande chose qu'un grand tribun. C'était il y a quatre-vingt-dix ans Mirabeau ; c'était hier Ledru-Rollin ; c'est aujourd'hui Gambetta. Ces puissants orateurs sont les athlètes du droit. Et, disons-le, dans le grand tribun, il y a un homme d'État.

Ledru-Rollin suffit à le démontrer.

Ici il importe d'insister.

Deux actes mémorables dominent la vie de Ledru-Rollin ; ce sont deux actes de haute politique ; la liberté romaine défendue, le suffrage universel proclamé.

Ces deux actes considérables, si divers en apparence, ont au fond le même but, la paix. Je le prouve.

Prendre, dans un moment critique, la défense de Rome, c'était cimenter à jamais l'amitié de la France et de l'Italie ; c'était garder en réserve cette amitié, force immense de l'avenir. C'était accoupler, dans une sorte de rayonnement fraternel, l'âme de Rome et l'âme de Paris, ces deux lumières du monde. C'était offrir aux peuples ce magnifique et rassurant spectacle, les deux cités qui sont le double centre des hommes, les deux capitales-sœurs de la civilisation, étroitement unies pour la liberté et pour le progrès, faisant cause commune, et se protégeant l'une l'autre contre le Nord d'où vient la guerre et contre la nuit d'où vient le fanatisme. (*Acclamations.*)

Nous traversons en ce moment une heure solennelle. Deux personnes nouvelles, un pape et un roi, font leur entrée dans la destinée de l'Italie. Puisqu'il m'est donné, dans un pareil instant, d'élever la voix, laissez-moi, citoyens, envoyer, au nom de ce grand Paris, un vœu de gloire et de bonheur à cette grande Rome. Laissez-moi dire à cette nation illustre qu'il y a entre elle et nous une entente absolue, une parenté sacrée, que nous voulons ce qu'elle veut. (*Oui ! Oui !*) que son unité nous importe autant qu'à elle-même, que sa liberté fait partie de notre délivrance, et que sa puissance fait partie de notre prospérité. Laissez-moi dire enfin qu'il y a, à cette heure, une bonne façon d'être patriote, c'est, pour un Italien d'aimer la France, et, pour un Français d'aimer l'Italie. (*Vive l'Italie ! Vive la France !*)

Certes, Ledru-Rollin avait un magnanime sentiment du droit et en même temps une féconde pensée politique quand il prenait fait et cause pour Rome ; sa pensée n'était pas moins profonde quand il décrétait le suffrage universel. Là encore il travaillait, je viens de le dire, à l'apaisement de l'avenir. Qu'est-ce en effet que le suffrage universel ?

C'est l'évidence faite sur la volonté nationale, c'est la loi seule souveraine, c'est l'impulsion à la marche en avant, c'est le frein à la marche en arrière, c'est la solution cordiale et simple des contradictions et des problèmes, c'est la fin à l'amiable des révolutions et des haines. (*Bravos.*) 1792 a créé le règne du peuple, c'est-à-dire la République ; 1848 a créé l'instrument du règne, c'est-à-dire le suffrage universel. De cette façon l'œuvre est indestructible, une révolution couronne l'autre, et le Droit de l'homme a pour point d'appui le Vote du peuple.

La loi d'équilibre est trouvée. Désormais nulle négation possible, nulle lutte possible, nulle émeute possible, pas plus du côté du pouvoir que du côté du peuple. Conciliation, telle est la fin de tout. C'est là un progrès suprême. Ledru-Rollin en a sa part, et ce sera son impérissable honneur d'avoir attaché son nom à ce suffrage universel qui contient en germe la pacification universelle. (*Vive adhésion.*)

Pacification ! O mes concitoyens ! communions dans cette pensée divine ; que ce mot soit le mot du dix-neuvième siècle, comme Tolérance a été le mot du dix-huitième. Que la Fraternité devienne et reste la première passion de l'homme. Hélas, les rois s'acharnent à la guerre ; nous les peuples, acharnons-nous à l'amour.

La croissance de la paix, c'est là toute la civilisation. Tout ce qui augmente la paix augmente la certitude humaine ; adoucir les cœurs, c'est assurer l'avenir ; apaiser, c'est fonder.

Ne nous lassons pas de répéter parmi les peuples et parmi les hommes ces mots sacrés : Union, oubli, pardon, concorde, harmonie.

Faisons la paix. Faisons-la sous toutes les formes ; car toutes les formes de la paix sont bonnes. La paix a une ressemblance avec la clémence. N'oublions pas que l'idée de fraternité est une ; n'oublions pas que la paix n'est féconde qu'à la condition d'être complète et de s'appeler après les guerres étrangères Alliance, et après les guerres civiles Amnistie. (*Acclamations prolongées.*)

Je veux terminer ce que j'ai à dire par une parole de certitude et de foi, et j'ajoute, par une parole civique et humaine. Citoyens, j'en atteste le grand mort que nous honorons, la République vivra. C'est devant la mort qu'il faut affirmer la vie, car la mort n'est autre chose qu'une vie plus haute et meilleure. La République vivra parce qu'elle est le droit, et parce qu'elle sera la concorde. La République vivra parce que nous serons cléments, pacifiques et fraternels. Ici la majesté des morts nous environne, et j'ai, quant à moi, le respect profond de cet horizon sombre et sublime. Les paroles qui constatent le progrès humain ne troublent pas ce lieu auguste et sont à leur place parmi les tombeaux. O vivants, mes frères, que la tombe soit pour nous calmante et lumineuse ! Qu'elle nous donne de bons conseils ! Qu'elle éteigne les haines, les guerres et les colères ! Certes, c'est en présence du tombeau qu'il convient de dire aux hommes : Aimez-vous les uns les autres, et ayez foi dans l'avenir ! Car il est simple et juste d'invoquer la paix là où elle est éternelle et de puiser l'espérance là où elle est infinie. (*Acclamations immenses. Cris de: Vive l'amnistie! vive Victor Hugo! vive la République!*)

————

III

DISCOURS DU CITOYEN LOUIS BLANC

Mes chers concitoyens,

C'est une belle et noble chose, c'est une habitude de tout point conforme au génie d'un peuple libre que la célébration paisible des anniversaires qui rappellent une victoire du droit.

Ces fêtes de l'esprit servent à mesurer, sur la route des idées en marche, la distance parcourue et à estimer la distance qui reste encore à parcourir.

Elles mettent en lumière la valeur traditionnelle des principes qu'elles glorifient.

Elles perpétuent la mémoire de ceux qui en furent les apôtres, les défenseurs ou les martyrs.

C'est donc un jour heureusement choisi pour l'inauguration du monument consacré à Ledru-Rollin que celui qui réveille le souvenir de la révolution mémorable dans laquelle il joua un si grand rôle.

Quand elle éclata, cette révolution, il n'était certes pas un homme nouveau. Il avait déjà marqué sa place à l'avant-garde du parti républicain ; il s'était fait un nom au barreau comme avocat et dans les procès politiques comme orateur ; en 1832, sa consultation sur l'état de siège, et en 1834 son mémoire sur les massacres de la rue Transnonain avaient produit une sensation profonde ; élu en 1839 par les électeurs républicains du second collège du Mans pour occuper à la Chambre le poste resté vacant par la mort de Garnier Pagès aîné, il avait acquis par l'éclat de son impétueuse éloquence, non pas, il est vrai, l'influence parlementaire que valut à son prédécesseur un étonnant mélange d'habileté et de franchise, de finesse et de force, mais ce genre d'influence qui, à une certaine hauteur, prend le nom de popularité. Tout concourait donc à désigner Ledru-Rollin comme un des hommes que la République acclamerait, à l'heure du triomphe.

On sait que cette heure fut amenée par la célèbre campagne des banquets. Dans ceux de Lille et de Dijon, où la démocratie dominait, on retrouva comme les battements de cœur du jeu de Paume, et la nouvelle s'en répandit, d'un bout de la France à l'autre, avec la rapidité, avec le bruit de la foudre. A Lille, Ledru-Rollin avait dit : « Parfois les flaques d'eau du Nil desséché, les détritus en dissolution sur ses rives apportent la corruption et l'épidémie ; mais que l'inondation arrive, le fleuve balayera toutes ces impuretés, et sur ses bords resteront des germes de vie nouvelle. »

C'était annoncer la révolution et en dire la cause.

A Rome, lorsque les empereurs l'eurent avilie, il y avait eu des prodiges de lâcheté. On avait entendu, par exemple des sénateurs féliciter Néron, assassin de sa mère, et les courtisans applaudir quand il renversa d'un coup de pied dans le ventre sa femme Poppée, alors enceinte de quelque futur maître du monde. Eh bien, la corruption fut pendant le règne de Louis-Philippe ce qu'avait été la lâcheté à l'époque des Césars, et Ledru-Rollin caractérisait la situation par des images aussi justes que vives, lorsqu'il montrait les « impuretés » de la monarchie au moment d'être balayées par ce grand fleuve : le peuple.

Les circonstances qui signalèrent la chute de Louis-Philippe sont connues. La royauté avait été à ce point minée par la corruption politique qu'elle tomba, sans qu'un violent effort eût été nécessaire pour la renverser. Epuisée, elle s'affaissa sur elle-même ; elle mourut de l'impuissance de vivre. (*Applaudissements.*)

Ledru-Rollin avait sa place marquée d'avance dans le pouvoir nouveau : non seulement il en fit partie, mais il en fut un des membres les plus influents et les plus actifs. Ce sera donc rendre à sa mémoire l'hommage qui lui est dû que de rappeler en quelques mots les services du gouvernement dont il partagea les travaux et les périls.

Mais n'y a-t-il pas immodestie de ma part à le faire, puisque enfin — et c'est l'honneur de ma vie — j'ai participé, moi aussi, à ces travaux et couru ces périls ? Je m'arrêterais, peut-être, devant une pareille crainte, si toute considération secondaire ne devait pas s'effacer, dès qu'il s'agit de défendre contre le démon de la calomnie une des plus glorieuses époques de notre histoire. (*Vifs applaudissements.*)

Que le gouvernement provisoire de 1848 ait commis des fautes, qu'il n'ait pas eu assez de foi dans la puissance de son principe, qu'il ait quelquefois manqué de hardiesse, dans un moment où il fallait tout oser ; que l'exagération de certaines idées en ait masqué à ses yeux la profondeur, et qu'une peur irréfléchie du socialisme l'ait entraîné à des mesures regrettables, je serais mal venu à le nier, puisque j'ai appartenu à ce qui, dans le gouvernement provisoire, était alors la minorité ; mais ce que j'ai le droit d'affirmer, et ce que j'affirme, avec l'autorité d'un homme qui n'approuva pas toujours ce qui fut fait, c'est que le gouvernement de 1848, si l'on prend l'ensemble de ses actes, peut soutenir la comparaison avec le meilleur qui ait jamais existé. (*Bravos.*)

Oui, l'histoire dira que son désintéressement fut absolu ; qu'il déploya un calme impertubable au milieu d'un immense conflit de passions déchaînées, qu'il respecta la liberté jusque dans l'abus effroyable que ses détracteurs en faisaient contre lui ; qu'il fit preuve, à l'égard de ses ennemis, d'une générosité dont l'excès a été mis au nombre de ses fautes ; qu'il s'arma uniquement de la raison servie par la parole ; qu'il se maintint au sommet d'une société houleuse, sans avoir eu un seul instant recours à la force, sans s'être une seule fois abrité derrière des juges, des soldats, des gens de police, des gendarmes ; qu'aucune mère n'eut à lui demander un fils mourant loin d'elle, par delà les mers, et qu'il n'eut jamais, lui, à amnistier personne, n'ayant jamais proscrit personne. (*Vive l'amnistie.*)

Et ses actes ? Quels furent ses actes ? Je vais le dire :

Il fonda le suffrage universel.

Il abolit l'esclavage.

Il supprima la peine de mort en matière politique.

Il prépara un plan d'éducation universelle et gratuite.

Il étendit l'institution du jury.

Il affranchit la presse de toute entrave.

Il proclama le droit au travail.

Il inaugura le grand mouvement de l'association.

Il organisa la représentation immédiate de la classe ouvrière.

Il donna une tribune officielle au prolétariat.

A quelle époque et dans quel pays trouvera-t-on un pouvoir qui, en deux mois, ait rendu autant de décrets dictés par l'amour de la liberté et le souci de la dignité humaine ? Les « considérants » qui les précèdent, ces décrets, forment, a dit Schœlcher, — je répète le mot sans hésiter parce qu'il est vrai, — le plus beau des traités de morale. (*Bravo ! Très bien !*)

Avons-nous avancé ou reculé, depuis? Regardez en arrière, mes chers concitoyens, ensuite autour de vous, et décidez !

Que si maintenant aux résultats de l'action collective des membres du gouvernement provisoire, on ajoute ce que Ledru-Rollin fit comme ministre de l'intérieur, on aura une idée de ce que lui doit le peuple.

Et d'abord, la République était à installer dans les départements. Ledru-Rollin pourvut à cette nécessité par l'envoi de commissaires dévoués à la cause qui venait de triompher. Croirait-on que la réaction lui en fit un crime? Comme si le remplacement de fonctionnaires violemment hostiles au régime nouveau n'était pas, de toutes les mesures, la plus urgente! comme si l'on vit jamais un gouvernement prendre pour agents ses ennemis ! (*Vifs applaudissements.*)

Il est vrai que, dans ses instructions aux commissaires, il avait employé ces mots: « Vos pouvoirs sont illimités. » Pourquoi? Parce qu'il savait, ainsi qu'il le déclara du haut de la tribune dans son célèbre rapport du 7 mai 1848, que la responsabilité morale qui accompagne l'exercice d'un grand pouvoir en prévient et en corrige les abus. » Trop sûr, hélas! que la République avait affaire à des ennemis implacables, il avait pris un ton sévère, précisément pour n'avoir pas à adopter de sévères mesures. D'ailleurs, est-ce que ces mots: « Vos pouvoirs sont illimités » n'étaient pas expliqués dans la circulaire, même de façon à leur ôter tout caractère inquiétant? Est-ce qu'elle contenait, cette circulaire contre laquelle la mauvaise foi éleva tant de clameurs, un mot, un seul mot qui fût un appel à la violence? Et, de fait, quelle atteinte portèrent-ils donc aux droits des citoyens, ces terribles proconsuls aux « pouvoirs illimités » ? De quels actes arbitraires se rendirent-ils coupables? De quelles familles violèrent-ils le sanctuaire? Quelles victimes envoyèrent-ils à Cayenne ou à Nouméa? Ceux qui, dans cette occasion, se firent les champions du style mesuré étaient les mêmes qui, à quelque temps de là, écrivaient: « Il n'y a qu'un argument à opposer aux républicains: le fusil ou la fourche. »

Or, pendant que les ennemis de la République épiaient, impatients et farouches, l'occasion de la discuter à coups de fusil, voici de quelle manière Ledru-Rollin, lui, les combattait : il répondait à leurs invectives en les dédaignant ; il en appelait de leurs calomnies à la puissance de la vérité ; il mettait de vastes salles à la disposition des clubs, sans distinction de ceux où sa politique était maudite et de ceux où elle était vantée ; il ouvrait à l'expansion de la pensée une carrière indéfinie .

et, apprenant un jour que la foule menaçait de briser les presses d'un journal ennemi, il courait les protéger en personne. (*Sensation*).

Un trait manquerait à ce portrait de Ledru-Rollin, si j'oubliais de dire que dans ce tribun il y avait quelque chose de la nature d'un artiste. Ledru-Rollin aimait les arts parce qu'il les comprenait. Son cabinet d'avocat renfermait quantité de bronzes, de tableaux, de dessins. Il possédait la première pensée de Prudhon pour un célèbre tableau du Louvre : *La Justice et la Vengeance poursuivant le crime*, dessin superbe où le peintre, mieux inspiré encore que dans sa peinture, avait ébauché les figures sublimes d'une justice ailée traînant des criminels devant la justice assise et impassible. Le goût de Ledru-Rollin pour les arts lui fit prendre des mesures excellentes. Il ordonna d'estampiller à nouveau les objets d'art déposés au Louvre ; d'inventorier, au nom et pour le compte de la République, des ouvrages innombrables soustraits jusqu'alors à la légitime curiosité des travailleurs. Il fit mettre en état d'être facilement communiquées au public des richesses redevenues nationales, et notamment dix mille dessins réunis en paquets à la chalcographie du Louvre et dont la plupart des artistes ne soupçonnaient même pas l'existence.

Ce fut lui qui, sur la proposition du directeur des beaux-arts, et après mûr examen des cartons qui lui furent soumis, décida que le Panthéon serait décoré par Chenavard de peintures en camaïeu, représentant la biographie du genre humain et ses transformations successives à travers les âges, depuis les temps héroïques jusqu'à nos jours. (*Bravo.*)

Par cette décision, Ledru-Rollin se conformait à l'esprit et aux décrets de l'Assemblée constituante qui, le 4 avril 1798, avait dédié aux grands hommes le temple de Sainte-Geneviève, à peine achevé, et l'avait converti en Panthéon. Et certes, la décoration eût été digne du monument. Sur les murailles de ce temple, dont l'architecture est si robuste, si puissante, si fière, on aurait vu se dérouler, au lieu des faibles images d'une dévotion surannée, la procession de tous les dieux et demi-dieux antiques, personnifiant les forces de la nature ; le cortège des héros, des poètes, des philosophes, des artistes ; celui des chevaliers du moyen-âge, la marche triomphale de la Renaissance, et enfin les plus illustres parmi les contemporains de Molière, de Corneille, de Voltaire, de Jean-Jacques. Puis, au-dessous de ces panathénées augustes, qui eussent rempli la frise du monument, sur les murs divisés en compartiments par des colonnes engagées, le peintre devait retracer les principaux événements de l'histoire humaine, ceux qui caractérisent sous des formes sensibles, et par des personnages en action, les âges de la théocratie, de la poésie, de la philosophie, de la science. (*On ap-plaudit.*)

L'exécution de ce plan grandiose, commencée avec ardeur, ne fut abandonnée que le jour où la réaction triomphante arracha le Panthéon aux grands hommes pour le donner à des chanoines.

Pas plus que l'art, la littérature ne fut étrangère aux préoccupations de Ledru-Rollin, préoccupations auxquelles se mêla toujours la plus vive sollicitude pour le peuple. Ainsi, avec le même zèle qu'il mettait à armer et à équiper la garde nationale, il s'attachait à faire entrer les masses populaires en partage des jouissances morales qui élèvent l'âme. De là ce beau décret du 25 mars 1848 qui autorisait M. Lockroy, commissaire du gouvernement près le théâtre de la République, à donner gratuitement des représentations nationales dans lesquelles les ouvrages des maîtres de la scène française devaient être interprétés par l'élite des artistes du théâtre.

Mais Ledru-Rollin fit plus et mieux que cela pour le peuple : il lui donna le suffrage universel.

L'idée n'était pas nouvelle assurément ; elle avait toujours figuré dans le *Credo* des républicains ; elle avait été propagée par tous les écrivains de la démocratie, et la première pensée des membres du gouvernement provisoire de 1848, un de leurs premiers actes, fut de proclamer le suffrage universel. Mais c'est à Ledru-Rollin, comme ministre de l'intérieur, qu'échut la tâche et revient l'honneur de l'avoir organisé.

Et de combien de révoltes à main armée, de combien de résistances sanglantes, de combien de malheurs n'a pas été de la sorte tarie la source !

On vante de nos jours la sagesse du peuple : cet éloge est mérité.

On admire le calme méprisant qu'il opposait, hier encore, aux provocations les plus irritantes : cette admiration est fondée.

On a dit : Quel merveilleux changement ! Ce que les républicains demandaient autrefois à l'insurrection, ils ne l'attendent plus aujourd'hui que de la loi : le constraste est frappant, en effet.

Mais on se tromperait si l'on attribuait exclusivement ce changement, si l'on faisait exclusivement honneur de cette sécurité, à l'apostolat d'une politique nouvelle.

Le peuple est sage, parce que le suffrage universel lui a fourni le moyen de l'être.

Il ne se bat point, parce qu'il vote.

Il respecte la loi, parce qu'il la fait.

C'est donc au suffrage universel, proclamé et organisé en 1848, qu'est dû ce nouveau mode de procéder dont on se félicite avec tant de raison. (*Approbation.*)

Supposons que le suffrage universel fût supprimé, ou faussé d'une manière permanente, ou systématiquement désobéi, est-ce que la nation se résoudrait, pour rester calme, à devenir esclave ? (*Non ! non !*)

Ah ! si cela devait être : si le peuple se croisait les bras, faute d'avoir encore dans le suffrage universel l'instrument suprême des progrès pacifiques ; si l'héroïsme était à ce point passé de mode qu'il n'existât plus qu'à l'état de souvenir ; si des républicains en étaient venus à ranger dans la catégorie des vertus surannées celle qui consiste à se dévouer, en quoi une semblable sagesse différerait-elle de la folie, et quel droit auraient à la liberté ceux qui n'oseraient rien risquer pour la défendre ?

Je le répète : le suffrage universel donné pour base, en 1848, à nos institutions politiques, voilà le principe sauveur qui coupe court aux insurrections et aux émeutes, conduit aux progrès par des voies aussi sûres que régulières, et dispense de ces efforts violents, de ces brusques recours à la force, toujours déplorables, même quand ils sont nécessaires.

Donc, au gouvernement provisoire de 1848, et plus particulièrement à Ledru-Rollin, la gloire d'avoir, par l'établissement du suffrage universel, détrôné la violence et jeté les fondements d'un état social où l'ordre naît de l'exercice même de la liberté !

Comment parler de la Révolution de Février sans parler du grand mouvement intellectuel qu'elle détermina ? Pendant le règne de Louis-Philippe, au-dessous de la société officielle agitée par de vains débats, il s'était formé, par une sorte d'échange souterrain d'idées hardies et de sentiments généreux, une autre société aux progrès latents mais rapides. Ce qui échappait aux regards des « hommes d'État », de pauvres travailleurs l'avaient vu du fond de leurs ateliers, à la lueur de la lampe fumeuse qui éclairait leurs veilles, et de je ne sais quelle alliance entre l'esprit de quelques profonds penseurs et l'instinct populaire était sorti cet ensemble d'idées nouvelles qu'on appela le socialisme.

Aussi, avec quelle ardeur, dans ce congrès ouvrier, vrai parlement du travail, qui siégea au Luxembourg, les délégués des corporations discutèrent chaque question relative à l'amélioration morale, intellectuelle et physique du sort de tous ! Et combien leur abnégation fut admirable! Affronter des rancunes toutes puissantes, courir au devant de la calomnie, subir des persécutions sans dédommagements, s'exposer à perdre leur gagne-pain et à souffrir de la faim de leurs femmes, de la faim de leurs enfants, voilà ce que les délégués du Luxembourg, pour remplir leur mission, pour accomplir leur devoir, avaient à faire et ce qu'ils firent. (*Bravo !*)

Ledru-Rollin fut-il insensible à la grandeur d'un tel spectacle, ou troublé à la vue du socialisme montant à son tour sur la scène du monde? Non. Il avait l'esprit trop pénétrant, l'âme trop généreuse pour ne pas comprendre ce qu'un mouvement de ce genre avait de grave et de légitime. Comme ministre de l'intérieur, il fut absorbé par des préoccupations et des soins d'un caractère moins social que politique; mais si l'on veut le connaître tout entier, qu'on lise son discours du 12 septembre 1848. Dans ce discours fameux, on l'entendit insister, avec une éloquence entraînante pour que le *droit au travail* eût place parmi les droits que la Constitution allait consacrer. A l'appui de son opinion, il invoqua celle des hommes d'État de la Convention; il rappela que Robespierre avait proclamé le droit au travail pour les hommes valides et le droit à l'assistance pour les infirmes; en termes d'une poignante ironie, il demanda si le malheureux qui mendie, faute d'emploi, était un membre du souverain, et il émut l'Assemblée jusqu'à la faire frissonner, lorsqu'il s'écria : « L'homme tient de la nature le droit de vivre. Que la société le lui reconnaisse dans le droit au travail, ou malheur à elle ! » (*Profonde sensation.*)

Du reste, Ledru-Rollin n'avait-il pas été un des fondateurs de la *Réforme?* N'avait-il pas fait partie, dans ce journal, du comité directeur? N'avait-il pas signé le programme qui, rédigé par celui-là même qui vous parle en ce moment, portait ces mots : « Le but final de l'association est d'arriver à la satisfaction des besoins moraux, intellectuels et matériels de tous par l'emploi de leurs aptitudes diverses et le concours de leurs efforts. Les travailleurs ont été *esclaves*, ils ont été *serfs*, ils sont aujourd'hui *salariés* : il faut tendre à les faire passer à l'état d'*associés*. » ?

Le temps et l'espace me manquent pour raconter l'histoire de Ledru-Rollin dans l'Assemblée constituante de 1848 et dans l'Assemblée législative qui suivit, depuis le jour où il entra dans la première jusqu'au jour où il sortit de la seconde. Qu'il me suffise de dire que cette époque de sa vie n'en fut ni la moins utile ni la moins brillante. Rejeté dans l'opposition par la victoire du parti réactionnaire, il reprit,

comme chef de la Montagne, le combat interrompu, et il défendit la
République pied à pied avec une vigueur, avec un éclat incomparables.
Jamais la tribune française n'avait retenti d'accents plus fiers, jamais
nature d'orateur et de tribun ne s'était révélée par une réunion de
qualités mieux appropriées à ce double rôle : noble visage, taille imposante, voix expressive, geste animé, regard qui s'allumait au feu
de la parole.

Ajoutez à cela le prestige d'une popularité qu'avait attestée son
élection à la Législative par cinq départements : la Seine, l'Allier, le
Var, Saône-et-Loire et l'Hérault. La fureur de ses ennemis aurait suffi
pour témoigner de sa force. Cette fureur était si grande qu'à Moulins il
faillit être assassiné.

Ce qui est certain, c'est que son ascendant et son talent oratoire grandissaient de jour en jour, lorqu'il fut brusquement arrêté
dans sa carrière par un événement qui vaut d'être rappelé avec quelques détails.

Lorsque, au mois de mars 1849, l'Assemblée constituante avait
consenti à l'envoi d'un corps expéditionnaire dans les États romains,
la République existait à Rome ; et, loin de viser à son renversement,
l'expédition devait avoir pour but de tenir en échec les puissances
alliées du saint-siège. Mais telle n'était la pensée ni de Louis Bonaparte, alors chef du pouvoir exécutif, ni de ses ministres, ni du commandant de l'expédition, qui était un légitimiste et un ultramontain.
La façon violente dont le général Oudinot s'empara de Civita-Vecchia
révélait un dessein sinistre. Rome s'inquiéta et s'agita.

Bientôt, à la nouvelle que le général Oudinot se mettait en marche avec 7000 hommes et du canon, la République italienne comprit qu'elle était menacée. Une dépêche du consul de France à Civita-
Vecchia informa en ces termes de ce qui ce passait à Rome notre
ministre des affaires étrangères : « Les nouvelles sont toutes à la
résistance ; on travaille aux barricades ; on assure que le pont Saint-
Ange et le Vatican sont minés ; les Français les plus exaltés de la
colonie ont protesté contre l'occupation ; les portes de Rome sont
fermées, et il est défendu aux voyageurs de sortir de la ville. »

Cette dépêche était du 26 avril 1849, et, le 30 avril, le général
Oudinot marchait sur Rome, bataillons en armes et mèche allumée.
L'Assemblée fut indignée d'une politique qui nous faisait les ennemis
de ceux dont nous devions être les libérateurs ; le 7 mai 1849, elle
vota un ordre du jour ainsi conçu : « L'Assemblée nationale invite le
gouvernement à prendre sans délai les mesures nécessaires pour que

l'expédition d'Italie ne soit pas plus longtemps détournée de son but. »

Le surlendemain, 9 mai, de vifs débats s'élevèrent à l'occasion d'une lettre que, dans l'intervalle, Louis-Napoléon Bonaparte avait écrite au général Oudinot, et qui portait : « Notre honneur militaire est engagé. Je ne souffrirai par qu'il reçoive aucune atteinte. Les renforts ne vous manqueront pas. » C'était compter pour rien l'ordre du jour du 7 mai : Ledru-Rollin s'éleva avec beaucoup de force et de véhémence contre cette insulte faite à l'Assemblée, et ce fut dans cette circonstance que, par allusion à ces mots de Louis-Napoléon Bonarparte : « Notre honneur militaire est engagé », il s'écria : « Ce qui est une honte dans l'histoire d'un peuple libre, c'est toute bataille qu'on livre pour étouffer la liberté. »

Louis-Napoléon fit semblant de céder. Il envoya M. de Lesseps à Rome avec une mission d'apaisement. Mais l'Assemblée constituante, dont l'existence touchait à son terme, n'eut pas plutôt quitté la scène, que, sans attendre l'arrivée de l'Assemblée législative, Louis-Napoléon intima au général Oudinot l'ordre d'attaquer Rome. Et quand la nouvelle législature, où la réaction était en force, se fut installée, qu'arriva-t-il ? On vit, chose scandaleuse, des hommes à qui la garde de la Constitution était confiée, en proposer eux-mêmes la violation ; Car, annuler l'ordre du jour du 7 mai, désavouer M. de Lesseps, employer au renversement de la République romaine les forces envoyées pour la secourir, qu'était-ce donc, sinon violer avec audace cet article de la Constitution : « La République française n'ent reprendra aucune guerre de conquête et n'emploiera ses forces contre la liberté d'aucun peuple » ? (Vifs applaudissements.)

Le 11 juin, Ledru-Rollin, plein d'émotion, monte à la tribune. Déjà le sang avait coulé sous les murs de Rome. Ledru-Rollin demande la mise en accusation du président et de ses ministres. Il va jusqu'à dire : « La Constitution est violée : Nous la défendrons par les armes. » Cette menace fit tressaillir l'Assemblée. Au dehors, l'agitation était terrible. Du 12 au 13, on sentit passer sur Paris comme un souffle orageux : le souffle des révolutions. Le comité des journalistes déclara la Constitution violée. Le comité des Amis de la Constitution lança un brûlant appel aux républicains. En même temps, on apprenait qu'il y avait des tentatives d'arrestation à domicile ; que des journaux allaient être suspendus ; que l'artillerie de la garde nationale était dissoute ; que le général Changarnier avait dit : « Je me moque de votre Constitution... Je mettrai le feu à votre ville. »

Ledru-Rollin fut entraîné dans ce mouvement. L'article 8 de la

Constitution conférait aux citoyens le droit de s'assembler sans armes : il cru le moment venu d'user de ce droit. La manifestation à laquelle il s'associa était strictement légale ; elle ressemblait en tout à celles qui ont lieu en Angleterre, lorsqu'il y a désaccord entre le Parlement et le peuple. Les citoyens qui descendaient le long du boulevard en colonnes serrées lorsque, à la hauteur de la rue de la Paix, le général Changarnier les fit charger, étaient absolument sans armes. Ils étaient aussi sans armes, les représentants du peuple qui accompagnèrent Ledru-Rollin au Conservatoire des Arts-et-Métiers. Le général Changarnier put donc aisément faire contre eux, le 13 juin 1849, ce que fit contre lui plus tard, le 2 décembre 1851, Louis-Napoléon Bonaparte.

Et maintenant, libre aux adorateurs du succès de ne voir dans la tentative avortée du 13 juin que le tort de son avortement ! Il est des défaites qui sont plus glorieuses que certaines victoires. Lorsque Caton est pour les vaincus, si les dieux sont pour les vainqueurs, tant pis pour les dieux ! (*Applaudissements prolongés.*)

Du reste, l'insuccès de la journée du 13 juin ne mit pas Ledru-Rollin hors de combat. Forcé de quitter son pays, où il ne devait revenir que longtemps après pour y paraître un instant sur la scène politique et mourir, il fit, avec les proscrits du 13 juin 1849 ce qu'avaient fait les proscrits du 15 mai 1848, et ce que firent plus tard les proscrits du 2 décembre 1851. Tous, unis dans un même amour pour leur pays, ils le servirent avec une constance admirable, partout où l'exil les poussa, à Londres, à Genève, à Bruxelles, intéressant le monde aux souffrances de leur chère patrie, affirmant la persistance de ses aspirations généreuses, propageant ses idées, vengeant son honneur.

Ah ! ce fut alors qu'on vit combien est erroné, à force d'être restreint, le sens qu'on attache ordinairement à ce mot : la politique d'action. Car enfin ils n'avaient plus la main dans les affaires publiques, ces proscrits ; leur besogne n'était plus ou n'était pas de préparer des victoires électorales, de gagner des batailles parlementaires, de mener à l'assaut du gouvernement des passions et des intérêts savamment enrégimentés, de faire un cabinet ou de le défaire, de combattre le pouvoir, ou de le défendre. Et cependant qui oserait prétendre que leur *action* fût nulle, qu'elle fût vaine ? (*Bravos.*)

Est-ce qu'ils *n'agissaient* pas dans l'acception la plus rigoureuse du mot, lorsqu'ils racontaient au monde indigné l'histoire des violences et des ruses dont se composa le succès des ennemis de la République ?

Est-ce qu'ils n'agissaient pas, lorsque, disant bien haut ce qu'en France on pouvait à peine dire tout bas, ils traçaient le tableau des crimes du 2 décembre, révélaient le secret des honteuses instigations d'où sortit la guerre du Mexique, dénonçaient l'affreuse et longue agonie infligée aux déportés de Cayenne, et mettaient à nu les plaies de l'empire?

Est-ce qu'ils n'agissaient pas, lorsqu'ils prouvaient aux peuples que la France n'était pas morte ; que sa mort apparente n'était qu'un lourd sommeil, et qu'endormie monarchique elle se réveillerait républicaine? (*Vifs applaudissements.*)

Est-ce que ce ne fut pas un *acte* de Ledru-Rollin que la fondation de ce vaillant journal : *La voix du proscrit ?*

Est-ce que ce ne fut pas un *acte* de Victor Hugo, et le plus effectif, le plus grand de tous les *actes*, que la publication de ce livre magnifique et terrible : les *Châtiments ? (Vifs applaudissements.*)

Pour moi, j'estime que les publicistes, les philosophes, les historiens, les poètes sont au plus haut degré des *hommes d'action.*

(*Très bien! Très bien!*)

Je m'assure que c'est *agir* que d'éclairer les esprits.

Je n'admets pas, lorsqu'on affirme l'action de la foudre, qu'on nie celle du soleil.

Je dirai plus : Ce n'est point à leur effet immédiat que se doit mesurer l'importance des actes accomplis. Comme c'est la pensée qui, après tout, mène le monde, les vrais puissants de la terre sont ceux dont les idées créent les choses qui viendront, ceux dont l'esprit façonne la vie des générations futures; les vrais dominateurs du présent sont ceux qui l'ont fait lorsqu'il n'était encore que l'avenir. Les vivants auxquels on obéit ne font, bien souvent, quand ils commandent, qu'exécuter, à leur insu, les ordres silencieux de certains morts, et je sais tel penseur qui gouverne plus souverainement les hommes du fond de son tombeau que le plus absolu des monarques ne le fit jamais du haut de son trône. (*Applaudissements prolongés.*)

———————

IV

DISCOURS DU CITOYEN HÉRISSON

C'est une tâche bien difficile que de rendre à Ledru-Rollin l'hommage qui lui est dû, après des maîtres comme Victor Hugo et Louis Blanc.

Je viens cependant l'essayer au nom du conseil municipal de Paris.

Dans l'accomplissement de ce devoir périlleux, je me sens soutenu tout à la fois par la vive reconnaissance que nous gardons tous à celui qui a proclamé et organisé le suffrage universel, et par mon ancienne, mon inaltérable admiration pour le grand tribun qui repose ici, et que la démocratie, qui a enfanté tant d'orateurs, peut placer avec orgueil au premier rang.

C'est à Paris qu'il est né en 1807, au mois de février ! C'est ici qu'il a vécu, qu'il a étudié et qu'il a grandi. Docteur en droit à l'âge de vingt ans, il se préparait aux luttes de la politique par des travaux encore vivants sur la législation civile et administrative du pays ; — il était déjà célèbre par ses consultations et ses plaidoiries, lorsqu'il entra en 1837 dans l'ordre des avocats au conseil d'État et à la cour de cassation, où il trouvait le souvenir et les traces de Danton.

Député de la Sarthe en 1842, il n'est pas besoin de rappeler la place qu'il occupa à partir de cette époque parmi les républicains, et quel orateur puissant les hommes énergiques de notre parti rencontrèrent en lui.

Dès le début, il se prononçait pour le suffrage universel, et il sera bien permis de rappeler au bord de cette tombe les fortes paroles qu'il adressait aux électeurs sensitaires du Mans :

« La souveraineté du peuple, disait-il, tel est le grand principe qu'il y a près de cinquante ans nos pères ont proclamé. Mais cette souveraineté, qu'est-elle devenue? Reléguée dans les formules d'une constitution, elle a disparu du domaine des faits. Pour nos pères, le peuple était la nation tout entière, chaque homme jouissant d'une part égale de droit politique...

« Aujourd'hui, le peuple est un troupeau conduit par quelques privilégiés comme vous, comme moi, messieurs, qu'on nomme électeurs, puis par quelques privilégiés encore qu'on salue du titre de députés.

« Et si ce peuple qui n'est point représenté se lève pour revendiquer ses droits, on le jette dans les cachots....

« Messieurs, ajoutait-il, la réforme électorale est le premier pas à faire ; sans elle tout progrès pacifique est impossible. *Cette réforme, il la faut radicale : que tout citoyen soit électeur*, que le député soit l'homme de la nation, non de la fortune, qu'il soit désigné par sa vertu .»

Cette réforme, qu'il voulait radicale, il l'a accomplie tout entière, il y a à cette heure trente ans, au milieu des acclamations de cette héroïque population parisienne, dont les survivants ou les fils, pénétrés d'une vive gratitude, viennent aujourd'hui, en flots pressés, saluer pieusement sa grande mémoire.

Et nous, les mandataires directs des divers quartiers de la capitale, nous ne sommes que l'écho affaibli de ses sentiments, lorsque nous venons proclamer que ce grand citoyen a bien mérité de la patrie.

La réaction qui est toujours la même, et qui a si odieusement poursuivi Ledru-Rollin de ses abominables calomnies, critiquera peut-être la présence en corps des conseillers élus de la cité ; car il est de mode, dans un certain monde, de prétendre que la révolution de Février, dont il fut l'un des principaux auteurs, a supprimé l'institution du conseil municipal parisien.

Il importe de rectifier cette erreur et de protester contre cette perfidie.

Non, jamais, à aucune époque, les auteurs de cette révolution, les républicains, nos frères aînés, n'ont entendu priver Paris de sa représentation légitime ; jamais ils n'ont pensé que cette noble ville, qui leur avait donné le spectacle de tous les courages, n'appartînt pas aux Parisiens. Jamais on ne les a entendus prétendre que Paris n'était qu'un assemblage incohérent de nomades dépourvus de tout sentiment municipal. C'est à l'empire, à l'empire seul que revient cet honneur.

Sans doute un décret du 27 février 1848, rendu par le gouvernement provisoire, a prononcé la dissolution du conseil municipal d'alors ; mais pourquoi ? Parce que, étant le produit d'élections censitaires, il ne pouvait, à aucun titre représenter la ville, au milieu même de la révolution, après la proclamation du suffrage universel; parce que, est-il dit dans un autre décret, son mandat, émanant du principe de l'électorat privilégié, avait cessé d'être valable.

Est-ce à dire pour cela que les droits de Paris aient été déniés? Non: on a pris à cette époque exceptionnelle des mesures purement provisoires, et lorsqu'on a statué plus tard sur le régime des municipalités auxquelles on appliquait le principe de l'électorat universel, soit par le décret du 3 juillet, soit dans la constitution, bien qu'on réservât Paris et le département de la Seine pour une loi spéciale, on n'a jamais entendu les priver de leur représentation légitime.

Mais ni cette loi spéciale ni la loi organique municipale ne sont venues, car, à partir du 10 décembre, jour funeste pour la France, nos malheurs n'ont cessé de s'accroître et la réaction de triompher.

Comment Ledru-Rollin et ses collègues du gouvernement provisoire auraient-ils pu nier nos droits municipaux après avoir établi le suffrage universel à tous les degrés? Ne savaient-ils pas comme nous que c'est dans la commune ou dans la cité qu'il faut d'abord l'exercer, que c'est là qu'il naît, qu'il travaille, qu'il grandit pour s'élever ensuite à des conceptions plus hautes? Ne savait-il pas qu'appliquer le suffrage universel au gouvernement de la municipalité, c'est-à-dire aux affaires de chaque jour, c'était l'introduire dans l'intimité même du peuple, le placer à son foyer, à ses côtés, pour sa défense, par conséquent le fonder à jamais et le rendre indestructible?

Non, nos devanciers n'ignoraient rien de tout cela, et nous n'avons à apporter que le témoignage de notre vive sympathie et de notre profond respect. — Nous l'apportons comme républicains, nous l'apportons comme démocrates, comme citoyens; nous l'apportons aussi comme membres de la grande municipalité parisienne.

Et maintenant, n'attendez pas de moi, messieurs, que j'entreprenne l'histoire, c'est-à-dire l'éloge de celui qui a été pour beaucoup d'entre vous un glorieux compagnon de lutte et que je considère pour moi presque comme un ancêtre, ancêtre vénéré dont j'ai dévoré les discours avec passion dans ma jeunesse, mais que je n'ai guère connu que dans les dernières années de sa fière et noble existence.

L'exil nous l'avait arraché au milieu même de ses plus beaux triomphes oratoires, alors qu'il semblait grandir encore; l'exil l'a séquestré pendant plus de vingt ans. 1870 lui a rouvert les portes de la patrie.

Puisque je parle d'exil, puisque j'en parle après les discours de deux grands exilés, en présence d'un grand nombre de mandataires de la nation, puisque j'en parle ici dans ce cimetière, dans cette asile du repos, c'est-à-dire de la paix, qu'il me soit permis, parlant au nom du conseil municipal, de remplir un devoir et de rendre à Ledru-Rollin un dernier hommage, en invoquant le secours de sa puissante voix.

La population parisienne compte encore bien des proscrits à l'étranger, ou détenus dans des îles lointaines. La France n'a pas encore pardonné à tous ses enfants; ne sera-t-il pas bientôt temps d'entrer dans la voie de la pacification définitive? nous le croyons fermement, et c'est ici qu'il convient de le dire en empruntant des paroles qui sembleront sortir de ce tombeau :

« Il y a, disait-il après les fatales journées de juin, il y a un fait, c'est que le peuple avait faim, c'est que l'ouvrier sans ouvrage a pu facilement se laisser entraîner. Le peuple sans ouvrage, dans le besoin, a été soulevé. Le général Cavaignac vous l'a dit lui-même, la multitude a été trompée par des conspirateurs de la *dynastie* et de la *légitimité*.

« Eh bien, si comme nous le croyons, des hommes ont pu être égarés, si l'on a pu abuser de leur misère pour les conduire à la barricade, est-ce qu'il ne serait pas temps de penser à des paroles de clémence? est-ce qu'il ne serait pas temps de donner satisfaction à tant d'orphelins, à tant d'épouses, à tant de mères, à tant de familles qui souffrent?

« On a eu raison; la République n'a rien à gagner à des luttes personnelles, mais elle a tout à gagner à des sentiments de fraternité, de réparation.

« Oui, rendons des défenseurs à la République en proclamant l'amnistie ! »

(*Applaudissements prolongés. — Vive l'amnistie !*)

FIN DE L'APPENDICE

TABLE DES MATIERES

CONTENUES DANS LE SECOND VOLUME

FIN DE LA TABLE DES MATIÈRES

PARIS. — TYPOGRAPHIE A. LAHURE

Rue de Fleurus, 9

.

www.ingramcontent.com/pod-product-compliance
Lightning Source LLC
Chambersburg PA
CBHW070238290326
41929CB00046B/1835